사주명리학 입문서四柱命理學 入門書

사주명리학 소개 및 기초 이론

손영기孫永基

사주명리학 입문서

손영기

사주명리학 소개 및 기초 이론

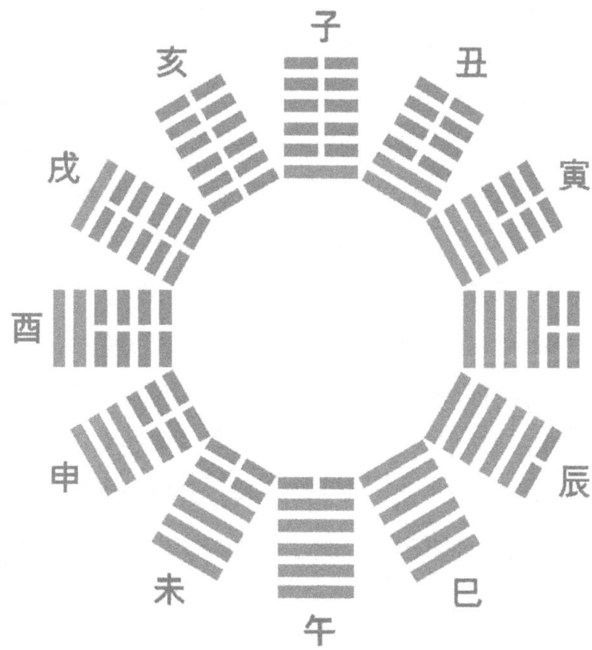

도서출판
디자인

시작하기에 앞서

왜 아무리 노력해도 가난의 굴레를 벗지 못하는 사람이 있고, 놀면서 대충 얼렁뚱땅해도 잘 먹고 잘사는 사람이 있을까? 우리가 보통 '하늘' 또는 '하늘의 뜻'이라고 부르는 알 수 없는 우주적 질서가, 착한 자에게 복을 주고 악한 자에게는 벌을 준다고 하는 말이 맞는 것인지? 인간의 삶은 태어나서 죽을 때까지 매 순간의 우연한 일들로 이루어질까? 아니면, 자신의 자율적인 의지와 노력으로 만들어지는 것일까? 그것도 아니라면, 태어나면서 정해진 운명의 길을 걷게 되는 것일까? 그리고 전생의 업보가 지금 생의 삶에 영향을 미치는 것인지? (전생이 있는지조차도 알 수 없지만)

아마도 삶에 대한 이런 의문을 한 번도 가져보지 않은 사람은 없을 것이다. 나도 이 책을 만들기 시작한 당시 내 나이 오십 중반이 될 때까지 이런 생각을 수없이 많이 했다. 하지만 어떤 것에 대해서도 명쾌한 답을 얻지 못했다. 과거로부터 지금까지, 많은 사람이 이런 물음에 대해서는 확실한 답이 있을 수 없다고 생각하면서도 한편으로는 자신에게 다가올 불확실한 미래에 관해서 알고 싶어 했을 것이다. 그 결과로 동·서양을 막론하고 미래 예지를 위한 다양한 방법이 만들어지고 전해져 온 것으로 여겨진다. 동양에서는 '명리학(命理學)'이 그중 한 갈래이며, 그중에서도 사람이 태어난 년·월·일·시를 사용한 방법이 바로 '사주명리학(四柱命理學)'이다.

내 개인에만 한정시켜서 생각해보면, 나의 성장 과정에서의 여러 가지 환경적인 요인 때문에 "나는 왜 이렇게 살도록 태어났을까?"라는 의문을 일찍부터 가지게 됐다. (어릴 때 숙모님께서 "자, 축, 인, 묘, …"를 뇌시며 손가락으로 육갑 짚는 것을 본 적도 있고, 점집에 따라가 본 적도 있으니 아마 그런 것에도 적지 않은 영향을 받았을 것이다.) 그러다가 삼십 대 초반에 처음 사주명리학에 관심이 생겼고, 서점에서 『사주정설(四柱精說), 백영관 저』이라는 책을 사서 독학으로 공부하기 시작했다. 하지만 너무 고어체(古語體) 문장에다가 어려운 한문에 잔뜩 주눅이 들고 (당시의 나로서는) 몇 번을 읽어도 이해되지 않는 복잡한 이론에 지쳐서 책을 덮고 말았다.

그러고 나서 오십 중반이 되도록 살면서 이런저런 일을 보고 듣고 겪어보니, 정말 사람에게 운명이란 것이 있는지, 사주로 그런 운명을 읽어낼 수 있는지 매우 궁금했다. 그래서 다시 사주명리학 공부를 시작했는데, 다행히 이십여 년이 흐르는 동안 사주명리학 관련 책이 많이 출판되었고, 인터넷의 발달로 사주명리학 관련 내용을 다루는 웹사이트도 많이 생겨서 과거보다는 공부하기가 쉬웠다. 그러나 이제 겨우 사주명리학 공부를 시작한 단계이고, 이 공부를 할 자질이 부족해서인지 사람에게 타고난 운명이 있다고 확신하지는 못하고 있다. 다만 사주명리학에 관심 있는 초보자(初步者)에게 사주명리학이 무엇인지를 조금 알려줄 정도는 된다고 자부하면 너무 건방진 생각일까?

내가 이해하는 사주명리학

사주명리학에서는 인간은 태어날 때 정해진 운명대로 산다고 하는 숙명론(宿命論)을 강조하지는 않는다. 이런 사주를 가진 사람은 대체로 이런 기질과 소질을 타고났다는 것을 알려주고, 삶의 경향이나 어떤 일의 개연성(蓋然性)을 제시하는 학문일 뿐, 정해진 미래의 결과를 알려주는 예언술(豫言術)이 아니다. 다시 말하면, 사주명리학에서 미래 예측이라는 것은 '예정된 결말을 아는 것'이 아니라 '맞닥뜨릴 수 있는 상황을 아는 것'이라고 이해해야 맞다. 만약 어떤 사람이 자기 사주에서 추론된 좋은 일과 나쁜 일을 겪었다고 하더라도, 그것은 그 사람 사주 상 개연성이 많은 여러 일 중에서 일부가 그렇게 되었을 뿐이지 전부가 필연적으로 된 일이라고 볼 수 없다.

특정 사안에 대한 미래의 결과를 알기 위한 방법으로는 점술(占術)이 있으며 그것은 사주명리학과 분야가 다르다. 그런데 일반 대중은 사주명리학과 점술을 구분하지 못하므로 사주명리가(四柱命理家)에게 미래의 일에 대한 성패(成敗)를 묻고 있으며, 명리가 또한 거기에 응대하기 위해서 점술을 배워서 사용하기도 한다. 그러다 보니 사주명리가와 점술가의 구분이 애매해지고, 더러는 무속과 결합해서 부적이나 굿으로까지 연결되기도 했다. 그래서 대중들에게는 점술과 무속이 마치 사주명리학의 일부인 것처럼 인식되었다. 옛날부터 불교 출가자 중에도 사주명리학을 공부해서 사주를 봐주는 이들이 더러 있었기 때문에, 사주명리학이 불교와 관계가 있는 것으로 오해하는 사람도 있다.

사주명리학은 오랜 세월 동안 동·서양의 여러 운명학이나 점술 및 종교 그리고 민간 신앙의 영향을 받으면서 전해 내려왔기 때문에, 그중에는 시대에 안 맞는 것도 있고 잘못 전해진 것도 있으며 그릇된 해석이나 오해 때문에 왜곡된 것도 있을 것이다. 그래서 어떤 것을 취하고 어떤 것을 버려야 할지 판단하기 어렵지만, 그렇다고 해서 그것이 사주명리학의 가치를 깎아내릴 이유가 될 수는 없다. 동·서양을 막론하고, 인간의 운명에 관해서 사주명리학만큼 체계적으로 자세하게 설명한 이론이나 학문은 없는 것 같다.

여러 가지 사주명리학 이론들과 그 근간이 되는 음양오행(陰陽五行) 사상이 과학적으로 입증되지 않았기 때문에 사주명리학을 미신이라고 치부하기도 하는데, 그것은 우리나라 근대화가 시작되는 시절부터 서양식 문물 위주로 가르치고 배웠기 때문에 서양식 사고방식만을 과학적이라고 인식하게 된 탓일 것이다. 서양의 과학적 사고방식이란 자연의 여러 가지 현상들을 분석해서 내재(內在)된 법칙을 찾아내는 방식이다. 그러나 동양의 사유체계는 통찰(洞察)을 통해서 자연이 가진 근원적 질서를 유추하고 그것을 기반으로 여러 가지 현상을 설명하는 방식이다. 사주명리학도 자연과 인간에 대한 통찰로 사상적 근간이 성립된 것이라서 증명이 있을 수 없는데, 서양의 방식으로 증명하지 못한다고 해서 무조건 비과학 또는 반과학이라고 치부해버리는 것은 편협하다. 세상 모든 일을 증명할 수는 없지 않은가? 어쨌든, 사주명리학에 대한 막연한 편견이나 시중에서 주워들은 속설과 단편적인 내용만으로 사주명리학을 예단(豫斷)하지 않았으면 한다.

사주명리학은 탐구 대상이 인간의 삶이기 때문에 철학과 같은 인문학에 속한다고 볼 수도 있지만, 개인과 그를 둘러싼 사회 구성원과의 관계를 유추해서 삶의 경향이나 어떤 일의 개연성을 추론하는 학문이기 때문에 사회과학적 모델의 일종이라고 감히 주장한다. 학문은 크게 인문학과 과학으로 구분하고, 과학은 다시 자연과학과 사회과학으로 구분한다. 이 중에서 인간 사회의 여러 현상을 연구하는 학문을 사회과학이라고 하며 정치학, 경제학, 사회학, 교육학, 심리학 등등이 이에 속한다. 사회과학은 인간 사회를 대상으로 하는 그 특성상 자연과학과는 달리 실증 외에 직관적 통찰에 의한 해석도 포함하고 있다. 그리고 사회과학 분야에서는 경제 모델, 사회문화 모델, 주가 모델, 정치 모델 등등의 모델을 만들어서 사회를 설명하거나 예측하기도 한다. 그런데 우리는 이러한 모델을 실제 사회에 적용했을 때 그 예측 결과가 틀렸다고 해서 그것을 비과학적이라고 비난하지는 않는다. 다만 모델이 정교하지 못하거나 입력되는 조건이 틀렸거나 충분하지 않다고 볼 뿐이다. 사주명리학도 그런 관점에서 평가되기를 바란다. 그렇지만 학문의 한 갈래로 공인되기에는 아직도 다소 부족한 부분이 있으므로, 사주명리학을 연구하고 체계화해서 술법(術法)의 영역에서 학술(學術)의 영역으로 끌어내려는 명리가들의 노력이 좀 더 필요하다.

사주를 보는 것은 불확실한 미래의 상황을 알기 위해서다. 그러나 예측된 상황에 대비하는 것은 사람의 의지적(意志的) 일이다. 길을 나설 때 비가 올 확률이 높다면 우산을 챙기는 것이 좋다. 사주를 보는 것은 비가 올 확률을 파악하는 일과 같고, 길을 나설 때 우산을 챙기는 것은 사람이 자신의 의지로 선택하는 일이다. 즉 삶의 어떤 방향으로 개연성이 큰 사주라고 하더라도, 자신을 그 방향으로 끌고 갈지 다른 방향으로 끌고 갈지를 정하는 것은 자신의 의지다. 그리고 더 나은 방향으로 자신을 끌고 가는 일은 노력으로 이루어진다. 그런 이유로 사주명리학은 예언술이 아니며, 운명을 숙명(宿命)이라고 설명하지 않는다. 또한, 사주명리학은 사람이 타고난 기운을 파악해서, 자신의 삶을 이로운 방향으로 이끌고 난관이 있으면 조심하고 삼가는 태도를 가질 수 있도록 해주는 도구이기도 하다. 그래서 마음과 행실을 바르게 닦는 수신학(修身學)으로도 유용하다고 생각한다.

이 책을 읽는 분께 드리는 말씀

이 책은 여러 해에 걸쳐서 사주명리학을 공부하면서 잊어버리지 않으려고 메모 형태로 적어 놓았던 것을 나름대로 정리한 것이다. 내용도 그러하거니와 제대로 된 책의 형식을 갖추지도 못했으니 책이라고 하기에는 민망하다. 하지만 내가 처음 사주명리학 공부를 시작했을 때 느꼈던 막막함과 혼란스러움을 생각하면서, 사주명리학에 입문하는 초보자에게 조금이나마 도움을 주고자 감히 용기를 내서 이 책을 만들게 됐다. 그러니 이 책의 목적은 초보자가 사주명리학이 무엇인지 이해하고 공부를 시작할 수 있는 기초를 제공하는 것이다.

사주명리학에서 사주를 보는 과정은, 먼저 사주의 형태를 파악하고 팔자 사이의 관계를 찾아낸 후에 그런 정보를 바탕으로 운명의 개연성을 추리하는 것이다. 그 과정 중에서 사주팔자의 형태 파악과 관계 분석은 일정 수준의 이론 공부만으로도 가능하다고 보지만, 운명의 개연성을 추리하는 일은 더 깊은 공부와 다양한 실전 경험이 더해져야 할 수 있다고 생각한다. 이 책은 사주팔자를 분석하기 위해서 알아야 하는 기초 이론의 일부를 담았을 뿐이다.

사주명리학이 아직은 체계도 다소 명확하지 않고 객관적으로 검증된 사실도 부족하며 같은 사안에 대해서도 서로 다른 학설이 존재하기 때문에, 명리학자 대다수로부터 인정된 통일된 이론이 많지 않은 것이 사실이다. 그리고 내가 공부한 이론 중에서 이치에 맞지 않는 것이 있다고 하더라도, 내가 스스로 그것을 검증하거나 정정할 수준이 되지 못하므로 그대로 수록했음을 밝힌다. 사주명리학의 현황을 이해하고 이 책을 만든 과정을 고려한다면, 이 책의 내용이 객관적이며 완전히 신뢰할 수 있다고 장담하지 못하는 것을 이해해 주기 바란다.

사주명리학은 천문학(天文學), 역학(易學), 유교(儒教), 불교(佛教), 도교(道教), 점술

(占術), 무속(巫俗), 한의학(韓醫學, 漢醫學) 등과 함께 오랜 세월 동안 우리 생활에 많은 영향을 끼쳐왔으며 일부는 민간의 풍속이 되기도 했다. 사주명리학을 공부하다 보면 그런 다른 분야의 용어를 흔히 접하게 된다. 그래서 사주명리학과 관련이 있거나 관련이 없다고 하더라도 참고가 될 만한 용어 설명을 이 책에 포함했다.

사주명리학에 관련된 용어는 최대한 한자를 병기(竝記)했는데, 이는 용어의 뜻을 명확하게 알도록 하기 위해서다. 이 책에 등장하는 한자 용어를 많이 알고 있으면 나중에 사주명리학 고전을 읽거나 사주명리학을 더 깊이 공부할 때 유용할 것으로 생각한다. 간혹 어떤 내용을 설명하면서 뒤에서 그 뜻이 설명되는 용어를 사용하기도 했는데, 이는 주제별로 내용을 정리하다 보니 어쩔 수 없는 일이었다. 읽다가 모르는 용어가 나오면 그 부분은 건너뛰고, 나중에 그 용어를 설명한 부분을 보고 이해한 다음에 다시 보는 방법을 권한다.

그리고 만약 사주명리학 공부를 처음 시작하기 때문에 어디서부터 무엇을 공부해야 할지 궁금하다면, 우리가 수학을 공부하는 과정에 비유해서 생각하면 이해하기 쉽다. 수학 공부는 맨 처음 사칙연산을 학습하고 구구단을 외우면서 시작한다. 그러고 나서 인수분해, 정수와 유리수, 방정식, 함수, 도형, 통계 등등 각종 수학 이론을 습득하고 공식을 배운다. 그러면서 연습문제를 통해서 풀이 방법에 숙달된다. 이렇게 공부한 후에는, 실제 상황에서 수학적 문제가 발생하면 답을 찾아내고 응용할 것이다. 이때 개인의 실력 차이 때문에 문제를 풀지 못하거나 틀린 답을 도출하기도 한다.

이와 마찬가지로, 사주명리학도 맨 처음에는 음양(陰陽), 오행(五行), 십간(十干), 십이지(十二支), 지장간(支藏干) 등 기본을 학습하고 외우면서 시작하고, 그러고 나서 육신(六神), 합(合), 충(沖), 십이운성(十二運星), 격국(格局), 억부(抑扶), 조후(調喉) 등등 각종 사주명리학 이론을 습득하고 공식을 배운다. 그러면서 간명(看命) 사례를 통해서 통변(通辯) 방법에 숙달된다. 이런 이유로, 같은 사주라도 명리 공부의 수준과 실전 경험의 정도 및 적용된 이론에 따라서 간명 결과가 달라질 수 있다.

사주명리학 공부도 다른 모든 공부와 마찬가지로, 기초 및 이론을 건너뛰고 몇 가지 비법(祕法)을 배워서 쉽게 할 수 있는 길이 없다. 사주명리학은 신의 힘을 빌려 예지하는 신비의 영역이 아니라 다양한 지식이 필요한 학술의 영역이기 때문이다. 다만 선생(스승)으로부터 제대로 된 가르침을 받는다면 좀 더 쉽고 빠르게 공부할 수 있을 것이다. 그리고 가르침을 받을 선생을 선택할 때는, 많이 아는 선생과 잘 가르치는 선생이 반드시 일치하지 않는다는 뻔한 사실을 잊지 않았으면 한다.

만약 당신이 사주명리학에 초보자라면 이 책을 통해서 사주명리학과 점술을 구분할 줄 아는 정도만 되더라도 책을 만든 보람이 있다. 그리고 당신이 사주명리학에서 나보다 앞서간 사람이라면 내용이 잘못되었거나 보완할 것이 있다면 지적해주기를 부탁한다.

차례

01 사주명리학(四柱命理學) 개요(槪要)

역(易) (易 바뀔 역, 쉬울 이, 도마뱀의 형상을 본뜬 글자)

동양에서 고대로부터 전해오던 육십사괘(六十四卦)와 그것을 풀이하는 말을 합해서 역(易)이라고 한다. 중국 하(夏)나라 시대에는 연산역(連山易)이 있었고, 은(殷)나라 시대에는 귀장역(歸葬易)이 있었다고 한다. 그러나 지금까지 전해져 오는 것은 주(周)나라 시대의 역인 **주역**(周易)뿐이다. 역은 고대에 점(占)치고 나서 남긴 여러 가지 기록 - 갑골문(甲骨文)이 그런 기록의 일종 - 에다가, 여러 세대에 걸쳐서 그것을 보고 해석하는 사람들의 철학적 사유(思惟)가 담긴 글이 더해져서 만들어진 것으로 추측된다.

* 고대에는 점(占)이 통치 수단이기도 했다. '점령(占領: 점으로 다스린다.)'이라는 단어가 생긴 이유이기도 하다.
* 이 책에서는 '동양(東洋)'이라는 단어를 '동북아시아' 또는 '한자 문화권'이라는 말과 같은 의미로 사용했다.

육십사괘(六十四卦)

주역(周易)

주역은 '주(周)나라의 역(易)'이라는 뜻이며, 육십사괘(六十四卦)로 세상의 온갖 변화를 설명한 책이다. 그런 뜻에서 영어로는 'The Book of Changes'라고 번역한다. 전체는 괘사(卦辭)와 효사(爻辭)와 십익(十翼)이라는 부분으로 구성되어 있는데, '괘(卦)에 관한 글'인 괘사는 주(周)나라의 문왕(文王)이, '효(爻)에 관한 글'인 효사는 주(周)나라의 주공(周公)이, '괘와 효에 관한 부가적인 해설'인 십익(十翼)은 춘추전국(春秋戰國) 시대에 공자(孔子)가 지었다고 하지만 모두 분명하지 않다. 주역은 점서(占書)로서 역술(易術)에 쓰일 때는 상수학(象數學) 책으로 볼 수 있고, 경서(經書)로서 철학(哲學)이나 수신학(修身學)에 쓰일 때는 의리학(義理學) 책으로 볼 수 있다.

* 상수학(象數學)은 괘의 형상과 숫자로서 역을 해석하는 학문이고, 의리학(義理學)은 괘사의 의미와 이치로서 역을 해석하는 학문이다.

음양(陰陽)과 오행(五行)

음양과 오행의 개념은 동양에서 고대로부터 전해져 왔다. 음양은 처음에는 단순히 자연 현상을 인식하는 방법이었고, 오행은 주변에서 흔히 보는 물질 - 나무, 불, 흙, 쇠, 물 - 을 의미하는 수준 정도였다. 그러다가 점차로 추상적인 개념이 가미되고 철학적인 사유의 도구로써 사용되기 시작했다. 중국 춘추전국(春秋戰國) 시대 제자백가(諸子百家) 중의 한 파(派)인 음양가(陰陽家) 사람인 추연(鄒衍)이 음양 및 오행을 각각 하나의 사상으로 체계화했다.

음양론(陰陽論)에서는 우주 만물은 서로 상대적인 것들의 조화를 통해서 유지되고 있으며, 모든 현상도 상대적으로 나타난다고 생각했는데, 서로 상대적인 것을 음(陰)과 양(陽)으로 구분했다. **오행론**(五行論)에서는 우주 만물은 다섯 가지 운동 법칙 하에 있다고 보고, 그 법칙에 따른 기(氣)의 순환으로 자연의 현상을 설명했다.

음양오행론(陰陽五行論)

별개의 개념이었던 음양론과 오행론이, 춘추전국(春秋戰國) 시대 추연(鄒衍) 및 한(漢)나라 시대 동중서(董仲舒) 등의 여러 학자에 의해서 음양오행론(陰陽五行論)으로 발전했다. 훗날 송(宋)나라의 주돈이(周敦頤)가 **태극도설**(太極圖說)이라는 책에서 이것을 좀 더 체계화해서 설명했으며, 그것이 지금 음양오행론의 기반이 되었다.

* 음양오행론의 발전 과정을 단순화시켜보면:
  고대(古代)의 음양과 오행 개념 → 춘추전국(春秋戰國) 시대의 음양론, 오행론, 음양오행론 → 한(漢) 시대의 음양오행론 → 송(宋) 시대의 태극도설 → 지금의 음양오행론

주역(周易)과 음양오행(陰陽五行)

주역은 음양오행론이 체계화되기 훨씬 이전에 써진 책이며, 내용 중에 '음양(陰陽)'이나 '오행(五行)'이라는 단어가 한 번도 나오지 않고, 직접적인 관련도 없다. 다만,

계사전(繫辭傳)에 "일음일양지위도(一陰一陽之謂道: 한 번 陰이 되고 한 번 陽이 되는 것을 道라고 한다.)"라는 말이 있을 뿐이다. 그런데 후대에 역(易)과 음양오행을 합쳐서 설명하는 학설이나 함께 활용하는 술수(術數)가 많이 나왔기 때문에, 주역에도 음양오행 개념이 내포되어 있다고 이해하는 사람이 많다. 어쨌거나 주역과 음양오행론은 거의 모든 동양 사상의 밑바탕이다.

참고 **우리나라와 중국의 왕조(王朝)**

- 고조선 건국 B.C 2333년 / 부여 건국 B.C 200년 전후 / 삼국 통일 676년 / 고려 건국 918년 / 조선 건국 1392
- 하,은,주 / 춘추전국 / 진,(초)한 / 위진,남북조 / 수,당,송 / 원,명,청
  夏,殷,周 / 春秋戰國 / 秦,(楚)漢 / 魏晉,南北朝 / 隨,唐,宋 / 元,明,淸
  하,은,주 B.C 2000~ , 춘추전국 B.C 770~ , 진(秦) 통일 B.C 221년, 한(漢) 통일 B.C 206년, 당(唐) 건국 618년, 송(宋) 건국 960년, 명(明) 건국 1368년, 청(淸) 1616~1912년

동양오술(東洋五術) (術 꾀 술, 재주 술)

주역 및 음양오행론을 바탕으로 만들어진 실생활에 사용되는 응용술(應用術)은 **명·복·의·상·산**(命·卜·醫·相·山) 5가지 분야가 있다. (다음에 언급되는 각종 술법(術法)은 비교적 많이 알려진 것들만 나열하였으며, 그 술법이 출현한 시기 순서대로 적은 것은 아니다.)

명(命) (命 목숨 명)

사람이 살아가는 과정의 운세(運勢)를 보고 길흉화복(吉凶禍福)을 판단하는 학술(學術)을 명학(命學), 명리학(命理學) 또는 산명학(算命學)이라고 하는데, **당사주**(唐四柱), **자미두수**(紫微斗數), **사주명리**(四柱命理) 등이 이에 속한다.

복(卜) (卜 점 복, 遁 숨을 둔, 속일 둔)

국가의 운명이나 정세(政勢)를 점치는 일에는 태을신수(太乙神數)라는 술법을 많이 사용했고, 좋은 날과 시간이나 좋은 방향을 점치는 일에는 기문둔갑(奇門遁甲)이라는 술법을 주로 사용했다. 그리고 사람 일의 길흉성패(吉凶成敗)를 점치는 것에는 육임신과(六壬神課, =육임점 六壬占)라고 하는 술법을 주로 사용했다. 태을, 기문,

육임 외에도 주역점(周易占), 육효점(六爻占), 구성학(九星學), 대정수(大定數), 매화역수(梅花易數), 하락이수(河洛理數) 등등이 있다.

* 기문둔갑(奇門遁甲), 태을신수(太乙神數), 육임신과(六壬神課) 이 3가지를 '기을임 삼식(奇乙壬三式)'이라고 한다. "태을위천문 기문위지리 육임위인사(太乙爲天文 奇門爲地理 六壬爲人事: 태을은 천문을, 기문은 지리를, 육임은 인사를 본다.)"
* '복(卜)'은 동물의 뼈를 불에 구워서 그것의 갈라진 형상을 보고 길흉을 예측하는 방법이며, '서(筮)'는 시초(蓍草)라고 하는 풀의 줄기 여러 개로 수(數)를 구해서 길흉을 예측하는 방법이다. '점(占=卜+口)'은 점을 쳐서 나온 점괘를 (입을 통해서) 말로 풀이한다는 의미다.

의(醫)

사람의 질병을 치료하는 의술(醫術)을 말하는 것이다. 신체의 혈기(血氣) 순환을 위해서 경락(經絡)에 침과 뜸을 놓는 침구술(針灸術)이 있고, 허실(虛實), 한열(寒熱), 표리(表裏)를 기준으로 약제(藥劑)를 처방하는 방제술(方劑術)이 있다.

상(相) (相 서로 상, 볼 상, 보좌할 상)

사람의 운명에 영향을 미치는 공간과 형상을 살피는 것이다. 천문(天文)을 보는 것을 천상(天相)이라 하고, 양택(陽宅, 집터) 및 음택(陰宅, 묘터)을 보는 풍수지리를 지상(地相)이라 하고, 면상(面相), 수상(手相), 족상(足相), 체상(體相), 성상(聲相)을 보는 것을 인상(人相) 또는 관상(觀相)이라 하며, 성명학(姓名學)을 명상(名相)이라 하고, 문서 등에 찍는 도장의 글자 형상을 보는 것을 인상(印相)이라 한다.

산(山) 또는 선(仙) (仙 신선 선)

도(道)나 기(氣)를 수련하는 것이다. 양생법, 현전법, 수밀법 등이 있다. 양생법(養生法)을 세분화하면 호흡법(呼吸法)인 천단(天丹), 선약(仙藥)이나 식이법(食餌法)인 지단(地丹), 방중술(房中術)인 인단(人丹)이 있고, 현전법(玄典法)은 선도(仙道)의 경전(經典)으로 수련하는 것이며, 수밀법(修密法)은 내공(內功), 외공(外功) 및 신공(神功) 수련법이다.

사주(四柱)

년·월·일·시를 육십갑자(六十甲子) 간지(干支)로 표현한 것을 사주(四柱: 4개 기둥)라고 하며, 과거 동양의 날짜-시간 표시 방법이다. 사주는 날짜와 시간을 표현하는 기호일 뿐이며, 사주를 활용하는 것은 해당 분야의 일이다. 사주는 한문의 서법(書法)대로 '세로 쓰기'를 하며 오른쪽에서부터 년·월·일·시를 차례로 표기한다.

2017년 5월 2일 8시			
戊	己	甲	丁
辰	丑	辰	酉

* 오늘날에 간혹 왼쪽에서부터 년·월·일·시 순서로 사주를 표기하는 사람도 있기는 하지만 일반적이지 않다. 이 책에서는 한문 서법에 따라서 표기했다. 그래서 사주 위에 년·월·일·시 표시가 없어도 오른쪽에서부터 년·월·일·시 순서로 보면 된다.

당사주(唐四柱)

명리학의 한 갈래로서, 음력 생년월일시의 지지(地支)에 십이천성(十二天星)이라고 하는 것을 대입해서 평생의 운을 보는 방식이며, 글을 모르는 백성들도 쉽게 이해할 수 있도록 그림이 곁들여져 있다. 중국 당(唐) 시대의 간명일장금(看命一掌金)이라는 책이 조선시대 후기에 우리나라로 전해진 것으로 추정된다. 조선시대 중기에 이지함(李之菡)이 지은 토정비결(土亭祕訣: 사주로 한 해 운수를 보는 책)과 함께 민가에 널리 유행했다.

* 당(唐)나라 시대의 고법(古法) 사주학을 당사주라고 하기도 한다. 대표적인 책으로는 이허중(李虛中)의 이허중명서(李虛中命書)가 있다.

자미두수(紫微斗數)

명리학의 한 갈래로서, 중국 송(宋)나라의 도사(道士)인 진희이(陳希夷)가 창시한 후 도교(道教)에서 전해져 왔다. 명반(命盤)이라고 하는 별자리 도표에다가 음력 생년월일시를 적용해서 운명을 보는 술법이며 점성술(占星術)의 일종이다. 우리나라에는 비교적 많이 알려지지 않았으나 홍콩, 대만 등지에서는 사주명리학만큼이나 대중화되어 있으며 관련 서적이 많다.

* 자미두수의 창시자인 진희이(陳希夷)는 유명한 관상학(觀相學) 책인 마의상법(麻衣相法)이라는 책의 저자이기도 하다.
* 우리나라에는 조선의 선조 때 문신(文臣)인 김치(金緻)가 저술한 심곡비결(深谷祕訣)이라고 하는 자미두수를 설명한 책이 있다.

사주명리학(四柱命理學) =팔자명리학(八字命理學)

명리학의 한 갈래로서, 사주를 해석해서 사람의 운명을 추론하는 학술(學術)이다.

시대 및 실존 여부가 불분명한 중국의 귀곡자(鬼谷子) 및 낙록자(珞琭子)로부터 시작됐다고 하며, 그때부터 전해진 사주명리학을 **삼명학**(三命學)이라고 한다. 그 후 중국 송(宋)나라의 서자평(徐子平)이 새로운 사주명리 이론을 내놓았고, 그것으로부터 전수된 사주명리학을 **자평명리학**(子平命理學, 줄여서 **자평학**)이라고 한다.

삼명학을 **고법**(古法), 자평학을 **신법**(新法)이라고도 하는데, 고법에서는 납음오행(納音五行)과 운성(運星) 및 신살(神煞) 등으로 간명했고, 신법에서는 격국(格局)과 억부(抑扶)및 조후(調候)를 중심으로 간명했다. 현재는 신법 위주로 간명하지만, 고법 이론의 일부를 사용하기도 한다.

* 명리학이라는 용어 대신 중국에서는 **산명학**(算命學), 일본에서는 **추명학**(推命學)이라는 용어를 많이 사용한다. (算 셈할 산, 推 밀 추, 파고들어 연구할 추)
* 명리학의 각종 이론에 따라 사주의 격(格)과 희신(喜神)·기신(忌神)을 정하고 팔자의 구성 관계를 파악하는 일을 **간명**(看命) 또는 **논명**(論命)이라고 하고, 그것으로 그 사람의 기질과 성향, 배우자, 직업, 재물 등의 각종 운을 구체적으로 해석하는 일을 **통변**(通辯)이라고 한다.
* 공부 목적의 사주 풀이가 아니라 실제로 누군가의 사주를 간명하는 행위를 **실관**(實觀), **실전**(實戰), **임상**(臨床)이라는 말로 표현한다.

자평명리학(子平命理學)

사주명리학의 한 갈래로서, 음양오행론을 바탕으로 한 간지술(干支術)의 일종이다. 중국 송(宋)나라의 서자평(徐子平)으로부터 시작되었으며, 사주 여덟 글자 중에서 일간(日干)을 중심으로 글자 각각의 오행(五行)끼리 생극제화(生剋制化)하는 작용력을 파악해서 운명을 추론하는 방식을 기반으로 한다. 오랜 세월 전해지는 동안 여러 명리학자에 의해서 다양한 세부 이론이 정립되었으며, 오늘날 우리가 사주명리학이라고 하는 것은 대부분 자평명리학을 근간으로 하는 것들이다. 한마디로, 근현대 사주명리학의 주류 이론이다.

사주(四柱)가 명리학(命理學)의 도구가 된 이유

동양 고천문학에서 우주는 하늘에 보이는 태양, 지구, 달, 행성을 중심으로 파악되는 것이며, 그것들이 움직이는 위치에 따라서 자연환경(기후, 밤낮 등)이 바뀌고, 자연환경은 사람의 삶에 영향을 끼친다. 그런 이유로 우주의 기운이 사람의 운명과 관계가 깊다고 믿었다. 그래서 사람이 태어난 시점의 우주의 기운이 그 사람 운명의 행로(行路)를 정하며, 사주는 그 행로가 함축된 암호라고 생각했다. 따라서 사주라는 암호를 분석하면 그 사람 운명의 행로를 알 수 있고, 그 정보를 바탕으로 시기별 길흉화복(吉凶禍福)을 예측할 수 있다고 생각했을 것이다.

* 사람이 태어난 년·월·일·시는, 태어난 지구상의 위치를 기준으로 그 시점에 태양과 달과 행성의 위치를 나타낸 좌표와 마찬가지다.

사람은 눈에 보이지도 만져지지도 않는 것은 없는 것으로 생각하기 쉽다. 그러나 현대 과학은 우리가 살고 있는 공간에는 보이지도 만져지지도 않는 무엇인가가 있다는 것을 조금씩 밝히고 있다. 우리는 자연 속에서 열기(熱氣), 한기(寒氣), 습기(濕氣), 초음파(超音波), 전자파(電磁波), 방사선(放射線), 중력(重力), 자기력(磁氣力) 등등에 둘러싸여 살고 있는데, 이런 것들은 보이지도 만져지지도 않지만, 사람이 느끼거나 기구를 사용해서 감지할 수 있는 것들이다.

동양에서는 이런 종류의 것을 기(氣)라고 하는데, 기(氣)는 우리가 살아가는 환경 일부이며 인간에게 영향을 끼칠 수밖에 없다. 예를 들면, 달의 인력(引力)은 지구 바닷물을 끌어당겨서 밀물과 썰물을 만들기도 하는데, 체중의 60~70%가 수분인 인간의 몸에 영향이 없을 수 없다. 옛사람들은, 사주에는 그 사람이 어떤 음양오행의 기(氣)를 타고났는지에 관한 정보가 포함되어 있어서, 그것을 해석하면 그 사람이 어떤 기(氣)의 영향을 언제 어떻게 받을지를 알 수 있다고 생각한 것 같다.

사주명리학(四柱命理學)의 고전(古典)

시대	인물	저서(著書)	설명
동진 (東晉)	곽박 (郭璞)	옥조정진경 (玉照定眞經)	이 책에 '사주(四柱)'라는 말이 처음으로 등장했다. 후대에 서자평(徐子平), 장옹(張顒) 등이 주석을 달았다.
당 (唐)	이허중 (李虛中)	이허중명서 (李虛中命書)	원본은 전국 시대 귀곡자(鬼谷子)의 책, 년주(年柱)의 납음(納音)으로 운명을 보는 녹명법(祿命法)이 수록됐다.
송 (宋)	서거이 (徐居易)	명통부 (明通賦)	호는 **자평**(子平), **자평학의 시조**(始祖), 일간(日干)을 사주의 주체로 보았다. 〈이후를 新法 四柱學이라고 한다.〉
	서대승 (徐大升)	연해 (淵海)	서승(徐升), 자평의 명리 이론을 수집해서 정리한 책, 격국론(格局論)을 체계화시켰다.
명 (明)	유기 (劉基)	적천수 (滴天隨)	호는 백온(伯溫), 일간(日干)의 강약을 중시했으며, 억부(抑扶)를 강조했다.
	만민영 (萬民英)	삼명통회 (三命通會)	호는 육오(育吾), 당시에 수집한 명리 이론을 모두 수록한 일종의 명리 백과사전이다.

시대	인물	저서(著書)	설명
	장남 (張楠)	명리정종 (命理正宗)	자평명리 이론을 기반으로 저술되었으며, 사주 풀이 사례가 구체적으로 기술되어 있다.
	당금지 (唐錦池)	연해자평 (淵海子平)	서대승의 연해(淵海)와 후대 학자들의 주석서(註釋書)인 연원(淵源)을 합해서 편찬한 책이다.
청 (淸)	진소암 (陳素庵)	명리약언 (命理約言)	격국(格局)과 용신(用神) 등의 여러 가지 이론을 간단한 공식으로 정리했다.
	심효첨 (沈孝瞻)	자평진전 (子平眞詮)	월령(月令)을 중시했으며 격국(格局)을 강조했다. 현대 명리학의 기본 원리가 되는 내용이 많다.
	임철초 (任鐵樵)	적천수천미 (滴天髓闡微)	유기의 적천수(滴天髓)에 해석을 추가해서 만든 책이다. (적천수 원문 포함)
	여춘태 (余春台)	궁통보감 (窮通寶鑑)	작자 미상의 明代 고서(古書)인 난강망(欄江網)을 편집한 것이며, 조후(調候)를 강조했다.
	원수산 (袁樹珊)	명리탐원 (命理探原)	명리학의 역사와 기본적인 이론을 정리한 책이다. 적천수천미(滴天髓闡微) 해설서도 편찬했다.
대만 (臺灣)	서락오 (徐樂吾)	자평수언 (子平粹言)	자평명리 이론을 정리한 책, 용신을 정하는 5가지 원칙을 제시했다.
홍콩 (香港)	위천리 (韋千里)	명학강의(命學講義) 팔자제요(八字提要)	우리나라 박재완(朴在玩)의 저서인 명리요강(命理要綱) 및 명리사전(命理辭典)의 참고서다.
대만 (臺灣)	하건충 (何建忠)	팔자심리추명학 (八字心理推命學)	궁위(宮位)에 육친(六親)을 결합한 궁성론(宮星論)을 제시했다.

(格 격식 격, 局 판 국, 淵 깊은 못 연, 滴 물방울 적, 隨 따를 수, 抑 누를 억, 扶 도울 부, 詮 설명할 전, 闡 밝힐 천, 調 고를 조, 候 철 후, 기후 후, 鑑 거울 감, 探 찾을 탐, 粹 순수할 수, 아름다울 수, 要 구할 요, 요긴할 요, 綱 줄칠 강)

* 자평학은 대체로 격국(格局) 중심인데, 적천수는 억부(抑扶)를, 궁통보감은 조후(調候)를 강조했다.

우리나라 근현대의 3대 사주명리가(四柱命理家)

- 박재완(朴在玩, 1903~1992): 호는 도계(陶溪)고. 저서는 명리요강(命理要綱), 명리사전(命理辭典), 명리실관(命理實觀), 정전역해(正傳易解: 육효점 책)가 있다.
- 이석영(李錫暎. 1920~1983): 호는 자강(自彊)이고, 저서는 사주첩경(四柱捷徑, 사주명리학 고전들을 모아서 편찬한 책)이 있다. (捷 빠를 첩, 徑 지름길 경)
- 박재현(朴宰顯, 1935~2000): 호는 제산(霽山)이고 저서는 없다. '부산 박도사'로 알려졌고, 여러 유명 정치인과 기업인들과의 일화로 유명하다.

* 우리나라 현대 사주명리학 책 중에는 『사주정설(四柱精說)』이 대중적으로 유명하다. 저자는 백영관(白靈觀)인데 필명이며, 본명은 최영철(崔英哲, 1933년생)이다. 1983년에 처음 출간되었는

데, 책의 서문(序文)에는 '계묘(癸卯) 만춘(晩春)' 즉 1963년 늦봄에 썼다고 되어 있다.

역점(易占)과 역술(易術)

역(易)을 기반으로 미래를 예측하는 점술을 역점(易占)이라고 하며, 역점을 보는 기술을 역술(易術)이라고 한다. 역점으로는 주역의 괘(卦)와 괘사(卦辭)만을 사용하는 주역점(周易占)이 있고, 역(易)을 기반으로 하되 점성술(占星術), 간지술(干支術) 등이 접목된 구성학(九星學), 대정수(大定數), 매화역수(梅花易數, =관매점 觀梅占), 하락이수(河洛理數), 초씨역림(焦氏易林), 육효점(六爻占) 등등이 있다.

* 육효점은 역점(易占)의 한 종류다. 그러나 이름이 비슷한 육임점(六壬占)은 주역을 활용하지 않기 때문에 역점이 아니다.
* 육효점은 과거에는 단역(斷易), 귀곡역(鬼谷易), 경방역(京房易), 오행역(五行易)이라는 이름으로도 불리었다. 현대 육효점은 중국 청(淸)나라 시대의 책인 복서정종(卜筮正宗) 및 증산복역(增刪卜易)의 이론을 바탕으로 한다. 증산복역의 다른 이름은 야학노인점복전서(野鶴老人占卜全書)다.

참고 무속(巫俗)과 신점(神占)

무속(巫俗)은 원시 시대로부터 전해져온 샤머니즘(shamanism)과 애니미즘(animism) 등에 기타 종교적인 요소가 결합한 형태의 신앙이며, '무당(巫堂)'이라는 사람이 '신(神)내림'이라는 의식을 통해서 신(神) - 자연의 정령(精靈), 토착 신령, 조상 신 등등 - 과 인간을 중재한다. 무당이 신의 계시를 통해서 미래를 예측하는 점술이 신점(神占)이다. 무당은 원시 시대에는 제사장(祭司長)의 지위였다.

* '무당'은 원래 순우리말인데, 소리에 맞춰서 한자어로 '巫堂'이라고 표기했다는 설(說)도 있다.
* 여자 무당을 무녀(巫女) 또는 높여서 만신(萬神)이라고 하고, 남자 무당을 무격(巫覡) 또는 박수(博數)라고 부른다. (覡 남자 무당 격, 博 넓을 박)
* 무당은 3종류로 나뉜다. '신내림'을 받아서 무당이 된 강신무(降神巫), 무가(巫家)에서 '신줄'을 타고난 세습무(世襲巫), 무업(巫業)을 배워서 무당이 된 학습무(學習巫)가 있다.

역술인(易術人)과 철학관(哲學館)

명리학을 공부하는 사람을 **명리학자**(命理學者) 또는 **명리가**(命理家)라고 하는데, 명리를 학문이 아니라 기술이라고 보는 관점에서는 **명리술사**(命理術士)라고도 한다. 그리고 역점을 행하는 사람을 **역술가**(易術家)라고 한다. 그런데 명리를 보는 사람이 역술도 함께 하는 경우가 많아서 굳이 명리가와 역술가를 구분하지 않고 통칭 **역술인**

(易術人)이라고 불린다.

근래에는 젊은 세대들을 의식해서 '사주 상담가', '사주 컨설턴트(consultant)', '사주 프로파일러(profiler)', '운명 컨설턴트', '라이프 카운셀러(life counselor)', '라이프 코치(life coach)' 등으로 이름이 바뀌고 있다.

그리고 역술인이 운영하는 가게를 철학관(哲學館) 또는 역술원(易術院)이라고 하는데, 그것 또한 '사주 카페'나 '운명 상담소' 또는 '운명 연구소'라는 형태로 이름이 바뀌고 있다. 명리(命理)와 점술(占術) 및 역점(易占)과 신점(神占)을 구분하지 못하는 일반인들은, 무속인의 무당집과 역술인의 철학관을 통틀어서 그냥 '점집'이라고 하기도 한다.

* '~가(家)'는 직업 접미사로서, 어떤 분야의 일에 정통한 사람을 뜻한다. 전문가(專門家), 사상가(思想家), 화가(畵家), 소설가(小說家), 음악가(音樂家), 연출가(演出家), 평론가(評論家), 건축가(建築家), 사업가(事業家), 애주가(愛酒家), 미식가(美食家) 등등처럼 사용된다.

02
음양(陰陽)

태극(太極)

태극(太極)은 음양이 완전히 결합된 상태로서 우주의 근원을 의미하는 개념이다. 이 용어가 처음 사용된 곳은, 주역의 계사전(繫辭傳)에 적힌 "역유태극 시생양의 양의생사상 사상생팔괘(易有太極 是生兩儀 兩儀生四象 四象生八卦: 역에 태극이 있으니, 이것이 양의를 낳고 양의는 사상을 낳고 사상은 팔괘를 낳는다.)"는 문장이다.

(極 다할 극, 儀 거동 의, 법 의, 짝 의, 兩儀는 陰과 陽을 합쳐서 부르는 말, 无=無)

아래의 그림은 주역 계사전의 내용에 따라 태극이 분화(分化)되는 과정을 후대에 와서 그린 것이다. 무극(無極)에 관해서는 여러 가지 설(說)이 있는데, 그림에서는 도교(道敎)에서 주장하는 대로 태극의 앞에 무극을 배치했다.

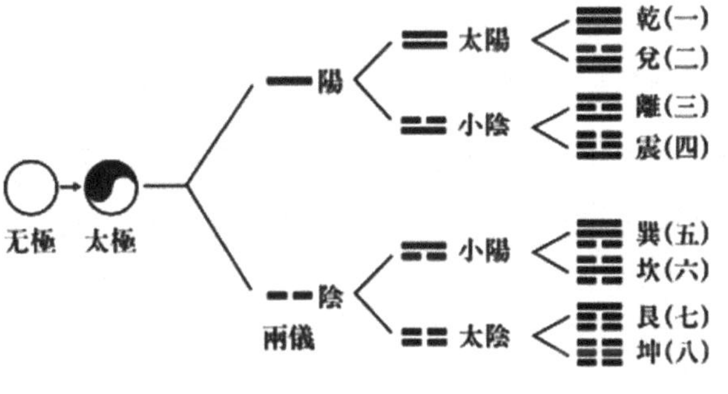

무극(無極)→태극(太極)→양의(兩儀)→사상(四象)→팔괘(八卦)

음양(陰陽)

만물의 변화는 시간의 흐름 때문에 발생하는데 그것이 곧 음(陰)과 양(陽)이다. 음양이 변하는 원리는 극즉반(極卽反) - 양기(陽氣)가 극(極)에 이르면 음기(陰氣)가 발생하고 음기(陰氣)가 극(極)에 이르면 양기(陽氣)가 발생한다 - 이다.

양(陽)은 **확산**(擴散) 및 **발산**(發散), 즉 밖으로 퍼져 나가고 드러내려는 운동성을 가지고 있으며 스스로는 확산을 멈추지 못한다. 음(陰)은 **수축**(收縮) 및 **수렴**(收斂), 즉 안으로 쪼그라들고 숨으려는 운동성을 가지고 있으며, 더는 수축할 수 없는 한계에 다다르면 내에서 스스로 양기(陽氣)를 키워낸다.

만물은 양(陽)적인 것과 음(陰)적인 것이 있는데, 그 구분은 절대적(絶對的), 항구적(恒久的)이 아니라 상대적(相對的), 가변적(可變的)이다. 상대적이라는 의미는, 예를 들면 더운 것이 양이고 추운 것이 음인데, 더운 것 중에서도 더 더운 것은 양이고 덜 더운 것이 음이며, 추운 것 중에서도 덜 추운 것은 양이고 더 추운 것은 음이다. 그래서 음과 양은 절대적인 구분이 아니라 상대적인 구분이다.

다음은 상대적으로 양인 것과 음인 것의 보기다.

양(陽)	동(動)	기(氣)	천(天)	일(日)	주(晝)	명(明)	화(火)	열(熱)	남(男)	철(凸)	성(盛)	허(虛)	확산	시간	홀수	…
음(陰)	정(靜)	질(質)	지(地)	월(月)	야(夜)	암(暗)	수(水)	한(寒)	여(女)	요(凹)	쇠(衰)	실(實)	수축	공간	짝수	…

* 양과 음을 표시하는 기호는 '⚊'와 '⚋'이며 각각 양효(陽爻), 음효(陰爻)라고 부른다.
* 지상에서 사물이 확산하고 수축하는 가장 큰 원인은 일조량(日照量)이다. 그리고 일조량은 시간의 흐름에 따라 바뀌고, 우리는 그것을 '계절(季節)'이라고 한다.
* '陽'은 언덕(阜 언덕 부, = 阝)에 태양(日)이 내리쬐는(勿) 쪽이고, '陰'은 지금(今)과 구름(云) 즉 그늘 쪽을 의미한다.

사상(四象)

*사상(四象)을 사괘(四卦)라고 하지는 않는다.

양효(陽爻) 및 음효(陰爻) 위에다가 교대로 양효와 음효를 올려서 만든, 2개 효로 구성된 총 4개의 상(象)을 사상(四象)이라고 한다. 양에 양을 더한 상인 '⚌'을 태양(太陽), 양에서 음이 시작된 상인 '⚍'을 소음(少陰), 음에서 양이 시작된 상인 '⚎'을 소양(少陽), 음에 음을 더한 상인 '⚏'을 태음(太陰)이라고 한다.

양이 가득 찬 태양을 노양(老陽)이라고도 하며 음이 가득 찬 태음을 노음(老陰)이라고도 한다. ("기운이 가득 찼다."라는 말은 한 편으로는 "한계에 다다랐다."라는 뜻이기도 하다.)

⚌ 태양(노양)	⚍ 소음	⚎ 소양	⚏ 태음(노음)
陽中陽, 內陽外陽	陽中陰, 內陽外陰	陰中陽, 內陰外陽	陰中陰, 內陰外陰
양(陽)이 왕성함	음(陰)이 시작됨	양(陽)이 시작됨	음(陰)이 왕성함

* 하효(下爻)를 내(內)로 보고, 상효(上爻)를 외(外)로 본다. 그래서 '내음외양(內陰外陽)'은 '하효는 음이고 상효는 양'이라는 말이다.

태극도설(太極圖說)과 성리학(性理學)

중국 송(宋)나라의 학자 주돈이(周敦頤)는 만물의 생성 과정을 [태극→음양→오행→만물]이라고 주장했으며, 그것을 그림과 함께 설명한 태극도설(太極圖說)을 내놓았다. 이런 사상을 바탕으로 남송(南宋)의 학자 주희(朱熹, =주자 朱子)로부터 시작된 유학(儒學)의 한 갈래를 성리학(性理學) 또는 주자학(朱子學)이라고 한다. 그래서 성리학에서는 세상 만물을 생성하는 근원적인 이치로서 태극이 있으며, 태극이 움직여서 음과 양이 되고, 음양은 다시 木·火·土·金·水 오행으로 분화(分化)된다고 생각했다. 그래서 만물에는 음양(陰陽)과 오행(五行)이라는 속성이 있다고 보는 것이다.

* '무극(無極)'이라는 말 자체는 태극도설이 나오기 이전부터 있었다. 그런데 태극도설에서 '태극은 무극과 같은 것'이라고 주장했기 때문에, 그것을 바탕으로 유가(儒家)에서는 "태극과 무극은 같다."라고 한다. 그러나 도가(道家)에서는 "태극은 무극에서 나왔다."라고 주장한다.

역(易)과 음양오행(陰陽五行) 개념의 분화(分化)

원래 주역(周易)은 육십사괘(六十四卦)를 기반으로 점치는 책이다. 사상(四象)과 팔괘(八卦)는 후대에 와서 주역에 추가된 것이다. 그리고 음양(陰陽)과 오행(五行)은 출현 순서는 알 수 없지만, 역(易)과 마찬가지로 동양 상고대(上古代)부터 존재했던 개념이다. 후대 학자들은 그런 개념들을 자기 나름대로 섞고 정리해서 여러 가지 학설로 내놓았다. 현재는, 역(易)은 [태극→양의→사상→**팔괘→육십사괘**] 순서로 분화되었고, 음양오행은 [태극→음양→사상→**오행→천간·지지**] 순서로 분화되었다고 보는 것이 일반적이다.

사주명리학은 음양오행을 기반으로 성립된 학문이므로, 역(易)과는 직접적인 관계가 없다. 하지만 천간(天干)과 지지(地支)에 육십사괘를 결부시켜서 설명하는 명리가가 간혹 있기도 하다. 또, 나중에 다른 갈래의 명리학으로 공부 영역을 넓히려면 어쩔 수 없이 맞닥뜨리는 것이 역(易)이다. 그래서 이 책에 팔괘 및 육십사괘 그리고 주역 책의 구성을 간단하게나마 포함했다. (역(易)에 관해서 굳이 알고 싶지 않다면, 이 장의 나머지 부분은 건너뛰어도 된다.)

팔괘(八卦) =소성괘(小成卦)

사상(四象) 위에다가 양효(陽爻)와 음효(陰爻)를 교대로 올려서 만든, 3개 효로 구성된 총 8개의 괘를 팔괘(八卦)라고 한다. 아래는 팔괘(八卦) 배속표(配屬表)다.

	태양(⚌)에서 분화		소음(⚍)에서 분화		소양(⚎)에서 분화		태음(⚏)에서 분화	
괘상	☰	☱	☲	☳	☴	☵	☶	☷
괘명 및 선천수	건(乾)	태(兌)	리(離)	진(震)	손(巽)	감(坎)	간(艮)	곤(坤)
	천(天)	택(澤)	화(火)	뢰(雷)	풍(風)	수(水)	산(山)	지(地)
	일건천 (一乾天)	이태택 (二兌澤)	삼리화 (三離火)	사진뢰 (四震雷)	오손풍 (五巽風)	육감수 (六坎水)	칠간산 (七艮山)	팔곤지 (八坤地)
후천수	육(六)	칠(七)	구(九)	삼(三)	사(四)	일(一)	팔(八)	이(二)
절연 (絶連)	건삼련 (乾三連)	태상절 (兌上絶)	이허중 (離虛中)	진하련 (震下連)	손하절 (巽下絶)	감중련 (坎中連)	간상련 (艮上連)	곤삼절 (坤三絶)
가족	아버지 (父)	막내딸 (少女)	둘째딸 (中女)	맏아들 (長男)	맏딸 (長女)	둘째아들 (中男)	막내아들 (少男)	어머니 (母)
선천방위	남	동남	동	동북	서남	서	서북	북
후천방위	서북	서	남	동	동남	북	동북	서남
성질	굳셈 건(健)	기쁨 열(說)	아름다움 려(麗)	움직임 동(動)	들어감 입(入)	빠짐 함(陷)	그침 지(止)	유순함 순(順)
음양오행	陽金	陰金	火(陰火)	陽木	陰木	水(陽水)	陽土	陰土
천간	庚	辛	丙, 丁	甲	乙	壬, 癸	戊	己
지지	申	酉	巳, 午	寅	卯	亥, 子	辰, 戌	丑, 未

(乾 하늘 건, 마를 건, 兌 바꿀 태, 기쁠 태, 離 떠날 리, 분리될 리, 震 벼락 진, 천둥 진, 巽 부드러울 손, 유순할 손, 사양할 손, 坎 구덩이 감, 험할 감, 고생할 감, 艮 그칠 간, 한정할 간, 머무를 간, 坤 땅 곤, 황후 곤, 絶 끊을 절, 連 이을 련, 說 말씀 설, 기뻐할 열, 달랠 세, 벗을 탈, 悅 기쁠 열)

* 표에서 [절연]은 끊어짐과 이어짐이라는 뜻으로, 괘(卦)를 이루는 3개 효(爻)의 끊어지고 이어진 모양을 기억하기 쉽게 설명하는 표현이다. 예를 들면, '○삼련(三連)'은 '이어진 것이 3개'라는 뜻이고, '○허중(虛中)'은 '끊어진 것이 가운데'라는 뜻이며, '○하절(下絶)'은 '아래에 끊어진 것'이라는 뜻이다. 다른 것도 이와 같다.
* 표에서 [선천수] 및 [선천방위] 행의 값은 선천팔괘방위도(先天八卦方位圖)를 기준으로 했을 때의 값이고, [후천수] 및 [후천방위] 행의 값은 후천팔괘방위도(後天八卦方位圖)를 기준으로 했을 때의 값이다. 이 책의 "부록4. 상수학(象數學)의 수(數)"에 자세히 설명되어 있다.

* 팔괘 각각의 음양(陰陽)은, 그 괘의 획수가 홀수면 양이고 짝수면 음이다. 예를 들면, 이태택(二兌澤 ☱)은 획이 4개이므로 음이고 사진뢰(四震雷 ☳)는 획이 5개이므로 양이다.

* 괘의 모양으로 팔괘를 외우는 방법

이태택(二兌澤 ☱): 아래 두 양효가 단단한 땅이고 맨 위 음효의 뚫린 공간이 연못 모양이다.
삼리화(三離火 ☲): 가운데 음효의 갈라진 획이 '火' 글자의 좌우 획처럼 생겼다.
사진뢰(四震雷 ☳): 위의 2개 음효 사이를 벼락이 내려쳐서 땅(맨 아래 양효)에 꽂힌다.
오손풍(五巽風 ☴): 맨 아래 음효 사이로 바람이 빠진다.
육감수(六坎水 ☵): 아래 위 음효가 물결이 흐르는 모양이다. ('水' 글자를 옆으로 눕힌 형태)
칠간산(七艮山 ☶): 'U' 글자를 거꾸로 세운 모양, 그것이 산봉우리처럼 생겼다.

육십사괘(六十四卦) =대성괘(大成卦) =중괘(重卦)

소성괘(小成卦)를 아래위로 겹쳐서 만든, 6개 효로 구성된 총 64개의 괘(䷀ ䷊ ䷋ ䷾ ䷿ …)를 육십사괘(六十四卦)라고 한다. 큰 괘라는 뜻으로 대성괘(大成卦)라고도 하고, 소성괘가 중첩됐다는 뜻으로 중괘(重卦)라고도 한다. 위의 소성괘를 상괘(上卦), 아래의 소성괘를 하괘(下卦)라고 부른다. 아래는 육십사괘를 나타낸 표다.

上卦 / 下卦	☰ 一乾天	☱ 二兌澤	☲ 三離火	☳ 四震雷	☴ 五巽風	☵ 六坎水	☶ 七艮山	☷ 八坤地	
☰ 一乾天	乾爲天 건위천	澤天夬 택천쾌	火天大有 화천대유	雷天大壯 뇌천대장	風天小畜 풍천소축	水天需 수천수	山天大畜 산천대축	地天泰 지천태	重乾天 중건천
☱ 二兌澤	天澤履 천택리	兌爲澤 태위택	火澤睽 화택규	雷澤歸妹 뇌택귀매	風澤中孚 풍택중부	水澤節 수택절	山澤損 산택손	地澤臨 지택림	重兌澤 중태택
☲ 三離火	天火同人 천화동인	澤火革 택화혁	離爲火 이위화	雷火豊 뇌화풍	風火家人 풍화가인	水火旣濟 수화기제	山火賁 산화비	地火明夷 지화명이	重離火 중리화
☳ 四震雷	天雷无妄 천뢰무망	澤雷隨 택뢰수	火雷噬嗑 화뢰서합	震爲雷 진위뢰	風雷益 풍뢰익	水雷屯 수뢰둔	山雷頤 산뢰이	地雷復 지뢰복	重震雷 중진뢰
☴ 五巽風	天風姤 천풍구	澤風大過 택풍대과	火風鼎 화풍정	雷風恒 뇌풍항	巽爲風 손위풍	水風井 수풍정	山風蠱 산풍고	地風升 지풍승	重巽風 중손풍
☵ 六坎水	天水訟 천수송	澤水困 택수곤	火水未濟 화수미제	雷水解 뇌수해	風水渙 풍수환	坎爲水 감위수	山水蒙 산수몽	地水師 지수사	重坎水 중감수
☶ 七艮山	天山遯 천산둔	澤山咸 택산함	火山旅 화산려	雷山小過 뇌산소과	風山漸 풍산점	水山蹇 수산건	艮爲山 간위산	地山謙 지산겸	重艮山 중간산
☷ 八坤地	天地否 천지비	澤地萃 택지췌	火地晋 화지진	雷地預 뇌지예	風地觀 풍지관	水地比 수지비	山地剝 산지박	坤爲地 곤위지	重坤地 중곤지

* 64괘 각 괘에 부여된 '3~4글자 이름'을 괘상(卦象)이라고 하며, 괘상의 뒤에 1~2글자를 괘명(卦名)이라고 한다. 괘상(卦象)=상괘명+하괘명+괘명(卦名) [보기] 택천괘(澤天夬 ䷪) = 택(澤 ☱) + 천(天 ☰) + 쾌(夬) 단, 상·하괘가 같은 것은 이름 부여 방법이 이와 다르다.

* 상괘(上卦)를 내괘(內卦), 하괘(下卦)를 외괘(外卦)라고도 한다. (괘와 효는 아래를 내(內), 위를 외(外)로 보는 것이 원칙이다.)
* 64괘에는 순서가 있으며, 순서에 관한 여러 학설이 있지만 주역의 서괘전(序卦傳)에 기술된 순서를 많이 사용한다.

참고 주역(周易)의 구성

주역 책의 내용은 '64개 괘(卦)와 각 괘를 구성하는 효(爻)에 관한 설명'과 '후대에 그것을 재해석해서 추가한 내용'을 포함하고 있으며, 책의 구성은 크게 경(經) 부분과 전(傳) 부분으로 되어 있다.

경(經)은 주역의 본문이라고 할 수 있으며, 일반적으로 경(經) 부분을 **역경**(易經)이라고 부른다. 1~30 괘에 관해서 설명한 상경(上經)과 31~64 괘에 관해서 설명한 하경(下經)으로 구분되며, 내용 중에는 각각의 괘를 설명한 글인 괘사(卦辭)와 효를 설명한 글인 효사(爻辭)가 있다.

전(傳)은 후대에 경(經)을 재해석해서 추가한 부분이다. 다음과 같이 10단원으로 구성되어 있으므로 **십익**(十翼)이라고 부른다.

- 단전(彖傳): 괘사(卦辭)를 풀어서 설명한 해설문이다.
- 상전(象傳): 괘에 관한 설명인 괘상전(卦象傳, =대상전 大象傳)과 효에 관한 설명인 효상전(爻象傳, =소상전 小象傳)으로 나뉘어 있다.
- 계사전(繫辭傳): 역의 기원과 점치는 방법 등에 관한 글이며 상·하(上·下)로 나뉘어 있다.
- 문언전(文言傳): 건문언전(乾文言傳)은 건(乾)괘에 관해서, 곤문언전(坤文言傳)은 곤(坤)괘에 대해서 집중적으로 설명한 글이다.
- 설괘전(說卦傳): 팔괘(八卦)에 관해서 설명한 글이다.
- 서괘전(序卦傳): 괘의 순서에 관해서 설명한 글이며 상·하(上·下)로 나뉘어 있다.
- 잡괘전(雜卦傳): 잘 어울리는 괘끼리 짝을 지어서 설명한 글이다.

* 위의 내용을 요약하면, **주역** = **역경**(上·下) **+ 십익**(단전 + 상전 + 계사전(上·下) + 문언전(乾·坤) + 설괘전 + 서괘전(上·下) + 잡괘전)
* 십익(十益) 전체 내용을 10부분으로 구분할 때, 역학자(易學者)에 따라서 위의 구성과 다르게 구분하기도 한다.

(經 경서 경, 辭 말씀 사, 翼 날개 익, 도울 익, 彖 판단할 단, 繫 맬 계, 매달 계, 雜 섞일 잡)

참고 태극기(太極旗)의 문양(紋樣)

1882년 조선과 미국의 조미수호통상조약(朝美修好通商條約)에서 역관(譯官) 이응준(李應浚)이 최초의 태극기를 만들어서 사용하였으며, 1883년(고종 20년) 음력 1월 27일에 조선의 정식 국기로 반포됐다. 태극기는 처음 만들어진 이후 여러 차례 도안이 바뀌었는데, 지금의 도안은 1949년 10월 15일에 문교부(文敎部)의 고시로 대한민국 국기로 정해진 것이다.

중앙에 있는 태극은 양의(兩儀)를 포함하고 있는데, 양(陽)인 하늘은 빨간색이며 위에 있고 음(陰)인 땅은 파란색이며 아래에 있다. 네 모퉁이에는 팔괘 중에서 건(乾 ☰), 곤(☷ 坤), 감(坎 ☵), 리(☲ 離) 4개를 배치하였는데 각각 天, 地, 水, 火를 의미하며, 이것은 각각 (음양이 분화되어 실제로 세상에 구현된 요소인) 하늘과 땅과 물과 불을 나타낸다.

* 태극 모양은 여러 가지가 있다. 태극 안에 점이 찍힌 것은 도교(道敎)의 **태극음양도**(太極陰陽圖)이며, 점은 양 속에 음, 음 속에 양이 있음을 나타낸다. 그리고 바람개비 모양의 **삼태극**(三太極)은 우리나라 고유의 태극이며, (음과 양이 아니라) 각각 태극, 황극, 무극을 의미하는 파란, 노란, 빨간 3가지 색깔로 표현한다.

참고 삼재사상(三才思想) (才 재주 재, 기본재, 바탕 재)

주역의 계사전(繫辭傳)에 **삼재**(三才)라는 말이 처음 등장했다고 하며, 삼원(三元) 또는 삼극(三極)이라고도 한다. 세상의 기본 요소이자 변화의 주체를 천·지·인(天·地·人: 하늘과 땅과 사람)으로 보는 사상이다. (三才 = 天才 + 地才 + 人才)

* 과거에는 하늘은 둥근 모양, 땅은 모가 진 모양(네모꼴), 사람은 각이 진 모양(세모꼴)으로 생각했다. 그래서 천원(天圓), 지방(地方), 인각(人角)이라는 말이 있다. (角 뿔 각, 모서리 각)

참고 역(易)과 수학의 이진법(二進法)

양효(陽爻)와 음효(陰爻)를 각각 수학 2진법의 1과 0으로 간주하면, 2개 효를 사용한 사상(四象)은 2^2이니 4개가 되고, 3개 효를 사용한 팔괘(八卦)는 2^3이니 8개가 되며, 6개 효를 사용한 육십사괘(六十四卦)는 2^6이니 64개가 된다. 즉 괘의 구성 원리는 컴퓨터의 기초 원리와 같은 2진법 체계다.

팔괘를 컴퓨터에서 수(數)를 나타내는 방법인 '2의 보수법'을 적용해서 계산해 보면 팔괘의 선천수(先天數)와 일치한다. 각 괘의 맨 아래 효부터 양(陽)은 1, 음(陰)은 0으로 바꿔서 만들어진 2진수에 대한 '2의 보수'를 구해보면, 각 괘는 1~8 사이의 하나의 값이 된다. 예를 들면 다음과 같다.

- 이태택(☱)은 '양양음'이므로 110_2 → $[\ 001_2 + 1_2 = 010_2\ ]$ → 2_{10} 이다.
- 육감수(☵)는 '음양음'이므로 010_2 → $[\ 101_2 + 1_2 = 110_2\ ]$ → 6_{10} 이다.
- 팔곤지(☷)는 '음음음'이므로 000_2 → $[\ 111_2 + 1_2 = 1000_2\ ]$ → 8_{10} 이다.

참고 괘(卦) 관련 기호의 컴퓨터 유니코드(Unicode) 값

컴퓨터로 문서를 작성할 때 문장 안에 괘 모양을 넣으려면 필요한 정보다.

- 양의 및 사상 U+268A ~ U+268F (⚊ ⚋ ⚌ ⚍ ⚎ ⚏)
- 팔괘 U+2630 ~ U+2637 (☰ ☱ ☲ ☳ ☴ ☵ ☶ ☷)
- 육십사괘 U+4DC0 ~ U+4DFF (䷀ ䷁ ䷂ ䷃ ䷄ ䷅ ䷆ ䷇ …)
  (https://zh.wiktionary.org/wiki/Appendix:Unicode/易經六十四卦符號)
- 유니코드 값으로 문자를 찾아 볼 수 있는 인터넷 사이트
  (https://unicode-table.com/kr)

* '(아래)한글' 프로그램으로 문서를 작성할 때 양의·사상·팔괘 기호가 필요하면, [입력] 메뉴에서 [문자표] 창을 열어서 '여러 가지 기호'에서 찾을 수 있다. 육십사괘는 같은 창의 '역경 6줄 기호'에 있다.

03
오행(五行)

오행(五行)

'五行'의 '行'은 '나아간다'라는 의미인데, 시간의 흐름에 따라서 변화되어 가는(음양이 순환하는) 자연의 기운을 나타내는 기호다. 사상(四象)인 소양, 태양, 소음, 태음의 기운을 각각 의미하는 木, 火, 金, 水에 土를 더해서 오행을 정의했다. 오행은 '5가지 물질'이라는 의미가 아니라 '5가지 기(氣)'라는 의미다. 그리고 木·火·金·水는 사상(四象)의 음양에 따라서 **木·火는 양기**(陽氣)고, **金·水는 음기**(陰氣)다.

오행(五行)의 생성 순서와 운동 순서

오행의 <u>탄생 순서</u>는 水→火→木→金→土고, <u>운동 순서</u>는 木→火→土→金→水다. 土는 끝없이 퍼져 나가려는 양(陽)의 운동을 중재해서, 그 방향을 음(陰) 쪽으로 돌리는 역할을 한다. 즉 土는 양(木·火)과 음(金·水)의 운동을 연결해 주는 것이다. 土가 火와 金을 연결해 주기 때문에, 土는 火와 운동성이 비슷하다고 하는 **화토동법**(火土同法) 이론이 생겼다. 그리고 木·火·金·水에 土가 추가됨으로써 그림과 같은 오행의 상생상극(相生相剋) 관계가 성립됐다.

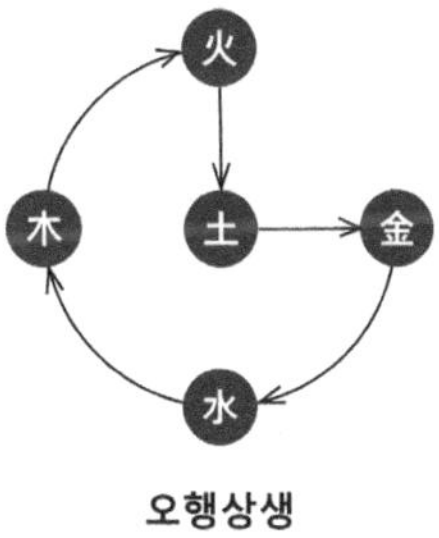

오행상생

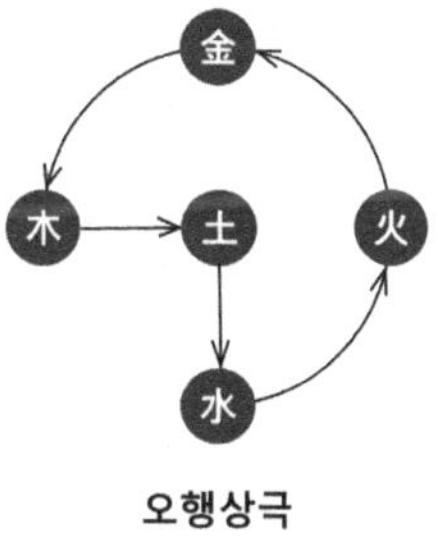

오행상극

오행의 상생(相生)과 상극(相剋) 사이에는 금화교역(金火交易)의 이치가 들어 있다. 왼쪽 그림은 상생을 표현한 것이고, 오른쪽 그림은 상극을 표현한 것인데, 왼쪽 그림에서 金과 火의 위치를 서로 바꾸면 오른쪽 그림이 되는 것을 금화교역이라고 한다.

* 이 책의 "부록4. 상수학(象數學)의 수(數)"에 이 그림에 대한 상세 설명이 있다.

오행(五行)의 순환(循環)

四象	사상(四象)적 의미	五行	오행(五行)적 의미 (계절적 의미)
少陽	양이 시작되고 자라는 상태	木	솟아오르는 기운 (봄에 새싹이 땅을 뚫고 올라온다)
太陽	양이 왕성하고 가득한 상태	火	펼치고 피우는 기운 (여름에 만물이 왕성하게 자란다)
-	-	土	양과 음으로 전환하면서 연결해 주는 기운 (환절기)
少陰	음이 시작되고 자라는 상태	金	올라갔던 것이 내려오고 결실을 보는 기운 (가을에 열매가 맺어서 떨어지고 서리가 내린다)
太陰	음이 왕성하고 가득한 상태	水	움직임을 접고 다음을 준비하는 기운 (겨울에 양분을 저장한 채로 땅 속에서 동면한다)

* 여름과 가을 사이에 土의 계절인 '장하(長夏)'를 넣어서, 오행의 순서에 계절을 맞춰서 설명하는 학설이 있지만 주류 이론은 아니다. 土는 계절과 계절의 사이 즉 환절기를 의미한다.

오행(五行) 배속표(配屬表) (配 짝 배, 屬 무리 속, 붙을 촉)

오행론에서는 모든 사물과 현상을 오행으로 분류한다. 아래는 그 내용의 일부다.

	木(목)	火(화)	土(토)	金(금)	水(수)
계절	춘(春) 봄	하(夏) 여름	환절기(換節期)	추(秋) 가을	동(冬) 겨울
하루 중	조(朝) 아침	주(晝) 낮	오(午) 대낮	석(夕) 저녁	야(夜) 밤
방위	동(東) 東木	남(南) 南火	중앙(中央) 中土	서(西) 西金	북(北) 北水
색	청(靑) 靑木	적(赤) 赤火	황(黃) 黃土	백(白) 白金	흑(黑) 黑水
성질	곡직(曲直)	염상(炎上)	가색(稼穡)	종혁(從革)	윤하(潤下)
작용	생(生) 키움	장(長) 펼침	화(化) 변화	수(收) 거둠	장(藏) 저장
오운(五運)	풍(風)	열(熱)	습(濕)	조(燥)	한(寒)
오장(五臟) - 음(陰)	간(肝)	심(心)	비(脾)	폐(肺)	신(腎) 자궁(子宮)
육부(六腑) - 양(陽)	담(膽)	소장(小腸) 삼초(三焦)	위(胃)	대장(大腸)	방광(膀胱)
오체(五體)	근(筋) 힘줄	혈(血) 피	육(肉) 살	피(皮), 모(毛) 피부,털	골(骨) 뼈
오규(五竅)	안(眼) 눈	설(舌) 혀	구(口) 입	비(鼻) 코	이(耳) 귀
오액(五液)	누(淚) 눈물	혈(血) 피	타(唾) 침	한(汗) 땀	뇨(尿) 오줌
오미(五味)	산(酸) 신맛	고(苦) 쓴맛	감(甘) 단맛	신(辛) 매운맛	함(鹹) 짠맛
오정(五情)	노(怒) 화남, 노여움	희(喜) 기쁨, 즐거움	사(思) 생각	비(悲), 우(憂) 슬픔, 근심	공(恐), 경(驚) 두려움, 놀람

	木(목)	火(화)	土(토)	金(금)	水(수)
오덕(五德)	인(仁) 어짐	예(禮) 예절	신(信) 믿음	의(義) 옳음	지(智) 지혜
오음(五音)	각(角)	치(徵)	궁(宮)	상(商)	우(羽)
신수(神獸)	청룡(靑龍)	주작(朱雀)	구진(勾陳) 등사(騰蛇)	백호(白虎)	현무(玄武)

(稼 심을 가, 穡 거둘 색, 從革 따르거나 뒤집어 엎거나, 潤 젖을 윤, 徵 부를 징, 음률 이름 치, 脾 지라 비, 腎 콩팥 신, 膽 쓸개 담, 竅 구멍 규, 液 진 액, 味 맛 미, 情 뜻 정, 獸 짐승 수)

* 木은 오행 중 유일하게 생명체로서, 나고 자라는데 환경의 영향을 받는다. 그 환경이 햇볕(火), 흙(土), 물(水), 숙살(肅殺)의 기운(金)이다.

* **木↔金**, **火↔水**는 서로 충돌하며 반대되는 오행이다. 그래서 **봄**(木)과 **가을**(金), **여름**(火)과 **겨울**(水)은 서로 반대되는 계절이다.

* 의학에서는 오운(五運, 風·熱·濕·燥·寒) 대신 육기(六氣, 風·熱·暑·濕·燥·寒)로 본다.

* 오장(五臟)과 육부(六腑)에서 음화(陰火)는 심(心) 하나뿐이지만 양화(陽火)는 소장(小腸)과 삼초(三焦) 2개다. 음화(陰火)도 심(心)과 심포(心包)로 구분하기도 하는데 그러면 육장육부(六臟六腑)가 된다. 삼초와 심포는 형상이 없다. 그래서 무형(無形)의 장부(臟腑)라고 한다.

오행(五行)의 성정(性情)

木	생기(生氣), 탄생, 시작, 계획, 전진, 단순, 솔직, 이기적, 자기주장이 강함, 경거망동(輕擧妄動), 자제력 및 인내심 부족
火	확산(擴散), 성장, 번성, 활동적, 분주(奔走), 욕망, 열정, 다혈질, 충동적, 외형적, 화려함, 아름다움을 추구함, 자의식 강함
土	중재(仲裁), 중개(仲介), 교섭, 조정, 전환, 공평무사(公平無私), 믿음, 신용, 안정을 추구함, 보수적, 융통성 부족(고지식함), 속내 감춤
金	수축(收縮), 응고(凝固), 결실, 수확, 마무리, 정리(整理), **숙살**(肅殺), 분리, 결단, 금제(禁制), 개혁, 냉정함, 강인함, 의리와 명예 중시
水	저장(貯藏), 생명의 근원, 심원(深遠), 정신세계, 사색, 지혜, 학문, 비밀, 이성(異性)과의 애정, 휴식, 신중, 비활동적

* 숙살(肅殺)은 가을의 쌀쌀한 기운이 풀이나 나무를 말려죽인다는 의미다. (肅 엄숙할 숙)

오행(五行)의 상생(相生)과 상극(相剋) (剋 이길 극, 견딜 극)

상생(相生)	木生火	나무는 불을 살린다.
	火生土	불탄 재는 흙이 된다.
	土生金	흙(땅)에서 금이 난다. 흙이 굳어서 바위 및 쇠가 된다.
	金生水	금을 녹이면 물이 된다. 바위틈에서 물이 솟아난다.
	水生木	물은 나무를 자라게 한다.

상극 (相剋)	木剋土	나무는 뿌리를 뻗어서 흙을 붕괴시킨다. 나무는 흙을 뚫고 나온다.
	土剋水	흙은 물을 흡수한다. 흙으로 제방을 쌓아서 물을 막고 가둔다.
	水剋火	물은 불을 끈다.
	火剋金	불은 쇠를 녹인다. 불로 쇠를 제련한다.
	金剋木	쇠로 만든 칼이나 도끼는 나무를 자른다.

* 위 표에서 오행끼리의 상생상극을 물질적으로 설명한 내용은, 각각의 생(生)과 극(剋) 관계를 기억하기 좋게 비유한 것일 뿐 실제적인 것이 아니다.

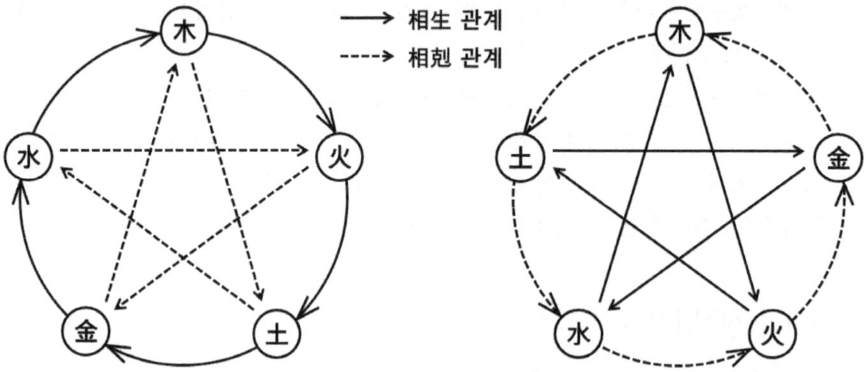

오행생극도(五行生極圖)

생(生)은 '좋은 작용'이고 극(剋)은 '나쁜 작용'이라고 생각하면 틀린다. 생(生)은 상대 오행에게 기(氣)를 더해주고(살려주고), 극(剋)은 상대 오행의 기(氣)를 상(傷)하게 하는 작용일뿐이다. 그리고 상대 오행을 생하거나 극하면 오행 자신의 기(氣)가 줄어드는데, 그것을 **설기**(洩氣)라고 한다. (傷 다칠 상, 상처 상, 洩 샐 설, =泄)

두 오행 사이의 상생상극 작용은 두 오행의 기(氣)의 세기를 변화시킨다. '생을 받는 오행'은 (상대로부터 기를 받기 때문에) 기가 증가하고, '생을 하는 오행'은 (상대에게 기를 주느라고) 기가 감소한다. 그리고 '극을 당하는 오행'은 (기가 상해서) 기가 감소하고, '극을 하는 오행'은 (상대를 상하게 하느라고) 기가 감소한다. 결론적으로, '생을 받는 오행'만 기가 증가하고 나머지 경우의 오행은 기가 감소한다. 이처럼 상생상극에 의해서 오행끼리 기(氣)를 주고받는 것을 한마디로 **생극제화**(生剋制化)라고 한다.

같은 오행끼리는 서로 상생도 상극도 하지 않는다. 형제나 동료와 같아서 서로 돕거나 협력하며, 때에 따라서는 서로 경쟁하기도 한다.

쇠약한 오행을 적당히 생하면 좋아지지만, 왕성한 오행을 생하면 너무 왕성해져서 좋지 않다. 반대로, 쇠약한 오행을 극하면 좋지 않지만, 너무 왕성한 오행은 적당히 극하면 좋아진다. 이런 관계에 관해서는 이어서 자세히 설명한다.

'기운이 왕성한 오행'이 다른 오행을 생(生)하면 자신은 적당하게 설기되어 좋아진다.

- [木生火] 기운이 왕성한 木이 火를 만나면 불이 매우 밝아진다.
- [火生土] 기운이 왕성한 火가 土를 만나면 열기(熱氣)가 적당히 누그러진다.
- [土生金] 기운이 왕성한 土가 金을 만나면 옥토(沃土)로 변한다.
- [金生水] 기운이 왕성한 金이 水를 만나면 강기(剛氣)가 적당히 누그러진다.
- [水生木] 기운이 왕성한 水가 木을 만나면 세력(勢力)이 적당히 줄어든다.

(熱 더울 열, 沃 기름질 옥, 剛 굳셀 강, 勢 기세 세)

'기운이 왕성한 오행'이 다른 오행의 극(剋)을 당하면 기운이 누그러져서 좋아진다.

- [木剋土] 기운이 왕성한 土가 木을 만나면 소통(疎通)이 된다.
- [火剋金] 기운이 왕성한 金이 火를 만나면 기물(器物)이 된다.
- [土剋水] 기운이 왕성한 水가 土를 만나면 지소(池沼)가 된다.
- [金剋木] 기운이 왕성한 木이 金을 만나면 재목(材木)이 된다.
- [水剋火] 기운이 왕성한 火가 水를 만나면 기재(旣濟)하는 일이 된다.

(疎=疏 트일 소, 성질 소, 疏通 서로 의사가 통한다, 器物 쓸모 있는 물건, 池 못 지, 沼 늪 소, 旣濟 급료로 주는 쌀, 빈곤이나 위난을 구세한다는 의미로도 쓰임)

'생(生)을 받는 오행'이 '자신을 생(生) 하는 오행'을 지원하는 방법

예를 들어 木生火 관계를 보면, 木은 火를 일방적으로 생하는 것처럼 보이지만, 火는 金을 극해서 金이 木을 극하는 것을 방해함으로써 우회적으로 木을 지원한다. 그래서 '상생(相生)'이라고 한다. 이 관계를 오행생극도(五行生剋圖)에서 보면 삼각형을 이룬다. 火生土, 土生金, 金生水, 水生木 관계도 같은 이치다.

'극(剋)을 당하는 오행'이 '자신을 극(剋) 하는 오행'을 견제하는 방법

예를 들어 木剋土 관계를 보면, 木은 土를 일방적으로 극하는 것처럼 보이지만, 土는 '金을 생해서 金이 木을 극하게 함으로써' 또는 '水를 극해서 水가 木을 생하는 것을 방해함으로써' 우회적으로 木을 견제한다. 그래서 '상극(相剋)'이라고 한다. 이 관계 역시 오행생극도(五行生剋圖)에서 보면 삼각형을 이룬다. 火剋金, 土剋水, 金剋

木, 水剋火 관계도 같은 이치다.

참고 **오행(五行)의 상생상극(相生相剋)과 불교의 인과응보(因果應報)**

木이 火를 생해줘도 火로부터 즉시 보답(報答)받지는 않지만, 오행이 돌고 돌아서 木은 水로부터 생을 받거나, 아니면 火가 金을 극해서 우회적으로 木을 돕는다. 그렇듯이 현실에서 선행(善行)을 베풀었는데 즉시 보답받지 못했다고 하더라도, 그 인과(因果) 관계로 인해서 결국은 전혀 기대하지 않았던 다른 형태로 복(福)을 받게 된다. 마찬가지로 악행(惡行)을 저지르면 상생상극의 원리에 따라 결국은 벌(罰)을 받게 된다. 즉 오행의 상생상극 원리는 인간 세상의 인과응보(因果應報)를 설명하는 이치이기도 하다.

과도(過度)한 상생상극(相生相剋)

한 오행이 다른 오행을 생(生) 또는 극(剋) 하는 관계에서, 어느 한쪽의 기운이 지나치게 강하거나 약하면 상대 오행 또는 자신에게 좋지 않다.

과도한 생(生)의 작용

'생하는 오행'이 '생을 받는 오행'에 비해서 너무 강하면, '생을 받는 오행'에 오히려 나쁜 영향을 준다. 이미 배부른 사람에게 계속 밥을 먹으라고 강요하는 것과 같은 양상이다. "어머니의 사랑이 지나치면 자식을 망친다."라는 뜻으로 **모자멸자**(母慈滅子) 또는 **모왕자쇠**(母旺子衰)라고 한다. (慈 사랑 자, 滅 멸할 멸)

이런 것을 표현하는 말에는, 목다화식(木多火熄), 화다토조(火多土燥), 토다금매(土多金埋), 금다수탁(金多水濁), 수다목부(水多木浮, 水多木腐) 등이 있다.

(熄 불꺼질 식, 燥 마를 조, 埋 묻을 매, 濁 흐릴 탁, 浮 뜰 부, 腐 썩을 부)

과도한 생(生)의 반작용

'생하는 오행'이 '생을 받는 오행'에 비해서 너무 약하면, '생하는 오행'은 설기(洩氣) 되므로, '생을 받는 오행'의 기운이 강할수록 더 약해진다. 이것은 '생을 받는 오행'이 '생하는 오행'을 거꾸로 극하는 모습이다. "자식이 너무 많으면 돌보느라 어머니가 쇠약해진다."라는 의미에서 **자왕모쇠**(子旺母衰)라고 한다.

이런 것을 표현하는 말에는, 화다목분(火多木焚), 토다화식(土多火熄), 금다토약(金多

土弱), 수다금침(水多金沈), 목다수건(木多水乾) 등이 있다.
(焚 불사를 분, 熄 불꺼질 식, 弱 약할 약, 沈 잠길 침, 乾 마를 건)

과도한 극(剋)의 작용

'극하는 오행'이 '극을 당하는 오행'에 비해서 너무 강하면, '극을 당하는 오행'을 지나치게 극해서 좋지 않다.

이런 것을 표현하는 말에는, 목다토붕(木多土崩), 화다금소(火多金燒), 토다수체(土多水滯), 금다목절(金多木絶), 수다화식(水多火熄) 등이 있다.
(崩 무너질 붕, 燒 불사를 소, 滯 막힐 체, 絶 끊을 절, 熄 불꺼질 식)

과도한 극(剋)의 반작용

'극하는 오행'이 '극을 당하는 오행'에 비해서 너무 약하면, '극하는 오행'은 극하느라고 설기(洩氣) 되므로, '극을 당하는 오행'이 강할수록 더 약해진다. 이것은 '극을 당하는 오행'이 '극하는 오행'을 거꾸로 받아치는 모습이다. 이것을 **역극**(逆剋) 또는 **상모**(相侮)라고 한다. (逆 거스를 역, 侮 업신여길 모)

이런 것을 표현하는 말에는, 토다목절(土多木折), 금다화멸(金多火滅), 수다토류(水多土流), 목다금결(木多金缺), 화다수갈(火多水渴) 등이 있다.
(折 꺾을 절, 滅 멸망할 멸, 流 흐를 류, 缺 이지러질 결, 渴 목마를 갈)

과도한 생극(生剋) 작용을 표현하는 말

앞의 내용을 요약하면 아래와 같다. 이것은 상생상극 작용에서 한 오행의 기운이 너무 강하면, 상대가 어떤 오행이더라도 부정적인 영향을 끼친다는 것을 보여준다.

- 목다(木多)이면 → 화식(火熄), 토붕(土崩), 금결(金缺), 수건(水乾) 한다.
- 화다(火多)이면 → 토조(土燥), 금소(金燒), 수갈(水渴), 목분(木焚) 한다.
- 토다(土多)이면 → 금매(金埋), 수체(水滯), 목절(木折), 화식(火熄) 한다.
- 금다(金多)이면 → 수탁(水濁), 목절(木絶), 화멸(火滅), 토약(土弱) 한다.
- 수다(水多)이면 → 목부(木浮), 화식(火熄), 토류(土流), 금침(金沈) 한다.

어느 한 오행(五行)이 나머지 오행(五行)으로부터 받는 영향

기준이 되는 어느 한 오행을 '**아**(我)'라고 할 때, 상생상극 관계에 있는 다른 오행을 다음과 같이 호칭할 수 있다. (我 나 아)

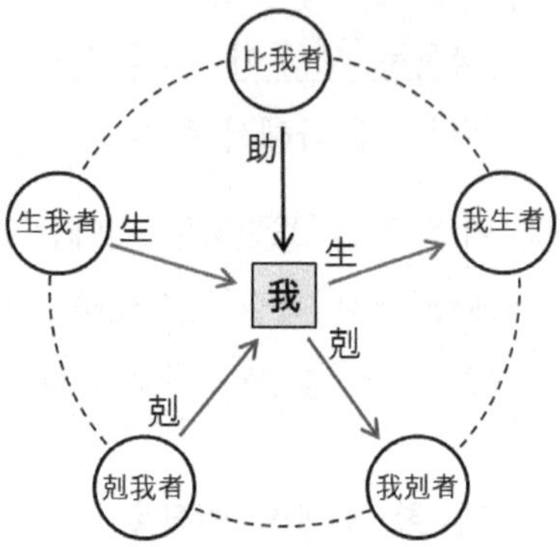

- **비아자**(比我者): 나와 같은 오행 (나를 돕는다.), **동아자**(同我者)라고도 한다.
- **아생자**(我生者): 내가 생하는 오행 (내가 상대에게 기운을 보탠다.)
- **아극자**(我剋者): 내가 극하는 오행 (내가 상대를 통제·제압한다.)
- **극아자**(剋我者): 나를 극하는 오행 (상대가 나를 통제·제압한다.)
- **생아자**(生我者): 나를 생하는 오행 (상대가 내게 기운을 보탠다.)

아(我) 오행이 다른 오행으로부터 받는 영향 및 결과를 정리하면 다음과 같다.

다른 오행 →	생아자(生我者)	비아자(比我者)	아생자(我生者)	아극자(我剋者)	극아자(剋我者)
받는 영향	생(生)	조(助)	설기(洩氣)	설기(洩氣)	극(剋)
결과	내 기운을 증가시킨다.		내 기운을 감소시킨다.		
구분	나를 생조(生助)하는 오행		나를 극설(剋洩)하는 오행		

참고 오정(五情)과 오장(五臟)의 관계

사람의 감정과 건강은 관계가 있는데, 감정이 지나치면 장기(臟器)에 병을 유발한다. '오행의 감정' 즉 오정(五情)은 木火土金水 순서대로 노희사비공(怒喜思悲恐)이고, '오행의 장기' 즉 오장(五臟)은 木火土金水 순서대로 간심비폐신(肝心脾肺腎)이다. 감정과 인체 장기의 관계는 다음과 같다.

- 노(怒)와 간(肝) → 화를 내면 간에 좋지 않다.
- 희(喜)와 심(心) → 과도한 기쁨은 심장에 무리를 준다.
- 사(思)와 비(脾) → 생각이 많으면(신경을 많이 쓰면) 위장이 탈 난다.
- 비(悲)와 폐(肺) → 슬픔이나 근심이 많으면 폐가 약해진다.
- 공(恐)과 신(腎) → 심한 공포나 놀램은 신장을 상하게 한다. (오줌을 지린다.)

참고 동양 고천문학(古天文學)에서의 오성(五星)

고대인들이 볼 수 있었던 태양계 행성은 5개뿐이었는데 그것을 오성(五星)이라고 했다. 오성의 원래 이름은 진성(辰星), 태백성(太白星), 형혹성(熒惑星), 세성(歲星), 진성(鎭星)이었으며, 춘추전국(春秋戰國) 시대에 오행사상(五行思想)이 정립된 이후로 수성(水星), 금성(金星), 화성(火星), 목성(木星), 토성(土星)이라는 또 다른 이름을 붙인 것으로 추측된다. 그리고 오성(五星)과 일(日, 해)과 월(月, 달)을 합쳐서 칠요(七曜) 또는 칠정(七政)이라고 한다.

* 태양계에서 행성의 순서는 태양으로부터 수성, 금성, 지구, 화성, 목성, 토성, 천왕성(1781년 발견), 해왕성(1846년 발견) 이다.
* 금성은 저녁에 해진 후 서쪽 하늘에 보였다가 또 새벽에 동쪽 하늘에도 보인다. 저녁에 개에게 밥 줄 때쯤에 보인다고 '개밥바라기 별'이라고도 했고, 새벽에 보인다고 '샛별'이라고도 했다. 백색으로 밝게 빛나므로 **태백성**(太白星)이라고 했으며, 차가운 백색의 金 기운 즉 살기(殺氣)를 상징한다고 보고 **살성**(殺星)으로도 불렸다.
* 화성을 **형혹성**(熒惑星)이라고 했는데, 형혹(熒惑)은 "마음이 어수선하고 의혹이 일어난다."라는 말이다. 화성은 붉은색으로 보이며 그래서 火星이라고 한 것으로 추측된다. 옛날에는 화성이 지구에 가장 가까워져서 더 붉게 보이면 전쟁(戰爭)이 날 징조라고 생각했다. 우연하게도(?) 화성의 영어 이름이 '마르스(Mars)'인데, 이것은 로마 신화에 나오는 '전쟁의 신' 이름이다.
* 목성의 공전주기는 약 12년인데, 천구(天球) 상에서 해마다 조금씩 서(西)에서 동(東)으로 이동하므로, 천구의 적도를 12구역으로 나누고 목성이 각 구역에 위치했을 때마다 12지지 하나씩을 배당해서 매년을 나타냈다. 그래서 목성을 **세성**(歲星)이라고 했다.

(曜 빛날 요, 政 다스릴 정, 熒 등불 형, 惑 미혹할 혹, 歲 해 세, 鎭 진압할 진)

참고 한양(서울)의 사대문(四大門)과 오행(五行)

한양의 사대문과 보신각은 오행의 개념 - 목화토금수(木火土金水), 동남중서북(東南中西北), 인예신의지(仁禮信義智) - 에 따라서 이름을 지었다. 동대문(東大門)은 흥인지문(興**仁**之門), 남대문(南大門)은 숭례문(崇**禮**門), 서대문(西大門)은 돈의문(敦**義**門)이라고 했으며, 북대문(北大門)은 처음에는 '智'를 넣어서 소지문(昭**智**門)이라고 하려 했다는 설이 있지만, 어쨌거나 최종적으로 숙정문(肅靖門)이라고 했다. 그리고 한양의 중앙에는 보신각(普**信**閣)이라는 이름의 종각(鐘閣)을 뒀다.

북대문인 숙정문은 산 속에 지어져서 사람의 출입이 거의 없었으며, 水 기운 때문에 부녀자들이 음란해진다고 해서 항상 닫아 두었고, 가뭄이 들었을 때만 열었다고 한다. 그래서 사람들이 북대문이라고 부르지도 않았다. 대신 북소문(北小門)인 창의문(彰義門, =자하문 紫霞門)과 숙종 때 만든 홍지문(弘智門)이 실제로 북문의 역할을 했다.

(崇 높일 숭, 敦 도타울 돈, 昭 밝을 소, 肅 엄숙할 숙, 靖 편안할 정, 彰 밝힐 창)

참고 오행(五行)의 색 중에서 청색(靑色)

과거 동양에서는 청색(靑色, blue)과 녹색(綠色, green)을 엄밀하게 구분하지 않았다. 순우리말에도 청색과 녹색을 구분해서 의미하는 말이 없고 '푸르다'라는 말만 있다. 그리고 우리 말의 '푸른색'은 청색과 녹색을 아우르는 뜻이다. 예를 들어 '푸른 나무'라는 말에서 '푸른'은 청색과 녹색을 두리뭉실하게 섞어서 표현한 것이다. 오행의 5가지 색인 청(靑), 적(赤), 황(黃), 백(白), 흑(黑)색을 오방색(五方色)이라고도 하는데, 오방색 중에서 청색은 바로 우리 말 '푸른색'을 의미한다. 그래서 비록 표현은 청색이라고 하지만 녹색도 포함한다고 보면 된다.

* '푸르다'의 어원은 '풀(식물)'이라고 추측된다. 그리고 녹색(綠色)은 '풀과 같은 색'이라는 뜻의 초록색(草綠色)을 줄인 말이다.

참고 성명학(姓名學)에서 사용하는 '글자의 오행(五行) 판별법' 종류

- 수리오행(數理五行): 한자(漢字)의 획수로 글자의 오행을 판별하는 방식이다. '81 수리법(數理法)'이라고도 한다. *글자에 따라 획수 확인이 어려운 것도 있다.
- 자원오행(字源五行): 한자(漢字)의 부수와 의미로 글자의 오행을 판별하는 방식이다. *글자의 오행을 판단하는 분명한 기준이 없어서, 오행 판단이 애매한 글자가 많다.
- 음령오행(音靈五行): 한글의 자음 초성(初聲)으로 글자의 오행을 판별하는 방식, '발음오행(發音五行)'이라고도 한다. *훈민정음 해례본과 운해본에 따라 약간 다르다.
  아음(牙音, ㄱ·ㅋ)은 木, 설음(舌音, ㄴ·ㄷ·ㄹ·ㅌ)은 火, 순음(脣音, ㅁ·ㅂ·ㅍ)은 土,
  치음(齒音, ㅅ·ㅈ·ㅊ)은 金, 후음(喉音, ㅇ·ㅎ)은 水다.
  이것은 훈민정음(訓民正音) 해례본(解例本)에 정해진 것이다.

  (牙 어금니 아, 舌 혀 설, 脣 입술 순, 놀랄 진, 齒 이 치, 喉 목구멍 후)

04

천간(天干)과 지지(地支)

천간(天干)과 지지(地支) (干 줄기 간, 방패 간, 幹을 줄인 글자, 支 가지 지, 枝의 원래 글자)

천간과 지지는 하늘에서 땅에서 그리고 사람(天·地·人)에게서 운행되는 음양오행의 기(氣)를 표시하는 기호다. 역(易)과는 직접적인 관계가 없다.

천간(天干)은 오행을 음양으로 세분해서 하늘의 운행 기운을 표현한 기호다. 10개라서 **십간**(十干)이라고도 한다. (甲·乙·丙·丁·戊·己·庚·辛·壬·癸)

지지(地支)는 천간의 기운이 땅에서 구체화(실현)된 것을 표현한 기호다. 12개라서 **십이지**(十二支)라고도 한다. (寅·卯·辰·巳·午·未·申·酉·戌·亥·子·丑)

천간은 자신의 성정(性情)을 감추지 않고 겉으로 드러내지만, 지지는 그 안에 '여러 개의 천간'을 감추고 있어서 성정이 복잡하다.

사주에서, 천간은 추상적인 상(象)으로서 생각이나 의도를 나타내며 본능적(本能的)인 것을 의미한다. 반면에 지지는 실질적인 물(物)로서 현실의 현상이나 구체적인 일을 나타내며 이성적(理性的)인 것을 의미한다.

천간과 지지에서 土의 위치는, 하늘은 방향성이 없으므로 천간은 원형(圓形)으로 배치하는데, 하늘에서는 土가 중앙에 있으므로, 오행이 土인 戊·己는 천간 순서의 가운데에 있다. 땅은 방향성이 있으므로 지지는 정방형(正方形: 정사각형)으로 배치하는데, 땅에서는 土가 사방의 모서리에 있으므로, 오행이 土인 辰·未·戌·丑은 지지 순서의 사이사이에 있다.

천간(天干) 배속표(配屬表) (配 짝 배, 屬 무리 속, 붙을 촉)

	甲(갑)	乙(을)	丙(병)	丁(정)	戊(무)	己(기)	庚(경)	辛(신)	壬(임)	癸(계)
오행	木		火		土		金		水	
	甲木	乙木	丙火	丁火	戊土	己土	庚金	辛金	壬水	癸水
음양	양	음	양	음	양	음	양	음	양	음
천문(天文)	뇌(雷) 우뢰	풍(風) 바람	일(日) 태양	성(星) 별	하(霞) 노을	운(雲) 구름	월(月) 달	상(霜) 서리	추로(秋露) 가을이슬	춘림(春霖) 봄비
후천수	3	8	7	2	5	10	9	4	1	6
오장육부	담(膽)	간(肝)	소장(小腸) 삼초(三焦)	심(心)	위(胃)	비(脾)	대장(大腸)	폐(肺)	방광(膀胱)	신(腎) 자궁(子宮)
신체부위	두(頭) 머리	항(亢) 목	견(肩) 어깨	흉(胸) 가슴	각(胳) 겨드랑이	복(腹) 배	제(臍) 배꼽	대퇴(大腿) 넓적다리	경(脛) 정강이	족(足) 발

(燈 등불 등, 燭 촛불 촉, 霞 노을 하, 霖 장마 림, 焦 애탈 초, 腎 콩팥 신, 亢 목 항, 肩 어깨 견, 胳 겨드랑이 각, 腹 배 복, 臍 배꼽 제, 腿 넓적다리 퇴, 脛 정강이 경)

* 위의 표에서 [천문(天文)] 부분은 삼명통회(三命通會)라는 고서(古書)에 나오는 내용이다.

앞 장 오행(五行)의 설명에서 土는 양(陽, 木·火)과 음(陰, 金·水)의 운동을 연결해 주는 것이라 했는데, 戊土는 木을 거쳐 火에서 절정에 이른 양이 더 이상 확산하지 않도록 막아주는 역할을 하며, 己土는 멈춰 선 양의 기운을 음으로 전환시켜서 金·水로 연결해 주는 역할을 한다. 그래서 金을 생하는(土生金) 능력 및 水를 극하는(土剋水) 능력은 戊보다 己가 뛰어나다고 본다.

참고 사람의 오장육부(五臟六腑) 중에서 '丙'에 해당하는 삼초(三焦)가 무엇인가?

신체의 신진대사(新陳代謝: 생명 유지를 위해 생체 내에서 이루어지는 물질의 화학적 변화)를 담당하는 무형(無形)의 3개 기관(器官)을 삼초(三焦)라고 한다. 동양 의학에서만 존재를 인정한다. 서양 의학에서는 별도의 장부(臟腑)로 인정하지 않는다.

* 상초(上焦): 횡경막 위에 있는 장부(臟腑)인 폐와 심장의 '호흡과 혈액순환 관련 대사'를 담당하는 무형의 기관
* 중초(中焦): 횡경막과 배꼽 사이에 있는 장부(臟腑)인 간과 쓸개, 지라와 위, 소장과 대장의 '소화 관련 대사'를 담당하는 무형의 기관
* 하초(下焦): 배꼽 아래에 있는 장부(臟腑)인 콩팥과 방광의 '배설 관련 대사'를 담당하는 무형의 기관

천간(天干)의 성정(性情)과 물상(物象)

	물상(物象, 빗대어 표현할 수 있는 사물)		성정(性情, 의미하는 성질)
甲	대림목(大林木)	나무, 높은 나무, 굵은 나무, 교목(喬木)	솟아오름, 곧음, 시작, 추진력
乙	화초목(花草木)	풀, 화초, 넝쿨, 잡초, 작은 나무, 관목(灌木)	질긴 생명력, 유연함, 바람, 소식
丙	태양화(太陽火)	강한 빛, 태양, 만물을 키우는 에너지	활동적, 정열, 화통함, 생명을 키움
丁	등촉화(燈燭火)	은은한 빛, 촛불, 별빛, 꽃, 타는 불, 화기(火氣), 열기(熱氣)	다정함, 온화함, 위로, 문명(불의 사용)
戊	성원토(城垣土)	산, 큰 흙더미(언덕, 산성, 성곽, 제방), 넓은 땅(대지, 벌판, 사막)	두터움, 포용, 응집력, 수집, 배포
己	전원토(田園土)	평평한 땅(논밭, 전원, 초원), 좁은 땅(텃밭, 정원, 화원, 길)	바탕, 키움, 노력, 일관성
庚	강철금(鋼鐵金)	가공·제련되지 않은 금속(원석, 무쇠, 강철), 큰칼, 도끼, 큰 바위	강인함, 결단, 의리, 용기, 과묵함
辛	주옥금(珠玉金)	가공된 금속, 금은보석, 작고 날카로운 철물(칼, 바늘)	예리함, 냉정함, 정교함, 세심함, 비판적
壬	강호수(江湖水)	넓고 깊은 물(바다, 큰 하천), 고인 물(호수, 저수지)	유연함, 자유로움, 지혜, 연구심, 암흑
癸	우로수(雨露水)	얕게 흐르는 물(시냇물, 계곡물, 샘물), 하늘에서 내리는 물(비, 이슬, 서리)	그윽함, 정진, 고독, 자존심, 언변 출중

(喬 높을 교, 교만할 교, 灌 물댈 관, 燈 등잔 등, 燭 촛불 촉, 垣 담 원, 園 동산 원, 鋼 굳셀 강, 鐵 쇠 철, 珠 구슬 주, 湖 호수 호, 露 이슬 로)

* 이 책의 "부록1. 천간물상(天干物象)" 참고

지지(地支) 배속표(配屬表) (配 짝 배, 屬 무리 속, 붙을 촉)

	寅(인)	卯(묘)	辰(진)	巳(사)	午(오)	未(미)	申(신)	酉(유)	戌(술)	亥(해)	子(자)	丑(축)
오행	木		土	火		土	金		土	水		土
	寅木	卯木	辰土	巳火	午火	未土	申金	酉金	戌土	亥水	子水	丑土
체(體) 음양	양	음	양	음	양	음	양	음	양	음	양	음
용(用) 음양	양	음	양	(양)	(음)	음	양	음	양	(양)	(음)	음
상징 동물	호랑이 호(虎)	토끼 토(兎)	용 용(龍)	뱀 사(蛇)	말 마(馬)	양 양(羊)	원숭이 후(猴)	닭 계(鷄)	개 구(狗)	돼지 저(猪)	쥐 서(鼠)	소 우(牛)
절입일(節入日)	입춘(立春)	경칩(驚蟄)	청명(淸明)	입하(立夏)	망종(芒種)	소서(小暑)	입추(立秋)	백로(白露)	한로(寒露)	입동(立冬)	대설(大雪)	소한(小寒)
계절	춘(春), 목왕지절(木旺之節)			하(夏), 화왕지절(火旺之節)			추(秋), 금왕지절(金旺之節)			동(冬), 수왕지절(水旺之節)		

	寅(인)	卯(묘)	辰(진)	巳(사)	午(오)	未(미)	申(신)	酉(유)	戌(술)	亥(해)	子(자)	丑(축)
진태양시 (眞太陽時)	3~5시	5~7시	7~9시	9~11시	11~13시	13~15시	15~17시	17~19시	19~21시	21~23시	23~1시	1~3시
방위	동(東), 동방목국(東方木局)			남(南), 남방화국(南方火局)			서(西), 서방금국(西方金局)			북(北), 북방수국(北方水局)		
	동북	정동	동남	남동	정남	남서	서남	정서	서북	북남	정북	북동
후천수	3	8	5	2	7	10	9	4	5	6	1	10
십이벽괘 (十二辟卦)	三陽三陰	四陽二陰	五陽一陰	六陽	一陰五陽	二陰四陽	三陰三陽	四陰二陽	五陰一陽	六陰	一陽五陰	二陽四陰

(體 몸 체, 用 쓸 용, 猴 원숭이 후, 猿 원숭이 원, 猪 돼지 저, 豚 돼지 돈, 驚 놀랄 경, 蟄 숨을 칩, 芒 까끄라기 망, 種 씨 종, 辟 임금 벽, 물리칠 벽)

* 위의 표에서 [체(體) 음양]는 지지의 겉모습 음양이고, [용(用) 음양]은 지지가 실제로 사용될 때의 음양으로 지장간(支藏干) 본기(本氣)의 음양과 일치한다. 지지 중에서 [체(體) 음양]과 [용(用) 음양]이 다른 것은 巳·午와 亥·子 뿐이다.

* 위의 표에서 [십이벽괘(十二辟卦)]는 괘(卦)의 맨 아래에 있는 효(爻)부터 언급해서 '○陽○陰' 또는 '○陰○陽'으로 표현한다. 십이월괘(十二月卦)라고도 한다.

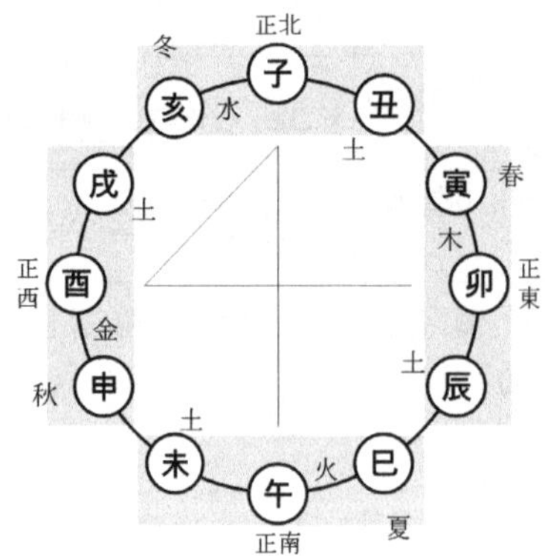

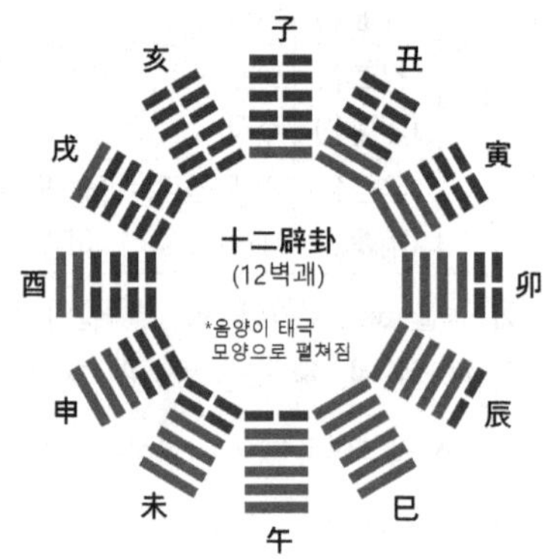

- 한 해의 시작은 寅월 입춘일이다. *기원전 105년 한무제 이전에는 子월 동지일이었다고 전해진다. *한 해의 시작을 '세수(歲首)'라고 한다.
- 寅·巳·申·亥월은 각 계절의 시작 월이며, 각각 월이 시작되는 절입일이 각각 입춘일, 입하일, 입추일, 입동일 이다. (이에 관해서는 나중에 자세히 설명한다.)
- 양기(陽氣)는 子월 동지일에 생겨나서 커지다가 巳월에 최대가 되고, 음기(陰氣)는 午월 하지일에 생겨나서 커지다가 亥월에 최대가 된다.
- 정방(正方)을 나타내는 지지는 卯·午·酉·子이며 동쪽을 묘방(卯方), 남쪽을 오방(午方), 서쪽을 유방(酉方), 북쪽을 자방(子方)이라고 한다.

지지(地支)의 시간적 속성(屬性)

	절입일(節入日, 양력 날짜)	시간(時間), 진태양시 기준
寅	입춘(立春, 2/4~5일) 초봄, 봄이 추위를 뚫고 나옴	03~05시, 희미하게 날이 밝아옴
卯	경칩(驚蟄, 3/5~6일) 한봄, 햇빛이 추위를 밀어내는 시기, 만물이 깨어남	05~07시, 해 뜨는 시간
辰	청명(淸明, 4/4~5일) 늦봄, 생명의 기운이 힘차게 솟아오름 (용의 승천)	07~09시, 분주한 활동의 시간
巳	입하(立夏, 5/5~6일) 초여름, 만물이 무성하게 자람	09~11시, 태양이 높이 솟아오른 오전
午	망종(芒種, 6/5~6일) 한여름, 꽃은 지고 열매를 맺기 시작	11~13시, 태양이 중천에 있는 정오
未	소서(小暑, 7/7~8일) 늦여름, 열매가 자람, 양(陽)에서 음(陰)으로 넘어감	13~15시, 하루 중 가장 더운 시간
申	입추(立秋, 8/7~8일) 초가을, 성장 멈춤, 결실, 열매가 단단해짐	15~17시, 해가 기우는 오후
酉	백로(白露, 9/7~8일) 한가을, 잎과 열매(씨앗)를 떨어뜨림	17~19시, 해지는 초저녁
戌	한로(寒露, 10/8~9일) 늦가을, 떨어진 열매(씨앗)가 땅(흙)에 묻힘	19~21시, 어둠이 짙어진 밤
亥	입동(立冬, 11/7~8일) 초겨울, 씨앗이 땅(흙)속에서 동면함	21~23시, 하루 중 가장 어두운 시간
子	대설(大雪, 12/7~8일) 한겨울, 씨앗 내부의 기(氣)가 활동하기 시작함, 만물의 잉태	23~01시, 한밤중, 하루의 분기점
丑	소한(小寒, 1/5~6일) 늦겨울, 탄생 준비, 음(陰)에서 양(陽)으로 넘어감	01~03시, 하루의 시작, 닭 우는 시간

지지(地支)의 성정(性情)과 물상(物象)

지지는 그 안에 여러 개의 천간을 감추고 있어서 성정(性情)이 복잡하지만, 그중에서 핵심 되는 천간의 성정을 가장 많이 반영하기 때문에, 지지의 성정은 그 핵심 천간의 성정과 거의 같다. 감추고 있는 천간들을 지장간(支藏干)이라고 한다.

* 이 책의 "5. 지장간(支藏干)"과 "부록2. 지지물상(地支物象)" 참고

참고 지지(地支) 상징 동물

지지는 중국 은(殷)나라 시대 갑골문(甲骨文)에 처음 등장했으며, 한(漢)나라 때 방

위나 시간을 나타내는 기호로 사용되었다. 그러다가 훗날에, 지지에다가 상징하는 동물(動物)을 대응시킨 것으로 추정되는데, 고대 바빌로니아 천문학의 12궁 별자리 상징물이 동양(東洋)으로 전해지는 과정에서 12동물로 대체되었거나, 또는 인도에서 불교와 함께 전해진 십이수(十二獸: 12짐승)의 영향인 것으로 생각된다. 원래 지지 한자(漢字)는 동물의 의미가 없었는데, 지지에다가 동물을 대응시키면서 동물을 뜻하는 글자로도 사용하게 되었다. 참고로, 동남아시아에서는 토끼 대신에 고양이가, 돼지 대신에 코끼리가 상징 동물이다.

지지를 상징하는 동물을 신격화(神格化)해서 **십이지신**(十二支神)이라고 하며, 얼굴은 동물이고 몸은 사람인 형상으로 표현한다. 불교에서는 약사여래(藥師如來) 부처님을 지키는 12방위 수호신(守護神)이라는 의미로 **십이신장**(十二神將)이라고 한다. 중국이나 일본에서는 12동물을 **십이생초**(十二生肖)라고 한다. (獸 짐승 수, 肖 닮을 초)

참고 지지(地支)와 방위(方位)

두병(斗柄)과 시침(時針) (斗 말 두, 별 이름 두, 柄 손잡이 병)

동양 고천문학에서는 북두칠성(北斗七星)을 하늘의 중심이라 생각했다. 북두칠성 7개 별 중에서 국자의 손잡이 모양이 되는 5, 6, 7번째 별을 두병(斗柄)이라고 했으며, 두병 중에서 6번째에서부터 7번째 별로 그은 직선 화살표가 가리키는 방향을 보고서 그때 시각(時刻)을 파악했다. 그래서 그 직선 화살표를 시침(時針)이라고 했다. 두병 자체를 시침이라고도 했다. (刻 새길 각, 針 바늘 침)

시침(時針)과 방위(方位)

- 입춘일의 戌시(19~21시)에 시침이 가리키는 곳의 방위가 동북(東北)인데, 입춘일부터 시작되는 월은 寅이므로 寅의 방위가 동북이다.
- 경칩일의 戌시(19~21시)에 시침이 가리키는 곳의 방위가 정동(正東)인데, 경칩일부터 시작되는 월은 卯이므로 卯의 방위가 정동이다.

이것은 다른 모든 지지에 대해서도 같은 방식으로 성립한다. 한마디로 요약하면, 각 절입일의 戌시에 시침이 가리키는 방위가 그 절기월의 방위다.

* "斗柄東指 天下皆春, 斗柄南指 天下皆夏, 斗柄西指 天下皆秋, 斗柄北指 天下皆冬"
= 두병이 동쪽을 가리키면 (천하가) 봄이고, 남쪽을 가리키면 여름이고, 서쪽을 가리키면 가을이고, 북쪽을 가리키면 겨울이다. (指 가리킬 지, 皆 다 개, 모두 개)

육십갑자(六十甲子) 간지(干支)

천간과 지지 한 글자씩을 조합해서 만든 것을 간지(干支)라고 하는데, 甲子부터 시작되며 60개가 있으므로 육십갑자(六十甲子)라고 한다.

상고시대(上古時代)에는 일(日)을 표시하는 기호로만 사용되다가 나중에는 년(年)에도 사용하게 됐다. 년이나 일을 표기하려면 12개보다 많은 기호가 필요했으므로 60개 간지를 반복해서 사용했다. 그러나 월(月)이나 시(時)는 12개 기호만으로도 표기할 수 있어서 월과 시는 지지로만 표기했다. 그러다가 후대에 와서 년·월·일·시를 사주(四柱) 형식으로 표현하기 위해서 월과 시의 표기에도 간지를 사용했다.

아래 표 중에서 왼쪽 것은 '육십갑자' 표, 오른쪽 것은 '간지의 별명' 표다.

甲子	甲戌	甲申	甲午	甲辰	**甲寅**
乙丑	乙亥	乙酉	乙未	乙巳	**乙卯**
丙寅	丙子	丙戌	丙申	**丙午**	丙辰
丁卯	丁丑	丁亥	丁酉	丁未	**丁巳**
戊辰	戊寅	戊子	**戊戌**	戊申	戊午
己巳	己卯	**己丑**	己亥	己酉	**己未**
庚午	庚辰	庚寅	庚子	庚戌	**庚申**
辛未	辛巳	辛卯	辛丑	辛亥	**辛酉**
壬申	壬午	壬辰	壬寅	**壬子**	壬戌
癸酉	癸未	癸巳	癸卯	癸丑	**癸亥**

始生木	回生木	死角木	枯死木	發花木	盛林木
麥田草	浮萍草	霜逢草	茂盛草	開花草	藤依草
海天日	夜中日	老陽日	老炎日	炎天日	發光日
花逢月	變化月	情感月	慾進月	抱容月	無果花
盛林山	生氣山	雪服土	敗鑛山	老壯山	炎火山
鬱火土	發芽土	陰藏土	滿載土	眞沃土	胎熱土
慾望金	發進金	交態金	退色金	收藏金	剛伸金
火中玉	變化玉	梅花玉	陰眞玉	洗金玉	光明玉
源始湖	變色湖	濁水湖	春情湖	洪水湖	源泉湖
敗穀雨	甘露雨	生動雨	始動雨	靜中雨	破生雨

* 위 표의 각 열을 순(旬)이라고 하는데, 甲子旬, 甲戌旬, 甲申旬, 甲午旬, 甲辰旬, 甲寅旬 이다.
* 천간과 지지의 오행이 같은 간지를 **간여지동**(干如支同)이라고 하는데, 甲寅, 乙卯, 丙午, … 12개 밖에 없다. 표에서 굵은 글자로 적힌 간지가 간여지동인 것들이다.

(旬 열흘 순, 십년 순, *初旬* 초순, *七旬* 칠순, 回 돌 회, 還 돌아올 환, 如 같을 여)

간지(干支)의 구성 원칙

육십갑자 간지는 양간(陽干)과 양지(陽支), 음간(陰干)과 음지(陰支)로만 구성된다. 이때 지지의 음양은 '체(體) 음양'으로 판단해야 한다. (양간 5개 × 양지 6개) + (음간 5개 × 음지 6개) = 60, 따라서 간지는 모두 60개다.

- <u>한 지지 위에</u> 있을 수 있는 천간은 5개 밖에 없다. 寅은 양지(陽支)이므로 위에는 양간(陽干)만 있을 수 있다. 따라서 寅이 들어간 간지는 甲寅, 丙寅, 戊寅, 庚

寅, 壬寅 밖에 없다. 다른 지지에 대해서도 마찬가지다.

- 한 천간 밑에 있을 수 있는 지지는 6개 밖에 없다. 乙은 음간(陰干)이므로 아래에는 음지(陰支)만 있을 수 있다. 따라서 乙이 들어간 간지는 乙卯, 乙巳, 乙未, 乙酉, 乙亥, 乙丑 밖에 없다. 다른 천간에 대해서도 마찬가지다.

위의 내용을 요약하면, 양간(陽干) 아래에는 寅·午·戌과 申·子·辰만 있고, 음간(陰干) 아래에는 巳·酉·丑과 亥·卯·未만 있다.

참고 육십갑자(六十甲子) 간지(干支)의 별명(別名)

앞의 표 중에서 오른쪽 표는 '간지의 별명'을 나타낸 것이다. 별명은 육십갑자 간지 각각에 각종 명리 이론을 적용해서 파악한 특징만 간략하게 세 글자로 표현한 것이다. 예를 들면, 甲午의 甲은 木(나무)이고 午는 십이운성(十二運星)으로 사(死)다. 그런 이유로 甲午를 '고사목(枯死木: 말라 죽은 나무)'이라고 했다. 또 다른 예는, 乙酉의 乙은 화초(草)이고, 酉월은 가을이며 酉의 본기(本氣)는 辛인데 辛의 물상은 서리(霜)다. 그런 이유로 乙酉를 '상봉초(霜逢草: 서리를 만난 풀)'라고 했다. 간명할 때 간지의 별명을 적용하는 일이 거의 없으므로, 굳이 이것을 알아야 할 필요는 없다.

참고 음양오행(陰陽五行), 천간지지(天干地支) 등의 영어 표현

- 태극: The Great Absolute
- 음양: The Principles of Ŭm and Yang
- 팔괘: The 8 Trigrams
- 육십사괘: The 64 Hexagrams
- 오행: The 5 Phases, The 5 Elements (Wood, Fire, Earth, Metal, Water)
- 천간: The 10 Heavenly Sterms
- 지지: The 12 Earthly Branches
- 육십갑자: The Sexagenary Cycle
- 십이지신: Chinese Zodiac Signs, Chinese Animal Signs (Tiger, Rabbit, Dragon, Snake, Horse, Goat/Sheep, Monkey, Rooster, Dog, Pig, Rat/Mouse, Ox/Cow

05
지장간(支藏干)

지장간(支藏干)

천간(天干)의 기운이 땅으로 내려오면 지지(地支)가 되는데, 이때 여러 개 천간의 기운이 조금씩 섞여서 지지가 된다. 이렇게 해서 지지 안에 들어가 있는 천간을 **지지장천간**(地支藏天干)이라고 하는데, 줄여서 **지장간**(支藏干), **암장간**(暗藏干), **장간**(藏干)이라고 한다. 원래 고서(古書)에는 **인원용사**(人元用事)라고 했다.

그리고 하늘의 여러 기운이 땅에 내려와서 12개월을 만드는데, 매달은 어떤 기운들이 합쳐져서 만들어지는지를 정리한 것이 있다. 그것을 **월령용사**(月令用事)라고 한다. 월령용사도 인원용사와 마찬가지로 지지 안에 들어가 있는 천간을 의미한다. 그 구성도 인원용사와 비슷하다.

사주에서, 月支는 월령용사 지장간을 사용하고, 年支·日支·時支는 인원용사 지장간을 사용하는 것이 원칙이다. 그러나 인원용사와 월령용사가 후대로 전해지면서 둘 다 '지장간'이라고 말하다 보니 지금은 구분이 애매해졌다. 현재는 사주의 모든 지지에 월령용사 지장간을 적용하는 것이 일반적이다.

인원용사(人元用事)

地支→	寅	卯	辰	巳	午	未	申	酉	戌	亥	子	丑
人元用事	(戊) 丙 甲	乙	乙 癸 戊	(戊) 庚 丙	(己) 丁	丁 乙 己	(戊) 壬 庚	辛	辛 丁 戊	甲 壬	癸	癸 辛 己

* 표의 내용은 연해자평(淵海子平)에 수록된 인원용사지장간(人元用事支藏干)을 참조했다.

* 인원용사끼리는 순서가 없다. 표에는 마치 순서가 있는 것처럼 위에서 아래로 차례로 적혀 있는데, 그 이유는 단순히 월령용사와 비교해 보기 좋게 하기 위해서다. (월령용사끼리는 순서가 있으며 뒤에서 설명한다.)
* 표에서 ( )로 표시된 것은 인원용사에 포함되는지가 고서(古書)마다 다른 것이다.
* 인원(人元)이라는 말은 천간, 지지, 지장간을 삼원(三元: 天元, 地元, 人元)에 각각 대응시켰을 때 지장간을 가리키는 말이다.

월령용사(月令用事)

月 →	寅	卯	辰	巳	午	未	申	酉	戌	亥	子	丑
여기	戊	甲	乙	戊	丙	丁	戊	庚	辛	戊	壬	癸
중기	丙	-	癸	庚	己	乙	壬	-	丁	甲	-	辛
본기	甲	乙	戊	丙	丁	己	庚	辛	戊	壬	癸	己

* 12개월 각 달을 이등분 또는 삼등분해서, 등분된 기간마다 거기에 맞는 기운의 천간을 배치한 것을 나타낸 표다. (자세한 내용은 뒤에 다시 설명한다.)
* 표의 각 줄은 여기(餘氣), 중기(中氣), 본기(本氣)를 나타낸다. 각 계절의 가운데 월인 卯·午·酉·子 중에서 卯·酉·子는 중기가 없지만, 예외로 午에만 중기 '己'가 있다.
* 첫 줄을 여기(餘氣)라고 하는 이유는, 해당 월이 되었으나 아직도 앞 달의 영향이 남아 있다는 뜻이다. 그래서 여기는 '앞 달의 본기'와 같다. 단, 木·火에서 金·水로 넘어갈 때와 金·水에서 다시 木·火로 넘어갈 때는 여기가 '앞 달의 본기'와 다르다. 위의 표를 보면, 午火가 未土를 거쳐 辛金으로 넘어갈 때와 子水가 丑土를 거쳐서 寅木으로 넘어갈 때는 같은 土이기는 하지만 己가 戊로 바뀐다. (餘 남을 여)
* 지지의 '용(用) 음양'은 그 지지의 월령용사(지장간) 본기의 음양을 의미한다. ('用'의 의미는 '사용할 때'로 해석하면 된다. 지지 중에서 '체(體) 음양'과 '용(用) 음양'이 다른 것은 巳·午와 亥·子 뿐이다.)

월령용사(月令用事)와 월지사령(月支司令)

계절의 기운은 크게 몇 달마다 바뀌지만 적게는 한 달 중에도 조금씩 바뀐다. 그런 변화를 구체적으로 설명한 것이 **월률분야**(月律分野)이며, 다른 말로는 **월령분일용사**(月令分日用事)라고도 하고, 줄여서 **월령용사**(月令用事)라고 한다.

이것은 '절기월 한 달'을 이등분 또는 삼등분해서, 각 기간을 사령(司令: 지휘·감독)하는 천간을 배치한 것이다. '절기월 한 달'의 '처음 ○일'을 사령하는 천간을 여기(餘氣), '다음 ○일'을 사령하는 천간을 중기(中氣), '나머지 ○일'을 사령하는 천간을 본기(本氣)라고 한다. 이처럼 월령용사는 월(한 달) 속에 있는 계절의 기운을 설명하는 용도이므로, 사주에서는 月支에 적용하는 것이 원칙이다.

月支 속에 있는 천간 중에서 '사주 주인공의 생일이 속한 기간을 사령하는 천간'을 **월지사령**(月支司令)이라고 하는데, 줄여서 **월령**(月令)이라고 부른다. 예를 들면, 寅월생인데 생일이 (해당 월 절입일로부터 따져서) 여기 기간에 속하면 월령은 戊고, 중기 기간에 속하면 월령은 丙이며, 본기 기간에 속하면 월령은 甲이다.

* 어떤 명리가는 '月支'를 '월령'이라고 부르고, 또 어떤 명리가는 '月支의 본기'를 '월령'이라고 부르기도 하는데, 그것은 명백히 잘못이다. 헷갈리지 않게 구분해서 써야 한다.

* 사주에서, 월령이 천간에 투출(透出)한 것을 "**당령**(當令)했다."라고 표현한다.

월령분일용사표(月令分日用事表) =월률분야표(月律分野表)

매월의 월령용사와 그것의 사령일수(司令日數)를 나타내는 것이 주된 목적인 표다. 표의 내용 중에서 사령일수는 고서(古書)마다 약간씩 달라서 정확하게 알 수 없다.

	월지	월령 용사	주요 내용	절입일 ( )안은 양력 날짜	사령 일수	일수 합계
춘(春)	寅	戊	앞의 己土에서 戊土로 바뀜 (陰→陽)	입춘 (2/4~5)	7.25	72
		丙	火氣가 살아나는 때 (火의 生地)		7.25	
		甲		우수 (2/18~19)	16.50	
	卯	甲	木氣가 가장 왕성할 때 (木의 旺地)	경칩 (3/5~6)	10.35	
		乙	앞의 甲木에서 乙木으로 바뀜 (陽→陰)	춘분 (3/20~21)	20.65	
	辰	乙		청명 (4/4~5)	9.30	
		癸	水氣를 묻어두는 때 (水의 墓地)		3.10	
		戊	환절기	곡우 (4/20~21)	18.60	18
하(夏)	巳	戊	앞의 戊土와 동일	입하 (5/5~6)	7.25	72
		庚	金氣가 살아나는 때 (金의 生地)		7.25	
		丙		소만 (5/21~22)	16.50	
	午	丙	火氣가 가장 왕성할 때 (火의 旺地)	망종 (6/5~6)	10.35	
		己	陰陽이 바뀌는 것을 중재	하지 (6/21~22)	9.30	
		丁	앞의 丙火에서 丁火로 바뀜 (陽→陰)		11.35	
	未	丁		소서 (7/7~8)	9.30	
		乙	木氣를 묻어두는 때 (木의 墓地)		3.10	
		己	환절기	대서 (7/22~23)	18.60	18

추(秋)	申	戊	앞의 己土에서 戊土로 바뀜 (陰→陽)	입추 (8/7~8)	7.25	72
		壬	水氣가 살아나는 때 (水의 生地)		7.25	
		庚		처서 (8/23~24)	16.50	
	酉	庚	金氣가 가장 왕성할 때 (金의 旺地)	백로 (9/7~8)	10.35	
		辛	앞의 庚金에서 辛金으로 바뀜 (陽→陰)	추분 (9/23~24)	20.65	
	戌	辛		한로 (10/8~9)	9.30	
		丁	火氣를 묻어두는 때 (火의 墓地)		3.10	
		戊	환절기	상강 (10/23~24)	18.60	18
동(冬)	亥	戊	앞의 戊土와 동일	입동 (11/7~8)	7.25	72
		甲	木氣가 살아나는 때 (木의 生地)		7.25	
		壬		소설 (11/22~23)	16.50	
	子	壬	水氣가 가장 왕성할 때 (水의 旺地)	대설 (12/7~8)	10.35	
		癸	앞의 壬水에서 癸水로 바뀜 (陽→陰)	동지 (12/21~22)	20.65	
	丑	癸		소한 (1/5~6)	9.30	
		辛	金氣를 묻어두는 때 (金의 墓地)		3.10	
		己	환절기	대한 (1/20~21)	18.60	18

* 표의 내용은 연해자평(淵海子平)에 수록된 월률분야지도(月律分野之圖)를 참조했다.
* 표의 [사령일수]를 정숫값만으로 보면 매월은 30일이다. [일수합계]는 사령일수를 정숫값만 더한 것인데, 환절기 제외한 각 계절별 일수는 72일이고, 환절기는 (18일x4=) 72일이다. 전체를 다 더하면 (72일x5=) 360일이다. 이것은 1년 365일에 근사한 값이다. 옛날 천문 지식으로 만든 것임을 생각한다면 이 정도의 오차는 충분히 이해된다.

오행(五行) 기(氣)의 계절별 순환(巡還)

앞의 월률분야표를 보고 각 오행의 기운이 1년 동안 어떻게 변화하는지 정리하면 다음과 같다. 이것이 생지(生地)·왕지(旺地)·묘지(墓地) 및 삼합(三合) 이론의 근거다.

- 木의 기운은, 겨울 亥의 중기인 甲으로 살아나서(水生木), 봄의 卯에서 甲·乙로 왕성해지고, 여름 未의 중기인 乙로 묻어둔다.
- 火의 기운은, 봄 寅의 중기인 丙으로 살아나서(木生火), 여름의 午에서 丙·丁으로 왕성해지고, 가을 戌의 중기인 丁으로 묻어둔다.
- 金의 기운은, 여름 巳의 중기인 庚으로 살아나서(火生土→土生金, 즉 火生金), 가을의 酉에서 庚·辛으로 왕성해지고, 겨울 丑의 중기인 辛으로 묻어둔다.

- 水의 기운은, 가을 申의 중기인 壬으로 살아나서(金生水), 겨울의 子에서 壬·癸로 왕성해지고, 봄 辰의 중기인 癸로 묻어둔다.
- 土의 기운은, 각 계절의 마지막 월인 辰·未·戌·丑의 본기 戊 또는 己로 왕성해진다. 土는 두 계절 사이에서 기(氣)의 변화를 중재한다.

요약하면, 각 오행은 '자기 계절'의 '앞 계절'에서 살아나고, '자기 계절'에 왕성해지고, '다음 계절'에서 묻힌다. '반대 계절'에는 그 오행의 기운이 아예 없다.

생지(生地)·왕지(旺地)·묘지(墓地)

月支	구분	보통 호칭	다른 호칭	성정(性情)
寅·巳·申·亥	각 계절의 첫째 지지	생지(生地)	사생(四生), 사맹(四孟, 四萌)	역마(驛馬)
卯·午·酉·子	각 계절의 둘째 지지	왕지(旺地)	사정(四正), 사중(四仲)	도화(桃花)
辰·未·戌·丑	각 계절의 셋째 지지	묘지(墓地)	고지(庫地), 사고(四庫), 사계(四季)	화개(華蓋)

(旺 성할 왕, 墓 무덤 묘, 孟 처음 맹, 맏 맹, 萌 싹 맹, 仲 둘째 중, 季 끝 계, 庫 곳집 고, 藏 감출 장, 驛 역참 역, 桃 복숭아나무 도, 華 빛날 화, 화려할 화, 蓋 덮을 개)

* 지지(地支)이므로 生支, 旺支, 墓支 라고 써야 할 것 같은데, 生地, 旺地, 墓地 라고 쓴다. '地'는 '자리' 또는 '곳'이라는 의미를 나타내기 위해서 사용한 것으로 추측된다.

* 생지, 왕지, 묘지 각각은 지지의 순서대로 쓰지 않고, 관습적으로 **寅申巳亥**(인신사해), **子午卯酉**(자오묘유), **辰戌丑未**(진술축미) 형태로 쓴다.

생지·왕지·묘지의 지장간(支藏干)

생지(生地)				왕지(旺地)				묘지(墓地)			
寅	巳	申	亥	卯	午	酉	子	辰	未	戌	丑
戊土	戊土	戊土	戊土	甲木	丙火	庚金	壬水	乙木	丁火	辛金	癸水
丙火	庚金	壬水	甲木	-	己土	-	-	癸水	乙木	丁火	辛金
甲木	丙火	庚金	壬水	乙木	丁火	辛金	癸水	戊土	己土	戊土	己土

위 표를 살펴보면, 생지·왕지·묘지의 지장간을 다음과 같이 설명할 수 있다.

	생지 (寅·巳·申·亥)	왕지 (卯·午·酉·子)	묘지 (辰·未·戌·丑)
여기(餘氣)	戊	'자기 계절'의 양간(陽干)	'자기 계절'의 음간(陰干)
중기(中氣)	'다음 계절'의 양간(陽干)	<午만 己>	'앞 계절'의 음간(陰干)
본기(本氣)	'자기 계절'의 양간(陽干)	'자기 계절'의 음간(陰干)	辰·戌은 戊, 丑·未는 己

* 왕지는 오행이 같은 지장간이 2개 – '자기 계절'의 양간과 음간 – 있으므로, '자기 계절'의 기운이 매우 강하다. 그래서 이름을 '기운이 왕성하다'는 의미인 '왕지(旺地)'라고 했다.

- **생지**(生地)는 계절이 시작되는 월(月)이다. 지장간을 보면 전부 양기(陽氣)다. 그래서 여기저기 분주하게 움직이는 역동성이 있으므로 **역마**(驛馬)라고 한다
- **왕지**(旺地)는 계절의 기운이 가장 왕성한 월(月)이다. 그런 왕성함을 드러내려고 끼를 부리므로 **도화**(桃花)라고 한다.
- **묘지**(墓地)는 계절이 끝나는 월(月)이다. 지금까지의 성과를 갈무리하고 조용히 정신세계에 몰두하려 한다. 과거의 화려함을 덮는다는 의미로 **화개**(華蓋)라고 한다.

방합(方合)과 지장간(支藏干)

寅卯辰 (木局)			巳午未 (火局)			申酉戌 (金局)			亥子丑 (水局)		
寅	卯	辰	巳	午	未	申	酉	戌	亥	子	丑
戊土	甲木	乙木	戊土	丙火	丁火	戊土	庚金	辛金	戊土	壬水	癸水
丙火	-	癸水	庚金	己土	乙木	壬水	-	丁火	甲木	-	辛金
甲木	乙木	戊土	丙火	丁火	己土	庚金	辛金	戊土	壬水	癸水	己土

지지를 寅부터 시작해서 순서대로 3개씩 묶으면, 묶음마다 서로 다른 오행의 생·왕·묘지가 각각 한 개씩 포함되는데 그것을 방합이라고 한다. 하나씩 살펴보면,

寅卯辰: 寅은 火의 생지, 卯는 木의 왕지, 辰은 水의 묘지 (지장간에 金은 없음)
巳午未: 巳는 金의 생지, 午는 火의 왕지, 未는 木의 묘지 (지장간에 水는 없음)
申酉戌: 申은 水의 생지, 酉는 金의 왕지, 戌은 火의 묘지 (지장간에 木은 없음)
亥子丑: 亥는 木의 생지, 子는 水의 왕지, 丑은 金의 묘지 (지장간에 火는 없음)

삼합(三合)과 지장간(支藏干)

亥卯未 (木局)			寅午戌 (火局)			巳酉丑 (金局)			申子辰 (水局)		
亥	卯	未	寅	午	戌	巳	酉	丑	申	子	辰
戊土	甲木	丁火	戊土	丙火	辛金	戊土	庚金	癸水	戊土	壬水	乙木
甲木	-	乙木	丙火	己土	丁火	庚金	-	辛金	壬水	-	癸水
壬水	乙木	己土	甲木	丁火	戊土	丙火	辛金	己土	庚金	癸水	戊土

같은 오행에 관련된 생·왕·묘지끼리 묶은 것을 삼합이라고 한다. 하나씩 살펴보면,

亥卯未: 亥는 木의 생지, 卯는 木의 왕지, 未는 木의 묘지 (지장간에 金은 없음)
寅午戌: 寅은 火의 생지, 午는 火의 왕지, 戌은 火의 묘지 (지장간에 水는 없음)
巳酉丑: 巳는 金의 생지, 酉는 金의 왕지, 丑은 金의 묘지 (지장간에 木은 없음)
申子辰: 申은 水의 생지, 子는 水의 왕지, 辰은 水의 묘지 (지장간에 火는 없음)

삼합을 오행 중심으로 설명하면, (이미 저 앞에서 설명한 것과 같은 내용이다.)

木은 亥에서 나고, 卯에서 왕성했다가, 未에서 묻힌다. (그래서 亥卯未는 木局)
火는 寅에서 나고, 午에서 왕성했다가, 戌에서 묻힌다. (그래서 寅午戌은 火局)
金은 巳에서 나고, 酉에서 왕성했다가, 丑에서 묻힌다. (그래서 巳酉丑은 金局)
水는 申에서 나고, 子에서 왕성했다가, 辰에서 묻힌다. (그래서 申子辰은 水局)

* 木은 亥월(양력 11월쯤)에 나서 未월(양력 7월쯤)에 묻힌다. 즉 亥부터 未까지 약 9개월 동안에는 木氣가 있는데, 그 기간이 아닌 申·酉·戌월(양력 8~10월쯤, 가을)에는 木氣가 없다. 즉, 木의 반대는 金인데, 金의 계절인 가을에는 木氣가 없다. 반대로, 木의 계절인 봄에는 金氣가 없다. 火와 水도 서로 이런 관계에 해당한다.

辰·戌·丑·未에 포함된 오행(五行)의 기(氣)

묘지(墓地)인 辰·戌·丑·未는 내부에 오행이 각각 다른 지장간 3개와 '다음 계절'로 나아가는 기(氣)를 포함하고 있다. 그래서 여러 가지 오행의 기(氣)을 가지고 있다는 의미로 辰·戌·丑·未를 **잡기**(雜氣)라고도 한다.

아래 표는 辰·戌·丑·未 각각이 가진 오행의 기(氣)가 어떤 것들인지 나타냈다.

	있는 氣	(지장간에 있는 氣)	(다음 계절로 나아가는 氣)	없는 氣(반대 계절의 氣)
辰	木, 水, 土, 火	乙**木**, 癸**水**, 戊**土**	**火**進氣(여름으로 나아가는 氣)	(辰은 봄 ↔) 가을(金)
未	火, 木, 土, 金	丁**火**, 乙**木**, 己**土**	**金**進氣(가을로 나아가는 氣)	(未는 여름 ↔) 겨울(水)
戌	金, 火, 土, 水	辛**金**, 丁**火**, 戊**土**	**水**進氣(겨울로 나아가는 氣)	(戌은 가을 ↔) 봄(木)
丑	水, 金, 土, 木	癸**水**, 辛**金**, 己**土**	**木**進氣(봄으로 나아가는 氣)	(丑은 겨울 ↔) 여름(火)

06 역법(曆法)과 시간(時間)

태양력(太陽曆) (曆 책력 력, 역법 력, 歷 지낼 력)

지구의 공전주기(지구가 태양 주위를 한 바퀴 도는 데 걸리는 시간)를 1년으로 삼고, 그것을 12등분해서 1달의 길이를 정한 역법(曆法)을 태양력(太陽曆)이라고 한다. 12등분한 값이 소수점 값이라서, 정수가 되도록 적당히 배분해서 서로 약간 다른 길이(28, 30, 31일)의 달을 만들었다. 그렇게 해도 실제 공전주기와 딱 맞아떨어지지 않으므로, 그 차이를 바로잡기 위해서 4년마다 하루를 2월에 추가했다. 그것이 2월 29일 **윤일**(閏日)이다. 이집트 문명에서 시작되어서 로마의 '율리우스력(曆)'을 거쳐 '**그레고리력**(曆)'으로 바뀌고 현재의 서양식 달력이 됐다.

태음력(太陰曆)

달의 공전주기(달이 지구 주위를 한 바퀴 도는 데 걸리는 시간, 삭(朔)에서 다음 삭까지의 시간)를 1달의 길이로 정한 역법(曆法)을 태음력(太陰曆)이라고 한다. 달의 공전주기가 29.5306일이므로 1달을 29일인 것과 30일인 것으로 두었다. 메소포타미아 문명에서 시작되어 아랍 지역에서 사용되었으며, 현재도 이슬람권에서는 종교의식에 태음력을 사용하고 있다. 명(明)나라 시대에 중국으로 전해져서 '회회력(回回曆)'이 되었으며, 현재 우리가 알고 있는 음력(陰曆)이 만들어진 바탕이다.

참고 한 해가 열두 달(1년이 12개월)인 이유

'해'는 태양(太陽)을 가리키는 순우리말이고, '달'은 지구의 위성(衛星)을 가리키는 순우리말이다. 지구상에서 보는 '해'는 대략 360일이 지나면 다시 같은 위치에서 뜨고 지기 때문에 약 360일을 '해'라는 단위로 삼았고, 지구상에서 보는 '달'은 대략 30일마다 보름달이 반복되기 때문에 약 30일을 '달'이라는 단위로 삼았다. '달'이 12번 반복되는 기간이 대략 한 '해'와 같다. 즉 1년과 12개월은 같은 기간이다.

* 측정된 지구의 공전주기는 365.242198…일, 달의 공전주기는 29.530589…일, 지구 공전주기를 달의 공전주기로 나누면 12.368266… 이다.

태음태양력(太陰太陽曆)

태음력의 1년은 354.3671일로써 태양력의 365.2422일보다 약 11일(10.8751일) 정도가 짧으므로, 그대로면 3년마다 약 33일(약 1달)이 부족해서 음력 월이 실제 계절과 일치하지 않는다. 그래서 음력 월을 계절에 맞추려고 3년마다 한 달(정확히는 19년에 7달)을 추가하는데, 그것을 **윤달**(閏月)이라고 한다.

태음력에 윤달을 넣어서 태양력과 맞춘 역법(曆法)을 태음태양력(太陰太陽歷)이라고 한다. 현재 우리나라에서 사용하는 음력이 바로 이것이다. 윤달을 음력에 어떻게 끼워 넣을지는 **무중치윤법**(無中置閏法)이라는 방식에 따른다.

절기력(節氣曆)과 간지력(干支曆)

절기력(節氣曆)은 1년을 24등분해서 각 시기를 나타낸 달력이며, 각 시기를 절기라고 한다. 두 절기가 한 달이 되지만, 년(年) 구분 개념이 없다. 매년 절기가 반복될 뿐이다. 태양력의 일종이다. (절기에 관해서는 이 장의 뒤에 더 자세히 설명한다.)

간지력(干支曆)은 (양력·음력과 같은 개념이 아니라) 년·월·일을 숫자로 표시하지 않고 간지로 표기한 달력을 말한다. 년·월·일은 <u>각각 별도로 육십갑자를 반복</u>해서 부여하는 방식이다. 언제부터 간지력을 사용하기 시작했는지는 알 수 없다. 간지력은 육십갑자를 반복해서 사용하기 때문에, 간지만을 보고서는 언제인지를 정확하게 알 수 없다. 예를 들어 경자(庚子)년이라고 하면, 그것만으로는 어느 해인지 알 수 없다. 마찬가지로, 무진(戊辰)월 갑오(甲午)일 역시 언제인지 분명하지 않다.

참고 무중치윤법(無中置閏法)

무중치윤법은 윤달을 음력에 끼워 넣는 방법인데, '무중치윤(無中置閏)'이란 "중기(中氣)가 없는 달을 윤달로 둔다."는 뜻이다. 태음력과 24절기를 나란히 놓고, 태음력으로 그해 1월부터 날짜를 한 달씩(29일~30일) 잘라서 월을 부여하다 보면 '절(節)만 있고 중기(中氣)가 없는 월'이 있게 되는데, 이를 윤달로 정하고 월 이름은 앞 달과 같게 둔다. 만약 1년에 중기가 없는 월이 2번 있으면 첫 번째 중기가 없는 월을 윤달로 정한다. 그리고 반드시 11월에 동지(冬至)가 들도록 배치해야 한다. (그래서 동짓달은 항상 음력 11월이다.)

그래서 현재 우리가 사용하고 있는 음력은 매월에 절(節)과 중기(中氣)가 들어 있다. 그러나 윤달에는 절만 있고 중기는 없다. 윤달 다음 월에는 중기와 그다음 절이 순서대로 든다. 아래에 이것에 대한 보기가 있다. ('*'표가 붙은 것이 절(節)이다.)

[보기] 음력 2014년 8월(백로*, 추분), 9월(한로*, 상강), <u>윤9월(입동*)</u>, 10월(소설, 대설*), 11월(동지, 소한*), 12월(대한, 입춘*), 1월(우수, 경칩*)

[해설] 8, 9월에는 절이 앞에 있고 중기가 뒤에 있다. 윤9월에는 절만 있다. 10월부터는 중기가 앞에 있고 절이 뒤에 있다. 동지는 11월에 들었다.

참고 (지구의 북반구에서) 밤에 달이 보이는 모습

삭 → 초승달 ● → 상현달 ◐ → 보름달 ○ → 하현달 ◑ → 그믐달 ● → 삭

- 삭(朔): 음력 1일경, 밤에 달이 보이지 않음
- 초승달: 음력 3일경 초저녁에 잠시 보임, new moon(crescent moon)
- 상현달: 음력 8일경 서녁~한밤중에 보임, 상현(上弦), waxing moon
- 보름달: 음력 15일경, 저녁~새벽에 보임, 망(望), full moon
- 하현달: 음력 22일경, 한밤중~새벽에 보임, 하현(下弦), waning moon
- 그믐달: 음력 27일경, 이른 새벽에 잠시 보임, old moon(dark moon)

(朔 초하루 삭, 弦 반달 현, 望 보름 망, 삭망제(朔望祭) 초하룻날과 보름날에 지내는 제사)

참고 우리나라의 역법(曆法)과 역서(曆書)

- 조선 이전~1652년까지는 중국의 수시력(授時曆) 및 대통력(大統曆) 등의 역법(曆法)을 주로 사용했다.
- 1444년(조선 세종)에 수시력, 대통력을 참고한 칠정산내편·외편(七政算內篇·外篇)이라는 독자적인 역서(曆書)를 간행해서 함께 사용했다.
- 1653년(조선 효종)부터 시헌력(時憲曆) - 중국 청(淸)나라에서 태음력에 서양식

천문학을 가미해서 만든 태음태양력 - 이라는 역법을 사용했다.

- 1772년(조선 영조)에 시헌력법(時憲曆法)을 바탕으로 시헌칠정백중력(時憲七政百中曆)이라는 역서를 간행했다.
- 1782년(조선 정조)에 시헌칠정백중력을 보완해서 천세력(千歲曆)이라는 역서를 간행했다. 이것에는 1777년부터 87년간의 역(曆)을 적어놓았으며, 이후 10년마다 10년씩의 역(曆)을 반복해서 추가했다.
- 1896년(조선 고종)부터 공식적으로 그레고리력인 양력(陽曆)을 사용하기 시작했다. 그런데도 기존의 시헌력법에 따라서 만든 역서도 함께 사용했으며, 특히 나라의 행사나 민간의 풍습은 이전과 마찬가지로 시헌력에 따랐다.
- 1898년(대한제국 광무 1년)에는 시헌력의 이름을 명시력(明時曆)으로 변경했으며 이 역서를 1908년까지 출간했다. *그럼에도 불구하고, 사람들은 시헌력이라 불렀다.
- 1904년(대한제국 광무 8년)에는 천세력을 **만세력**(萬歲曆)이라는 이름으로 고쳐서 간행했다. 이것에는 매년의 태세(太歲), 매월의 월건(月建), 매월 1일·11일·21일의 일진(日辰), 달의 삭(朔)·현(弦)·망(望) 시기, 24절기의 절입일시(節入日時) 등을 적어 놓았다.
- 1911~1936년에는 조선총독부에서 매년 조선민력(朝鮮民曆)이라는 이름의 역서를 만들어서 민간에 보급하기 시작했으며, 양력과 음력 및 절기 등이 함께 표시되어 있었다.
- 1920년에는 임시정부에서 대한민력(大韓民曆)이라는 이름의 달력을 만들었다. (1년을 한 장에 표기했다.)
- 1937~1945년에는 조선총독부에서 조선민력의 이름을 약력(略曆)이라는 이름으로 바꿨으며 내용도 간략화시켰다.
- 1946년부터 대한민국 국립중앙관상대에서 '역서(曆書)'를 발간하기 시작했고, 지금은 한국천문연구원에서 계속 발간하고 있다. *천문력(天文曆)도 함께 발간
- 1960년대 초반부터 현재까지, 여러 민간 출판사에서 **대한민력**(大韓民曆)이라는 이름의 역서를 매년 출판하고 있다. 포함된 내용은 만세력과 거의 같다.

현재 우리가 사용하는 달력 중에서 음력이 적혀있는 달력에는, 음력 날짜뿐만 아니라 24절기와 일진(日辰)도 함께 표기된 것이 일반적이다. 즉, 한 달력에 양력(그레고리력), 음력(시헌력), 절기력, 간지력 4가지가 함께 표기된 형태다.

* 시헌력(=명시력), 만세력, 민력 등의 역서(曆書)는 '책으로 된 달력'이라는 뜻으로 **책력**(冊曆)이

라고도 부른다.

* 어업(魚業)이나 역술(易術) 및 명리학(命理學) 등에서는 아직도 만세력이나 민력을 많이 사용하고 있다.
* 한국천문연구원 인터넷 사이트 (https://astro.kasi.re.kr/almanac/pageView/41)

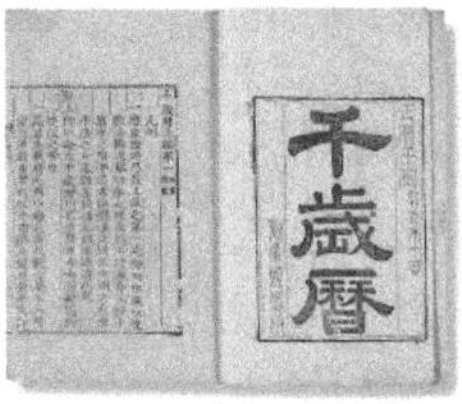

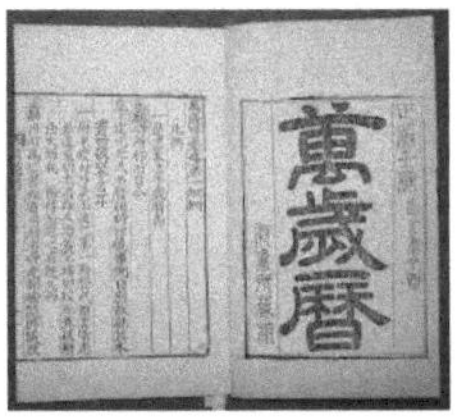

참고 **우리나라의 기년법(紀年法)과 연호(年號)**

과거의 특정 기점을 원년(元年)으로 삼아서 햇수를 세는 방법을 기년법(紀年法)이라고 하며, 그 원년의 이름을 연호(年號)라고 한다. 예를 들면 '서기 2015년'의 '서기(西紀)'가 연호다. 과거에는 왕이 즉위하는 해를 '○○(연호) 1년'으로 삼았다.

고구려는 391년 광개토대왕이 즉위하면서 처음으로 '영락(永樂)'이라는 연호(年號)를 사용했고, 신라는 536년 법흥왕 때 처음으로 '건원(建元)'이라는 연호를 사용했다. 그 후로도 각자 독자적인 연호를 사용하다가, 신라가 삼국을 통일한 후부터는 중국 당(唐)나라의 연호를 사용했다. 조선은 처음에는 명(明)나라의 연호를 사용했고 나중에는 청(淸)나라의 연호를 사용했는데, 세종 때인 1444년(甲子년)부터 매년을 간지로 표기하는 **간지기년법**(干支紀年法)을 연호와 함께 사용했다. 조선 말기인 1894년 갑오개혁 이후에는 독자적인 연호 - 개국(開國), 건양(建陽), 광무(光武), 융희(隆熙) - 를 사용하다가, 1910년 경술국치(庚戌國恥) 이후는 일본의 연호를 사용했다. 그러다가 1948년 대한민국 정부가 수립되면서 **단기**(檀紀, =단군기원 檀君紀元) 연호로 쓰다가, 1961년에 연호를 **서기**(西紀, =서력기원 西曆紀元)로 바꿨다.

24절기(節氣) =시령(時令) =절후(節候) =절기력(節氣曆) =절월력(節月曆)

농사에 가장 중요한 요소는 (태양의 기울기에 따른) 계절의 변화다. 그래서 하늘을 가상의 공으로 간주한 천구(天球)에서, 태양이 1년 동안 움직이는 경로인 황도(黃道) 360°를 15°씩 나누고, 각 위치에 이름을 붙인 24절기(節氣)를 만들어서 농사 시기를 파악하는 데 사용했다. 그것을 **절기력**(節氣曆) 또는 **절월력**(節月曆)이라고 한다. 각 절이 시작되는 날짜를 **절입일**(節入日)이라 하고, 시작되는 시간을 **절입시**(節入時)라고 한다. 절입일시부터 시작되는 월이 **절기월**(節氣月)이며, 절기월은 지지로 표기한다. 다음은 24절기(=12절+12기)와 절입일을 양력으로 나타낸 표다.

절기월→	寅	卯	辰	巳	午	未	申	酉	戌	亥	子	丑
12절 (節)	입춘 (立春)	경칩 (驚蟄)	청명 (淸明)	입하 (立夏)	망종 (芒種)	소서 (小暑)	입추 (立秋)	백로 (白露)	한로 (寒露)	입동 (立冬)	대한 (大雪)	소한 (小寒)
절입일	2/4~5	3/5~6	4/4~5	5/5~6	6/5~6	7/7~8	8/7~8	9/7~8	10/8~9	11/7~8	12/7~8	1/5~6
12기 (中氣)	우수 (雨水)	춘분 (春分)	곡우 (穀雨)	소만 (小滿)	하지 (夏至)	대서 (大暑)	처서 (處暑)	추분 (秋分)	상강 (霜降)	소설 (小雪)	동지 (冬至)	대한 (大寒)
시작일	18~19	20~21	20~21	21~22	21~22	22~23	23~24	23~24	23~24	22~23	21~22	20~21

* **12절**(節)은 대나무 마디처럼 월을 구분하는 시작점이라는 의미이며, 12절 중에서도 입춘·입하·입추·입동은 각각 寅·申·巳·亥 월이 시작되는 날이다. 달리 말하면, 각 계절이 시작되는 때다.

* **12기**(氣)는 **중기**(中氣)라고 하며 절입일로부터 약 15일 후다. (중기 시작일을 '절입일'이라고 하지는 않는다.) 중기는 '그달의 기운'이 가장 왕성한 때다. 12기 중에서도 卯·午·酉·子 월의 중기인 춘분·하지·추분·동지는 '자기 계절의 기운'이 가장 왕성한 때다.

* 절기는 태양력의 일종이므로, 각 절입일은 양력 날짜로는 거의 일정하다. 예를 들면, 입춘은 매년 2월 4일 또는 5일이다. 경칩은 매년 3월 5일 또는 6일이다.

* 사주명리학에서는 '절입월' 및 '절입일시'가 중요하며, 중기(中氣)는 아무 의미가 없다.

24절기(節氣)와 민속(民俗)

절기월	양력월	절 (節)	농사, 민속 관련	중기 (中氣)	농사, 민속 관련
寅월	2월	입춘(立春)	봄 시작	우수(雨水)	대동강 얼음이 녹는 때
卯월	3월	경칩(驚蟄)	개구리가 겨울잠에서 깨어난다	춘분(春分)	낮이 길어지기 시작
辰월	4월	청명(淸明)	맑고 화창한 날씨, 봄 농사 시작	곡우(穀雨)	봄비 내리고 곡식이 자라기 시작
巳월	5월	입하(立夏)	여름 시작	소만(小滿)	보리 베고 모내기하는 때
午월	6월	망종(芒種)	발등에 오줌쌀 만큼 농사에 바쁨	하지(夏至)	낮이 가장 긴 날, 장마 시작
未월	7월	소서(小暑)	더위 시작	대서(大暑)	가장 무더운 때
申월	8월	입추(立秋)	가을 시작	처서(處暑)	모기 입이 돌아갈 정도로 쌀쌀한
酉월	9월	백로(白露)	이슬이 내리기 시작	추분(秋分)	밤이 길어지고, 가을걷이 시작
戌월	10월	한로(寒露)	찬 이슬이 내리기 시작	상강(霜降)	서리가 내리기 시작
亥월	11월	입동(立冬)	겨울 시작, 김장철	소설(小雪)	눈이 내리기 시작
子월	12월	대설(大雪)	큰 눈이 내리는 때	동지(冬至)	밤이 가장 긴 날, 작은 설날
丑월	1월	소한(小寒)	대한이 와서 얼어 죽는다는 추위	대한(大寒)	마지막 큰 추위

(驚 놀랄 경, 蟄 숨을 칩, 穀 곡식 곡, 滿 가득찰 만, 至 이를 지, 芒 까끄라기 망, 暑 더울 서, 處 처분 할 처, 寒 찰 한, 露 이슬 로, 霜 서리 상, 降 내릴 강)

* 옛날에 입추(음력 7월)에 접어들면, “부지런히 겨울 준비를 서두르라”는 뜻으로 ‘어정 7월, 건들 8월, 동동 9월’이라는 말을 많이 사용했다. (어정거리다. 건들거리다. 발을 동동 구른다.)
* “모기 입이 돌아간다.”라는 말은 “찬 곳에서 자면 입이 돌아간다.”라는 말을 모기에게 빗대어 해학적으로 표현한 것이다.
* 하지는 낮이 가장 긴 날이다. 그러나 1년 중 해가 가장 일찍 뜨고 가장 늦게 지는 날은 아니다. 동지도 해가 가장 늦게 뜨고 가장 일찍 지는 날은 아니다.

24절기(節氣)의 기원(起源)

24절기는 중국 주(周)나라 시대에 처음 생겼으며, 우리나라에는 고려 충렬왕 때 도입되었다는 설이 있는데 확실하지 않다. 확실한 것은, 청(淸)나라 때인 1644년에 반포된 시헌력(時憲曆)에는 24절기가 포함되어 있었으며, 시헌력은 조선 효종 때인 1653년에 우리나라에 도입되었다.

절기의 이름과 의미는 중국의 화북 지방의 기후에 맞게 정해졌기 때문에, 우리나라(특히 중·남부 지방의) 기후와는 다소 어긋난다.

절입일시(節入日時) 알기

태양은 1년 동안 황도 360°를 움직이고, 황도 15°마다 절기를 정했으니, 절기 사이의 시간 간격은 약 15일이다. 그런데 지구의 공전 궤도가 타원형이라서 공전 속도가 일정하지 않기 때문에, 절기마다 시간 간격이 조금씩 다르다. 태양에 가장 가까운 위치인 근일점(近日點)에 도달하는 1월경에는 공전 속도가 가장 빨라서 절기 사이의 시간 간격이 짧으며, 태양에서 가장 먼 위치인 원일점(遠日點)에 도달하는 7월경에는 공전 속도가 가장 느려서 절기 사이의 시간 간격이 길다.

절입일과 절입시는 복잡한 천문 계산으로 알 수 있는데, 현재 우리나라는 한국천문연구원에서 매년 절입일시를 시헌력법(時憲曆法)에 따라 계산해서 발표하고 있다. 절입일시를 쉽게 알려면 만세력을 보면 된다.

* 절입일시를 게시하는 인터넷 사이트 (https://astro.kasi.re.kr/life/post/calendarData)

역법(曆法)별로 해가 바뀌는 시점

- 현대 양력(陽曆)에서는 1월 1일 0시부터 해가 바뀐다.
- 음력(陰曆)에서는 설날인 1월 1일 子시부터 해가 바뀐다. (조선 세종 때인 1444년부터 실시된 역법에 따른 기준)

• 절기력(節氣曆)에서는 '입춘일(立春日) 절입시(節入時)'부터 해가 바뀐다.

음력 및 절기력으로 해가 바뀌는 시점은 양력 기준으로는 매년 달라진다. 예를 들어 양력 2016년 2월 6일은, 음력으로는 2015년 12월 28일이며 간지로 표현하면 '기미(乙未)년 축(丑)월'이다. 그러나 절기력으로 보면 이미 입춘일을 지났기 때문에 해가 바뀌어 '병신(丙申)년 인(寅)월'이다. 그래서 이날 태어난 사람은 음력으로는 '양(未) 띠'지만 절기력으로는 '원숭이(申) 띠'다. 이것을 아래에 그림으로 나타냈다.

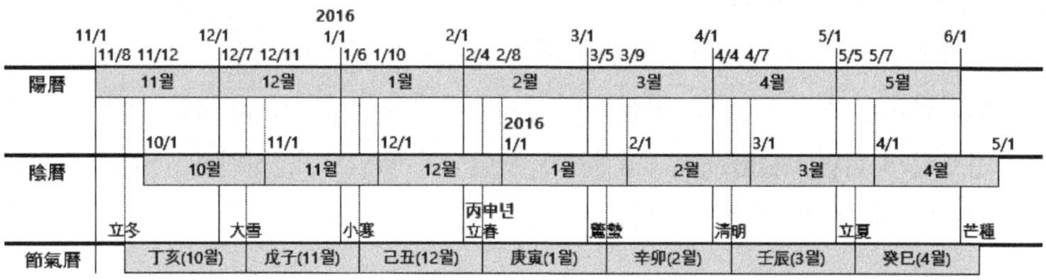

통변(通辯)할 때, 시기(時期) 표현 방법

사주명리학에서는 절기력을 사용한다. 절기월과 음력 월은 어느 정도 날짜가 중첩되기 때문에, 일반인들을 상대로 사주를 해설할 때는 굳이 절기력으로 말하지 않고 음력으로 말해도 문제없다. 예를 들면, 절기력 2016년 '卯월'은 양력 '3월 5일~4월 3일'이고, 음력 2016년 '2월'은 양력 '3월 9일~4월 6일'이다. 그래서 "절기력 卯월에 ~하다."라고 말할 것을 "음력 2월(쯤)에 ~하다."라고 말하거나, 아예 "양력 3월(쯤)에 ~하다."라고 말해 주는 것이 일반인은 이해하기 쉽다.

* 신법(新法) 사주명리학은 절기력을 사용하지만, 고법(古法) 사주명리학, 당사주(唐四柱), 토정비결(土亭祕訣) 등은 음력을 사용한다.

* '띠'는 해가 바뀌면서 달라지는데, 생일이 해가 바뀌는 시점 근처인 사람은, 음력으로 볼 때와 절기력으로 볼 때 '띠'가 다를 수 있다.

참고 삼복(三伏)

삼복은 24절기가 아니라 세시풍속(歲時風俗)이다. 하지로부터 3번째 庚일이 초복(初伏), 4번째 庚일이 중복(中伏), 입추로부터 1번째 庚일이 말복(末伏)이다. 초복과 중복, 중복과 말복 간격은 10일이지만, 어떤 해에는 입추 이후 1번째 庚일이 하지로부터 6번째 庚일이 될 때가 있다. 건너뛰는 5번째 庚일을 월복(越伏)이라고 하며,

이 해는 중복과 말복 간격이 20일이 된다.

* 가을의 금기(金氣)가 땅을 뚫고 나오려다가 아직 여름의 화기(火氣)가 강렬하므로 못 나오고 엎드려 있다는 의미로 '복(伏)'이라는 글자는 사용했다고 전해진다. (伏 엎드릴 복, 숨길 복)

진태양시(眞太陽時), 평균시(平均時)와 표준시(標準時)

매일 태양의 실제 위치로 정해지는 시간, 즉 해시계로 보는 시간을 **진태양시**(眞太陽時, **=시태양시** 視太陽時, **=자연시** 自然時)라고 한다. 그런데 지구가 태양 둘레를 도는 공전 궤도가 타원이며 지구 자전 중심축도 기울어져 있어서, 지구에서 보는 태양의 속도는 날마다 일정하지 않다. 그래서 진태양시는 날마다 시간의 길이가 아주 약간씩 다르다. (진태양시는 하루를 24등분한 것인데, 하루의 길이가 달라지므로)

과거에는 그런 차이가 무시되었지만, 현대에는 모든 영역에서 시간의 정확성이 요구된다. 그래서 지구의 공전주기를 균등하게 나눠서 시간의 길이가 같은 **평균태양시**(平均太陽時, 줄여서 **평균시**)를 정의하고, 그것을 지금 사용하고 있다. 그러므로 진태양시와 평균시는 날짜마다 차이가 있을 수밖에 없으며 그 차이를 **균시차**(均時差)라고 한다. 균시차는 -16분 33초(11월 3일쯤) ~ +14분 6초(2월 12일쯤) 범위 안에서 날짜마다 다르다.

평균시는 영국의 그리니치 천문대를 지나는 경선(經線, =자오선 子午線)을 기준으로 정했기 때문에 영어로 **GMT**(Greenwich Mean Time, 그리니치 평균시)라고 하며, 1884년부터 국제표준시로 사용되기 시작했다. 그런데 세계 모든 나라가 동일한 평균시를 사용하면, 같은 시간이 어느 나라는 해가 뜰 때고 어느 나라는 해가 질 때다. 그래서 도시나 국가가 위치한 경도(經度)에 따라서, 평균시에 시간을 가감해서 표현하는 시간을 **표준시**(標準時, Standard Time)라고 한다. 도시나 나라마다 일상에서 사용하는 시간이 바로 이 표준시다.

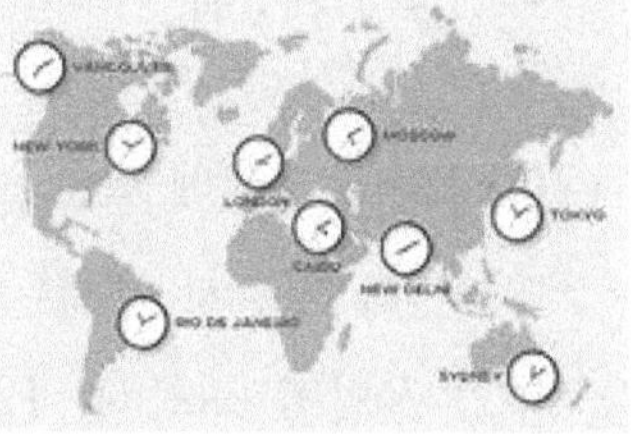

표준시는 GMT+ 및 GMT-로 표현하는데, 영국의 표준시는 GMT+0:00이고, 우리나라 표준시(**KST**: Korean Standard Time)는 GMT+9:00다. 우리나라가 영국보다 9시간 빠르다.

* 미국이나 호주처럼 국토가 넓은 나라는, 한 국가인데도 지역별로 다른 표준시를 사용한다.

표준시(標準時)가 같은 두 지역의 진태양시(眞太陽時)는 다를 수 있다.

지구상에서 경도(經度)가 같은 두 지역의 진태양시는 같고, 경도가 다른 두 지역의 진태양시는 다르다. 왜냐하면, 진태양시는 태양 남중(南中) - 하루 중 태양의 고도가 가장 높은 - 때를 12:00로 정한 것인데, 경도가 다른 두 지역의 태양 남중 시점은 다르기 때문이다.

어느 날 태양이 울릉도에 남중한 때가 (표준시로) 12:17이라면, 서울에 남중한 때는 (표준시로) 12:32이다. 하지만 두 지역 각각 그때가 진태양시로 12:00이다. 반대로 보면, (표준시로) 12:00 시점에 울릉도의 진태양시는 11:43이고 서울의 진태양시는 11:28이다. 즉 어느 한 시점에서 우리나라 모든 지역의 표준시는 같다. 하지만 경도가 다른 지역(장소)이라면 진태양시는 다르다.

표준시(標準時)를 진태양시(眞太陽時)로 환산하는 방법

사주명리학은 태양 기준인 절기력을 사용하기 때문에, 사주의 생시(生時)는 진태양시로 보는 것이 원칙이다. 그러나 지금 시대 사람들은 태어난 생시를 표준시 시각(時刻)으로만 알고 있다. 그래서 사주 간지를 정확하게 알려면, 표준시 생시를 진태양시 생시로 바꿔야 한다. (우리나라) 어느 때의 표준시 시각(時刻)을, 그때 어떤 지역의 진태양시 시각으로 환산하는 공식과 계산 방법은 다음과 같다.

진태양시 시각 = 표준시 시각 − (표준시 경도 − 그 지역의 경도) x 4분 ± 균시차

- 태어난 곳의 경도(經度)가 '표준시 경도'와 다르다면, 그만큼 보정(補正)한다. (표준시는 경도 15°에 1시간 차이다. 즉 경도 1°에 4분 차이다.)
- '표준시 경도'가 지금과 다른 시기에 태어났다면, 그 차이를 보정한다.
- 우리나라가 썸머타임을 실시했을 때 태어났다면, 그 차이를 보정한다.
- 이렇게 계산된 시각에, 마지막으로 균시차(均時差)를 보정해줘야 한다.

(1) 태어난 지역에 따른 보정

우리나라 표준시 경도는 135°고, '서울'의 경도는 127°(정확하게는 126.983°)다. 어떤 사람이 (표준시) 12:00에 '서울'에서 태어났다면, 앞의 공식에 대입해서 계산하면 (12:00 - (135° - 127°) × 4분) 결과는 11:28이다. 즉, 이 사람이 태어난 시각은 진태양시로 11:28이다.

* 특정 지역의 경도(經度) 값은 인터넷의 네이버 지도나 구글 지도 등에서 쉽게 찾을 수 있다.

(2) 표준시(標準時) 기점 변경으로 인한 보정

우리나라는 동경(東經) 127.5° 지역에 있지만, 현실적인 이유로 동경 135° 기준의 표준시(GMT+9:00)를 사용하고 있다. 그러나 우리나라가 표준시를 사용하기 시작한 이후로 동경 127.5° 기준의 표준시(GMT+8:30)를 사용했던 적이 두 번 있었다. 그러므로, 만약 생일이 그 기간에 속한다면, 앞의 계산 공식의 '표준시 경도' 값으로 127.5°를 사용해야 한다. 다음은 우리나라 '표준시 경도'가 변경되었던 시기다.

- 1908년 4월 1일에 처음으로 서양식 표준시 도입, 동경 127.5° 기준의 표준시(GMT+ 8:30)를 사용했다. 〈대한제국 시절〉
- 1912년 1월 1일부터 동경 135°기준의 표준시(GMT+9:00)를 사용했다. (이날 11:30을 12:00으로 30분 늦췄다.) 〈일제 치하〉
- 1954년 3월 21일부터 다시 GMT+8:30을 사용했다. (이날 0:30을 0:00으로 30분 당겼다.) 〈광복 후 1954~1961년 사이〉
- 1961년 8월 10일부터 다시 GMT+9:00을 사용했다. (이날 0:00을 0:30으로 30분 늦췄다.) 〈1972년에 GMT가 UTC라는 이름으로 변경되었다.〉

(3) 썸머타임 실시에 따른 보정

우리나라는 과거에 일광절약시간제(日光節約時間制) - 낮이 긴 여름철에 원래 표준시를 1시간 빠르게 당겨서 적용하는 제도, 보통 썸머타임이라고 한다 - 를 실시했다. 그 기간이 시작되는 날 새벽 0:00에 시계를 한 시간 앞으로 보내서 1:00로 맞춘다. 그래서 만약 썸머타임 실시 전에 7:00에 출근하던 사람이라면, 썸머타임 실시 중에도 시계상으로는 7:00에 출근한다. 하지만 실제로는 한 시간 빠른 6:00에 출근하는 것이다. 당연히 점심시간과 퇴근 시간도 시계상으로는 달라지지 않았지만 실제로는 한 시간 빠르다.

그래서 썸머타임 실시 기간 중에 태어난 사람의 생시는 당시 시간에서 1시간을 빼줘야 실제 표준시 생시가 된다. 예를 들면, 1957년에 썸머타임이 실시되었던 '5월 5일~9월 21일 사이'인 7월 20일 오전 7:50에 태어났다면, 실제 표준시로는 6:50에 태어난 것이다. 따라서 앞의 계산 공식에서 '표준시 시각' 값으로, 당시의 실제 시각인 6:50을 대입해야 한다.

우리나라는 크게 보면 3번의 기간에 총12회 - 1948~1951년 매년 여름철, 1955~1960년 매년 여름철, 1987년~1988년 여름철 - 에 썸머타임을 실시했다.

- 1948년 5/31~9/12일, 1949년 4/3~9/11일, 1950년 4/1~9/10일, 1951년 5/6~9/8일 (4회) 〈해방 후 미군정(美軍政) 하에서 시작〉
  (시작일 0시에 시계를 01시로 맞추고, 종료일 24시에 시계를 23시로 맞췄다.)
- 1955년 5/5~9/8일, 1956년 5/20~9/29일, 1957년 5/5~9/21일, 1958년 5/4~9/20일, 1959년 5/3~9/19일, 1960년 5/1~9/17일 (6회)
  (시작일 0시에 시계를 01시로 맞추고, 종료일 24시에 시계를 23시로 맞췄다.)
- 1987년 5/10~10/11일, 1988년 5/8~10/9일 (2회)
  (시작일 02시에 시계를 03시로 맞추고, 종료일 03시에 시계를 02시로 맞췄다.)

(4) 균시차(均時差) 보정

앞의 (1),(2),(3)의 보정을 거쳤다고 하더라도, 추가로 균시차(평균시와 진태양시의 차이)를 보정해 줘야 한다. 그런데 균시차는 매일 달라지므로, 태어난 그날의 균시차 값을 계산하거나 기록을 찾는 것은, 천문학자가 아닌 사람에게는 매우 어려운 일이다. 그래서 사람이 직접 진태양시를 계산할 때는 대부분 균시차 보정을 하지 않고 있다. (인터넷 등에서 '균시차 보정표'라는 것을 찾아서 참고)

태양의 남중(南中) 시각을 알면, 환산하는 방법

앞의 공식을 사용하는 대신에, 어느 날 어떤 지역의 '태양 남중(南中) 시각'만 알면 훨씬 쉽게 진태양시를 계산할 수 있다. 다행히 한국천문연구원에서 일별 지역별 태양의 남중 시각 - 즉 진태양시로 12:00 - 이 표준시로 몇 시인지를 게시하고 있다. 먼저, 그날 그 지역의 남중 표준시 시각과 진태양시 12:00의 '차이 값'을 구한다. 그리고 나서, 환산을 원하는 표준시 시각에서 '차이 값'을 빼주면 된다. 그것을 공식으로 만들면 다음과 같다.

진태양시 시각 = 표준시 시각 - (그날 그 지역의 남중 표준시 시각 - 12:00)

* 태양의 남중 시각을 게시하는 인터넷 사이트 (https://astro.kasi.re.kr/life/pageView/9)

시진(時辰)의 시간 제대로 알기

한 지지로 표현하는 시간을 시진(時辰)이라고 하며, 그것의 시간적 의미는 "寅은 3~5시, 卯는 5~7시, …"이다. 이렇게 적힌 시간은 진태양시 시간이다.

그런데 사주명리학책 중에는 "寅은 3:30~5:30시, 卯는 5:30~7:30시, …"와 같이 30분 늦게 적혀 있는 것이 있다. 그렇게 적어 놓은 이유는, 사주 간지를 알려면 표준시 생시(生時)를 진태양시로 환산해야 하는데, 그 일이 번거로우므로 계산하지 않고 표준시 생시로 지지를 알 수 있게 하려는 것이다.

그리고 30분 늦은 이유는, 우리나라 서울에서는 표준시가 진태양시보다 평균 32분 빠른데, 기억하기 좋게 30분 차이로 간주한 것이다. 하지만 생시의 지지를 정확하게 알려면, 표준시 생시를 (태어난 그때 그 지역의) 정확한 진태양시로 환산해서 사용해야 한다.

* 이 책의 "4. 천간(天干)과 지지(地支)"에서 "지지(地支)의 시간적 속성(屬性)" 부분 참고

참고 자정(子正)과 정오(正午) 그리고 삼경(三更)

한 시진(時辰)은 초시(初時)와 정시(正時)로 나눌 수 있다. 예를 들면, 辰시(7~9시)는 辰초시(7시)와 辰정시(8시)로 나누고, 子시(23~1시)는 子초시(23시)와 子정시(0시)로 나눈다. 그래서 밤 12시를 자정(子正) 또는 정자(正子)라 하고, 낮 12시를 오정(午正) 또는 정오(正午)라고 하는 것이다.

조선시대에는 밤에 시간을 알리기 위해서 해질 때부터 해뜰 때까지 5차례 - 초경(初更, 戌시), 이경(二更, 亥시), 삼경(三更, 子시), 사경(四更, 丑시), 오경(五更, 寅시) - 북을 쳤다. 또 한양 도성(都城)에는 통행금지 제도가 있었는데, 밤 10시경에 통금을 알리는 종을 치고 새벽 4시경에 통금을 해제하는 종을 쳤다. 통금 시작은 하늘의 별자리 28수(宿)를 의미하는 28번 종을 쳤고 그것을 인정(人定)이라고 했다. 인정이란 말은 亥시(9~11시)의 다른 표현이며 순우리말로는 '인경'이다. 통금 해제는 불교 33천(天)의 의미로 33번 종을 쳤고 그것을 파루(罷漏)라고 했는데, 그것이 제야(除夜: 섣달 그믐밤)에 33번 종을 치는 유래다. (罷 그만둘 파, 漏 물샐 루)

그리고 도성(都城)과 읍성(邑城)마다 시각을 알리는 종을 치던 종루(鐘樓)나 종각(鐘閣)이 있었는데, 과거에 종루나 종각이 있던 길을 종로(鐘路, 鍾路)라고 불렀다. 지방마다 향교(鄕校)가 있던 곳의 지명이 교동(校洞)이나 교촌(校村)인 것과 같은 이유다.

참고 12시진(時辰)의 옛날 명칭

	시간	별칭(別稱)	밤	때
子시	~01시	야반(夜半), 중야(中夜)	삼경(三更)	한밤중 *야반도주(夜半逃走)
丑시	~03시	계명(鷄鳴), 황계(荒鷄)	사경(四更)	닭 우는 시간
寅시	~05시	여명(黎明), 평단(平旦)	오경(五更)	희미하게 날이 밝아 오는 시간
卯시	~07시	일출(日出), 욱일(旭日)		해 뜨는 시간 *욱일승천(旭日昇天)
辰시	~09시	식시(食時), 조식(早食)		아침 식사 시간
巳시	~11시	우중(隅中), 일우(日禺)		정오에 가까운 시간
午시	~13시	일중(日中), 중오(中午)		한낮
未시	~15시	일질(日昳), 일영(日映)		해가 기울기 시작
申시	~17시	포시(晡時), 일포(日晡)		저녁나절, 해 질 무렵
酉시	~19시	일입(日入), 일락(日落)		해가 저무는 시간
戌시	~21시	일모(日暮), 황혼(黃昏)	초경(初更)	해가 저물어 어두운 시간
亥시	~23시	인정(人定), 정혼(定昏)	이경(二更)	밤이 깊은 시간

(鷄 닭 계, 鳴 울 명, 荒거칠 황, 어두울 황, 黎 검을 려, 무렵 려, 旦 아침 단, 旭 해 돋는 욱, 早 새벽 조, 이른 아침 조, 隅 모퉁이 우, 禺 원숭이 우, 해 지는 곳 우, 昳기울 질, 映 비칠 영, 晡 저녁나절 포, 해 질 무렵 포, 昏 어두울 혼, 暮 저물 모, 定 머무를 정, 정지할 정)

참고 과거 동양(東洋)의 시간 단위

단위	환산	설명
1각(刻)		현대 시간으로 15분
1시진(時辰)	=8각	현대 시간으로 2시간 시진은 지지(地支)로 표기한다.
1일(日)	=12시진, =96각	현대 시간으로 24시간 = 12시진×2시간
1후(候)	=5일, =60시진	1갑자 시진 갑자(甲子)는 60을 의미한다.
1절(節)	=3후, =15일	3갑자 시진
1월(月)	=2절, =30일	한 달의 앞 15일을 절(節), 뒤 15일을 기(氣)라고 한다.
1년(年)	=12월, =24절	=72후, =360일 24절은 24절기(節氣)를 의미
1세(世)	=30년	'한 세대(世代)'라고 할 때의 '世'
1운(運)	=12세, =360년	360년=(上元甲子60년+中元甲子60년+下元甲子60년)×음·양
1회(會)	=30운, =360세	=10,800년
1원(元)	=12회, =360운	=4,320세, =129,600년 하늘(우주)의 1년 '신기원(新紀元: 새로운 시대, 새로운 세상)'이라고 할 때의 '元'

* 원·회·운·세(元·會·運·世)는 중국 북송(北宋)의 학자인 소강절(邵康節)의 황극경세서(皇極經世

書)라는 책에서부터 유래했으며, 하늘(우주)의 1년인 1元(=12會 =360運 =4,320世)의 순환구조를 지상(地上)의 1年(=12月 =360日 =4,320時辰)에 맞추어서 정했다. 그리고 1元 중 앞의 64,800년을 선천(先天)이라 하고 뒤의 64,800년을 후천(後天)이라고 한다. 선천은 하늘의 봄·여름에 해당하고 후천은 하늘의 가을·겨울에 해당한다.

참고 삼원갑자(三元甲子)

새로운 60년이 시작되는 해가 甲子 년인데, 음양설(陰陽說)에서는 육십갑자가 3번 반복되는 것을 삼원갑자(三元甲子)라고 하며, 첫 甲子 60년을 상원갑자(上元甲子), 그다음 60년을 중원갑자(中元甲子), 또 다음 60년을 하원갑자(下元甲子)라고 한다. 삼원갑자면 180년인데, 삼원갑자가 음과 양으로 번갈아 한 번 순환하고 나면 360년이고 그것을 1운(運: 元·會·運·世의 '運'을 말한다.)이라고 한다.

우리나라는 세종 때 칠정산내편·외편(七政算內篇·外篇)이라는 역서(曆書)를 반포하면서 그해(1444년)를 상원갑자의 시작으로 삼았다. 이에 따르면 최근의 상원갑자는 1984~2043년이며, 2044년에 중원갑자가 시작된다. 그러나 동양 역학(易學)에서는 1504년이 상원갑자다. 이를 기준으로 하면, 최근의 상원갑자는 1864~1923년, 중원갑자는 1924~1983년, 하원갑자는 1984~2043년이며, 2044년에 다시 상원갑자가 시작된다.

* 역(易)을 기반으로 하는 상수학(象數學)에서는, 180 주기를 3등분해서 각각의 60을 상원(上元), 중원(中元), 하원(下元)이라고 한다. 이때의 '元'은 元·會·運·世할 때의 '元'이 아니다.

07
사주정립법(四柱定立法)

사주정립법(四柱定立法) =사주포법(四柱布法)

사람이 태어난 년·월·일·시에 해당하는 4개의 간지를 알아내는(정하는) 방법을 사주정립법이라고 한다. 년·월·일·시의 간지를 각각 **태세**(太歲), **월건**(月建), **일진**(日辰), **시진**(時辰)이라고 하는데, 이것을 기둥(柱)이라는 의미에서 **년주**(年柱), **월주**(月柱), **일주**(日柱), **시주**(時柱)라고도 한다.

2017년 5월 2일 8시			
戊	己	甲	丁
辰	丑	辰	酉

사주의 간지는 양력이나 음력이 아니라 절기력(節氣曆)을 기준으로 정해진다. 이어서 사주정립법을 자세히 설명한다. (사주정립법을 몰라도 아무나 만세력(萬歲曆)을 보고 사주를 정할 수 있으므로, 공부할 목적이 아니라면 굳이 사주정립법을 알 필요가 없다.)

태세(太歲) 정하기 =년주(年柱) 정하기

사주명리에서 매년의 태세(太歲)는 입춘일(立春日)의 절입시(節入時)에 바뀐다. (절기력에서 새해는 입춘에 시작된다.)

태세는 원래 간지력(干支曆)의 일부분이다. 고대 은(殷)나라 때부터 지금까지 매년 차례대로 육십갑자 간지를 반복해서 부여했다고 알려져 있을 뿐, 언제 어떤 간지로부터 시작되었는지는 모른다. 특정 년도의 태세는, 태세를 알고 있는 이전 년도로부터 그해까지 경과한 년수를 계산해서 알 수 있다.

서기 0년의 태세는 庚申이다. 그래서 예를 들어 1983년의 태세를 알려면, 0년부터 1983년까지는 육십갑자를 33번 반복하고 3년이 남기 때문에, 육십갑자 순서에서

庚申으로부터(庚申, 辛酉, 壬戌, 癸亥, 甲子, 乙丑, …) 3칸 뒤를 보면 癸亥임을 알 수 있다. 1984년은 4칸 뒤이므로 甲子다.

* 서기 1년 1월 1일의 전날은 서기 0년 12월 31일이 아니라 기원전 1년 12월 31일이다. 즉 서기 0년은 없다. 여기서는 '기원전 1년'을 계산의 편의상 '서기 0년'이라고 했을 뿐이다.

월건(月建) 정하기 =월주(月柱) 정하기

사주명리에서 매월의 월건(月建)은 해당 절입일(節入日)의 절입시(節入時)에 바뀐다. (절기력에서 새달은 해당 절입일에 시작된다.)

태어난 날이 속한 절입월에 해당하는 지지가 **月支**가 된다. **月干**은 월두법(月頭法)으로 정할 수 있다.

월두법(月頭法) =둔월법(遁月法) =월건법(月建法) (遁 달아날 둔, 숨을 둔)

年干으로 月干(=월두 月頭)을 알아내는 방법이다. 月干은 '그해 年干을 포함하는 간합의 합오행'을 생(生)하는 오행의 양간(陽干)으로부터 차례대로, 월(月)의 지지인 寅, 卯, 辰, … 위에 천간으로 배정한다.

예를 들어 己卯년이면, 年干 己는 甲-己합에 해당되고 그 합오행은 土이며, 土를 생하는 것은 火인데, 火의 양간(陽干)은 丙이다. 그래서 寅월의 천간은 丙, 卯월의 천간은 丁, 辰월의 천간은 戊, … 등이 된다. 이것을 모든 年干에 적용하면 다음과 같은 규칙이 된다.

- 年干이 甲·己인 해 寅월의 천간은 丙이다. 따라서 그해 寅월의 간지는 丙寅이다.
- 年干이 乙·庚인 해 寅월의 천간은 戊이다. 따라서 그해 寅월의 간지는 戊寅이다.
- 年干이 丙·辛인 해 寅월의 천간은 庚이다. 따라서 그해 寅월의 간지는 庚寅이다.
- 年干이 丁·壬인 해 寅월의 천간은 壬이다. 따라서 그해 寅월의 간지는 壬寅이다.
- 年干이 戊·癸인 해 寅월의 천간은 甲이다. 따라서 그해 寅월의 간지는 甲寅이다.

甲己合土 → 火生土 → 丙 → 丙寅 "갑기지년 병인두(甲己之年 丙寅頭)"
乙庚合金 → 土生金 → 戊 → 戊寅 "을경지년 무인두(乙庚之年 戊寅頭)"
丙辛合水 → 金生水 → 庚 → 庚寅 "병신지년 경인두(丙辛之年 庚寅頭)"
丁壬合木 → 水生木 → 壬 → 壬寅 "정임지년 임인두(丁壬之年 壬寅頭)"
戊癸合火 → 木生火 → 甲 → 甲寅 "무계지년 갑인두(戊癸之年 甲寅頭)"

월두법(月頭法)으로 만든 월건표(月建表)

앞의 월두법에 따라서 만든 표다. 年干과 月支를 알면 月干을 알 수 있다.

月支 / 年干	寅	卯	辰	巳	午	未	申	酉	戌	亥	子	丑
甲·己	丙寅	丁卯	戊辰	己巳	庚午	辛未	壬申	癸酉	甲戌	乙亥	丙子	丁丑
乙·庚	戊寅	己卯	庚辰	辛巳	壬午	癸未	甲申	乙酉	丙戌	丁亥	戊子	己丑
丙·辛	庚寅	辛卯	壬辰	癸巳	甲午	乙未	丙申	丁酉	戊戌	己亥	庚子	辛丑
丁·壬	壬寅	癸卯	甲辰	乙巳	丙午	丁未	戊申	己酉	庚戌	辛亥	壬子	癸丑
戊·癸	甲寅	乙卯	丙辰	丁巳	戊午	己未	庚申	辛酉	壬戌	癸亥	甲子	乙丑

일진(日辰) 정하기 =일주(日柱) 정하기

일진(日辰)은 매일 자시에 바뀐다. 즉 子시가 시작되는 23:00부터 다음 날로 본다. 그래서 23~0시에 태어난 사람은, 현대 시간 관점에서는 당일에 태어난 것이지만, 일진으로는 다음 날의 일진을 적용해야 한다.

일진은 원래 간지력(干支曆)의 일부분이다. 고대 은(殷)나라 때부터 지금까지 매일 차례대로 육십갑자 간지를 반복해서 부여했다고 알려져 있을 뿐, 언제 어떤 간지로부터 시작되었는지는 모른다. 특정 날의 일진은, 일진을 알고 있는 이전 날짜로부터 그날까지 지나간 날짜 수를 계산해서 알 수 있다.

1900년 1월 1일의 일진은 甲戌이다. 그래서 (예를 들어) 1901년 1월 1일의 일진을 알려면, 1900년 1월 1일부터 1901년 1월 1일까지는 육십갑자를 6번 반복하고 5일이 남기 때문에, 육십갑자 순서에서 甲戌로부터(甲戌, 乙亥, 丙子, 丁丑, 戊寅, 己卯, 庚辰, 辛巳, …) 5칸 뒤인 己卯임을 알 수 있다. 또 그다음 날인 1901년 1월 2일의 일진은 庚辰이다.

시진(時辰) 정하기 =시주(時柱) 정하기

시진(時辰)은 원래 진태양시(眞太陽時) 기준이다. 그래서 가장 먼저, 자신의 생시(生時)를 (자신이 태어난 그때 그 지역의) 진태양시 시각으로 환산해야 한다.

환산된 진태양시 시각에 해당하는 지지가 **時支**가 된다. **時干**은 시두법(時頭法)으로 정할 수 있다.

* 표준시 개념이 없던 과거에는 실생활에서 해시계(진태양시)나 물시계 등을 사용했고, 동양에서

는 시간 자체를 시진(時辰)으로 나타냈으므로 출생 시진이 곧 時支다.

* 이 책의 "6. 역법(曆法)과 시간(時間)"에서 "표준시(標準時)를 진태양시(眞太陽時)로 환산하는 방법" 부분과 "시진(時辰)의 시간 제대로 알기" 부분 참고

시두법(時頭法) =둔시법(遁時法) =일진법(日辰法) (遁 달아날 둔, 숨을 둔)

日干으로 時干(=시두 時頭)을 알아내는 방법이다. 時干은 '그날 日干을 포함하는 간합의 합오행'을 극(剋)하는 오행의 양간(陽干)에서 시작해서 차례대로, 시(時)의 지지인 子, 丑, 寅, … 위에 천간으로 배정한다.

예를 들어 乙未일이면, 日干 乙은 乙-庚합에 해당되고 그 합오행은 金이며, 金을 극하는 것은 火인데 火의 양간(陽干)은 丙이다. 그래서 子시의 천간은 丙, 丑시의 천간은 丁, 寅시의 천간은 戊, … 등이 된다. 이것을 모든 日干에 적용하면 다음과 같은 규칙이 된다.

- 日干이 甲·己인 날 子시의 천간은 甲이다. 따라서 그날 子시의 간지는 甲子다.
- 日干이 乙·庚인 날 子시의 천간은 丙이다. 따라서 그날 子시의 간지는 丙子다.
- 日干이 丙·辛인 날 子시의 천간은 戊이다. 따라서 그날 子시의 간지는 戊子다.
- 日干이 丁·壬인 날 子시의 천간은 庚이다. 따라서 그날 子시의 간지는 庚子다.
- 日干이 戊·癸인 날 子시의 천간은 壬이다. 따라서 그날 子시의 간지는 壬子다.

甲己合土 → 木剋土 → 甲 → 甲子 "갑기지일 갑자두(甲己之日 甲子頭)"
乙庚合金 → 火剋金 → 丙 → 丙子 "을경지일 병자두(乙庚之日 丙子頭)"
丙辛合水 → 土剋水 → 戊 → 戊子 "병신지일 무자두(丙辛之日 戊子頭)"
丁壬合木 → 金剋木 → 庚 → 庚子 "정임지일 경자두(丁壬之日 庚子頭)"
戊癸合火 → 水剋火 → 壬 → 壬子 "무계지일 임자두(戊癸之日 壬子頭)"

시두법(時頭法)으로 만든 시진표(時辰表)

앞의 시두법에 따라서 만든 표다. 日干과 時支를 알면 時干을 알 수 있다.

時支 / 日干	子	丑	寅	卯	辰	巳	午	未	申	酉	戌	亥
甲·己	甲子	乙丑	丙寅	丁卯	戊辰	己巳	庚午	辛未	壬申	癸酉	甲戌	乙亥
乙·庚	丙子	丁丑	戊寅	己卯	庚辰	辛巳	壬午	癸未	甲申	乙酉	丙戌	丁亥
丙·辛	戊子	己丑	庚寅	辛卯	壬辰	癸巳	甲午	乙未	丙申	丁酉	戊戌	己亥
丁·壬	庚子	辛丑	壬寅	癸卯	甲辰	乙巳	丙午	丁未	戊申	己酉	庚戌	辛亥
戊·癸	壬子	癸丑	甲寅	乙卯	丙辰	丁巳	戊午	己未	庚申	辛酉	壬戌	癸亥

* 이 표에서 '寅' 열부터 '亥' 열까지 내용은, 앞서 나왔던 월건표(月建表)의 내용과 같다. 그러나 '子' 열과 '丑' 열의 내용은 월건표와 다르다.

야자시(夜子時)와 조자시(朝子時) 구분 학설

일진(日辰)을 정할 때, 子시 시작 시점(23시)부터 다음 날의 일진을 적용하는 것이 전통 학설이다. 그러나 자정(0시)을 기점으로 이전을 야자시(夜子時, 23~0시), 이후를 조자시(朝子時, 0~1시)로 구분해서 각각 해당 날짜의 일진을 적용해야 한다는 학설도 있다. 조자시는 명자시(明子時)라고도 한다.

예를 들어 ○월 9일의 일진이 壬申인데, ○월 9일 23시 36분에 태어난 사람이 있다고 가정하자. 전통 학설에 따르면, 이 사람 사주의 日柱는 '10일의 일진(日辰)인 癸酉'이고 時柱는 壬子다. 그러나 '야자시와 조자시 구분 학설'을 적용한다면, 日柱는 '9일의 일진인 壬申'이고 時柱는 庚子다. 즉 어느 학설을 적용하느냐에 따라서 日柱와 時柱 둘 다 달라진다. 당연한 말이지만, 태어난 시간이 23~0시 사이가 아니라면 야자시 조자시를 따질 이유가 없다.

사주정립법(四柱定立法) 요약

- 태세(太歲)를 만세력에서 찾거나, 생년으로 태세를 정한다.
- 월건(月建)을 만세력에서 찾거나, 생월과 월두법으로 월건을 정한다.
- 일진(日辰)을 만세력에서 찾거나, 생일로 일진을 정한다.
- 만세력에는 시진(時辰)이 없다. 생시와 시두법으로 시진을 정해야 한다.

* 사주는 음력으로 정하는 것이 아니므로, 음력 생일을 알 필요가 없다. 그러니 음력 윤달 생이라고 해서 특별히 고려할 내용도 없다.
* 만세력은 책도 있지만, 최근에는 '인터넷 만세력'이나 '휴대폰용 만세력'을 많이 이용한다.
* 만세력은 만든 사람의 천문학(天文學)과 명리학(命理學)에 관한 지식 정도와 만드는 과정에서 생긴 오류 때문에 내용이 틀린 것도 있을 수 있으니, 신중하게 선택해야 한다.
* 사주 간지를 수학적으로 계산하는 방법도 있다. 계산 공식은 이 책의 "부록5"에 있다.

생시(生時)가 절입시(節入時)와 가까운 경우

사주 간지 중에서 절입(節入)과 관계있는 것은 태세(太歲)와 월건(月建)이다. 생시(生時)가 절입시(節入時)의 앞인지 뒤인지에 따라서 월건(月建)이 다르다. 심지어 입춘(立春) 절입시의 앞과 뒤라면 태세(太歲)까지 다르다. 그래서 절입시 앞뒤 약 1시간

이내에 태어난 사람이라면, 정확하게 판단하지 않으면 전혀 다른 사주가 될 수 있으니 주의해야 한다.

생시를 절입시와 비교하려면, 둘 다 '같은 시간 체계'인지 먼저 확인해야 한다. 만세력을 보고 태세와 월건을 찾을 때도 이 점을 주의해야 한다.

출생시(出生時)를 알 수 없거나 불명확한 경우

태어난 년·월·일은 알지만 태어난 시각을 알 수 없다면, 잠버릇이나 머리의 가마, 부모 중 누가 먼저 돌아가셨는지, 아버지 사주의 年干이 무엇인지 등등으로 時支를 추정하는 방법이 전해져 오고 있지만, 그런 방법은 근거가 미약해서 신뢰할 수 없다. 그리고 집에서 출산하던 시기에 태어난 사람인 경우는, "새벽에 닭이 울 때", "한낮에", "저녁에 해 질 때" 등과 같이 생시를 짐작으로만 알고 있기도 하다.

이렇게 불명확한 출생 시각으로 사주를 정하면 엉터리 時柱가 될 수 있다. 특히 태어난 때가 날이 바뀔 무렵이거나 절입시의 직전·직후라면, 日柱 및 月柱 심지어는 年柱까지도 틀리게 된다. 그렇게 되면 엉뚱한 사주를 보고 간명하게 된다. 그래서 "사주는 4주(柱)를 봐야 한다."라는 말이 생겼다.

(시계가 흔하지 않던 옛날에, 태어난 시각을 정확하게 알 수 있었던 사람은 과연 얼마나 될까? 더더욱, 해시계조차도 볼 수 없는 밤에 출생하였다면? 그렇다면 사주명리학 고서(古書)에 적혀 있는 옛날 인물들의 사주는 믿을 수 있는 것인가?)

출생시(出生時)를 인위적으로 선택한 사주

제왕절개로 태어난 사람의 출생 년월일시를 사주로 인정하는 의견과 인정하지 않는 의견이 있다.

인정하는 논거(論據)는, 사람이 태어날 때 탯줄이 끊기고 독자적 생명체로서 활동을 시작하면서 첫 울음을 우는 (첫 호흡을 하는) 순간, 그 시점의 천지운기(天地運氣)가 신생아의 몸에 들어와 자리잡으면서 운명을 결정짓기 때문에, 출산 방법에 상관 없이 출생 시점이 그 사람의 사주가 된다는 것이다. 이 의견이 일반적이다.

인정하지 않는 논거(論據)는, 사람의 운명은 잉태될 때의 천지운기(天地運氣)로 결정되며, 출생 년월일시도 그때 정해진다고 생각한다. 그런데 제왕절개로 출산하면, 정해진 운명은 바뀌지 않지만 '잉태 때 정해진 출생 년월일시'를 알 수 없게 된다.

따라서 제왕절개로 출산한 때의 사주는 그 사람의 진짜 사주가 아니므로, 그것으로는 그 사람의 운명을 파악할 수 없다는 것이다.

태원사주(胎元四柱) =잉태사주(孕胎四柱) =입태사주(入胎四柱)

사람이 잉태된 달을 태월(胎月, =입태월 入胎月)이라고 하고, 태월의 간지를 **태원**(胎元)이라고 한다. 자평학(子平學) 이전의 고법(古法) 사주학에서는 年柱 자리에 年柱 대신 태원을 넣은 것을 사주라고 했다. 태·월·일·시(胎·月·日·時) 4개 柱에다가 年柱까지 포함해서 5개 柱로 간명했는데, 年柱를 위주로 보면서 나머지 4개 柱를 보조로 삼았다. 그리고 年干을 녹(祿), 年支를 명(命), 年柱의 납음오행(納音五行)을 신(身)이라고 하고 녹+명+신을 삼명(三命)이라고 했다. 그래서 고법 사주학을 **녹명법**(祿命法) 또는 **삼명학**(三命學)이라고 한다.

출생일로부터 280일(약 10개월)을 거꾸로 세면 잉태일(孕胎日)이고 그달이 태월이다. 이것은 실제 잉태일을 알 수 없으니, 출생일을 기준으로 역산한 것이다. 태원(태월의 간지)을 쉽게 아는 방법은, 출생자의 '月干 다음 첫 번째 천간'과 '月支 다음 세 번째 지지'로 간지를 구성하면 된다. 예를 들면, 丙寅월에 출생했다면 (丙→'丁')과 (寅→卯→辰→'巳')로 태원은 丁巳임을 알 수 있다.

年柱 대신 태원을 넣은 사주를 태원사주(胎元四柱) 또는 잉태사주(孕胎四柱) 또는 입태사주(入胎四柱)라고 한다. 지금도 태원을 간명에 사용하는 명리가가 드물게 있다.

* 年柱 공망을 보듯이 태월도 공망을 보는데, 태월이 공망되는 것을 태월공망(胎月空亡)이라고 한다. 지금은 태원을 거의 쓰지 않으니 태월공망도 알 필요가 없다.

참고 **년(年)의 간지를 태세(太歲)라고 하는 이유** (歲 해 세, 나이 세, 朔 초하루 삭)

세성(歲星, =목성)의 공전주기 12년을 나눠서 각각에 지지를 배당했는데, 그 지지를 순서대로 반복한 간지를 **태세**(太歲)라고, 그 순서를 **세차**(歲次)라고 한다.

* 세성(歲星)에 관해서는 "3. 오행(五行)"에서 "[참고] 동양 고천문학(古天文學)에서의 오성(五星)" 부분 참고

* 제사 때 쓰는 축문(祝文)에 맨 처음에 쓰는 "維歲次(유세차) 丁酉 三月辛酉朔(삭) 初五日乙丑 ~~"라는 문장에 '歲次'가 쓰였으며, 문장 앞부분의 뜻은 "아! 세월의 순서로 보아 丁酉년"이라는 말이다. '丁酉'는 올해의 태세, '三月'은 이번 달, '辛酉'는 이번 달 1일의 일진, '初五日'은 오늘 날짜, '乙丑'은 오늘 일진이다. 여기서 년·월·일은 음력 기준이다.

참고 우리나라에서 태어난 사람의 사주(四柱)가 같을 확률

사주의 가짓수는 年柱·月柱·日柱·時柱 각각의 가짓수를 곱한 만큼이다. 그래서 '60태세×12월건×30일진×12시진'으로 계산한 값인 259,200이다. 그리고 같은 사주라도 남자와 여자는 대운(大運)의 방향이 다르므로 다른 사주라고 할 수 있다. 따라서 대운까지 포함해서 서로 다른 사주의 가짓수는 '259,200×2'로 계산한 값인 518,400이다.

한 해 동안 조합할 수 있는 서로 다른 사주의 가짓수는 '12월건×30일진×12시진×2'로 계산한 값인 8,640이다. 만약, 우리나라에 한 해에 50만 명이 태어난다고 가정하면, (500,000÷8,640=57.8이므로) 확률적으로 사주가 같은 사람은 약 60명이다. 하지만 지금 우리나라는 출생 인구가 급격하게 감소하고 있어서, 사주가 같은 사람이 나올 확률은 해가 지날수록 적어진다.

* 우리나라 년간 출생 인구는, 50~70년대는 100~80만 명, 80~90년대는 70~60만 명, 00~20년대는 50~40만 명, 2020 이후는 30만 명 이하다.

참고 사주단자(四柱單子)

신랑 측이 신붓집으로 신랑의 사주를 적어서 보내는 간지(簡紙: 두껍고 품질 좋은 편지지)를 사주단자(四柱單子)라고 한다. "사성(四星)을 보낸다."라고도 한다. 보통은 혼인에 대한 인사 글인 혼서(婚書)를 함께 보낸다. 사주단자를 받은 신부 측에서는 혼롓날을 택일(擇日)해서 신랑 측에 알린다. 그런 다음, 신랑 측에서는 정혼(定婚)의 증거로 예물을 함(函)에 넣어서 함진아비(=함잡이)를 시켜 신붓집에 보낸다.

08
사주팔자(四柱八字)

사주(四柱)와 팔자(八字)

사람이 태어난 때를 나타내는 년·월·일·시 간지 네 개를 사주(四柱), 그것의 글자 여덟 개를 팔자(八字)라고 한다. 말을 합치면 **사주팔자**다. 사주를 **명식**(命式) 또는 **명조**(命造)라고도 하며, 운(運)과 상대되는 의미로 **원명**(原命) 또는 **원국**(原局)이라고도 한다. 남자의 사주를 **남명**(男命) 또는 **건명**(乾命), 여자의 사주를 **여명**(女命) 또는 **곤명**(坤命)이라고 한다.

日干은 사주의 주체이므로 **일원**(日元), 내 몸이라는 뜻으로 **아신**(我身), 일간이 사주의 주인이라는 뜻으로 **일주**(日主)라고도 한다. 아신(我身)은 줄여서 **신**(身)이라고 한다. 그래서 日干의 강약(强弱)을 신강신약(身强身弱)이라고 한다. 그리고 '그 사주를 가진 사람' 즉 '사주 당사자'를 **명주**(命主) 또는 **신주**(身主)라고 지칭한다.

* 月支는 日干에게 미치는 영향이 가장 크다. 그래서 月支는 日干 다음으로 중요하다. 그런 이유로 月支를 '사주의 제강(提綱: 중요한 핵심)' 또는 '사주의 제요(提要)'라고 한다.

(局 판 국, 추세 국, 元 으뜸 원, 근원 원, 我 나 아, 身 몸 신, 乾 마를 건, 하늘 건, 坤 땅 곤, 황후 곤, 强 굳셀 강, 弱 약할 약, 提 끌 제, 날 시, 綱 벼리 강, 통괄 강)

사주 여덟 자리는 각각 이름이 있다. 年柱의 천간 이름은 年干이고, 지지 이름은 年支다. 다른 柱의 천간과 지지의 이름도 같은 방식으로 부여되었다. 간혹 年干을 年柱의 위에 있는 것이라는 뜻으로 年上이라 하기도 한다. 月上·時上도 마찬가지다.

사주의 주체인 日干을 제외한, 사주 일곱 자리 각각이 日干에 미치는 영향력의 세기는 다르다. 실제 세기는 각 글자의 음양오행이나 다른 요소에 의해서 달라질 수 있지만, 기본적으로는 아래 가운데 그림에 있는 번호의 순서대로다. 사주에서 日干 다음으로 가장 중요한 月支가 ①번이다. 그다음 중요한 日支가 ②번이다.

	시진(時辰)	일진(日辰)	월건(月建)	태세(太歲)
	時柱	日柱	月柱	年柱
천간	時干	**日干**	月干	年干
지지	時支	日支	月支	年支

日干에 미치는 영향력의 세기 순서

時柱	日柱	月柱	年柱
⑤	**日干**	⑥	⑦
③	②	①	④

2017년 5월 2일 8시

戊 己 甲 丁
辰 丑 辰 酉

근묘화실(根苗花實)과 궁위(宮位) (根 뿌리 근, 苗 모종 묘, 花 꽃 화, 實 열매 실)

인생을 시기별로 구분해서 사주의 각 柱에 대응시킨 것을 근묘화실(根苗花實)이라고 한다. 그 뜻은 "내가 태어난 뿌리(根)는 조상이며, 어린(苗) 나를 키워준 사람은 부모·형제고, 성년이 되어 함께 삶을 꽃(花)피우는 것은 배우자이며, 노년에는 자식(實)에게 의지한다."이다. 이것은 "유년기에는 태어난 나라와 가문의 영향을 받고, 성장기에는 부모 가정과 사회의 영향이 크며, 집 울타리 안의 일은 배우자의 영향력이 미치고, 집 울타리 바깥의 일이나 노년의 일은 자식의 영향력이 있다."는 의미로도 해석된다. 아래에 있는 그림이 그런 것을 보여주고 있다.

사주 여덟 글자 자리는, 육친(六親: 부·모·형·제·자식·배우자)을 상징하는 위치이기도 하고, 명주(命主)의 인생 시기별 환경을 상징하는 위치이기도 하다. 육친이나 환경을 상징하는 정해진 자리를 **궁**(宮) 또는 **궁위**(宮位)라고 한다. 하지만, 정해진 자리가 절대적인 것은 아니다. 궁위 이론은 근묘화실론을 바탕으로 한다.

근묘화실론에 따른 인생시기

<table>
<tr><th></th><th>실(實)</th><th>화(花)</th><th>묘(苗)</th><th>근(根)</th></tr>
<tr><td>천간</td><td rowspan="2">노년기
말년기</td><td rowspan="2">장년기
중년기
결혼후</td><td rowspan="2">청년기
장년기
결혼전</td><td rowspan="2">유년기
초년기</td></tr>
<tr><td>지지</td></tr>
</table>

육친의 궁위(宮位)

時	日	月	年
자손 자식	나	부 형제	조상 조부
자손 자식	배우자	모 형제	조상 조모

환경의 궁위(宮位)

<table>
<tr><th>時</th><th>日</th><th>月</th><th>年</th></tr>
<tr><td rowspan="2">미래
집밖공간</td><td>나</td><td rowspan="2">성장환경
사회</td><td rowspan="2">가문
국가</td></tr>
<tr><td>본인가정
집안공간</td></tr>
</table>

* 日干은 月支(태어난 계절)의 영향을 가장 많이 받는다. 그래서 月支는 어머니와 같은 역할을 하므로 月支를 '어머니宮'이라고 하는 일부 의견도 있다.

* [육친의 궁위] 표에서, 月柱를 상하 구분 없이 통째로 '부모宮' 또는 '형제宮' 또는 '상위자(上位者)宮'으로 보기도 한다. 그리고 時柱를 통째로 '자식宮' 또는 '하위자(下位者)宮'으로 보기도

한다. (상위자는 선생, 상사 등이고, 하위자는 제자, 부하 등이다.)

좋은 사주, 나쁜 사주

인생의 성공에 관해서 철학적으로 논(論)하는 것이 아니라면, 보통은 부(富), 명예(名譽), 권력(權力), 가족복(家族福)을 가졌느냐로 판단한다. 좋은 사주는 오행을 골고루 갖추고 그 기운이 균형 잡혀 있어서, 앞서 말한 성공의 항목들을 달성할 개연성(蓋然性)이 큰 사주를 의미한다. 그러나 개연성과 결과가 반드시 일치하는 것은 아니다. 성공의 개연성이 작은 사주인데도, 삶의 과정에서 고초(苦楚)와 우여곡절(迂餘曲折)을 겪기는 했지만 결과를 보면 성공한 사람도 있다.

사람의 인생관에 따라서는, 비록 부귀(富貴)하지는 않더라도 인생에 큰 굴곡 없이 화평(和平)하고 무병장수(無病長壽)하는 것이 좋은 삶이라고 생각할 수 있다. 성공이나 행복은 주관적이라서 그 성과를 평가하기가 어렵다. 사주에 재복(財福)이 많으면, "풍족(豐足)하게 산다."라는 암시일 수도 있지만, 단순히 "재물을 많이 소유한다."라는 암시일 수도 있다. 재물을 많이 가졌지만 불행한 사람도 있다.

간명 요소들에 대한 해석이 시대마다 달라지기도 한다. 예를 들면, 과거에는 도화살(桃花煞)을 가진 여자 사주를 나쁘게 봤지만, 지금은 전혀 그렇지 않다.

그래서 사주 자체를 두고 좋다 나쁘다고 판단하는 것은 바람직하지 않다. 사주 간명은 사람의 운로(運路)와 형세의 유불리(有不利)를 예측하는 일일 뿐, 인생의 성공과 행복의 정도를 파악하는 일이 아님을 명심해야 한다.

사주가 같은 사람이라도 삶의 모습이 다른 이유

현대 과학이 밝힌 자연의 현상 중에는, (고전 물리학에서 다루는) 일정한 규칙에 따라 움직이는 '질서정연한 현상'이 있고, 겉으로는 불규칙하고 혼란스러워 보이지만 그 안에는 나름의 질서가 숨어 있는 '카오스(chaos) 현상'도 있다. 카오스 현상은 (초기 조건에 굉장히 민감하게 의존하기 때문에) 초기의 아주 작은 차이가 나중에 큰 차이를 가져온다. 그것을 '나비 효과'라고 한다. 그리고, 물결 위에 놓인 여러 개 탁구공은 각각 다르게 움직이겠지만, 전체적으로는 물이 흐르는 방향으로 함께 간다. 이것은 혼돈 속에도 나름대로 질서가 있다는 것을 의미하며, 카오스 이론에서는 이것을 '기묘한 끌개(strange attractor)'라는 용어로 설명한다.

사람의 평생은 (삶의 초기 조건인) 태어난 환경과, 배우자를 비롯한 주변 사람들과 맺은 인연의 힘과 (사주에 못지않게 큰 기운인) 본인의 노력과 의지 등이 작용해서 만들어진다. 그래서 같은 사주를 가진 사람이라도 서로 다른 모습으로 살아가는 것이다. 이런 원리는 쌍둥이에게도 해당되어, 초기 조건은 같아도 시간이 흐름에 따라 각자 다른 삶을 살게 된다. 그럼에도 불구하고, (카오스 이론의 '기묘한 끌개' 현상처럼) 사주가 같은 사람은 성정(性情)이 거의 유사하고 삶의 전반적인 궤적(軌跡)도 비슷하다.

참고 **원형이정(元亨利貞)** (元 으뜸 원, 근원 원, 亨 형통할 형, 利 이로울 리, 貞 곧을 정)

주역(周易) 상경(上經)의 중건천(重乾天) 괘의 괘사(卦辭)에 있는 말이다. 하늘의 사덕(四德: 4가지 덕)을 말하며 만물의 근본 원리로 해석한다.

'원(元)'은 만물이 시작되는(으뜸되는) 기운이다. 그래서 봄의 단계로 본다. '형(亨)'은 만물이 성장하고 소통하는 기운이다. 그래서 여름의 단계로 본다. '이(利)'는 만물이 결실하는(이루어지는) 기운이다. 그래서 가을의 단계로 본다. '정(貞)'은 만물이 완성되는(다음을 준비하는) 기운이다. 그래서 겨울의 단계로 본다. 그 4단계를 "인(仁)으로 시작하고 예(禮)로 실천하며 의(義)로써 맺고 지(智)로 완성된다."는 의미로도 풀이한다.

계절은 계속 변하지만 매년 똑같이 반복된다. 하루도 계속 변하지만 매일 똑같이 반복된다. 즉 "천지자연은 미시적(微視的) 관점에서는 끊임없이 변하지만 거시적(巨視的) 관점에서는 변하지 않는다."는 역(易)의 원리를 함축한 말이라고도 해석한다.

사주에서는 원형이정을 근묘화실(根苗花實: 인생을 4단계로 나누어 설명하는 학설)과 같은 의미로 사용하는데, 아마도 주역의 권위를 빌려서 근묘화실을 설명하고자 하는 의도로 추측된다.

* 사주명리학은 음양오행 체계고 주역은 괘·효(卦·爻) 체계다. 그래서 사주명리학과 주역은 직접적인 관계가 없다.

09 대운(大運)과 세운(歲運)

사주(四柱) 원명(原命)과 운(運)

사주 원명(原命)은 그 사람의 가능성과 자질 즉 인생을 담는 그릇의 크기와 특징을 나타내며, 운(運)은 삶의 시기별 길흉화복(吉凶禍福)을 암시한다. 그래서 원명이 좋아도 운이 나쁠 때는 흉(凶)으로 보고, 원명이 나빠도 운이 좋을 때는 흉(凶)이 줄거나 오히려 길(吉)로 본다. 운에는 **대운**(大運), **년운**(年運), **월운**(月運), **일운**(日運) 등이 있다. 년운은 **세운**(歲運)이라고도 한다.

원명을 줄여서 '명(命)'이라고도 하는데, 타고난 '명(命)'과 시간의 흐름에 따라 변하는 '운(運)'을 합하면 운명(運命)이 된다. 이것을 풀이하면 내 의지와 상관 없이 내가 타고난 것(선천적으로 주어진 여건)이 '명(命)'이고, 시간의 흐름에 따라 맞이하는 내가 살아가는 환경이 '운(運)'이다.

* "오늘 일진(日辰)이 나빠서 ~~~"라는 말에서 '일진'은 '일운(日運)'의 의미로 사용되었다.
* "시운(時運)이 따라주지 않아서 ~~~"라는 말에서 '시운'은 '시절(時節)의 운'이라는 뜻이다.
* 사주불여대운(四柱不如大運: 사주가 아무리 좋아도 대운 좋은 것만 못하다.)이라는 말이 있다.
* 운이 원명에 작용하는 것이지, 원명이 운에 작용하는 것은 아니다.

대운(大運)

대운은 '큰 운(運)'이라는 말이며, 사람이 사는 동안 10년마다 바뀌는 운을 뜻한다. 대운은, 어떤 대운인지를 나타내는 **대운간지**(大運干支)와 대운이 바뀌는 시점을 의미하는 **대운수**(大運數)로 구성된다. 대운은 원명과 맞물려서, 그 대운 기간 10년 동안의 길흉화복을 관장한다. 다음 그림은 일반적인 대운 표기법이다.

…	65	55	45	35	25	15	5.3	대운수
…	庚 辰	己 卯	戊 寅	丁 丑	丙 子	乙 亥	甲 戌	대운간지

* "간명할 때는 오주(五柱)를 본다."라는 말이 있다. 간명할 때는 사주 원명과 각 시점의 대운을 함께 봐야 한다는 것을 비유적으로 표현한 말이다.

대운간지(大運干支)

대운간지(大運干支)는 대운이 어떤 기(氣)로 작용을 하는지를 나타내는 간지다. 대운간지는 그 사람 사주의 월건(月建)을 기준으로 부여하는데, 다음과 같이 '사주 年干의 음양'과 '남녀'에 따라서 부여하는 방법이 다르다.

- 年干이 양(陽)인 남자와 음(陰)인 여자에게는, 월건 다음 간지부터 육십갑자 정순(正順)으로 부여한다. (만약 월건이 甲子라면, 그 다음인 乙丑, 丙寅, 丁卯, …)
- 年干이 음(陰)인 남자와 양(陽)인 여자에게는, 월건 앞의 간지부터 육십갑자 역순(逆順)으로 부여한다. (만약 월건이 甲子라면, 그 앞의 癸亥, 壬戌, 辛酉, …)

* 위의 부여 기준을 한 문장으로 표현하면, "양남음녀(陽男陰女)는 순행(順行)하고 음남양녀(陰男陽女)는 역행(逆行)한다."이다.
* 태어나서부터 대운이 처음 바뀌기 이전의 대운은 '월건(月建)'이다.

대운수(大運數) =대운세수(大運歲數) =행운세수(行運歲數) (歲 나이 세, 歲數 나이)

대운은 태어나서 10년 이내에 처음 한 번 바뀌고, 그 이후 10년마다 바뀐다. 대운수(大運數)는 태어나서 처음 대운이 바뀌는 시기를 말한다. 그런데 일반적으로 대운이 바뀌는 시기를 나이로 표기하므로, 대운수를 대운세수(大運歲數) 또는 행운세수(行運歲數)라고도 한다.

대운은 특정 시점에 갑자기 바뀌는 것이 아니라, 그 시점을 전후(前後)로 서서히 바뀐다. 그래서 대운수 값에 수개월 정도의 오차가 있어도 간명(看命)하는 데 지장이 없다. 이것이 대운수 값을 대략 계산해서 사용해도 되는 이유다.

대운수(大運數) 계산 원리

사주명리학에서는 사람의 운(運)을 이끄는 주체는 月支라고 본다. 사람이 태어난 시기의 대운간지는 월건(月建)이며, 월건으로부터 대운간지가 계속된다. 月支는 태어난 절기월을 가리킨다. 생일은 그달 안에 있다. 그래서 태어난 절기월 내에서 생일의 위치를 대운이 바뀌는 시점으로 본다. (이하 설명은 옆의 그림 참고)

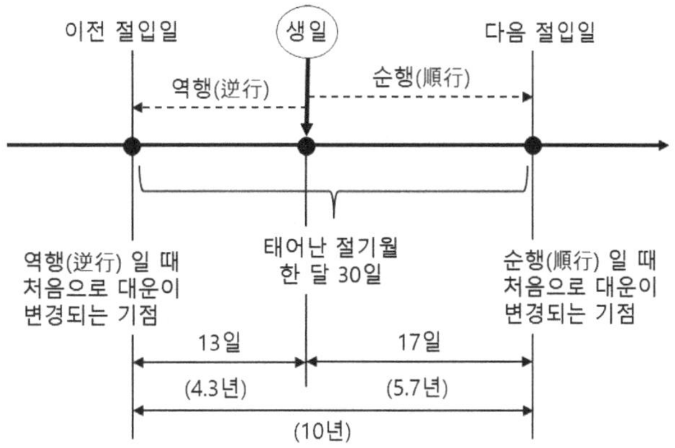

구체적으로는, '태어난 절기월 한 달'을 '인생 10년'으로 간주하고, 그 절기월 내에서 생일의 위칫값을 인생 기간으로 환산(換算)하면, 그 기간이 태어난 날로부터 처음 대운이 바뀔 때까지의 기간이다. 그러면 처음 대운이 바뀔 때의 나이를 알 수 있고, 그 나이가 '대운수'다.

절기월 한 달은 약 29~32일이며 평균은 약 30일이다. 그래서 일반적인 대운수 계산법에서는 절기월 한 달을 무조건 30일로 간주해서 계산한다.

앞에서, 태어난 절기월 한 달 30일을 인생 10년(120개월)으로 간주한다고 했으니, 30일 중의 1일은 인생 4개월이고, 30일 중의 1시간은 인생 5일이다.

대운수(大運數) 계산법

아래의 예를 두고 대운수를 계산하는 방법을 설명한다. (날짜는 전부 양력)

'양력 2022년 2월 25일 10시 15분'에 태어난 '남자' 태세(太歲)는 壬寅이다. 절입(節入)은 경칩(驚蟄)이 3월 5일 23시 44분이다.

(1) '생일시와 절입일시 사이의 기간' 파악하기

순행(順行) 대운이면 '생일시부터 다음 절입일시까지'를 세고, 역행(逆行) 대운이면 '이전 절입일시부터 생일시까지'를 센다.

예의 주인공은 남자이며 年干 壬이 양(陽)이므로, 순행 대운이다. 순행이므로 생일 다음 절입일을 찾아보면 경칩이고, 경칩의 절입일시는 '3월 5일 23시'다. 따라서 <u>생일시부터 경칩 절입일시까지 기간</u>은 '8일 13시간'이다. (분 단위는 전부 무시하고 계산

했다. 지금부터 설명의 편의를 위해서, '생일시부터 절입일시까지 기간' 또는 '절입일시부터 생일시까지 기간'을 '[기간]'으로 표기한다.)

* [기간]을 파악하는 원리를 한 문장으로 표현하면, "양남음녀는 미래절(未來節)로 순행하고, 음남양녀는 과거절(過去節)로 역행한다."이다. 여기서 '미래절'은 대운수를 계산할 때 생일 다음의(다가오는) 절입일을 기준으로 계산한다는 말이고, '과거절'은 생일 앞의(지나간) 절입일을 기준으로 계산한다는 말이다.

(2) '대운이 바뀌는 시기' 계산하기

앞에서 파악한 [기간] '8일 13시간'의 '8일'은 인생에서 (8×4 =) 32개월에 해당하고, '13시간'은 인생에서 (13×5 =) 65일에 해당한다. 32개월+65일은 34개월 5일이며, 이것은 대략 2년 10개월이다. 또 5일은 무시하고 34개월만 가지고 년 단위로 환산해서 소수점 아래 둘째 자리에서 반올림하면 (34개월÷12 =) 2.8이다.

계산의 결과를 해석하면 다음과 같다.

- 태어나서 '대략 2년 10개월'이 되면 처음으로 대운이 바뀐다.
- '대략 2년 10개월'이 되는 때는, 양력으로 2024년 12월경이다.
- 양력으로 2024년 12월경이면, 음력 기준인 '세는 나이'로는 아직 3살이다.

따라서 대운수는 수학적으로는 '2.8'이지만, 나이로는 3살로 표기한다.

참고 세는 나이 ='당(當) 나이'

태어난 해가 1살이고, 이후로는 음력으로 해가 바뀔 때마다 한 살씩 더하는 나이를 '세는 나이'라고 한다. 즉 연차(年次) 개념의 나이이다. 태아가 자궁 속에 있던 시간을 나이에 반영하기 때문에 그렇게 한다는 말이 있으나 근거가 없다. 또 동양에서는 0의 개념이 없어서 그렇다는 이야기도 있으나 그것 역시 억측으로 여겨진다. 0년이 아닌 1년부터 시작하는 기년법(紀年法)과 같은 방식이므로, 나이를 개인의 연호(年號)로 보는 관점에서 시작되었다는 이야기가 더 설득력이 있어 보인다.

* 태어나서 얼마 지나지 않아도 해가 바뀌면 2살이 되므로, '세는 나이'로는 영유아의 성장 시기를 구분하기 어려워서, 첫 돌, 두 돌, 세 돌과 같은 '돌 나이'를 함께 사용했다.

* 일본은 1950년대부터, 중국은 1960년대부터 모든 부문에서 '만 나이' 사용이 정착되었다. 우리나라는 2023년 6월 28일부터 모든 부문에서 '만 나이'를 쓰도록 법제화했다. 단, 예외적으로 몇몇 행정 분야에서는 지금까지 사용하던 '년(年) 나이'를 그대로 사용한다. ('년 나이'는 현재 연도에서 출생 연도를 빼서 구한 나이를 말한다.)

간편한 대운수(大運數) 계산법

앞에서와 같은 예를 두고, 앞의 방법보다 훨씬 간편한 대운수 계산법을 설명한다.

(1) '생일과 절입일 사이의 기간' 파악하기

생일시나 절입일시의 시간까지도 무시해 버리고, 오로지 날짜 수만 세어서 [기간]을 파악한다. 이렇게 할 때는, 생일이나 절입일 중 어느 하나만 포함해서 날짜를 세면 된다.

예를 두고 보면, 생일인 2월 25일을 포함했으면 절입일인 3월 5일은 제외하고, 2월 25일을 제외했으면 3월 5일은 포함해서 날짜 수를 세면 된다. 이 방법으로 계산한 [기간]은 '8일'이다.

(2) 대운수 계산하기

날짜 수로만 파악한 [기간]을 3으로 나누어서 몫과 나머지를 구하고, 나머지가 0이나 1이면 버리고 2면 몫에 1을 더해서 나온 값이 대운수다.

예를 두고 보면, 앞에서 구한 [기간] '8일'을 3으로 나누면 몫이 2고 나머지가 2이므로, 몫에 1을 더한 '3'이 사주 주인공의 대운수다. 이것은 '세는 나이'로 3살인 해에 처음으로 대운이 바뀐다는 뜻이다.

* 3으로 나누는 이유는, 앞에서 설명한 '대운수(大運數) 계산 원리'에 따른 것이다.
 (대운수:10년 = [기간]일:30일) → (대운수 = [기간]일÷3)

* 이 계산법에서 "나머지가 0이나 1이면 버리고 2면 몫에 1을 더한다."를 수학적으로 설명하면, "[기간]÷3의 결괏값을 소수점 아랫자리에서 반올림한다."이다.

이 계산법이 가장 쉽기는 하지만, 너무 간략화했기 때문에 대운이 바뀌는 대략적인 시기조차도 알 수 없다. 실제로 대운이 바뀌는 시점과 최대 8개월 정도의 오차가 생길 수도 있다. 그것을 보완하고자, <u>[기간]을 3으로 나눈 값을 소수 첫째 자리까지 구해서</u> 그 값을 대운수로 삼는다.

예를 두고 보면, '8일'을 3으로 나누면 2.666인데, 소수 둘째 자리 이하는 잘라서 버리고 '2.6'을 대운수로 삼는다. 이것으로는 태어나서 대략 32개월이 지난 시점이라는 것을 알 수 있다. (맨 처음 설명한 계산법으로는 '2.8'이었다.)

* 이 계산법으로 구한 대운수의 소수점 아래 첫째 자릿값은 0, 3, 6 중의 하나일 수밖에 없다.

대운(大運)을 정하는 사례 보기

[보기#1] '간편한 대운수(大運數) 계산법' 사용

'양력 1994년 9월 23일 ○시 ○분'에 태어난 '남자' (年柱는 甲戌, 月柱는 癸酉) 생일 다음의 절입(節入)은 한로(寒露)인데 10월 8일 ○시 ○분이다.

[대운수 계산] 年干 甲이 양(陽)이고 남자이므로 순행 대운이다. 생일 다음의 절입일인 한로(寒露)까지 날짜를 세면 15일이다. 15일을 3으로 나누면 5.0이다. 대운수는 '5.0'이다. 따라서 '세는 나이'로 5살, 15살, 25살, … 이 되는 무렵에 대운이 바뀐다. 5세가 되는 해는 1998년이다.

[대운간지 부여] 월건(月建)은 癸酉다. '癸酉 다음 간지'인 甲戌부터 육십갑자 정순의 간지(甲戌, 乙亥, 丙子, …)를 하나씩 대운에 부여한다. 다음은 결과 대운표다.

時	日	月	年
○ ○	○ ○	癸 酉	甲 戌

…	65	55	45	35	25	15	5.0	대운수(歲)
…	庚 辰	己 卯	戊 寅	丁 丑	丙 子	乙 亥	甲 戌	대운간지 〈순행〉
…	2058 戊寅	2048 戊辰	2038 戊午	2028 戊申	2018 戊戌	2008 戊子	1998 戊寅	대운이 바뀌는 해

[보기#2] '간편한 대운수(大運數) 계산법' 사용

'양력 1988년 11월 8일 ○시 ○분'에 태어난 '여자' (年柱는 戊辰, 月柱는 癸亥) 생일 앞의 절입(節入)은 입동(立冬)인데 11월 7일 ○시 ○분이다.

[대운수 계산] 年干 戊가 양(陽)이고 여자이므로 역행 대운이다. 생일 앞의 절입일인 입동(立冬)까지 날짜를 세면 1일이다. 1일을 3으로 나누면 0.3이다. 대운수는 '0.3'이다. 따라서 0.3, 10.3, 20.3, … 시기에 대운이 바뀐다.

<u>이것을 해석하면,</u> 태어난 후 4개월(0.3) 지나서 처음으로 대운이 바뀐다. 그로부터 10년이 지나면 그다음 대운으로 바뀌며, 그 뒤로도 마찬가지다. '세는 나이'로 보면, 1살 때, 10살 때, 20살 때, … 가 된다. ('세는 나이'로 환산하는 것이라서 헷갈리기 쉽다.)

[대운간지 부여] 월건(月建)은 癸亥다. '癸亥 앞의 간지'인 壬戌부터 육십갑자 역순의 간지(壬戌, 辛亥, 庚申, …)를 하나씩 대운에 부여한다. 다음은 결과 대운표다.

時	日	月	年
○ ○	○ ○	癸 亥	戊 辰

…	60	50	40	30	20	10	0.3	대운수(歲)
…	丙 辰	丁 巳	戊 午	己 未	庚 申	辛 酉	壬 戌	대운간지 〈역행〉
…	2047 丁卯	2037 丁巳	2027 丁未	2017 丁酉	2007 丁亥	1997 丁丑	1988 戊辰	대운이 바뀌는 해

* 대운수를 표기할 때는, 간결하게 보이기 위해서 첫 대운에만 0.3을 적고 그다음부터는 소수점 아래 값은 생략하고 적는다. 보는 사람이 알고 보면 된다. 현재 시중에 있는 대운 관련 자료에는 이렇게 표기된 것이 많다.

대운수(大運數) 계산과 해석의 문제점

여러 사주명리학 책에서 대운수를 구하는 방법을 설명하고는 있지만, 서로 방법이 조금씩 다르고 설명도 모호한 부분이 많다. 지금 우리가 쓰고 있는 양력과는 다른 역법(曆法) - 음력, 절기력 등 - 을 쓰던 과거 시대에 정립된 계산법을, 지금의 양력으로 계산하고 해석하는 데서 생긴 문제라고 여겨진다.

대운수를 나이로 표기하다 보니, 나이만 보고 대운이 바뀌는 시기를 판단하기도 어렵다. 그리고 대운수를 '세는 나이'로 봐야 하느니 '만 나이'로 봐야 하느니 하면서 의견이 엇갈린다. 하지만, 이 문제는 대운수를 달력상의 몇 년도 몇 월로 표기하면 해결될 것 같다. 앞으로는 대운수 표기법을 그렇게 바꿨으면 한다.

현재 시중의 컴퓨터 프로그램 만세력은 대운수를 소수점 값으로 표기한 것이 많은데, 아래는 그것을 해석하는 방법이다.

첫 대운의 대운수	대운이 바뀌는 시기 (대략)	그 시기의 '세는 나이'
0.3, 0.6, 1.0	태어나서 4개월, 8개월, 12개월	1살 또는 2살
1.3, 1.6, 2.0	태어나서 16개월, 20개월, 24개월	2살 또는 3살
2.3, 2.6, 3.0	태어나서 28개월, 32개월, 36개월	3살 또는 4살
… 9.6, 10.0	위와 같은 방식 (10.0은 0.0과 같다.)	9살 또는 10살

* 대운수가 같은 사람이라도, 생월(生月)에 따라서 대운이 바뀌는 시기가 ('세는 나이' 기준으로) '○살'일 때일 수도 있고 '○+1살'일 때일 수도 있다. 예를 들어 대운수가 0.6이면, 생월이 2월인 사람은 8개월 후에도 여전히 1살이지만, 생월이 5월인 사람은 8개월 후에는 2살이다.

참고 상세한 대운수(大運數) 계산법의 유용성 여부

'태어나서 몇 년 몇 개월 며칠째'에 처음 대운이 바뀌는지를 알려면, 대운수 값을 아주 정밀하게 계산하면 된다. 그러려면, (절기월 한 달의 길이는 매월 다르므로) '태어난 절기월'의 길이를 시·분까지 정확하게 알아야 하며, 그 절기월 내에서 생일의 위칫값인 [기간]도 시·분까지 정확하게 파악해야 한다. 그렇게 해서 상세하게 계산했다고 하더라도, 양력, 음력, 절기력 등의 역법(曆法) 체계가 혼합된 상태에서, 그때가 양력으로 언제인지를 정확하게 환산하는 것도 결코 쉬운 일이 아니다.

그런데 대운이 바뀌는 자세한 시기를 알면 과연 쓸모가 있을까? 낮과 밤이 한순간에 바뀌지 않듯이, 대운은 특정 시점에 갑자기 바뀌지 않고, 수개월 정도에 걸쳐서 서서히 바뀐다. 그러니 몇 개월 정도의 오차가 생겨도 간명(看命)에 문제가 없다. 따라서 대운수를 상세하게 계산하는 것은 꼭 필요한 일이 아니다. 그러나 학문적인 측면에서는 연구 주제가 될 수 있을 것이다.

소운(小運)

첫 대운 이전 매년의 운(運)을 의미하는데, 만일 대운수가 5라면 1~4살까지 4개의 소운이 있고, 대운수가 0이라면 1~9살까지 9개의 소운이 있다. 대운의 간지는 월건(月建)을 기준으로 부여하지만, 소운의 간지는 시진(時辰)을 기준으로 부여한다. 순행이나 역행은 대운에서와 같은 원칙을 적용한다.

이 방법 외에도 소운을 정하는 다양한 방법이 있으며, 어느 것이 정설(定說)이라고 할 수 없다. 사실 유년(幼年)의 운은 그렇게 중요하지 않으므로, 사주 간명에서 소운은 거의 사용되지 않는다.

년운(年運), 월운(月運), 일운(日運)

매년의 운을 년운이라고 하며, 그해의 태세(太歲)를 본다. 그래서 **세운**(歲運)이라고도 한다. 월운, 일운도 각각 해당되는 때의 운이며 그때의 월건(月建), 일진(日辰)을 본다. 어떤 "운의 시기가 됐다."는 것을 "운이 (들어) 왔다.", "운이 들었다."라고도 표현한다.

특정 시점에는 그 시점의 모든 운이 사주와 함께 어루러져서 그 사람의 길흉화복에 영향을 미친다. 대체로 시간상 좁은 범위의 운일수록 그 기간 동안 사주에 끼치는 작용력이 크다. 특정 시점에 작용력의 세기는 '일운〉월운〉년운〉대운' 순서다. 그러므로, 시간상 넓은 범위의 운이 좋거나 나쁘다고 해서 그 기간 동안 내내 좋거나 나쁜 것이 아니라, 더 좁은 범위의 운 때문에 달라질 수 있다. 예를 들면, 어느 대운이 좋으면 그 10년 동안 전반적으로는 좋지만, 그중에서 년운이 나쁜 해는 운이 좋지 않을 수 있다. 마찬가지로, 년운이 나쁜 해라도 월운이 좋은 달은 운이 좋다.

대운(大運)과 인생의 계절

사주에서 月支는 그 사람이 태어난 계절을 의미하고, 대운은 月支에서 이어지는 것이므로 대운의 흐름은 곧 인생 계절의 흐름이다. 각각의 대운이 인생의 어느 계절에 속하는지는 그 대운의 지지로 판단할 수 있다. 예를 들면, 첫 대운이 庚午라면 午는 여름(巳·午·未)이므로 이 사람 인생의 시작 계절은 여름이다.

지지 3개가 한 계절이므로, 3개 대운 기간(30년)이 인생의 한 계절이 된다. 그래서 인생의 4계절은 120년 주기로 순환하는데, 만약 60년을 생존한다면 2~3개 인생의 계절을 거치고, 90년 이상을 생존한다면 3~4개 인생의 계절을 거치게 된다.

교운기(交運期)와 접목대운(接木大運)

대운 지지(地支)의 계절이 바뀌는 시기(인생의 한 계절에서 다른 계절로 넘어가는 시기)를 교운기(交運期)라고 한다. 예를 들면, 봄(木, 寅·卯·辰) 대운에서 여름(火, 巳·午·未) 大運으로 넘어가는 '辰' 대운 때가 교운기다.

즉 인생의 계절이 바뀌는 辰·戌·丑·未 대운 때가 교운기이며, 辰·戌·丑·未 대운을 접목대운(接木大運)이라고 한다. 이때는 인생에 큰 변화 - 결혼, 이혼, 직업변동, 업종변동, 이민 등등 - 가 생기는데 신약(身弱)한 사주일수록 변화가 심하다.

합기대운(合氣大運)과 충제대운(沖提大運)

대운의 간지가 월건(月建) 다음 간지로부터 시작되는 원칙 때문에, '5번째 대운의 천간'은 항상 月干과 합(合)이 된다. 그래서 5번째 대운을 합기대운(合氣大運)이라고 하며, 그 사람이 대략 40~50세인 시기에 해당된다.

'6번째 대운의 지지'와 月支는 항상 충(沖)이 되는데, 사주의 제강(提綱)인 月支를 충한다고 해서 6번째 대운을 충제대운(沖提大運)이라고 한다. 그리고 6번째 대운은 천간조차도 月干과 충이 된다. (단, 戊·己는 제외) 그래서 月柱는 6번째 대운과 천충지충(天沖地沖)이다.

합기대운이나 충제대운 그 자체를 길흉(吉凶)으로 보지는 않는다. 月柱와 대운과의 합(合)과 충(沖)이 어떤 작용을 할지는 사주에 따라서 다르다.

주운(柱運) =한운(限運) =운한(運限)

근묘화실론(根苗花實論)에 근거해서 사주 각 柱를 시기별로 나누어서 보는 운이 주운(柱運)이다. 사람의 일생을 크게 4단계로 나눠서 간명하는 데 주로 활용한다.

사주 각 柱에 용신(用神)이나 희신(喜神) 또는 기신(忌神)이 있느냐를 보고 다른 간명 요소를 더해서 통변한다. 年柱는 15세 이전, 月柱는 16~30세, 日柱는 31~45세, 時柱는 46세 이후의 시기로 본다. (수명이 길어진 요즘은, 대부분의 명리가가 18~20세 구간으로 본다.)

月柱에 용신이 있고 힘이 있으면, 이 시기는 한창 공부하고 사회에 진출하는 청년기인데 용신 운이니 학업의 성과가 좋거나 좋은 직장을 얻는다고 본다. 만약 日柱에 용신이 있으면 결혼한 이후에 성공하고, 時柱에 용신이 있으면 말년에 능력을 인정받아 성공한다고 본다.

* 사주를 간명할 때 굳이 '주운(柱運)'이라는 말을 사용하지는 않는다.

참고 운수(運數), 재수(財數), 신수(身數)

동양에서는 우주의 원리(原理)나 징조(徵兆) 또는 조짐(兆朕)이 드러난 모습을 '상(象)'이라고 하며, '상(象)'은 '수(數)'를 통해서 파악할 수 있다고 믿었다. 즉 수를 사물을 바라보는 사유(思惟)의 틀로 생각한 것이다.

그런 사상을 바탕으로 발달한 점학(占學), 명학(命學) 등의 학문을 상수학(象數學)이라고 한다. "운수(運數) 나쁘다", "재수(財數) 없다", "일수(日數)가 좋지 않다", "일년 신수(身數) 보러 가자", "구설수(口舌數)에 휘말렸다", "관재수(官災數)를 조심하시오", "자기 분수(分數)에 맞지 않게"와 같이 '수(數)'가 들어간 말들은 그런 맥락에서 생긴 것이다.

10 육신(六神)

육신(六神) =십신(十神) =십성(十星)

사주에서, 日干과 다른 천간 지지와의 '생극(生剋) 관계' 및 '같은 음양(陰陽)인지 여부'에 따라서 이름을 붙인 것을 육신(六神)이라고 하며, 아래 표와 같다.

<table>
<tr><th colspan="2">육신(六神)</th><th>음양</th><th>설명 (내용에서 '나'는 日干이다.)</th></tr>
<tr><td rowspan="2">비겁
(比劫)</td><td>비견(比肩)</td><td>같음</td><td>나와 같은 오행이면서 같은 음양이다. '어깨를 견준다'는 뜻</td></tr>
<tr><td>겁재(劫財)</td><td>다름</td><td>나와 같은 오행이면서 다른 음양이다. '財를 겁탈한다'는 뜻</td></tr>
<tr><td rowspan="2">식상
(食傷)</td><td>식신(食神)</td><td>같음</td><td>나를 극하는 편관(偏官)을 극해서 나의 목숨을 지켜준다는 의미에서 수성(壽星)이라고도 한다.</td></tr>
<tr><td>상관(傷官)</td><td>다름</td><td>'官을 상하게 한다'는 뜻</td></tr>
<tr><td rowspan="2">재성
(財星)</td><td>편재(偏財)</td><td>같음</td><td>정인(正印)을 극하므로 '학업을 방해한다'는 뜻으로 학마(學魔)라고도 한다.</td></tr>
<tr><td>정재(正財)</td><td>다름</td><td></td></tr>
<tr><td rowspan="2">관성
(官星)</td><td>편관(偏官)</td><td>같음</td><td>나를 극하는 것이며, 나(日干)로부터 천간 순서상 7번째 천간이 나를 극하는 것이므로 칠살(七殺)이라고도 한다.</td></tr>
<tr><td>정관(正官)</td><td>다름</td><td></td></tr>
<tr><td rowspan="2">인성
(印星)</td><td>편인(偏印)</td><td>같음</td><td>'밥그릇(食)을 뒤엎는다'라는 말인 도식(倒食)이나, 부모를 해친다고 알려진 올빼미를 뜻하는 효신(梟神)이라고도 한다.</td></tr>
<tr><td>정인(正印)</td><td>다름</td><td>인수(印綬)라고도 한다.</td></tr>
</table>

(比 견줄 비, 肩 어깨 견, 劫 으를 겁, 위협할 겁, 壽 목숨 수, 傷 다칠 상, 魔 마귀 마, 官印 벼슬을 나타내는 도장, 印綬는 관인을 몸에 차기 위한 끈을 말한다.)

* 지지의 육신은 '용(用) 음양'으로 판단한다. (巳·亥는 양이고 子·午는 음이다.)
* 日干과 음양이 같은 육신의 이름은 '편(偏)'이고, 음양이 다른 육신의 이름은 '정(正)'이다. (偏 치우칠 편, 음양이 한쪽으로 치우쳤다는 의미)
* 육신(六神)이라는 이름은 <u>日干, 비겁, 식상, 재성, 관성, 인성</u> 6개 신(神)이라는 뜻이다. 비견과 겁재는 격(格)이 되지 못하므로 제외하고, 편재와 정재, 편인과 정인은 작용이 거의 같다고 보기 때문에 편(偏)과 정(正)으로 분리하지 않고 묶어서 재성과 인성으로 취급하기도 한다. 그래서 <u>식신, 상관, 재성, 편관, 정관, 인성</u> 6개를 육신이라고 하기도 한다.
* '비견+겁재'를 **비겁**(比劫) 또는 **견겁**(肩劫)이라고 하고, '식신+상관'을 **식상**(食傷)이라고 한다. 관성은 '정관+편관'인데, 편관의 다른 이름은 칠살(七殺)이므로 관성은 '정관+칠살'이다. 그래서 관성을 **관살**(官殺)이라고 말하기도 한다.
* 육신 자체를 좋다 나쁘다로 구분하지는 않는다. 개별 사주에서 어떤 역할을 하느냐에 따라서 판단될 뿐이다. 학마, 칠살, 도식, 효신 등 글자 뜻이 안 좋은 이름은 해당 육신이 사주에서 부정적인 역할을 할 때 그 의미를 강조하기 위해서 사용하는 별명이다.
* 4길신(四吉神) = 재관인식(財官印食) = 재성, 정관, 정인, 식신
  4흉신(四凶神) - 살상겁인(殺傷劫刃) 또는 살상효인(殺傷梟刃) 또는 살상겁효(殺傷劫梟)
  = 칠**살**, **상**관, **겁**재, 양**인**(겁재의 일부), **효**신

육신생극도(六神生剋圖)

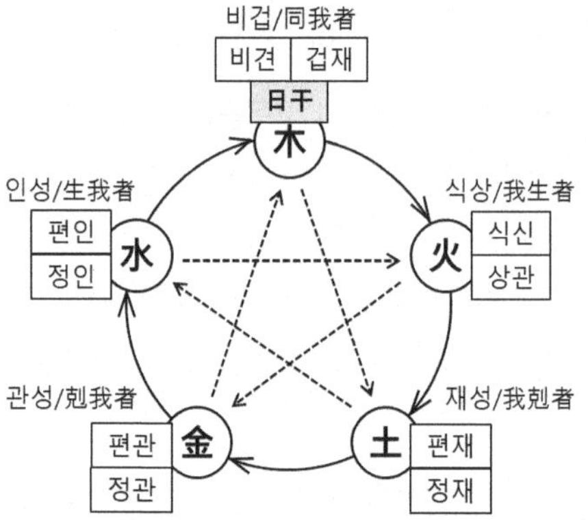

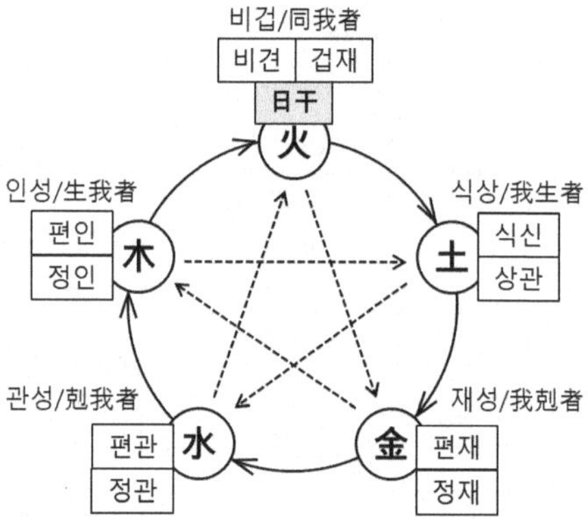

육신생극도(六神生剋圖)를 작성하는 방법

위의 그림처럼 '日干의 오행'을 日干 자리에 적고, 다른 오행을 순서대로 시계방향으로 하나씩 적으면 된다. 예를 들면, <u>日干이 乙이면</u> 日干의 오행은 木이다. 따라서 木부터 火·土·金·水를 차례로 적는다. 그러면 火가 식상, 土가 재성, 金이 관성, 水가 인성이 되고, 日干과 같은 오행인 木은 비겁이다. 또 다른 예로, <u>日干이 丙이라면</u> 日干의 오행은 火다. 따라서 火부터 土·金·水·木을 차례로 적으면 된다.

사주에서 육신(六神)을 판단하는 보기

예를 들어 日干이 丙 - 오행으로는 火고 음양으로는 양(陽) - 인 사주에서, 日干 이외의 다른 글자가 어떤 육신이 되는지 판단하는 보기는 아래와 같다.

時	日	月	年
겁재	日干	정인	편재
丁	丙	乙	庚
酉	子	酉	辰
정재	정관	정재	식신

- 庚은, 내가 극하는 것이며 음양이 같으므로 '편재'다.
- 乙은, 나를 생하는 것이며 음양이 다르므로 '정인'이다.
- 丁은, 나와 같은 오행이며 다른 음양이므로 '겁재'다.
- 辰은, 내가 생하는 것이며 음양이 같으므로 '식신'이다.
- 酉는, 내가 극하는 것이며 음양이 다르므로 '정재'다.
- 子는, 나를 극하는 것이며 음양이 다르므로 '정관'이다.
- 만약 丙이나 巳가 있다면, 나와 같은 오행 같은 음양이므로 '비견'이다.

육신(六神)의 통변상 의미

사주를 통변할 때 육신은 '나의 성정(性情)이나 관계된 물상(物象)'이기도 하고, '내 가족 및 내 주변의 인물'이기도 하다. 예를 들면, 식상은 '생계를 위한 일이나 능력'을 의미하지만, 가족관계에서는 '자식이나 손자·손녀'를 의미한다. 재성은 '재물과 관계 있는 무엇'을 의미하지만, 가족관계에서는 '아버지 또는 아내'를 의미한다. 관성, 인성, 비겁 등도 같은 식으로 중복되는 의미를 지니고 있다.

육신(六神)-육친(六親) 관계

사주의 육신(六神)은 경우에 따라 육친(六親)을 암시한다. 하지만 어떤 육신이 어느 인물을 암시하는지에 관해서 모두가 인정하는 정설(定說)이 없다. 다만, 여러 학설에서 공통으로 인정하는 육신-육친 관계가 있는데, 다음에 소개하는 '육신-육친 관계의 원칙'이 바로 그것이다. (원래 '육친(六親)'은 부·모·형·제·자식·배우자인데, 사주에서는 가족과 친지 및 주변의 인물 모두를 의미하는 단어로 사용한다.)

육신(六神)-육친(六親) 관계의 원칙

육신이 암시하는 가족관계는 다음 4가지 원칙을 바탕으로 한다. *육신생극도 참조

(1) 어머니는 자식을 생한다. 그래서 나를 생하는 정인이 어머니다. 여자인 내가 생하는 식상은 자식이다.

(2) 자식은 아버지를 극한다. 그래서 내가 극하는 편재가 아버지다. 남자인 나를 극

하는 관성은 자식이다.

(3) 남편은 아내를 극한다. 그래서 남자인 내가 극하는 정재는 아내다. 여자인 나를 극하는 정관은 남편이다.

(4) 나와 동급인 비견은 형제·자매 또는 친구·동료·경쟁자다.

위의 (1)~(4) 내용을 요약하면 다음과 같다.

- 남자 사주에서 편재는 아버지, 정인은 어머니, 정재는 아내, 관성은 자식
  *편재를 정부(情婦)로도 보는데, 사주에 정재가 없을 때는 편재를 아내로 본다.
- 여자 사주에서 편재는 아버지, 정인은 어머니, 정관은 남편, 식상은 자식
  *편관을 정부(情夫)로도 보는데, 사주에 정관이 없을 때는 편관을 남편으로 본다.

자식이나 형제·자매를 의미하는 육신을 판단할 때, 그 인물의 성별(性別) 구분은 다음 두 가지 원칙 중에서 한 가지로 한다. (이 책에서는 첫 번째 원칙을 택했다.)

- 나(日干)의 음양과는 상관없이 육신이 양(陽)이면 남자, 음(陰)이면 여자다.
- 나(日干)와 음양이 같으면 내 성별과 같고, 음양이 다르면 다른 성별이다.

앞의 원칙을 적용해서 육신(六神)-육친(六親) 관계를 확장하기

예를 들면, 나의 편재(아버지) 입장에서 편재(아버지)는 내게는 조부(祖父)다. 나의 편재(아버지) 입장에서 정인(어머니)은 내게는 조모(祖母)다. *육신생극도 참조

- 아버지의 편재(아버지)는 조부, 아버지의 정인(어머니)은 조모, 어머니의 편재(아버지)는 외조부, 어머니의 정인(어머니)은 외조모, 아내의 편재(아버지)는 장인, 아내의 정인(어머니)은 장모, 남편의 편재(아버지)는 시아버지, 남편의 정인(어머니)은 시어머니다.
- 아들의 정재(아내)는 며느리, 아들의 정관(자식)은 손자·손녀, 딸의 정관(남편)은 사위, 딸의 식상(자식)은 외손자·외손녀다.
- 아버지의 비겁(형제자매)은 백부·숙부·고모, 어머니의 비겁은 외삼촌·이모, 아내의 비겁은 처남·처형·처제, 남편의 비겁은 시아주버니·시동생·시누이다.

육신(六神)-육친(六親) 관계도

지금까지 설명한 육신-육친 관계에 따라서 가족관계를 나타낸 것을 그림으로 그렸다. 명주(命主)를 남자·여자로 구분하고 日干을 양·음으로 구분해서, 총 4가지 경우

의 그림이 있는데, 아래 것이 그 첫 번째 그림이다. 그림에서는 천간만을 적었는데, 지지에 대해서도 같은 육신이면 같은 인물이다.

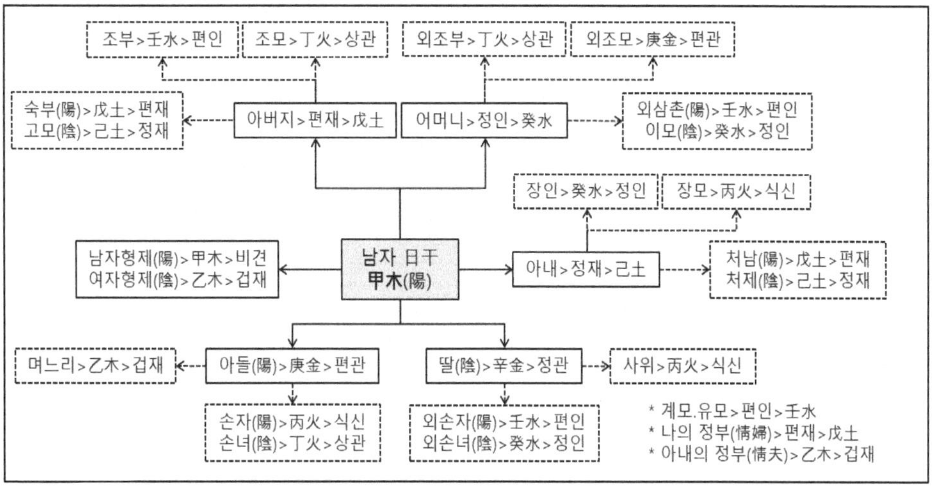

위 그림은 日干이 甲木인 남자 사주의 육신-육친 내용이다. 작성 과정은 다음과 같다. (설명의 편의상 사주의 주인공과 관계있는 모든 사람을 '가족'으로 표기했다.)

먼저, 주인공을 중심으로 육신-육친 관계 원칙에 해당되는 것부터 [**가족〉육신〉천간**] 형식으로 적었다. 이 사주에서 아내는 정재이므로 [아내〉정재〉己土], 아버지는 편재이므로 [아버지〉편재〉戊土], 어머니는 정인이므로 [어머니〉정인〉癸水]다.

그다음은 자식과 형제·자매를 [**가족〉천간〉육신**] 형식으로 적었다. 자식은 관성(金)인데 아들은 양이므로 庚金이고 庚金은 편관 [아들(陽)〉庚金〉편관]이며, 딸은 음이므로 辛金이고 辛金은 정관 [딸(陰)〉辛金〉정관]이다. 형제·자매는 비겁(木)인데 남자는 양이므로 甲木이고 甲木은 비견 [남자형제(陽)〉甲木〉비견]이며, 여자는 음이므로 乙木이고 乙木은 겁재 [여자형제(陰)〉乙木〉겁재]다.

그다음은 더 넓은 범위의 가족관계를 [**가족〉천간〉육신**] 형식으로 적었다. 아내의 아버지는 아내(己土) 기준에서는 편재이므로 癸水다. 癸水는 日干 기준에서는 정인이다. 그래서 장인은 정인 [장인〉癸水〉정인]이다. 아내의 어머니는 아내(己土) 기준에서는 정인이므로 丙火다. 丙火는 日干 기준에서는 식신이다. 그래서 장모는 식신 [장모〉丙火〉식신]이다. 나머지 가족관계도 이와 같은 방법으로 적었다.

다음 3개 그림은, 위 그림의 주인공과 성별 및 日干의 음양이 각기 다른 사람의 육신-육친 관계도다. 위 그림과 같은 방법으로 작성했다.

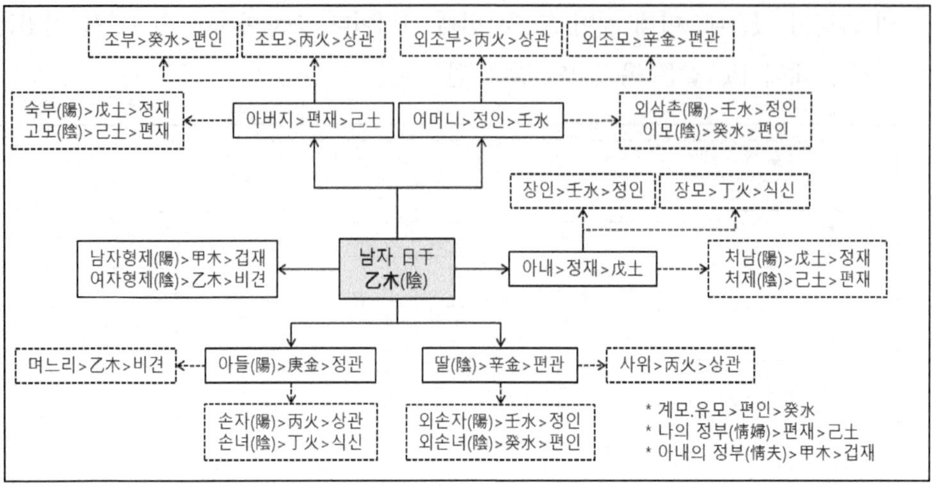
조부>癸水>편인
조모>丙火>상관
외조부>丙火>상관
외조모>辛金>편관
숙부(陽)>戊土>정재
고모(陰)>己土>편재
아버지>편재>己土
어머니>정인>壬水
외삼촌(陽)>壬水>정인
이모(陰)>癸水>편인
장인>壬水>정인
장모>丁火>식신
남자형제(陽)>甲木>겁재
여자형제(陰)>乙木>비견
남자 日干
乙木(陰)
아내>정재>戊土
처남(陽)>戊土>정재
처제(陰)>己土>편재
며느리>乙木>비견
아들(陽)>庚金>정관
딸(陰)>辛金>편관
사위>丙火>상관
손자(陽)>丙火>상관
손녀(陰)>丁火>식신
외손자(陽)>壬水>정인
외손녀(陰)>癸水>편인
* 계모.유모>편인>癸水
* 나의 정부(情婦)>편재>己土
* 아내의 정부(情夫)>甲木>겁재

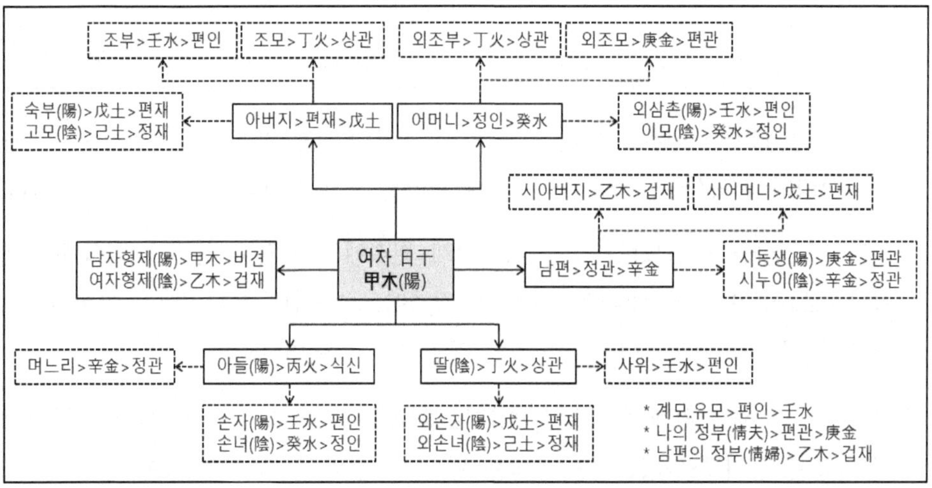
조부>壬水>편인
조모>丁火>상관
외조부>丁火>상관
외조모>庚金>편관
숙부(陽)>戊土>편재
고모(陰)>己土>정재
아버지>편재>戊土
어머니>정인>癸水
외삼촌(陽)>壬水>편인
이모(陰)>癸水>정인
시아버지>乙木>겁재
시어머니>戊土>편재
남자형제(陽)>甲木>비견
여자형제(陰)>乙木>겁재
여자 日干
甲木(陽)
남편>정관>辛金
시동생(陽)>庚金>편관
시누이(陰)>辛金>정관
며느리>辛金>정관
아들(陽)>丙火>식신
딸(陰)>丁火>상관
사위>壬水>편인
손자(陽)>壬水>편인
손녀(陰)>癸水>정인
외손자(陽)>戊土>편재
외손녀(陰)>己土>정재
* 계모.유모>편인>壬水
* 나의 정부(情夫)>편관>庚金
* 남편의 정부(情婦)>乙木>겁재

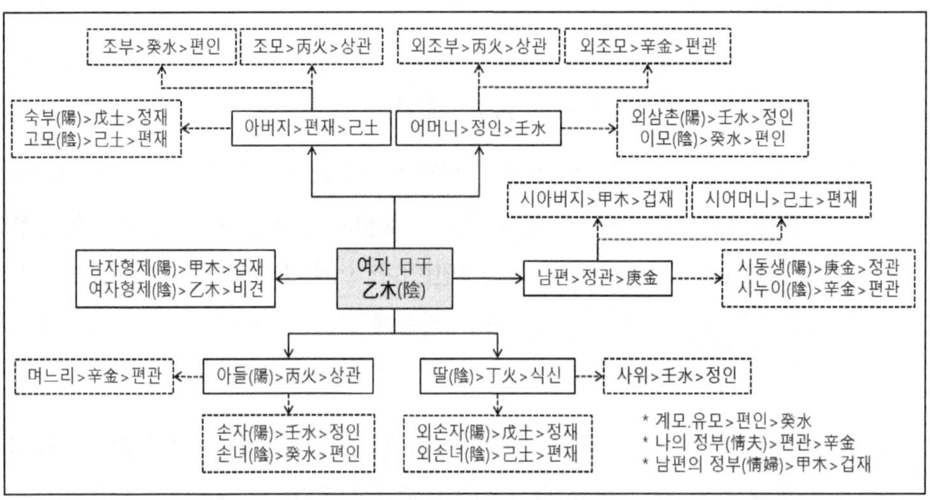
조부>癸水>편인
조모>丙火>상관
외조부>丙火>상관
외조모>辛金>편관
숙부(陽)>戊土>정재
고모(陰)>己土>편재
아버지>편재>己土
어머니>정인>壬水
외삼촌(陽)>壬水>정인
이모(陰)>癸水>편인
시아버지>甲木>겁재
시어머니>己土>편재
남자형제(陽)>甲木>겁재
여자형제(陰)>乙木>비견
여자 日干
乙木(陰)
남편>정관>庚金
시동생(陽)>庚金>정관
시누이(陰)>辛金>편관
며느리>辛金>편관
아들(陽)>丙火>상관
딸(陰)>丁火>식신
사위>壬水>정인
손자(陽)>壬水>정인
손녀(陰)>癸水>편인
외손자(陽)>戊土>정재
외손녀(陰)>己土>편재
* 계모.유모>편인>癸水
* 나의 정부(情夫)>편관>辛金
* 남편의 정부(情婦)>甲木>겁재

앞의 육신(六神)-육친(六親) 관계도에서 일부를 발췌해서 설명하면 다음과 같다.

- 남자 사주에서 며느리는 비겁이다. 비겁은 나를 돕는 사람을 암시한다. 그래서 시아버지인 나와 며느리는 같은 편이다.
- 여자 사주에서 며느리는 관성이다. 관성은 나를 극하는 사람을 암시한다. 그래서 시어머니인 나와 며느리는 사이가 좋지 않다.
- 겁재는 나의 경쟁자를 암시한다. 남자 사주에서, 나의 아내를 두고 다투는 경쟁자는 아내의 남자다. 그래서 겁재는 '아내의 정부(情夫)'다. 여자 사주에서, 나의 남편을 두고 다투는 경쟁자는 남편의 여자다. 그래서 겁재는 '남편의 정부(情婦)'다. 옛날 말로는 첩(妾)이다.

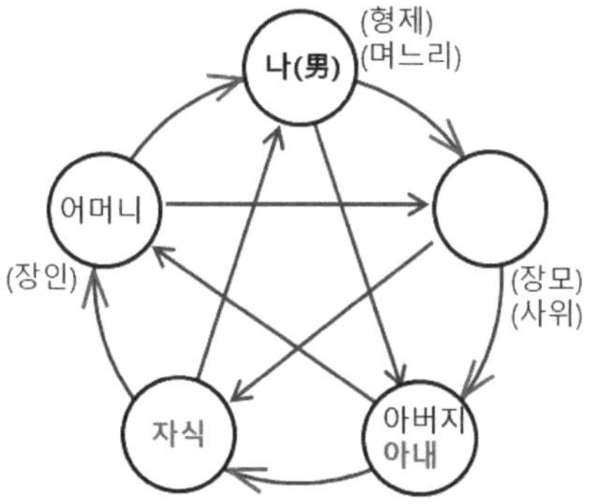

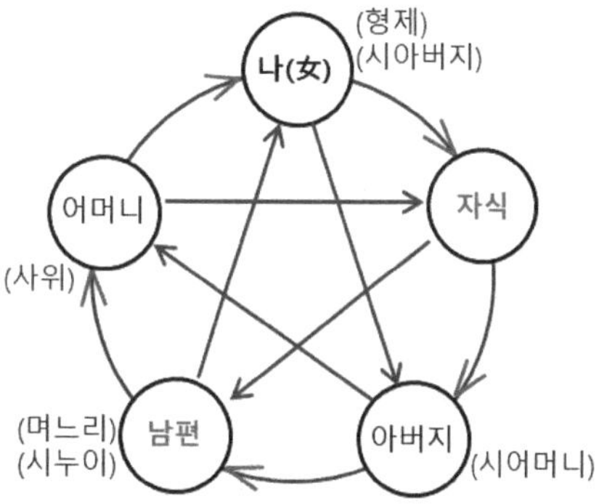

육신(六神)-육친(六親) 관계표

앞의 육신(六神)-육친(六親) 관계도의 내용을 한꺼번에 정리하면 다음 표와 같다.

	남자 사주에서 암시하는 인물		여자 사주에서 암시하는 인물	
	양(陽) 日干일 때	음(陰) 日干일 때	양(陽) 日干일 때	음(陰) 日干일 때
비견	남자형제	여자형제, 며느리	남자형제	여자형제
겁재	여자형제, 며느리, 아내의 정부(情夫)	남자형제, 아내의 정부(情夫)	여자형제, 시아버지, 남편의 정부(情婦)	남자형제, 시아버지, 남편의 정부(情婦)
식신	장모, 사위, 손자	장모, 손녀	**아들**	**딸**
상관	조모, 외조부, 손녀	조모, 외조부, 사위, 손자	**딸**, 조모, 외조부	**아들**, 조모, 외조부
편재	**아버지**, 숙부, 처남, 나의 정부(情婦)	**아버지**, 고모, 처제, 나의 정부(情婦)	**아버지**, 숙부, 시어머니, 외손자	**아버지**, 고모, 시어머니, 외손녀

	남자 사주에서 암시하는 인물		여자 사주에서 암시하는 인물	
	양(陽) 日干일 때	음(陰) 日干일 때	양(陽) 日干일 때	음(陰) 日干일 때
정재	**아내**, 고모, 처제	**아내**, 숙부, 처남	고모, 외손녀	숙부, 외손자
편관	**아들**, 외조모	**딸**, 외조모	외조모, 시동생, 나의 정부(情夫)	외조모, 시누이, 며느리, 나의 정부(情夫
정관	**딸**	**아들**	**남편**, 시누이, 며느리	**남편**, 시동생
편인	조부, 외삼촌, 외손자, 계모.유모	조부, 이모, 외손녀, 계모.유모	조부, 외삼촌, 사위, 손자, 계모.유모	조부, 이모, 손녀, 계모.유모
정인	**어머니**, 이모, 장인, 외손녀	**어머니**, 외삼촌, 장인, 외손자	**어머니**, 이모, 손녀	**어머니**, 외삼촌, 사위, 손자

* 만약 형제·자매의 육신을 정할 때 인물의 성별(性別) 구분을, '육신(六神)-육친(六親) 관계의 원칙' 중에서 두 번째 원칙을 적용했다면 위 표의 일부 내용이 달라진다.

육신(六神)의 성정(性情)

- **비겁**(比劫): 좋을 때는 내 편으로서 나를 돕지만 나쁠 때는 나의 것을 빼앗으려고 한다. 생존 능력과 경쟁력을 의미한다. 나와 협력하거나 경쟁하는 동급자, 형제, 동료, 친구 등이다.
- **식상**(食傷): 내 몸 밖으로 내보내는 것 - 재능, 언변, 연구심, 활동성 등등 - 이다. 생산, 창작, 사교, 예능, 기술 등을 의미한다. 내가 낳거나 도움을 주는 자식, 하위자, 제자 등이다. 식상은 재물을 얻는 수단이나 방법이 된다.
- **재성**(財星): 내가 보살피고 지시하거나 관리해야 할 책임이 있는 것과 내게 소유욕심을 내게 하는 대상이다. 실현, 성취, 소유 등을 의미한다. 내가 관리·통제하는 하위자, 부하 등이다. 재성은 식상으로 노력한 결과물(재물)로 본다.
- **관성**(官星): 나를 지배하고 명령하는 규칙(법)이나 직업, 직장이다. 안정, 질서, 절제, 억압, 통제 등을 의미한다. 나를 관리·통제하는 상위자, 상사, 관리자 등이다. 정관은 나를 보호하고 절제시키지만(합리적 관리), 편관은 나를 힘으로 지배·복종시킨다(강압적 통제).
- **인성**(印星): 내가 받아들이는 것 - 공부, 지식, 어머니의 도움 등등 - 이다. 학문, 교육, 지원(支援), 문서 등을 의미한다. 나를 기르고 가르치는 어머니, 상위자, 선생, 후원자 등이다.

육신의 성정은 일률적이 아니다. 같은 육신이라도 사주에서 좋은 역할을 할 때 - 길신(吉神)일 때 - 는 긍정적인 성정이 드러나지만, 나쁜 역할을 할 때 - 흉신(凶神)일 때 - 는 부정적인 성정을 드러낸다. 다음 표는 그것을 정리한 것이다.

	기본 특성	좋은 역할일 때의 성정(性情)	나쁜 역할일 때의 성정(性情)
비견	나와 같은 것 나를 돕는 것	자존심, 주체성, 독립심	고집, 아집, 고독
겁재	나와 경쟁하는 것	경쟁심, 승부욕, 야망	시기심, 투쟁성, 폭력적, 독선적, 겁탈
식신	타고난 의식주, 안정적 직업, 연구심	사교성, 유흥성, 낙천적, 베품, 손재주, 창의성, 연구·제조업	집착, 도박성, 과시욕
상관	노력에 의한 의식주, 사교 욕구	사교성, 예술성, 정열적, 총명, 다제다능, 언변출중, 유통업	교만함, 매사에 비판적, 사치함, 방종함
편재	빌린 재화, 대중(大衆)의 재화	융통성, 잡기에 능함, 큰 사업에 적합, 남의 힘으로 축재	투기성, 조급함, 단정적, 편법 사용
정재	자신의 재화, 정당한 대가	정직·근면·치밀함, 고정수입, 관리·참모형, 본인 힘으로 성취	보수적, 인색함, 투기성 사업에 부적합
편관	무력과 강압, 무인(武人), 임시직	인내심, 복종심, 책임감, 법집행 (군인·경찰·검찰), 개혁.변화성	강압적, 무력 사용, 하극상(下剋上), 과시욕
정관	법과 질서 준수, 문인(文人), 정규직	합리적, 원리원칙적, 체제 수용, 안정성, 복종, 질서, 자제심	고지식함, 자기 합리화
편인	특수학문, 성장기 보살핌 없음	탐구심, 머리비상, 처세 뛰어남, 신비심(神祕心), 정신세계 관심	의심 많음, 시비 유발, 실천력 없음
정인	일반학문, 종교, 나의 후견인	학구열, 교양·덕성 있음, 利他心, 자애로움, 정신세계 관심	게으름, 남에게 이용당함, 공상적, 몽상가(夢想家)

* 편(偏)의 기질은 정(正)의 기질보다 훨씬 강하게 나타나지만, 재성과 인성은 편(偏)과 정(正)이 거의 같은 작용을 하는 것으로 본다.

日干과 육신(六神)과의 생극(生剋) 관계

비겁은 다른 육신의 생극(生剋)을 직접 받지 않는다. 日干이 다른 육신으로부터 생극을 받을 때 옆에서 日干에 힘을 보태거나 日干과 경쟁하는 역할을 할 뿐이다. 日干과 육신의 생극 관계는 "나를 생하는 육신인 인성과 나를 돕는 육신인 비겁은 내게 기(氣)를 보태주고, 내가 생하는 식상, 내가 극하는 재성, 나를 극하는 관성은 내 기(氣)를 빼앗는다."이다. 이것을 요약하면, "<u>인·비는 日干을 생조(生助)하고, 식·재·관은 日干을 극설(剋洩)한다.</u>"이다.

* 이것에 관해서는 이 책의 "21. 억부론(抑扶論) 개요(槪要)"에 좀 더 구체적으로 설명되어 있다.

육신(六神)끼리의 생극(生剋) 관계

육신이 곧 오행이므로, 육신끼리의 생극(生剋)도 오행의 생극과 마찬가지로 서로 얽혀 있다. 그래서 육신을 볼 때도 주변의 생극 관계를 함께 봐야 한다. 예를 들면, 재성은 관성을 생하지만 인성을 극하는 역할도 한다. 또 인성은 나를 생해서 편안하게 해주지만 반면에 식상을 극해서 활동력을 낮추게 한다.

육신(六神)끼리 생극(生剋)의 세기

오행 상생상극에서, 다른 음양끼리 더 잘 생(生)하고 같은 음양끼리 더 잘 극(剋)한다. 예를 들면, 금생수(金生水) 작용에서 陽金은 陽水보다 陰水를 더 잘 생하고, 陰金은 陰水보다 陽水를 더 잘 생한다. 또, 금극목(金剋木) 작용에서 陽金은 陰木보다 陽木을 더 잘 극하고, 陰金은 陽木보다 陰木을 더 잘 극한다.

이런 이치를 육신에 적용하면, 식생재(食生財) 작용에서 식신은 편재보다 정재를 더 잘 생하고, 상관은 정재보다 편재를 더 잘 생한다. 또, 식극관(食剋官) 작용에서 식신은 정재보다 편관을 더 잘 극하고, 상관은 편관보다 정관을 더 잘 극한다.

천간(天干)의 육신과 지지(地支)의 육신

엄밀하게 말하면 천간의 육신은 있어도 지지의 육신은 없다. 지지는 육신이 되지 못한다. 지장간(支藏干)은 말 그대로 간(干)이므로 육신이 된다. 지장간 중에서 본기(本氣)는 그 지지를 대표하는 것이다. 그래서 본기의 육신을 그 지지의 육신으로 간주해서, 그것을 지지의 육신이라고 하는 것이다. 예를 들면 日干이 甲인 사주에서, 지지 卯의 육신은 (卯의 지장간 본기가 乙이므로) 겁재다. 또, 같은 사주에서 지지 亥의 육신은 (亥의 지장간 본기가 壬이므로) 편인이다.

월지(月支)의 육신과 월령(月令)의 육신

사주의 다른 지지는 지장간 본기(本氣)로 육신이 정해지지만, 月支의 육신은 월령(月令)으로 정해야 한다는 의견이 있다. 지장간 본기로 정한 육신과 월령으로 정한 육신이 무엇이 다른지, 丙 日干 사주에서 月支가 丑인 경우를 예를 들어 설명한다. (丑의 지장간과 사령일수는 癸 9일, 辛 3일, 己 18일 이다.)

- (생일과 관계없이) 丑의 본기인 己의 육신이 상관이므로, 月支의 육신은 상관이다. (丙火가 己土를 생하는 관계며, 丙과 己는 음양이 다르다.)

- 만약 생월 절입일로부터 생일까지 날짜 수가 6일이라면, 丑의 여기인 癸가 월령이므로, 이 사주에서 월령으로 정한 月支의 육신은 정관이다.
- 만약 생월 절입일로부터 생일까지 날짜 수가 12일이라면, 丑의 중기인 辛이 월령이므로, 이 사주에서 월령으로 정한 月支의 육신은 정재다.
- 만약 생월 절입일로부터 생일까지 날짜 수가 20일이라면, 丑의 본기인 己가 월령이므로, 이 사주에서 월령으로 정한 月支의 육신은 상관이다.

11 오행왕쇠(五行旺衰)

왕상휴수법(旺相休囚法) (旺 성할 왕, 衰 쇠할 쇠, 相 보좌할 상, 休 쉴 휴, 囚 가둘 수)

계절별로 그 계절에 기운이 왕성한 오행과 쇠약한 오행이 다르다. 예를 들면, 봄에는 木 기운이 왕성하고 土 기운은 쇠약하다. 여름에는 火 기운이 왕성하고 金 기운은 쇠약하다. 이렇듯이, 어느 계절에 어떤 오행이 왕성하고 쇠약한지를 정리한 이론을 왕상휴수법(旺相休囚法)이라고 한다. 기운의 세기는 왕(旺), 상(相), 휴(休), 수(囚), 사(死)라는 등급으로 나누어 구분한다. 그래서 왕상휴수법을 그냥 **왕상휴수사**(旺相休囚死)라고도 한다.

사주의 주체인 日干이 왕(旺)한지 쇠(衰)한지를 판단하는 데 왕상휴수법이 사용된다.

사주에서 月支는 사주 주인공이 태어난 계절을 의미하므로, 그 계절에는 '특정 오행'이 왕성한지 쇠약한지 왕상휴수법으로 알 수 있다. 여기서 '특정 오행'이 日干이다. 그래서 月支의 오행를 보면 日干의 왕쇠(旺衰) 상태를 판단할 수 있는 것이다. (日干의 왕쇠는 그 사주의 왕쇠이기도 하다.)

時	日	月	年
○	●	○	○
○	○	●	○

왕상휴수사는 각 오행의 기가 계절에 따라서 왕성했다가 쇠약해지는 과정을 반복한다는 원리를 기반으로 한다. 그 점에서, 나중에 설명하는 십이운성(十二運星) 이론과 맥락이 비슷하다.

왕·상·휴·수·사(旺·相·休·囚·死) 등급의 의미

	기(氣)의 상태	사주에서 日干의 상태
왕(旺)	해당 오행의 기(氣)가 매우 왕성한 상태	月支가 日干과 같은 오행이면, (月支가 日干을 도우므로) 日干은 왕(旺) 상태다.
상(相)	해당 오행의 기(氣)가 왕성한 상태	月支가 日干을 생하는 오행이면, (月支의 생을 받으므로) 日干은 상(相) 상태다.
휴(休)	해당 오행의 기(氣)가 보통인 상태 (쉬는)	月支가 日干의 생을 받는 오행이면, (月支를 생하느라 설기되므로) 日干은 휴(休) 상태다.
수(囚)	해당 오행의 기(氣)가 쇠약한 상태 (갇힌)	月支가 日干의 극을 받는 오행이면, (月支를 극하느라 설기되므로) 日干은 수(囚) 상태다.
사(死)	해당 오행의 기(氣)가 아예 없는 상태	月支가 日干을 극하는 오행이면, (月支의 극을 당하므로) 日干은 사(死) 상태다.

오행(五行)의 계절별 왕상휴수사(旺相休囚死)

아래의 표는, 계절을 오행 순서로 나타내기 위해서 봄·여름(木·火)과 가을·겨울(金·水) 사이에 환절기(土)를 넣어서 작성했다.

	봄(春)	여름(夏)	환절기(換節期)	가을(秋)	겨울(冬)
木	왕(旺)	휴(休)	수(囚)	사(死)	상(相)
火	상(相)	왕(旺)	휴(休)	수(囚)	사(死)
土	사(死)	상(相)	왕(旺)	휴(休)	수(囚)
金	수(囚)	사(死)	상(相)	왕(旺)	휴(休)
水	휴(休)	수(囚)	사(死)	상(相)	왕(旺)

오행 기준으로 해설

예를 들어 '木'의 각 계절별 상태는, 봄에는 매우 왕성하며 (旺), 여름에는 火를 생하고 나서 지쳐서 쉬고 있고 (休), 환절기에는 土를 극하고 나서 힘이 빠져서 갇혀 있고 (囚), 가을에는 金의 극을 당해서 죽은 상태고 (死), 겨울에는 水의 생을 받아서 왕성하다 (相).

계절 기준으로 해설

예를 들어 '봄'에 각 오행의 상태는, 木은 매우 왕성하며 (旺), 火는 木의 생을 받아서 왕성하고 (相), 土는 木의 극을 당해서 죽은 상태고 (死), 金은 木을 극하고 나서 힘이 빠져서 갇혀 있고 (囚), 水는 木을 생하고 나서 지쳐서 쉬고 있다 (休).

오행(五行)의 월별 왕상휴수사(旺相休囚死)

月 / 五行	寅	卯	辰	巳	午	未	申	酉	戌	亥	子	丑
	봄(木)		환절기	여름(火)		환절기	가을(金)		환절기	겨울(水)		환절기
木의 상태	(계절과 같은 오행) 旺		囚	(木生火이므로) 休		囚	(金剋木이므로) 死		囚	(水生木이므로) 相		囚
火의 상태	(木生火이므로) 相		休	(계절과 같은 오행) 旺		休	(火剋金이므로) 囚		休	(水剋火이므로) 死		休
土의 상태	(木剋土이므로) 死		旺	(火生土이므로) 相		旺	(土生金이므로) 休		旺	(土剋水이므로) 囚		旺
金의 상태	(金剋木이므로) 囚		相	(火剋金이므로) 死		相	(계절과 같은 오행) 旺		相	(金生水이므로) 休		相
水의 상태	(水生木이므로) 休		死	(水剋火이므로) 囚		死	(金生水이므로) 相		死	(계절과 같은 오행) 旺		死

* 표에서 [木의 상태] 하나만 설명하면, 봄(寅·卯월)에는 왕(旺), 여름(巳·午월)에는 휴(休), 가을(申·酉월)에는 사(死), 겨울(亥·子월)에는 상(相), 환절기(辰·戌·丑·未월)에는 수(囚) 하다.

* 辰·戌·丑·未 각 한 달 내내 환절기가 아니다. 실제 환절기는 辰·戌·丑·未의 지장간 본기(本氣)가 사령하는 약 18일 동안만 해당된다. 이것에 관해서는, 이 책의 "5. 지장간(支藏干)"에서 "월령분일용사표(月令分日用事表)"에 자세히 나와 있다.

앞의 표를 왕·상·휴·수·사 순서로 놓고 月支의 육신을 대입하면

日干↓ / 月支	왕(旺) 비겁(比劫)	상(相) 인성(印星)	휴(休) 식상(食傷)	수(囚) 재성(財星)	사(死) 관성(官星)
木(甲·乙)	木(寅·卯)	水(亥·子)	火(巳·午)	土(辰·戌·丑·未)	金(申·酉)
火(丙·丁)	火(巳·午)	木(寅·卯)	土(辰·戌·丑·未)	金(申·酉)	水(亥·子)
土(戊·己)	土(辰·戌·丑·未)	火(巳·午)	金(申·酉)	水(亥·子)	木(寅·卯)
金(庚·辛)	金(申·酉)	土(辰·戌·丑·未)	水(亥·子)	木(寅·卯)	火(巳·午)
水(壬·癸)	水(亥·子)	金(申·酉)	木(寅·卯)	火(巳·午)	土(辰·戌·丑·未)

* 위의 표를 보는 방법은, 日干이 甲·乙일 때는 月支가 寅·卯면 日干이 왕(旺)하고, 月支가 亥·子면 日干이 상(相)하고, 月支가 巳·午면 日干이 휴(休)하고, … 등등이다.

* 사주에서 日干의 왕상휴수사는, 오로지 日干과 月支의 오행만으로 판단할 뿐, 日干과 月支의 음양은 상관하지 않는다.

* 위의 표와 다르게, 辰·丑월은 습토(濕土)라서 水의 왕(旺)에 해당하고, 戌·未월은 조토(燥土)라서 火의 (旺)에 해당한다는 의견도 있다.

앞의 표를 요약하면

日干↓ ╲ 月支	日干이 왕성한 월 (비겁, 인성)	日干이 쇠약한 월 (식상, 재성, 관성)
木(甲·乙)	寅·卯, 亥·子	앞의 나머지 월
火(丙·丁)	巳·午, 寅·卯	앞의 나머지 월
土(戊·己)	辰·戌·丑·未, 巳·午	앞의 나머지 월
金(庚·辛)	申·酉, 辰·戌·丑·未	앞의 나머지 월
水(壬·癸)	亥·子, 申·酉	앞의 나머지 월

* 이 내용은, 이 책의 "10. 육신(六神)"에서 "日干과 육신(六神)과의 생극(生剋) 관계" 부분에 설명된 것과 똑같다. 옆의 그림도 육신생극도(六神生剋圖)와 같다.

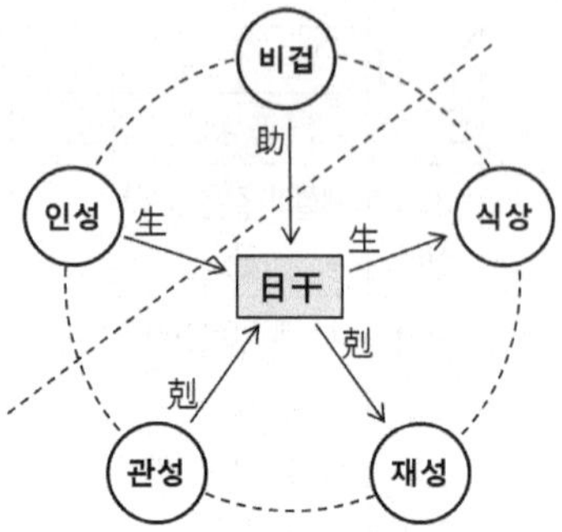

인·비는 日干을 생조하고
식·재·관은 日干을 극설한다.

日干은 **月支**가 인·비(印·比)일 때 왕성하고, 식·재·관(食·財·官)일 때 쇠약하다. 이것은 "日干의 왕쇠(旺衰)는 **득령**(得令) 여부에 따라서 결정된다."라는 말과 같다.

* 이 책의 "18. 통근(通根)과 득령(得令)" 참고

왕상휴수(旺相休囚)

'왕상휴수사'는 계절을 기반으로 하되 <u>오행의 관점</u>으로 본다. 그래서 土를 별도의 계절로 두고 5계절로 따지는 것이다. 그래서 日干의 왕쇠(旺衰)를 판단할 때는 月支의 '계절'이 아니라 '오행'을 봐야 한다.

그런데 土를 별도의 계절로 뒀기 때문에 기(氣)의 순환이 실제 계절과 맞지 않는 문제가 있다. 그래서 각 오행의 왕·상·휴·수를 계절의 흐름에 맞춰서 정리하면, '앞 계절에 상(相) → 자기 계절에 왕(旺) → 다음 계절에 왕(旺) → 반대 계절에 수(囚)'가 된다. 土는 화토동법(火土同法)을 적용해서 火와 같이 둔다.

이것은 앞에서 설명한 '왕상휴수사'와 다르다. 이렇게 오로지 <u>계절의 관점</u>으로만 보는 것을 ('왕상휴수사'와 구분해서) '왕상휴수'라고 부르는 명리가도 있다. 옆의 것은 '왕상휴수' 표다.

	봄(春)	여름(夏)	가을(秋)	겨울(冬)
木	왕(旺)	휴(休)	수(囚)	상(相)
火·土	상(相)	왕(旺)	휴(休)	수(囚)
金	수(囚)	상(相)	왕(旺)	휴(休)
水	휴(休)	수(囚)	상(相)	왕(旺)

12
합(合)

합(合) (合 합할 합)

합(合)은 서로 다른 천간끼리 또는 지지끼리 기운을 합친다는 말이다. 합하면 새로운 오행의 기(氣)가 나타나는데, 그것을 합화(合化)라고 한다. "합해서 ○가 된다."라는 말이며, '○'를 **합화오행**(合化五行) 또는 **합오행**(合五行)이라고 한다. 합해서 土가 되는 것을 '합화토(合化土)', 합해서 金이 되는 것을 '합화금(合化金)'처럼 표현하며, 줄여서 '합토(合土)', '합금(合金)' 등으로도 표현한다.

간합(干合) =천간합(天干合)

아래처럼 '천간 2개'가 합치는 것을 간합(干合)이라고 한다. 양간(陽干)과 음간(陰干)이 합친 것이다.

간합(干合)	설명	合의 성격, 출전(出典)은 삼명통회(三命通會)
甲-己 合土	甲과 己를 합하면 土가 된다.	중정지합(中正之合)
乙-庚 合金	乙과 庚을 합하면 金이 된다.	인의지합(仁義之合)
丙-辛 合水	丙과 辛을 합하면 水가 된다.	위제지합(威制之合)
丁-壬 合木	丁과 壬을 합하면 木이 된다.	음닐지합(淫暱之合), 음란지합(淫亂之合)
戊-癸 合火	戊와 癸를 합하면 火가 된다.	무정지합(無情之合) (暱 친근할 닐)

- 합하는 두 천간은 극의 관계라서 극합(剋合)이다. 그리고 서로 정관(正官)과 정재(正財) 관계가 된다. 예를 들면, 甲-己 합은 甲 입장에서 己는 정재(아내)고 己 입장에서 甲은 정관(남편)이다. 마찬가지로 乙-庚 합은 乙 입장에서 庚은 정관(남편)이고 庚 입장에서 乙은 정재(아내)다. 이런 이유로 간합을 **부부지합**(夫婦之合)이라고도 한다.

- 통근(通根)한 천간은 다른 천간과 합하지 않는다. 특히 자좌(自座: 자신과 같은 柱에 있는 지지)에 통근한 천간은 (자기 밑에 뿌리를 내리고 있으므로) 절대로 다른 천간과 합하지 않는다. 예를 들면, 사주에 甲寅과 己酉가 있으면 甲-己 합이 되는데, 甲은 자기 지지인 寅에 통근하고 있으므로 절대로 합을 하지 않는다.

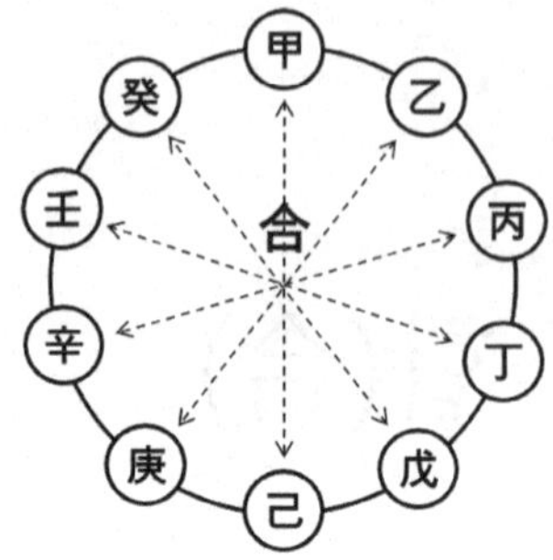

- 日干은 '사주의 본체'이므로, 그 오행 본질(本質)이 바뀌지 않는다. 그래서 日干은 다른 천간과 합은 하더라도, 합화(合化)는 안 된다.
- 천간합은 그 합오행이 지지에 통근(通根)할 수 있을 때만 합화(合化)한다. 예를 들어 乙-庚 합의 경우, 지장간에 金이 있는 申·酉·戌·巳·酉·丑 중에 하나라도 있어야 乙-庚은 金이 된다. 하나도 없으면, 합은 하더라도 합화(合化)는 안 된다.

甲←→己	
乙←→庚	
丙←→辛	
丁←→壬	
戊←→癸	

天干合

- 두 천간이 떨어져 있을수록 합력(合力)이 약해진다. 만약 두 천간을 충·형(沖·刑)하는 천간이 두 천간 옆에 있다면 합력은 매우 약해진다.

천간합(天干合)의 성격

아래는 천간합의 성격을 나타낸 사자성어를 풀이한 것인데, 삼명통회(三命通會)의 논십간합(論十干合) 편에 있는 것이다. 이 내용은 천간의 성정(性情)과 물상(物象)에 관해서 어느 정도 알고 있어야 이해할 수 있다. 사주 간명에 필수적인 내용이 아니므로, 몰라도 굳이 이해하려고 애쓸 필요 없다.

- 甲-己 합: 甲은 곧은 마음이고 己는 중용(中庸)이라서 중정지합(中正之合)이다.
- 乙-庚 합: 木은 인(仁)이고, 金은 의(義)라서 인의지합(仁義之合)이다.
- 丙-辛 합: 丙은 군주(君主)고 辛은 미녀(美女)다. 군주의 위세(威勢)로 미녀를 강제로 합하므로 위제지합(威制之合)이다. (威 위엄 위, 制 억제할 제)
- 丁-壬 합: 丁은 애정(愛情)이고 壬은 색욕(色慾)이다. 둘이 합해서 생명체(木)를 만들기 때문에, 남녀간의 육체적 관계인 음란지합(淫亂之合)이다.
- 戊-癸 합: 戊는 늙은 남자(陽)고 癸는 젊은 여자(陰)다. 어린 여자가 늙은 남자와

(내키지 않게) 합하는 것이므로 정(情)이 없다. 그래서 무정지합(無情之合)이다.

*戊가 왜 늙은(?) 남자이고, 癸가 왜 젊은(?) 여자인지 명확하게 알 수 없다.

지합(支合) =지지합(地支合) =육합(六合)

아래처럼 '지지 2개'가 합치는 것을 지합(支合)이라고 한다. '체(體) 음양' 기준으로 양지(陽支)와 음지(陰支)가 합친 것이다. 6가지라서 **육합**(六合)이라고도 한다.

六合(육합)	설명	성격	비고
子-丑 合土	子와 丑을 합하면 土가 된다.	土剋水 극합	亥-子-丑 방합의 반합이기도 하다. (같은 계절의 합)
寅-亥 合木	寅과 亥를 합하면 木이 된다.	水生木 생합	파(破)이기도 하다.
卯-戌 合火	卯와 戌를 합하면 火가 된다.	木剋土 극합	봄의 음(陰) 도화 + 가을의 양(陽) 화개 (반대 계절의 합)
辰-酉 合金	辰와 酉를 합하면 金이 된다.	土生金 생합	봄의 양(陽) 화개 + 가을의 음(陰) 도화 (반대 계절의 합)
巳-申 合水	巳와 申을 합하면 水가 된다.	火剋金 극합	형(刑) 및 파(破)이기도 하다. 그래서 형합(刑合)이라고도 한다.
午-未 合火	午와 未를 합하면 火가 된다.	火生土 생합	巳-午-未 방합의 반합이기도 하다. (같은 계절의 합)

- 두 지지끼리 생하는 생합(生合)과 극하는 극합(剋合)이 있다.
- 글자가 서로 떨어져 있으면 合이 아니라는 의견도 있다.
- '지합(支合)'이나 '지지합(地支合)'이라는 이름은 '지지끼리의 합'이라는 뜻이라서 방합이나 삼합으로 이해할 수도 있으니 주의해야 한다. 그래서 '육합(六合)'이라는 이름을 많이 사용한다.
- 子-丑과 午-未는 육합이지만 '방합(方合)의 반합(半合)'이기도 하다. 간명할 때는 방합으로 먼저 보고, 나중에 육합으로 본다.
- 寅-亥와 巳-申은 파(破)이기도 하다. 巳-申은 형(刑)이기도 하다. 그리고 巳-申의 적용 우선 순위는 '합>형>파'다. 즉, 합을 먼저 보고 형이나 파를 나중에 본다.
- 육합은 삼합이나 방합보다 합력이 약해서, "합은 하되 합화하지 않는다."거나 또는 "午-未합만 합화하지 않는다."는 의견도 있다.

방합(方合)

아래처럼 계절과 방위가 같은 '지지 3개'가 합치는 것을 방합(方合)이라고 한다.

방합(方合)	설명	지장간 중에서 같은 오행	계절과 방위
寅-卯-辰 合木	합하면 가운데 卯의 오행을 따라서 木이 된다.	寅(甲木), 卯(甲木·乙木), 辰(乙木)	春, 木旺之節, 東方木局
巳-午-未 合火	합하면 가운데 午의 오행을 따라서 火가 된다.	巳(丙火), 午(丙火·丁火), 未(丁火)	夏=火旺之節, 南方火局
申-酉-戌 合金	합하면 가운데 酉의 오행을 따라서 金이 된다.	申(庚金), 酉(庚金·辛金), 戌(辛金)	秋=金旺之節, 西方金局
亥-子-丑 合水	합하면 가운데 子의 오행을 따라서 水가 된다.	亥(壬水), 子(壬水·癸水), 丑(癸水)	冬=水旺之節, 北方水局

- 합을 구성하는 3개 지지는 각각 생지, 왕지, 묘지이며, 왕지가 月支 위치에 있으면 가장 완벽한 방합으로 본다.
- 방합의 자기 계절 지지 중 하나(예를 들면, 寅-卯-辰에서는 寅 또는 卯)가 반드시 月支 자리에 위치해야 합이 된다는 소수 의견도 있다.
- 두 지지만 있으면 **반합**(半合)이라고 하는데, 왕지를 포함하지 않으면 반합이 되지 않는다고 보는 것이 일반적이다. 방합에서는 반합을 아예 인정하지 않는다는 의견도 있으며, 이 경우 子-丑과 午-未는 반합은 되지 못하고 육합일 뿐이다.

삼합(三合)

아래처럼 '지지 3개'가 합치는 것을 삼합(三合)이라고 한다. 3개 지지의 오행은 각각 다르지만, 음양은 모두 같다. ('체(體) 음양' 기준)

삼합(三合)	설명	지장간 중에서 같은 오행	체(體) 음양	용(用) 음양
寅-午-戌 合火	합하면 가운데 午의 오행을 따라서 火가 된다.	寅(丙火), 午(丙火·丁火), 戌(丁火)	양-양-양	양-음-양
申-子-辰 合水	합하면 가운데 子의 오행을 따라서 水가 된다.	申(壬水), 子(壬水·癸水), 辰(癸水)	양-양-양	양-음-양
巳-酉-丑 合金	합하면 가운데 酉의 오행을 따라서 金이 된다.	巳(庚金), 酉(庚金·辛金), 丑(辛金)	음-음-음	양-음-음
亥-卯-未 合木	합하면 가운데 卯의 오행을 따라서 木이 된다.	亥(甲木), 卯(甲木·乙木), 未(乙木)	음-음-음	양-음-음

- 합을 구성하는 3개 지지는 각각 생지, 왕지, 묘지이며, 합오행은 왕지와 같은 오

행이다.

- 두 지지만 있으면 **반합**(半合)이라고 하는데, 더 세분하면 준삼합(準三合) = 생지 + 왕지, 반합(半合) = 왕지 + 묘지, 가합(假合) = 생지 + 묘지이다. 사주 원명에 반합이 있는데 운에 나머지 지지가 들어오면 삼합이 완성된다.
- 앞의 표에서 [용(用) 음양]을 보면 생지(寅·申·巳·亥)는 전부 양지(陽支)이고 왕지(子·午·卯·酉)는 전부 음지(陰支)다.

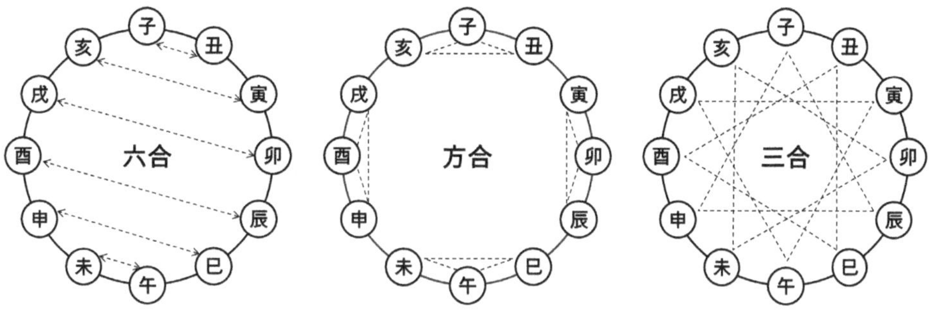

같은 색끼리 육합

巳	午	未	申
辰	六合		酉
卯			戌
寅	丑	子	亥

같은 색끼리 방합

巳	午	未	申
辰	方合		酉
卯			戌
寅	丑	子	亥

같은 색끼리 삼합

巳	午	未	申
辰	三合		酉
卯			戌
寅	丑	子	亥

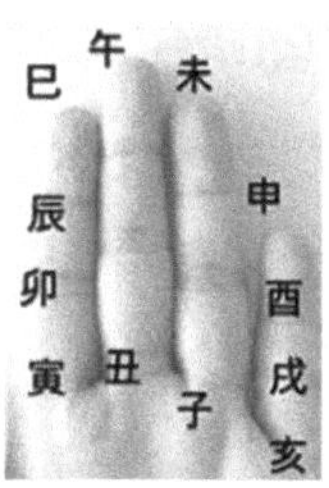

* 위의 도표를 구성하는 칸의 모양은 사람의 손가락으로 지지를 짚는 형태와 일치한다.

합(合)의 특성

- 사주 내에서 합을 이루는 글자들의 위치는 상관없다. 서로 떨어져 있어도 되고 운에 들어와도 합이 된다. 하지만 합을 이루는 글자들이 붙어 있을수록 합력(合力)이 더 강하다.
- 간합하는 두 천간은 전부 상극 관계다. 예를 들면, 甲-己 합은 木剋土다. 육합 중에도 두 지지가 상극 관계인 것이 있다. 예를 들면, 子-丑 합은 土剋水다. 이런 합은 극 작용은 무시하고 합 작용만 적용한다.

  *탐생망극(貪合忘剋: 합을 탐하느라 극을 잊는다.)
- 방합은 같은 계절의 지지끼리 모인 것이라서 같은 피를 나눈 가족·혈족들의 모임

에 비유된다. 혈연(血緣) 기반이라서 결속력이 강하므로, 충극(沖剋)을 받아도 (충격이 있기는 하지만) 합이 깨지지는 않는다. 반면에, 삼합은 서로 다른 세 가지 오행이 모인 것이라서, 출신은 다르지만 이해(利害)가 같은 사람끼리 모인 사회단체에 비유할 수 있다. 삼합은 결속력이 약해서 충극을 당하면 합이 깨진다.

*충극(沖剋: 沖으로 剋이 되는 것, 한마디로 '沖이 된다'는 뜻이다.)

- 사주 및 운에 미치는 합력(合力)의 세기는 '방합>삼합>반합>육합>간합' 순서다.
- 합오행의 음양은 왕지의 '체(體) 음양'을 따른다. 예를 들면, 申-子-辰의 합오행인 水는 왕지인 子가 양(陽)이므로 壬水(양)가 되고, 마찬가지로 寅-午-戌은 丙火(양), 巳-酉-丑은 辛金(음), 亥-卯-未는 乙木(음)이 된다. 하지만 합오행은 무조건 양(陽)이라는 의견도 많다.
- 사주에 합이 많으면(2개 이상) 정(情)이 많고 사교성이 있다.

  *다합유정(多合有情: 합이 많으면 정이 있다.)
- 원명과 운은 합은 하더라도 합화(合化)는 되지 않는다.

  *합이불화(合而不化: 합은 하되 합화는 되지 않는다.)

암합(暗合)과 명암합(明暗合)

암합(暗合)은 두 지지 속에 있는 지장간끼리 합하는 것을 말한다. 지지에 숨어 있는 것들이라는 뜻에서 '암(暗)'이라는 글자를 사용했다. (암합에 대응되는 개념으로 천간합을 **명합**(明合)이라고도 한다.) 아래는 암합의 보기다.

寅+丑(→ 甲-己 합)　卯+申(→ 乙-庚 합)　巳+酉(→ 丙-辛 합)
午+亥(→ 丁-壬 합)　辰+子(→ 戊-癸 합)　…

명암합(明暗合)은 천간이 지지 속에 있는 지장간과 합하는 것이다. 천간이 '명(明)'이고, 지장간이 '암(暗)'이다. 아래는 명암합의 보기다.

甲+丑(→ 甲-己 합)　乙+申(→ 乙-庚 합)　丙+酉(→ 丙-辛 합)
丁+亥(→ 丁-壬 합)　戊+子(→ 戊-癸 합)　…

자좌암합(自座暗合)은 천간이 자좌(自座)의 지지와 명암합하는 것이다. 즉 천간이 같은 柱에 있는 지지의 지장간과 합한다는 뜻이다. (座 자리 좌, 坐 앉을 좌)

甲午(→ 甲-己 합)　乙巳(→ 乙-庚 합)　丙戌(→ 丙-辛 합)　丁亥(→ 丁-壬 합)
戊子(→ 戊-癸 합)　己亥(→ 己-甲 합)　庚辰(→ 庚-乙 합)　辛巳(→ 辛-丙 합)
壬午(→ 壬-丁 합)　癸巳(→ 癸-戊 합)　육십갑자 중에는 이 10개 밖에 없다.

특히 日柱가 자좌암합인 것은 **자화간합**(自化干合)이라고 하며, 나와 배우자와의 합이므로 부부 사이에 정(情)이 있다고 본다.

* 지장간은 본기만 암합이 되고 여기나 중기는 암합이 되지 않는다거나, 자좌암합은 본기와의 합만 인정한다는 의견도 있다.
* 모든 지지는 개고(開庫)되었을 때만 암합이 된다거나 또는 고지(庫地, 辰·戌·丑·未)는 개고(開庫)되었을 때만 암합이 된다는 의견도 있다.
* 암합은 겉으로 드러나지 않고 숨어서 벌어지는 일로 통변한다. 그리고 다른 합에 비해서 그 영향력이 미미해서 무시하는 의견도 있다.

쟁합(爭合)과 투합(妬合) (爭 다툴 쟁, 妬 질투할 투)

하나의 천간이 두 간합에서 공유되는 상황 - 2개의 천간이 한 천간을 두고 서로 자기가 합하려고 다투는 모양 - 을 쟁합(爭合)이라고 한다. 예를 들면, 천간에 甲·己·甲 또는 甲·甲·己 또는 己·甲·甲이 있으면, 2개의 甲이 서로 甲-己 합이 되기 위해서 己를 차지하려고 싸운다. 이것은 마치 한 남자를 두고 두 여자가, 또는 한 여자를 두고 두 남자가 다투는 모양과 같다. 이 경우 합력(合力)은 반으로 감소된다. (남녀가 삼각관계면 원만한 결혼이 어려운 것에 비유된다.)

[2양+1음]일 때를 쟁합(爭合), [1양+2음]일 때를 투합(妬合)이라고 굳이 구분하기도 한다. 예를 들면, 甲·己·甲(양·음·양)은 쟁합이 되고 己·甲·己(음·양·음)는 투합이 된다. 지지끼리의 합인 육합에서도 쟁합이 성립한다.

* 종류가 서로 다른 지지합(육합, 방합, 삼합) 사이에서 두 글자가 다른 한 글자를 두고 경쟁하는 것도 쟁합이라고 한다. 예를 들어 사주의 지지 4글자가 亥·寅·午·戌이라고 가정하면, 寅-亥 육합과 寅-午-戌 삼합이 寅을 가운데 두고 쟁합하고 있다. 육합보다는 삼합이 우선이다.

기반(羈絆)과 합반(合絆) 및 합거(合去)

기반(羈絆)은 "굴레를 씌워 얽어맨다."라는 말인데, 사주 글자가 어떤 이유로 묶여서 사용하지 못하게 됐다는 뜻이다. 합 때문에 기반되어 본래의 역할이 약해지는 것을 **합반**(合絆)이라고 하는데, "합에 얽매여 꼼짝달싹하지 못한다."라는 말이다.

기반이 되는 주된 이유가 합이라서 기반은 합반과 같은 의미로 사용되고 있다. 합이 되는 두 글자 중에서 힘없는 글자가 힘 있는 글자에 묶인다. 만약 길신(吉神)이 합반되면 좋은 역할을 못 하고 흉신(凶神)이 합반되면 나쁜 역할을 못 한다.

힘이 약한 글자가 합반되면 글자 본래의 속성을 상실하게 되는데 그것을 **합거**(合去)라고 하며 "합으로 인해서 가버린다."라는 뜻이다. 합거된 글자는 사주의 격(格)이나 신강신약(身强身弱)을 판단할 때는 없는 글자로 간주한다.

- 통근(通根)한 천간은 절대 합거되지 않는다.
- 육합과 방합은 합거를 적용하지 않는다.
- 합반이나 합거된 글자라도, 운의 글자가 충극(沖剋)해서 활성화되면 합반이나 합거가 풀린다.
- 사주의 주체인 日干은 절대로 합화나 합거는 되지 않지만, 합반은 될 수 있다.

* 합반과 합거는 같은 것이라는 의견도 있고, 합반과 합거라는 것은 없다는 의견도 있다. 어떤 경우에 기반, 합반, 합거가 성립되는지 분명한 기준이 없어서 다소 애매한 이론이다.

(羈 굴레 기, 재갈 기, 絆 줄 반, 묶을 반, 얽어맬 반, 羈絆 말이나 소를 부리기 위해서 머리와 목에 얽어매는 줄)

13
충·형·파·해(沖·刑·破·害)

충(沖) =충살(沖煞) (沖=冲 찌를 충, =衝 찌를 충, 맞부딪힐 충, 煞 죽일 살)

천간 또는 지지가 '서로 반대되는 오행의 같은 음양끼리' 충돌하는 것이다. 木은 金과, 火는 水와 서로 반대되는 오행이다. (木↔金, 火↔水) (봄↔가을, 여름↔겨울)
사주 간명에서 충(沖)은 충돌, 대립, 적대(敵對)의 의미로 보기도 하지만 변동, 변화를 암시하기도 한다. 그래서 운이 원명을 충(沖)하는 시기에는 운명에 변화가 있음을 암시한다. 충(沖)은 역동성, 변화, 새로운 계기, 반전, 갈등, 분란, 충돌, 소송, 이별 등으로 통변한다.

천간충(天干沖)은 변화하려는 마음이나 정신적인 갈등을 의미하고, **지지충**(地支沖)은 현실적인 변동이나 다툼 또는 깨어짐 등을 의미한다.

천간충(天干沖) =칠충(七沖)

아래처럼 '천간 2개'가 충하는 것을 천간충(天干沖)이라고 한다.

甲-庚	乙-辛	丙-壬	丁-癸

- 천간이 자신으로부터 (천간 순서상) 7번째 천간과 충이 된다. 단, 土는 제외한다. 그래서 천간충을 칠충(七沖)이라고도 한다.
- 충하는 두 천간은 육신으로 서로 편관과 편재 관계다. ('천간합'은?)

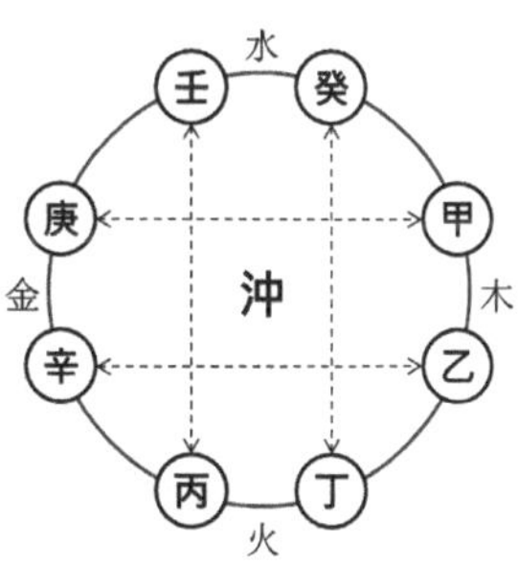

甲	己
乙	庚
丙	辛
丁	壬
戊	癸

天干沖

지지충(地支沖) =상충살(相沖煞)

아래처럼 '지지 2개'가 충하는 것을 지지충(地支沖)이라고 한다.

寅-申	巳-亥	子-午	卯-酉	辰-戌	丑-未

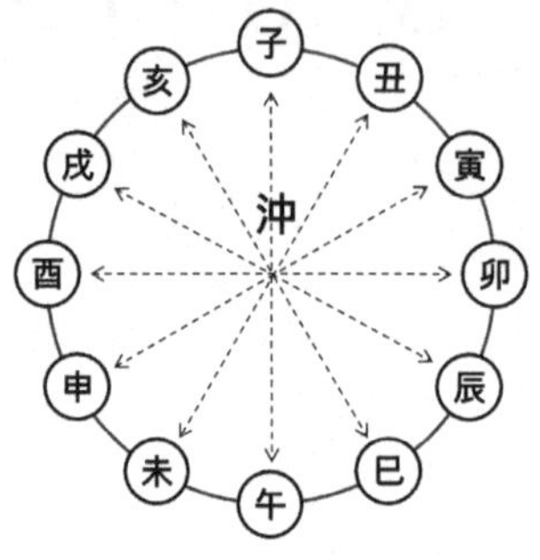

- 생지(寅申巳亥)는 생지끼리, 왕지(子午卯酉)는 왕지끼리, 묘지(辰戌丑未)는 묘지끼리 충이다.
- 寅-申 충과 巳-亥 충은 두 지지의 지장간끼리 서로 얽혀서 극하는 관계다. 그래서 다툼이나 번잡한 일이 많고, 양쪽 모두 다친다. 내용을 보면, 寅의 지장간(戊·丙·甲)과 申의 지장간(戊·壬·庚)끼리는 서로서로 극(壬→丙→庚→甲→戊) 한다. 巳와 亥의 지장간끼리도 마찬가지다.
- 子-午 충과 卯-酉 충은 두 지지의 지장간끼리 일방적으로 두 번 극하는 관계다. 즉 子가 午를, 酉가 卯를 매우 심하게 타격한다. 내용을 보면, 子의 지장간(壬·癸)이 午의 지장간(丙·丁)을 일방적으로 극(壬→丙, 癸→丁) 한다. 酉와 卯의 지장간끼리도 마찬가지다.
- 辰-戌 충과 丑-未 충은 지장간끼리는 서로 얽혀서 극하는 관계이지만, 같은 오행이라서 친구 간의 사소한 다툼과 같다고 해서 **붕충**(朋沖)이라고 한다. 같은 오행이지만 계절과 방위의 관점에서 보면 서로 반대되는 것끼리의 충이다.

  辰(봄)↔戌(가을) 丑(여름)↔未(겨울), 辰(동남)↔戌(서북) 丑(북동)↔未(남서)

천간충(天干沖)과 지지충(地支沖) 비교

지장간의 본기(本氣)로 보면 지지충은 천간충과 같은 것이다.

寅-申 충 → 寅의 지장간 본기는 甲이고, 申의 지장간 본기는 庚 → 甲-庚 충
巳-亥 충 → 巳의 지장간 본기는 丙이고, 亥의 지장간 본기는 壬 → 丙-壬 충
子-午 충 → 子의 지장간 본기는 癸이고, 午의 지장간 본기는 丁 → 丁-癸 충
卯-酉 충 → 卯의 지장간 본기는 乙이고, 酉의 지장간 본기는 辛 → 乙-辛 충
단, 辰-戌 충과 丑-未 충은 이렇게 되지 않는다.

천간충은 두 글자가 무조건 극(剋) 관계다. 지지충도 두 글자가 극 관계이기는 하지만, 辰-戌 충 및 丑-未 충은 그렇지 않다.

형(刑) =형살(刑煞) (刑 형벌 형)

아래처럼 '지지 2개 또는 3개'의 관계를 형(刑)이라고 한다. 크게 3가지 종류 - 삼형(三刑), 상형(相刑), 자형(自刑) - 가 있다.

	설명	성립되는 구성	성격(중요하지 않음)
삼형살 (三刑煞)	寅·申·巳·○끼리 조합된 것이다.	**寅-巳-申** **寅-巳 巳-申 申-寅**	시세지형(恃勢之刑)
	○·戌·丑·未끼리 조합된 것이다.	**丑-戌-未** **丑-戌 戌-未 未-丑**	무은지형(無恩之刑)
상형살 (相刑煞)	子와 卯만 해당한다.	**子-卯**	무례지형(無禮之刑)
자형살 (自刑煞)	辰·午·酉·亥 각각 중복된 것이다.	**辰-辰 午-午** **酉-酉 亥-亥**	자충(自沖)이기도 하다

(恃 믿을 시, 勢 기세 세, 恩 은혜 은, 禮 예도 례)

- 다음처럼 방합과 삼합의 아래위 한 글자씩 묶으면 형(刑)이 된다.
  [방합] 寅-卯-辰, 巳-午-未, 申-酉-戌, 亥-子-丑
  [삼합] 申-子-辰, 寅-午-戌, 巳-酉-丑, 亥-卯-未
- 형(刑)은, 좋은 사주에서는 권력을 사용하는 작용이며, 나쁜 사주에서는 권력에 당하는 작용이다. 그래서 사주에 형(刑)이 있으면 직업으로 의료, 법무, 세무와의 관련성을 암시한다. 만약 재·관·인(財·官·印)을 전부 갖춘 좋은 사주에 삼형살(三刑煞)이 있으면 판사·검사나 권력 계통의 직업에 적합하다.
- 세 글자가 전부 있는 삼형살은 두 글자만 있는 삼형살보다 작용력이 더 강하다. 예를 들면, 寅-巳 보다는 寅-巳-申이 더 작용력이 강하다. 삼형살에서 두 글자만 있는 것은 작용력이 너무 미미하다고 보고 아예 무시하는 명리가도 있다.
- 寅-巳-申 삼형살은 다툼, 형벌, 사고, 횡액 등을 암시하고, 丑-戌-未 삼형살은 배신, 사기, 소송 등 믿음과 신의가 깨져서 생기는 갈등을 암시한다. 대부분 부정적인 일을 암시하지만, 寅-巳-申은 승진, 합격, 수상(受賞) 등의 긍정적인 일로 통변하기도 한다.
- 원명과 운에 寅·申·巳·亥 네 글자가 전부 있거나 辰·戌·丑·未 네 글자가 전부 있는 것을 **사형살**(四刑煞)이라고 하며 (좋든지 나쁘든지) 그 작용력이 삼형살보다 더 강하다고 보는 명리가도 있다.

* 巳-申은 합, 寅-申과 丑-未는 충이기도 하다.
* 자형살(自刑煞)이라는 이름은 자형살(字形煞)과 한글이 같으므로 헷갈리기 쉽다.

파(破) =파살(破煞) =상파살(相破煞) (破 깨뜨릴 파)

아래와 같은 '지지 2개'의 관계를 파(破)라고 한다.

子-酉	丑-辰	寅-亥	巳-申	卯-午	戌-未

- 다음처럼 삼합과 삼합을 아래위 한 글자씩 묶으면 파(破)가 된다.

  [삼합] 申-子-辰, 寅-午-戌

  [삼합] 巳-酉-丑, 亥-卯-未

- 파(破)는 어떤 관계를 깨버리는(끊어버리는) 작용이며, 대립과 다툼으로 실패, 좌절, 파산(破産), 배신, 불화, 별거, 이혼 등을 암시한다.
- 子-酉, 丑-辰, 午-卯는 대체로 강하게 작용하고, 寅-亥, 巳-申, 戌-未는 대체로 약하게 작용한다.

* 寅-亥와 巳-申은 육합, 巳-申과 戌-未는 삼형살, 子-酉는 귀문관살(鬼門關煞)이기도 하다.

해(害) =해살(害煞) =상해살(相害煞) =천살(穿煞) =상천살(相穿煞) (害 해칠 해, 穿 뚫을 천)

아래와 같은 '지지 2개'의 관계를 해(害)라고 한다.

子-未	丑-午	寅-巳	卯-辰	申-亥	酉-戌

- 다음처럼 육합을 윗줄에 놓고, 위의 글자와 충이 되는 육합 글자를 아랫줄에 놓고, 아래위 한 글자씩 서로 교차해서 묶으면 그것이 해(害)다.

  [육합] 子-丑, 寅-亥, 卯-戌, 辰-酉, 巳-申, 午-未

  [육합] 午-未, 申-巳, 酉-辰, 戌-卯, 亥-寅, 子-丑

  子-丑이 합하려는데, 子를 충하는 午가 있으면 합을 방해한다. 그래서 丑-午는 해다. 또 丑을 충하는 未가 있어도 합을 방해한다. 그래서 子-未는 해다. 즉 해는 육합을 방해하는 것이다.

- 어떤 일을 방해하는 작용이다. 이간질, 관계파탄, 정체, 중도하차 등을 암시한다.

* 해를 육해(六害)라고도 하는데, 십이신살의 육해살(六害煞)과 이름이 헷갈린다.

* 寅-巳는 삼형살(三刑殺), 子-未와 丑-午는 원진살(怨嗔煞)이기도 하다.

충·형·파·해(沖·刑·破·害)의 특성

사주 내에서 충·형·파·해를 구성하는 글자들의 위치는 상관없다. 서로 떨어져 있어도 되고 운에 들어와도 성립된다. 하지만 충·형·파·해는 그것을 구성하는 글자들이 붙어있을수록 작용력이 더 강하다. 사주에 미치는 작용력의 세기는 '충〉형〉파〉해' 순서인데, 작용력이 약한 파와 해는 사주에 있어도 무시하는 명리가가 많다.

* 년운의 간지가 원명이나 대운의 간지를 충(沖) 또는 형(刑) 하면, 정적인 상태이던 원명이나 대운의 간지를 활동하게 만든다.
* '충형파해'를 관습적으로는 '형충파해'라고 적는데, 이 책에서는 작용력 순위대로 '충형파해'라고 적었다.

쟁충(爭沖) (爭 다툴 쟁)

하나의 천간을 두 충이 공유하는 상황 - 두 천간이 한 천간을 두고 서로 자기가 충하려고 다투는 모양 - 을 쟁충(爭沖)이라고 한다. 예를 들면, 천간에 庚·甲·庚 또는 庚·庚·甲 또는 甲·庚·庚이 있으면, 2개의 庚이 서로 甲-庚 충이 되려고 싸운다.

마찬가지로 지지끼리도 쟁충이 성립한다. 예를 들면, 지지에 酉·卯·酉 또는 酉·酉·卯 또는 卯·酉·酉가 있으면 2개의 酉가 서로 卯-酉 충이 되려고 싸운다. 공유되는 글자가 극(剋)을 당하는 측이라면 충격이 크다. 예에서는 2개 酉로부터 극을 받는 卯가 충격이 크다.

자충(自沖) (伏 엎드릴 복, 吟 읊을 음, 신음할 음)

사주 원명이나 운에서, 천간 또는 지지에 같은 글자 두 개가 나란히 있는 것을 자충(自沖)이라고 하는데 이것은 **복음(伏吟)**이라는 용어를 달리 표현하는 말이다. 충과 같은 역할로 본다. 사주명리학에서는 자충이나 복음 대신에 자형살(自刑煞)을 본다.

* 이 책의 "22. 간명용어(看命用語)"에서 "복음(伏吟)과 반음(反吟)" 부분 참고

충거(沖去) (去 갈 거)

힘이 약한 글자가 충을 당하면 그 글자 본래의 속성을 상실한다. 그것을 충거(沖去)라고 하며, "충으로 인해서 가버린다."라는 뜻이다. 충거된 글자는 사주의 격(格)이나 신강신약을 판단할 때는 없는 글자로 간주한다. 통근(通根)한 천간은 충거되지 않는다. 충거가 되는 조건이 불명확해서 충거를 인정하지 않는 명리가도 많다.

합(合)과 충·형·파·해(沖·刑·破·害)

간합(천간합)과 육합(지지합)은 양의 글자와 음의 글자가 합치는 것이며, 천간충과 지지충은 같은 음양의 글자끼리 충돌하는 것이다. 합은 좋고 충·형·파·해는 나쁘다는 식으로 단순하게 통변하면 안 된다. 합이 사주나 운에 좋지 않은 작용을 할 수도 있으며, 흉신(凶神)이 충을 당하면 사주 전체 입장에서는 흉이 줄어드는 것일 수도 있다. 이처럼 합, 충 등은 상황에 따라서 긍정적으로 또는 부정적으로 작용한다. 글자가 합에도 속하고 충에도 속하면 합을 우선으로 보는데, 그것을 **탐합망충**(貪合忘沖)이라고 한다.

* 이 책의 "22. 간명용어(看命用語)"에서 "탐□망○(貪□忘○)" 부분 참고

두 개 간지(干支)끼리의 합(合)과 충극(沖剋)

천○지○	천지○	설명	보기	합의 종류
천동지동(天同地同)	天地同	두 간지가 같다.	甲子-甲子, 乙丑-乙丑, 丙寅-丙寅, …	
~~천동지합(天同地合)~~		천간은 같고 지지끼리는 합	甲子-甲申, 乙丑-乙巳, 丙寅-丙午, …	삼합의 반합
천동지충(天同地沖)		천간은 같고 지지끼리는 충	甲子-甲午, 乙卯-乙酉, 丙寅-丙申, …	
~~천동지극(天同地剋)~~		천간은 같고 지지끼리는 극	甲子-甲辰, 乙卯-乙未, 丙寅-丙戌, …	
천합지합(天合地合)	天地合	천간끼리 합, 지지끼리 합	甲子-己丑, 乙酉-庚辰, 丙戌-辛卯, …	육합
~~천합지충(天合地沖)~~		천간끼리 합, 지지끼리 충	아래의 설명 참조	
천합지극(天合地剋)		천간끼리 합, 지지끼리 극	甲寅-己未, 乙巳-庚子, 丙戌-辛亥, …	
천충지합(天沖地合)		천간끼리 충, 지지끼리 합	甲寅-庚午, 乙巳-辛酉, 丙申-壬子, …	삼합의 반합
천충지충(天沖地沖)	天地沖	천간끼리 충, 지지끼리 충	甲寅-庚申, 乙卯-辛酉, 丙午-壬子, …	
~~천충지극(天沖地剋)~~		천간끼리 충, 지지끼리 극	甲寅-庚戌, 乙卯-辛丑, 丙午-壬子, …	
천극지합(天剋地合)		천간끼리 극, 지지끼리 합	甲子-辛丑, 甲寅-辛亥, 甲辰-辛酉, …	육합
천극지충(天剋地沖)		천간끼리 극, 지지끼리 충	甲寅-戊申, 乙卯-己酉, 丙子-甲午, …	
~~천극지극(天剋地剋)~~	天地剋	천간끼리 극, 지지끼리 극	甲寅-庚戌, 乙巳-戊子, 丙戌-癸卯, …	

* 표에서 "○○地合(지지끼리의 합)"은 결과적으로 보면 '육합'이나 '삼합의 반합'만이 해당함을 알 수 있다.

* '~~천합지충~~'은 간지의 구조상 있을 수 없다. 왜냐하면 한 간지의 천간과 지지는 음양이 같아야 하는데, 원래 천간합은 다른 음양끼리이고 지지충은 같은 음양끼리이므로, 천간끼리 합하면 지지끼리 충할 수 없고 지지끼리 충하면 천간끼리 합할 수 없기 때문이다.

* (표에서 가운데에 줄친 것) ~~천동지합~~, ~~천동지극~~, ~~천충지극~~, ~~천극지극~~은 (특별한 의미가 없어서인지 모르겠으나) 사주명리학에서 거의 언급된 곳이 없다.

* 천간끼리 극이면 그중 일부만 충이므로 천충(天沖)은 천극(天剋)에 포함된다. 따라서 '천충○○'

이면 무조건 '천극○○'에도 해당된다. 그러나 지지끼리 극이 아닌데도 충인 것(辰-戌 충, 丑-未 충)이 있다. 그래서 지충(地沖)은 지극(地剋)에 포함되지 않는다. 따라서 '○○지충'이라고 해서 무조건 '○○지극'에 해당되지는 않는다.

* 원명의 柱끼리 '천합지합'되는 것을 특별히 **천지덕합**(天地德合)이라고 한다. (원명과 운이 '천합지합'되는 것은 천지덕합이라고 하지 않는다.)
* '천충지합'은 겉으로는 소원하게 보이지만 속으로는 친하다. (천간은 겉으로 드러난 것, 지지는 안에 감춰진 실체이므로)
* '天○地○'은 '干○支○'이라고 표현하기도 한다. 예를 들면, '천합지합'과 '간합지합'은 같은 말이다. (간여지동(干如支同)은 전혀 다른 말이다.)
* 년운과 日柱가, 년운과 年柱가, 년운과 대운이 천지동, 천지합, 천지충인 해에는 매우 운에 큰 변화가 예상된다.

전극(戰剋) (戰 싸울 전)

대운(大運)과 년운(年運)의 천간끼리 또는 지지끼리 서로 싸우는 것 - 충(沖)하거나 극(剋)하는 것 - 이 전극(戰剋)이다.

천간끼리는 전극이라도 지지끼리 합하면, 즉 천충지합(天沖地合)이나 천극지합(天剋地合)이면 두 천간 사이의 충 또는 극 작용력이 거의 소멸한다.

지지끼리는 전극이라도 천간끼리 합하면, 즉 천합지충(天合地沖)이나 천합지극(天合地剋)이면, 두 지지 사이의 충 또는 극 작용력이 반으로 줄어든다.

* '지지끼리 합하면' 충·극력이 거의 소멸하지만 '천간끼리 합하면' 충·극력이 반으로 줄어드는 이유는, (현실에 대한 사주 글자의 작용력은 지지가 천간보다 강하므로) 지지끼리의 합력이 천간끼리의 합력보다 세기 때문이다.

14
공망(空亡)

공망(空亡) 글자 (空 빌 공, 구멍 공, 부질없을 공)

육십갑자 간지를 만들기 위해서 천간과 지지를 하나씩 차례대로 짝짓다 보면, 지지의 개수가 천간보다 많아서 계속 2개씩 밀리면서 천간과 짝이 된다. 각 순(旬)에서 천간과 짝이 되지 못하고 다음 순(旬)에 배정되는 지지가 공망(空亡)을 보는 글자다. 이를 편의상 '[공망글자]'라고 표기한다. (旬 열 번 순, 열흘 순, 십년 순)

아래 왼쪽 표의 육십갑자 각 순(旬) 맨 아래 쪽에 지지만 표시된 두 글자가 [공망글자]다. (오른쪽 표는 납음오행인데 나중에 설명한다.)

甲子	甲戌	甲申	甲午	甲辰	甲寅
乙丑	乙亥	乙酉	乙未	乙巳	乙卯
丙寅	丙子	丙戌	丙申	丙午	丙辰
丁卯	丁丑	丁亥	丁酉	丁未	丁巳
戊辰	戊寅	戊子	戊戌	戊申	戊午
己巳	己卯	己丑	己亥	己酉	己未
庚午	庚辰	庚寅	庚子	庚戌	庚申
辛未	辛巳	辛卯	辛丑	辛亥	辛酉
壬申	壬午	壬辰	壬寅	壬子	壬戌
癸酉	癸未	癸巳	癸卯	癸丑	癸亥
○戌	○申	○午	○辰	○寅	○子
○亥	○酉	○未	○巳	○卯	○丑

해중금 (海中金)	산두화 (山頭火)	천중수 (泉中水)	사중금 (沙中金)	복등화 (覆燈火)	대계수 (大溪水)
노중화 (爐中火)	간하수 (澗下水)	옥상토 (屋上土)	산하화 (山下火)	천하수 (天河水)	사중토 (沙中土)
대림목 (大林木)	성두토 (城頭土)	벽력화 (霹靂火)	평지목 (平地木)	대력토 (大驛土)	천상화 (天上火)
노방토 (路傍土)	백랍금 (白蠟金)	송백목 (松柏木)	벽상토 (壁上土)	차천금 (釵釧金)	석류목 (石榴木)
검봉금 (劍鋒金)	양류목 (楊柳木)	장류수 (長流水)	금박금 (金箔金)	상자목 (桑柘木)	대해수 (大海水)
↑ 水 없음	↑ 오행 전부	↑ 金 없음	↑ 水 없음	↑ 오행 전부	↑ 金 없음

(覆 뒤집힐 복, 澗 산골물 간, 霹 벼럭 벽, 靂 벼락 력, 傍 곁 방, 蠟 밀 랍, 釵 비녀 차, 釧 팔찌 천, 鋒 칼끝 봉, 箔 발 박, 桑 뽕나무 상, 柘 산뽕나무 자)

순중공망(旬中空亡) =순공(旬空) =육갑공망(六甲空亡) =지지공망(地支空亡)

사주 원명이나 운의 지지가, 年柱(또는 日柱) 간지가 속한 육십갑자 순(旬)의 [공망글자]와 같은 글자인 것을 순중공망(旬中空亡)이라고 한다.

[공망글자]와 같은 지지가 사주에 있으면 그것을 "공망된 지지다.", "지지가 공망이다.", "지지가 공망됐다.", "지지에 공망이 들었다."라고 표현한다. 공망을 일종의 신살(神煞)로 간주해서 **공망살**(空亡煞) 또는 **천중살**(天中煞)이라고도 한다.

- 사주명리학에는 여러 종류의 공망이 있는데, 일반적으로 단순히 '공망'이라고 언급하면 '순중공망'을 말하는 것이다. '공망된 지지'가 다른 지지와 합·충·형(合·沖·刑)되면 그 공망은 풀린다(해공 解空). 즉 공망의 작용력이 사라진다.
- 원명에 있는 '공망된 지지'와 같은 지지가 운에서 들어오면, 그때는 원명과 운에 공망이 중복되므로 원명의 공망이 풀린다.
- 공망이 충·형(沖·刑)되면 공망이 풀리는 것이 아니라, 엎친 데 덮친 격으로 오히려 공망의 작용력이 더 증가한다고 보는 명리가도 있다.
- 여러 가지 운 중에서 대운(大運)은 공망을 보지 않는다.

공망(空亡)된 지지(地支)를 찾는 방법

- 年柱 간지가 속한 육십갑자 순의 [공망글자]를 찾은 후, 日支가 그 [공망글자]와 같다면 日支는 공망이다.
- 日柱 간지가 속한 육십갑자 순의 [공망글자]를 찾은 후, 年支·月支·時支가 그 [공망글자]와 같다면 그 지지는 공망이다.
- 운의 지지가 年柱(또는 日柱) 기준의 [공망글자]와 같다면 그 운은 공망이다. 단, 원명에 이미 공망된 글자가 있다면, 그것과 같은 것인지 확인이 필요하다. 공망이 중복되면 오히려 공망이 풀린다.

공망(空亡)된 지지(地支)를 찾는 보기

아래의 왼쪽 표는 사주 원명이고 오른쪽 표는 년운(=세운)을 나타낸 것이다.

時	日	月	年
癸 巳	辛 酉	戊 午	戊 子

子·丑　　午·未 ← [공망글자]

1974	1973	1972	1971	1970
甲 寅	癸 丑	壬 子	辛 亥	庚 戌

(1) 年柱인 戊子 기준의 [공망글자]는 午·未인데, 月支 午가 [공망글자]인 午와 같은 글자이므로 月支는 공망이다. "月柱가 공망 됐다."라고 말해도 된다.
(2) 日柱인 辛酉 기준의 [공망글자]는 子·丑인데, 年支 子가 [공망글자]인 子와 같은 글자이므로 年支는 공망이다. "年柱가 공망 됐다."라고 말해도 된다.
(3) 두 년운(年運) 1972년 壬子와 1973년 癸丑의 지지인 子와 丑은, 日柱 기준의 [공망글자]와 같기 때문에 두 년운은 공망이다. (공망의 구조상, 운의 공망은 2년 연속된다.) 그러나 壬子년의 子는 이미 공망인 年支 子와 같으므로, 壬子년에는 年支 子의 공망이 오히려 풀린다.

공망(空亡) 통변하기

- 헛되다, 비었다, 부족하다, 제 역할을 못 한다, 있지만 없는 것과 같다, 허상(虛像), 가상(假想), 뜬구름 잡기 등을 암시한다.
- 힘이 있는 글자나 육신은 공망이라도 공망의 작용력을 별로 없으며, 힘이 없는 육신이나 글자에는 공망이 강하게 작용한다.
- 길신(吉神)이 공망이면 길(吉)함이 사라지고, 흉신(凶神)이 공망이면 흉(凶)함이 사라진다.
- 어떤 육신이 공망이면 그 육신에 해당하는 육친이 있더라도 없는 것과 같다. 예를 들어 인성(어머니)이 공망이면, 어머니의 돌봄을 받지 못할 개연성이 크다. 또 여자 사주에 관성(남편)이 공망이면 남편이 남편 역할을 제대로 하지 않는다.
- 어떤 궁위(宮位)가 공망이면 그 궁위에 해당하는 것과 인연이 없다. 예를 들어 年支가 공망이면, 어린 시절에 고생하거나 조상으로부터 물려받을 것이 없고, 물려받은 것이 있더라도 지키기 어렵다. 또 時支가 공망이면 자식 복이 없거나 말년이 좋지 않거나 노년에 고독하게 산다.

십악대패일(十惡大敗日) =무록일(無祿日) =녹공(祿空) (敗 패할 패 썩을 패, 祿 복 록)

日柱 기준의 [공망글자] 2개 중에 십이운성(十二運星)으로 건록(建祿)인 글자가 있다면, 그 사주의 모든 건록은 공망이다. 그런 日柱인 날을 십악대패일(十惡大敗日) 또는 무록일(無祿日) 또는 녹공(祿空)이라고 한다. 예를 들면, 日柱가 甲辰이면 [공망글자]는 寅·卯인데 그중에서 寅이 건록이다. 그러니 만약 年支·月支·時支에 寅(건록)이 있다면 전부 공망이다. 그래서 甲辰 日柱는 십악대패일이다.

십악대패일 日柱는 甲辰(寅), 乙巳(卯), 丙申(巳), 丁亥(午), 戊戌(巳), 己丑(午), 庚辰(申), 辛巳(酉), 壬申(亥), 癸亥(子) 10개뿐이다. 괄호 안의 글자는 그 日柱 기준의 [공망글자]이면서 동시에 건록인 지지다. 건록이 공망이면 매사 허망하고 노력해도 이루는 것이 없다.

오행공망(五行空亡)과 천간공망(天干空亡)

사주에서 日柱 기준의 [공망글자] 2개 중에 '앞 글자의 오행'과 같은 오행의 글자는 전부 공망이라고 보는 것이 오행공망(五行空亡)이다. 오행공망이 되는 글자 중에서 천간만을 별도로 천간공망(天干空亡)이라고 한다. (천간의 오행공망을 굳이 '천간공망'이라는 말로 구분하는 이유는, 원래 공망의 대상은 지지인데 이 경우는 대상이 천간이기 때문이다.)

예를 들어 日柱가 戊午이면, [공망글자]는 子·丑이며 그중 앞 글자는 子고 子의 오행은 水이므로, 이 사주에 있는 모든 水는 공망이다. 이 사주에서 水는 재성이므로 재성이 전부 공망이다. 만약 이 사주의 천간에 壬이나 癸가 있다면 그것은 천간공망이다. 壬은 편재고 癸는 정재이므로 편재나 정재가 공망인 것으로 통변한다.

아래는 오행공망·천간공망 표다.

육십갑자 순(旬)	공망 글자	오행공망 ( )는 앞 글자의 오행	삼명통회(三命通會)에서 언급한 오행공망 특성	길흉(吉凶)	천간공망 ( )는 오행공망인 천간
甲子 순	戌·亥	-	오행공망 없음	-	-
甲戌 순	申·酉	(申→) 金	금공즉향(金空則響) 쇠 소리가 울려퍼진다.	吉	(金→) 庚·辛
甲申 순	午·未	(午→) 火	화공즉명(火空則明) 불이 밝아진다.	吉	(火→) 丙·丁
甲午 순	辰·巳	(辰→) 土	토공즉붕(土空則崩) 흙이 무너진다.	凶	(土→) 戊·己
甲辰 순	寅·卯	(寅→) 木	목공즉절(木空則折) 나무가 꺽인다.	凶	(木→) 甲·乙
甲寅 순	子·丑	(子→) 水	수공즉청(水空則淸) 물이 맑아진다.	吉	(水→) 壬·癸

절로공망(截路空亡) (截 끊을 절, 路 길 로, 截路=絶路)

日柱 간지가 甲寅 순에 속한 사주에서 時干에 있는 壬이나 癸는 무조건 '水 오행공

망'이 되는데, 이런 사주의 壬이나 癸를 절로공망(截路空亡)이라고 한다. 단, 時干의 壬이나 癸가 길신(吉神)이면 절로공망이 아니다.

'절로(截路)'는 (앞에 큰 강이 있어) 길이 끊겼다는 말인데, 매사에 막힘과 좌절이 많음을 뜻한다. 時干이 공망이므로 '자식 걱정' 또는 '노년의 우환(憂患)이나 고독(孤獨)'을 암시한다.

아래 왼쪽 표와 표 아래 설명을 보면, 日柱 간지가 甲寅 순에 속하는 사주에 時干이 壬이나 癸이면 무조건 절로공망이 되는 이유를 알 수 있다.

해당 日柱	→ 日干	천간이 壬이나 癸인 時柱	→ 時支
甲寅, 己未	→ 甲, 己	壬申, 癸酉	→ 申, 酉
乙卯, 庚申	→ 乙, 庚	壬午, 癸未	→ 午, 未
丙辰, 辛酉	→ 丙, 辛	壬辰, 癸巳	→ 辰, 巳
丁巳, 壬戌	→ 丁, 壬	壬寅, 癸卯	→ 寅, 卯
戊午, 癸亥	→ 戊, 癸	壬子, 癸丑 (壬戌, 癸亥)	→ 子, 丑 (戌, 亥)

절로일(截路日)
甲+申→ 甲申, 己+酉→ 己酉
乙+未→ 乙未, 庚+午→ 庚午
丙+辰→ 丙辰, 辛+巳→ 辛巳
丁+卯→ 丁卯, 壬+寅→ 壬寅
戊+子→ 戊子, 癸+丑→ 癸丑

* 앞서 오행공망을 설명할 때 나온 오행공망표를 보면, 日柱가 甲寅 순에 속하는 사주는 '水 오행공망'이다. 그래서 위 표의 [해당 日柱] 칸에 甲寅 순 10개 간지를 (시두법을 적용하기 좋게) 행마다 2개씩 나열했다. 그러고 나서, 이 책의 "7. 사주정립법(四柱定立法)"에 있는 "시두법(時頭法)으로 만든 시진표(時辰表)"를 보고 [천간이 壬이나 癸인 時柱]를 찾아서 적었다. 결과는 육십갑자 중에서 천간이 壬이나 癸인 간지 12개 전부가 나열되었다. 이것은 "日柱가 甲寅 순에 속하며 時干이 壬이나 癸면, 무조건 절로공망이다."는 뜻이다.
* 위의 표를 보면, 사주가 甲·己일-申·酉시, 乙·庚일-午·未시, 丙·辛일-辰·巳시, 丁·壬일-寅·卯시, 戊·癸일-子·丑시 이면 절로공망임을 알 수 있다.
* 위의 오른쪽 표는 [해당 日柱]의 日干과 [천간이 壬이나 癸인 時柱]의 時支를 조합해서 만든 간지가 있는데, 日柱가 이 간지면 **절로일**(截路日) 또는 **절로살**(截路煞)이라고 한다.

납음오행(納音五行) =화갑자(花甲子)

납음오행은 '육십갑자 간지의 오행'으로서 천간과 지지 고유의 오행과는 다른 것이다. 간지 각각의 음(音)을 오행음(五行音)인 궁상각치우(宮商角徵羽)와 짝지어서 만든 오행이라고 전해진다.

사주에 특정 오행이 없을 때 만약 납음오행이 있으면 그것이 그 사주의 숨겨진 오행이 되며, 사주에 그 오행이 있는 것으로 간주하고 간명(看命)한다. 고법(古法) 이론이며 풍수지리(風水地理) 및 역술(易術) 등에서는 아직도 사용되지만, 신법(新法)인

자평학(子平學)에서는 거의 쓰지 않는다.

납음오행표는 이 장의 맨 앞에 있는 육십갑자표의 오른쪽에 있다. 표에서 간지의 납음오행을 보는 방법을 예를 들면, 甲子와 乙丑의 납음오행은 둘 다 金 - 해중금(海中金) - 이고, 丙寅과 丁卯의 납음오행은 둘 다 火 - 노중화(爐中火) - 다.

납음오행표에서 甲辰과 甲戌 순(旬)에는 木·火·土·金·水가 모두 있는데, 甲子와 甲午 순에는 水가 없고, 甲寅과 甲申 순에는 金이 없다. 이렇게 납음오행 각 순에 없는 오행을 [납음공망 오행]이라고 하며, 납음공망을 보는데 사용한다.

* 납음오행을, 이 책의 "4. 천간(天干)과 지지(地支)"에서 "육십갑자(六十甲子) 간지(干支)" 부분에 있는 '육십갑자 간지의 별명'과 혼동하기 쉽다.

납음공망(納音空亡) =사대공망(四大空亡) (納 거두어 들일 납)

日柱 간지가 속한 납음오행 순(旬)의 [납음공망 오행]를 찾은 후, 年柱·月柱 및 年運의 납음오행이 그 [납음공망 오행]과 같으면 그 年柱·月柱 및 年運은 "납음공망이다."라고 한다. (時柱는 납음공망을 보는 대상이 아니다.)

예를 들면, 日柱가 丙寅이면 [납음공망 오행]은 水인데 年柱가 丁丑이면 丁丑의 납음오행은 水 - 간하수(澗下水) - 다. 그래서 年柱 丁丑은 납음공망이 된다. 그리고 이 사주에 癸亥 운이 들면 癸亥의 납음 오행이 水 - 대해수(大海水) - 이므로 癸亥 운은 납음공망이 된다.

납음공망은 [납음공망 오행]이 있는 순(旬)이 4개라서 사대공망(四大空亡)이라고도 한다. 납음공망은 대체로 흉(凶)으로 통변하며, 순중공망과 달리 합·충(合·沖)에 의해서 공망이 풀리지 않는다.

참고 둔지법(遁指法)으로 [공망글자]를 찾는 방법 (遁 뒷걸음질할 둔, 머뭇거릴 둔)

왼쪽 손의 손가락에 12지지를 대응시켜서 사주의 각종 법식(法式)을 읽어내는 방법을 **둔지법**(遁指法) 또는 **운지법**(運指法)이라고 한다.

육십갑자 각 순의 마지막 간지는 癸○이며, ○에 이어지는 두 지지가 그 순의 [공망글자]다. 예를 들면, 간지 癸酉의 酉 다음의 두 지지는 戌·亥다. 그래서 육십갑자표에서 癸酉가 있는 순(旬)의 [공망글자]는 戌·亥다. 이것을 요약하면, 천간이 癸인 간지의 지지 다음의 두 지지가 [공망글자]다.

이 원리를 둔지법에 적용해서 [공망글자]를 찾는 방법을 설명한다. 예를 들어 年柱가 丙午라면, 午의 위치(3번째 손가락의 끝)에서부터 시계방향으로, 丙부터 천간을 세면서 癸가 되는 위치(3번째 손가락의 마지막 마디)가 둔지법에서는 丑이다. 그래서 丑 다음의 두 지지인 寅·卯가 [공망글자]다.

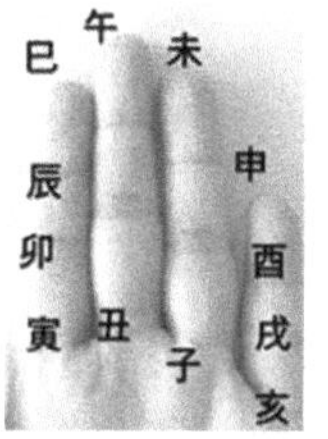

또 다른 예는, 日柱가 乙酉라면, 둔지법에서 酉의 위치(5번째 손가락의 2번째 마디)에서부터 시계방향으로, 乙부터 천간을 세면서 癸가 되는 위치(2번째 손가락의 끝)가 둔지법에서는 巳다. 그래서 巳 다음의 두 지지인 午·未가 [공망글자]다.

* 손가락을 사용하는 둔지법(遁指法)을 사용하지 않아도, 원리에 따라서 천간의 차례와 숫자만큼 지지의 차례를 세면서 찾을 수도 있다. (직접 방법을 찾아보라)

참고 계산으로 [공망글자]를 찾는 방법

年柱(또는 日柱)의 천간 값 x, 지지 값 y를 찾을 때 사용하는 표

x, y 값→	1	2	3	4	5	6	7	8	9	10	11	12
천간	甲	乙	丙	丁	戊	己	庚	辛	壬	癸		
지지	寅	卯	辰	巳	午	未	申	酉	戌	亥	子	丑

아래 계산 공식의 결괏값으로 [공망글자]를 알 수 있다.

〈계산 공식〉 z = y − x (결과 값 z〈0 이면, z = z + 12)
〈z 값 해석〉 0 =子·丑, 2 =寅·卯, 4 =辰·巳, 6 =午·未, 8 =申·酉, 10 =戌·亥

[보기#1]

대상 간지가 甲子라면, 甲=1 이고 子=11 이므로, 계산은 (11 − 1 = 10)
결괏값이 10이므로 [공망글자]는 戌·亥다.

[보기#2]

대상 간지가 乙酉라면, 乙=2 이고 酉=8 이므로, 계산은 (8 − 2 = 6)
결괏값이 6이므로 [공망글자]는 午·未다.

[보기#3]

대상 간지가 庚辰이라면, 庚=7 이고 辰=3 이므로, 계산은 (3 − 7 + 12 = 8)
결괏값이 8이므로 [공망글자]는 申·酉다.

15
십이운성(十二運星)

십이운성(十二運星) =포태법(胞胎法) =장생법(長生法) (胞 태보 포, 종기 포, 胎 아이 밸 태)

천간이 특정 지지를 만나면, 그 천간의 기운이 어떤 상태가 되는지를 설명한 이론이 십이운성(十二運星)이다. (설명의 편의상 줄여서 '운성'으로도 표기한다.)

천간의 음양에 상관없이 정해진 운성을 **오행포태**(五行胞胎)라고 하고, 천간의 음양에 따라서 다르게 정해진 운성을 **음양포태**(陰陽胞胎)라고 한다. 음양포태에서, 천간이 양일 때의 운성을 **양포태**(陽胞胎), 음일 때의 운성을 **음포태**(陰胞胎)로 구분한다. 양포태는 그 내용이 오행포태와 같다.

십이운성은 화토동법(火土同法)을 적용하므로, 천간의 오행이 土라면 火로 간주해서 운용한다.

오행포태(五行胞胎)

오행포태는 천간의 (음양에 상관없이) 오행만으로 정해진 운성이다. 사주에서 어느 천간이 어떤 지지를 만났을 때의 기운을 파악하고 싶으면, 천간의 오행을 아래 표의 첫 번째 열에서 찾고, 그 줄에서 대상 지지를 찾아서 위에 있는 운성을 보면 된다. 그 운성이 어떤 의미인지는 뒤에서 설명한다. 다음은 오행포태표다.

운성 천간오행	장생(長生)	목욕(沐浴)	관대(冠帶)	건록(建祿)	제왕(帝旺)	쇠(衰)	병(病)	사(死)	묘(墓)	절(絶)	태(胎)	양(養)
木	亥	子	丑	寅	卯	辰	巳	午	未	申	酉	戌
火·土	寅	卯	辰	巳	午	未	申	酉	戌	亥	子	丑
金	巳	午	未	申	酉	戌	亥	子	丑	寅	卯	辰
水	申	酉	戌	亥	子	丑	寅	卯	辰	巳	午	未

(沐 머리감을 목, 浴 씻을 욕, 冠 갓 관, 帶 띠 대, 두를 대, 祿 복 록, 녹 록, 帝 임금 제, 旺 성할 왕, 衰 쇠할 쇠, 墓 무덤 묘, 絶 끊을 절, 胎 아이 밸 태, 養 기를 양)

* 위의 표는, 천간이 木(甲·乙)일 때는 지지에 亥가 있으면 장생(長生), 子가 있으면 목욕(沐浴), 丑이 있으면 관대(冠帶), … 라고 보면 된다.
* 두 글자 이름은 뒤의 한 글자로만 표기하기도 한다. (장)생, (목)욕, (관)대, (건)록, (제)왕
* 절(絶)을 포(胞)라고도 한다. 건록(建祿)은 임관(臨官), 정록(正祿), 십간록(十干祿)이라고도 한다.
* 록·왕·쇠 지지는 그 합오행이 천간 오행과 같은 방합(方合)이고, 생·왕·묘 지지는 그 합오행이 천간 오행과 같은 삼합(三合)이다.

오행(五行)의 기운 순환과 십이운성

한 오행을 두고 봤을 때, 그 오행이 의미하는 계절의 '앞 계절'에는 그 오행의 기운이 상승하고, '자기 계절'에는 기운이 왕성해지며, '다음 계절'에는 기운이 쇠퇴하고, '반대 계절'에는 기운이 소멸한다. 그러고 나서, 다시 '앞 계절'이 되어 기운이 상승하는 것으로 반복 순환한다. 십이운성은 이 원리를 바탕으로 만들어졌다.

앞의 오행포태표를 보면, 천간 오행의 '앞 계절' 지지 3개는 생·욕·대(生·浴·帶)이고, '자기 계절' 지지 3개는 록·왕·쇠(祿·旺·衰)이며, '다음 계절' 지지 3개는 병·사·묘(病·死·墓)이고, '반대 계절' 지지 3개는 절·태·양(絶·胎·養)이다. 예를 들어 천간이 木(봄, 甲·乙)이면, 겨울 지지인 亥·子·丑이 생·욕·대 이고, 봄 지지인 寅·卯·辰이 록·왕·쇠 이며, 여름 지지인 巳·午·未가 병·사·묘 이고, 가을 지지인 申·酉·戌이 절·태·양 이다. (뒤에 나오는 음포태는 거꾸로 순환하므로, 이 기준에 안 맞다.)

앞의 내용을 정리하여, 십이운성의 순환 순서와 기운의 변화를 표현하면,

생·욕·대(탄생·성장·상승) → 록·왕·쇠(왕성·정점·쇠락) →
병·사·묘(침체·정지·숨김) → 절·태·양(단절·잠복·준비) → 다시 처음으로

아래는 십이운성이 순환하며 기운이 변하는 과정을 그림으로 나타낸 것이다. 각 삼각형의 꼭대기 위치가 그 오행의 기운이 가장 왕성할 때인 제왕(帝旺)이다. 木은 卯에서, 火·土는 午에서, 金은 酉에서, 水는 子에서 제왕임을 알 수 있다.

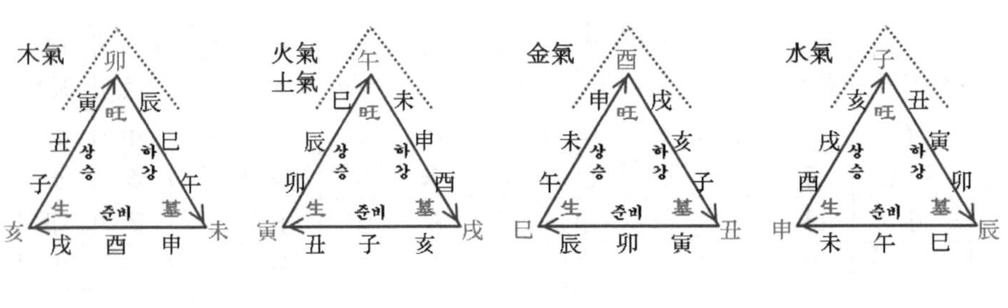

음양포태(陰陽胞胎)

천간이 음(陰)일 때의 운성을 양(陽)일 때와 다르게 정한 것이 음양포태(陰陽胞胎)다. 천간이 양(陽)일 때의 운성을 **양포태**(陽胞胎), 음(陰)일 때의 운성을 **음포태**(陰胞胎)라고 한다. 양포태는 오행포태와 완전히 같다. 그래서 오행포태를 양포태라고 부르기도 하는데, 때로는 그 때문에 헷갈린다. 다음은 음양포태표다.

운성 / 천간	장생(長生)	목욕(沐浴)	관대(冠帶)	건록(建祿)	제왕(帝旺)	쇠(衰)	병(病)	사(死)	묘(墓)	절(絶)	태(胎)	양(養)
甲	亥	子	丑	寅	卯	辰	巳	午	未	申	酉	戌
乙	午	巳	辰	卯	寅	丑	子	亥	戌	酉	申	未
丙.戊	寅	卯	辰	巳	午	未	申	酉	戌	亥	子	丑
丁.己	酉	申	未	午	巳	辰	卯	寅	丑	子	亥	戌
庚	巳	午	未	申	酉	戌	亥	子	丑	寅	卯	辰
辛	子	亥	戌	酉	申	未	午	巳	辰	卯	寅	丑
壬	申	酉	戌	亥	子	丑	寅	卯	辰	巳	午	未
癸	卯	寅	丑	子	亥	戌	酉	申	未	午	巳	辰

* 대(帶), 쇠(衰), 묘(墓), 양(養)이 되는 지지는 辰·戌·丑·未 밖에 없다.

운성의 지지는 양간(陽干)에 대해서는 정순(正順)으로 순환하고, 음간(陰干)에 대해서는 역순(逆順)으로 순환한다. 즉 양포태와 음포태는 서로 반대로 순환한다. 그래서 양포태의 생(生)은 음포태의 사(死)와 만나고, 양포태의 사(死)는 음포태의 생(生)과 만난다. 즉 생(生)과 사(死)는 양포태와 음포태에서 서로 대응되는 운성이다. 옆 그림에서 화살표는 양포태와 음포태에서 서로 대응되는 운성을 가리킨다.

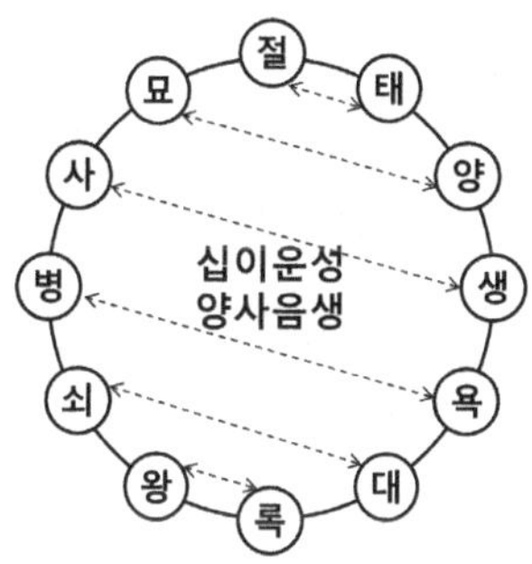

어느 지지가 양포태로 생(生)이라면, 음포태로는 사(死)다. 예를 들면, 甲은 亥에서 생(生)이지만 乙은 亥에서 사(死)다. 甲은 午에서 사(死)지만 乙은 午에서 생(生)이다.

이것은 "양사음생 음사양생(陽死陰生 陰死陽生: 양기가 死하는 자리에서 음기가 生하며 음기가 死하는 자리에서 양기가 生한다.)"라는 원리가 적용되었기 때문이다.

- 日干과 오행이 같고 음양도 같은 지지는, 육신으로는 비견(比肩)이고 운성으로는 건록(建祿)이다. 단, 土 지지는 그렇지 않다. ("비견은 건록이다."라는 말의 근거)

- 日干과 오행은 같고 음양이 다른 지지는, 육신으로는 겁재(劫財)이고 운성으로는 제왕(帝旺)이다. 단, 土 지지는 그렇지 않다. ("겁재는 제왕이다."라는 말의 근거)
- 양(陽) 日干 사주에서 건록은 寅·申·巳·亥고 제왕은 子·午·卯·酉다. 음(陰) 日干 사주에서 건록은 子·午·卯·酉고 제왕은 寅·申·巳·亥다.

음간(陰干)의 십이운성(十二運星)

양간(陽干)의 운성은 오행포태로 보나 음양포태로 보나 다르지 않다. 음양포태 중에서 양포태는 오행포태나 같은 것이기 때문이다. 그러나 음간(陰干)의 운성은 오행포태로 본 것과 음양포태로 본 것이 다르다. 그래서 운성을 쓸 때, 그 상황이 오행포태를 써야 하는지 음양포태를 써야 하는지 잘 구분해야 한다.

* 양포태의 생·왕·묘 지지는 삼합을 이루며, 그 합오행이 천간의 오행과 같은 삼합이다. 음포태의 생·왕·묘 지지도 삼합을 이루기는 하지만, 그 합오행이 천간의 오행과 다른 삼합이다.

〈양간과 생·왕·묘가 되는 지지〉

甲 – 亥·卯·未(木), 丙·戊 – 寅·午·戌(火), 庚 – 巳·酉·丑(金), 壬 – 申·子·辰(水)

〈음간과 생·왕·묘가 되는 지지〉

乙 – 午·寅·戌(火), 丁·己 – 酉·巳·丑(金), 辛 – 子·申·辰(水), 癸 – 卯·亥·未(木)

십이운성(十二運星) 해설

- **장생**(長生): 탄생, 어머니 품 안에 있는 상태라서 유약(幼弱)하지만 정기(精氣)로 뭉쳐있어 기운은 강하다. 새로운 시작, 창업 등을 암시한다.
- **목욕**(沐浴): 씻기고 키움, 정화(淨化), 세상 물정에 어둡다. 발가벗는다. 부끄러움을 모른다. *천방지축(天方地軸: 급하게 허둥지둥 함부로 날뛴다.)
- **관대**(冠帶): 어른이 되어 관복(冠服)을 입음, 용기는 있으나 지혜는 부족, 강한 자신감, 그러나 그 때문에 경거망동(輕擧妄動)하기도 한다.
- **건록**(建祿): =**임관**(臨官), 벼슬에 올라 녹봉(祿俸)을 받음, 육체와 정신 모두 건실하고 왕성하다. 발전, 재물과 명예를 암시한다.
- **제왕**(帝旺): 일생의 절정기, 권위 의식, 안하무인(眼下無人), 독선적, 최고는 외롭다. 내리막이 걱정된다. 허세(虛勢)를 부리기도 한다.
- **쇠**(衰): 쇠약·쇠퇴·쇠락·침체기, 소극적으로 바뀜, 겉으로는 아직 왕성하지만 속으로는 약해진다. 손해, 좌절(挫折), 좌천(左遷) 등을 암시한다.
- **병**(病): 병약(病弱)한 시기, 비활동적이고 감성적이 된다. 지체(遲滯), 손상(損傷),

사고 등을 암시한다.

- **사**(死): 죽음, 육체와 정신의 모든 활동이 정지됨, 정신적인 것을 추구한다. 마무리, 부도(不渡), 정리 등을 암시한다.
- **묘**(墓): 육신은 무덤에 들어가고 혼(魂)이 떠나감, 덮음, 묻기, 저장, 숨기, 감추기 등을 의미한다. *혼비백산(魂飛魄散: 혼이 날아가고 백이 흩어진다.)
- **절**(絶): =**포**(胞), 육신은 흙이 되고 백(魄)조차도 흩어진 상태, 단절, 중단, 위험한 고비 등을 암시한다. *절처봉생(絶處逢生: 위급할 때 살 길이 생긴다.)
- **태**(胎): 잉태(孕胎), 형상은 없고 정기(精氣)만 있음, 구상, 기획, 계획 단계 등을 암시한다. 아직 실질적인 것은 없다.
- **양**(養): 태아가 배 속에서 자람, 탄생을 준비, 내부 성장, 잘 준비되고 있음, 보호, 양육, 육성, 상속 등을 암시한다.

십이운성(十二運星) 통변하기

지지의 운성은, 그 지지가 년·월·일·시 중 어디에 있는지 또는 그 지지가 어떤 육신인지 등을 종합해서 통변한다. 예를 들면, 日干이 甲인 사주에서 年支(부모·조상)가 寅이면, 甲에 대한 寅의 운성은 건록(建祿) - 기운이 왕성한 상태 - 이므로, 부모나 조상의 덕을 볼 가능성이 크다. 같은 사주에서 時支(자식·노후)가 子면, 甲에 대한 子의 운성은 목욕(沐浴) - 분별력이 없거나 세상 물정에 어두운 상태 - 이므로, 어리석은 자식이 있거나 본인이 노후에 분별력이 없어진다. (이하 '천간 ○에 대한 지지 □의 운성'을 '○-□의 운성'으로 줄여서 표기한다.)

운성은 원명(原命)뿐만 아니라 운(運)에도 적용한다. 예를 들면, 日干이 甲인 사주에 辰 운이 오면, 甲-辰의 운성은 쇠(衰)이므로, 본인의 기운이 쇠락하거나 비견(甲)에 해당하는 육친(형제·친구)과 인연이 좋지 않은 때임을 암시한다. 또 다른 예는, 甲이 인성인 사주에 辰 운이 오면, 甲-辰의 운성은 쇠(衰)이므로, 본인의 학문이 부진하거나 명예가 쇠락하거나 인성에 해당하는 육친(어머니·조부)과 인연이 좋지 않은 때임을 암시한다.

육갑포태법(六甲胞胎法) =갑자포태법(甲子胞胎法)

십이운성을 활용하면, 사주에 어떤 육신이 없을 때 그 육신의 상태를 추리해 보거나, 어떤 운이 왔을 때 특정 육신의 상태를 추정할 수 있다. 십이운성을 활용해서 그런 일을 하는 방법을 육갑포태법(六甲胞胎法)이라고 한다.

사주에 없는 육신의 상태를 추리하는 방법

예를 들어 日干이 丙인 사주에 관성(水)이 없다면, (천간을 水로 가정해서) 水에 대한 日支의 운성을 파악하면 관성(직장·남편·자식)에 관한 상태를 추리할 수 있다. 만약 이 사주의 日柱가 丙戌이라면, 水-戌의 운성은 관대(冠帶)이므로, 관성이 관대(冠帶) 상태인 것으로 통변하고, 만약 日柱가 丙辰이라면, 水-辰의 운성은 묘(墓)이므로, 관성이 묘(墓) 상태인 것으로 통변한다.

또 다른 예를 들면, 日干이 己인 사주에 인성(火)이 없다면, (천간을 火로 가정해서) 火에 대한 日支의 운성을 파악하면 인성(학문이나 주변의 도움)에 관한 상태를 추리할 수 있다. 만약 이 사주의 日柱가 己未라면, 火-未의 운성은 쇠(衰)이므로, 인성이 쇠(衰) 상태인 것으로 통변하고, 만약 日柱가 己丑이라면, 火-丑의 운성은 양(養)이므로, 인성이 양(養) 상태인 것으로 통변한다.

지금까지의 내용을 정리하면, 사주에 '없는 육신'의 상태는, '그 육신에 해당하는 오행'에 대한 '日支의 운성'을 파악해서 추리할 수 있다. 그리고 '없는 육신'은 오행으로만 알 수 있고 음양은 구분할 수 없으므로 오행포태를 사용한다.

운(運)에서 특정 육신의 상태를 추리하는 방법

예를 들어 日干이 丙인 사주에 卯 운이 왔다면, 卯로 조합 가능한 육십갑자 간지는 乙卯, 丁卯, 己卯, 辛卯, 癸卯 5개다. 乙·丁·己·辛·癸 각각이 卯에서 어떤 운성이 되는지 찾아보면, 乙은 건록(建祿), 丁과 己는 병(病), 辛은 절(絶), 癸는 장생(長生)이다. 이 사주에서 乙은 정인, 丁은 겁재, 己는 상관, 辛은 정재, 癸는 정관이다. 그래서 이 사주는 卯 운이 왔을 때, 정인은 건록(建祿), 겁재와 상관은 병(病), 정재는 절(絶), 정관은 장생(長生) 상태가 됨을 추리할 수 있다.

만약 이 사주에 寅 운이 왔다면, 마찬가지 방법으로 甲·丙·戊·庚·壬 각각이 寅에서 어떤 운성이 되는지 찾아서, 寅 운의 시기에 여러 육신의 상태를 추리할 수 있다.

이 방법은, '조합된 간지'의 천간은 '운 지지'의 음양에 따라서 결정된다. 따라서 천간은 양이 될 수도 있고 음이 될 수도 있다. 그러니 음양포태를 사용한다. (음양포태를 인정하지 않는 명리가는 이 경우에도 오행포태를 사용한다.)

십이운성(十二運星) 4가지 활용법

일본의 명리가인 아베타이잔(阿部泰山 아부태산, 1888생)과 미키쇼잔(三木照山 삼목조산, 1931생)은 십이운성을 활용하는 방법을 봉법, 거법, 좌법, 인종법 4가지로 체계화시켰으며, 이들의 십이운성 활용법은 우리나라 근현대 사주명리학에도 적지 않은 영향을 끼쳤다. 이들은 운성을 표현할 때 봉법은 궁(宮), 거법은 지(地), 좌법은 좌(坐), 인종법은 종(從)이라는 글자를 포함한 용어를 사용했다.

봉법(逢法) (逢 만날 봉)

日干에 사주 지지 각각을 대입해서 운성을 보는 방법이다. 日干의 상태를 근·묘·화·실 시기별로 보는 데 주로 활용한다. 예를 들면, 日干이 甲이고 年支가 寅이면 甲-寅의 운성은 건록(建祿)이다. 따라서 조상이나 초년 또는 비견이 건록(建祿)인 상황을 통변하면 된다. 그런 관계를 "日干이 年支에서 건록을 만났다." 또는 "日干이 年支에서 녹궁(祿宮)에 들었다."는 식으로 말한다. 봉법에서는 운성을 "○宮"으로 표현한다. 그래서 봉법으로 찾은 운성이 만약 건록(建祿)이면 '녹궁(祿宮)'이라고 하는 것이다. 이것이 가장 기본적인 운성 활용법이다.

* 만세력 앱 등에서, 사주 원명이나 운의 지지 아래에 적어 놓은 운성은 대부분 日干을 기준으로 한 운성이다. 즉 봉법을 적용한 운성이다

거법(居法) (居 있을 거)

각 柱에서 천간에 자기 아래 지지를 대입해서 운성을 보는 방법이다. 각 柱 천간의 상태를 보는 데 주로 활용한다. 예를 들어 月柱가 甲申이면, 月干 甲에 月支 申을 대입한 운성은 절(絶)이다. 그런 상황을 "月干이 절지(絶地)에 앉아 있다." 또는 "月干이 절지(絶地)에 거(居)했다."는 식으로 말한다. 거법에서는 운성을 "○地"로 표현한다. 그래서 거법으로 찾은 운성이 만약 절(絶)이면 '절지(絶地)'라고 하는 것이다. 그리고 만약 이 사주의 日干이 壬이면, 月干 甲은 식신이므로 "식신이 절지(絶地)에 거(居)했다."고 표현한다.

* 동주사(同柱死), 동주묘(同柱墓), 동주절(同柱絶) 등은 바로 이 방법으로 운성을 본 결과를 말하는 것이다. 이것에 관해서는 이 책의 "22. 간명용어(看命用語)"에서 "육신(六神)의 입묘(入墓)" 부분에 자세히 설명되어 있다.

좌법(坐法) (坐 앉을 좌, 座 자리 좌)

지지의 지장간 각각에 지지 자신을 대입해서 운성을 보는 방법이다. 주로 日支나 月支를 대상으로 적용한다. 이 방식을 적용해서 파악한 지장간의 운성은 "○宮◎坐"라는 말로 표현한다. 예를 들면, 壬申 日柱에서 申의 운성은 장생(長生)이며 이것은 봉법을 적용한 것이라서 申을 '생궁(生宮)'이라고 한다. 그리고 申의 지장간은 戊·壬·庚인데 戊-申의 운성은 병(病)이고, 壬-申의 운성은 장생(長生)이고, 庚-申의 운성은 건록(建祿)이다. 이것은 좌법이 적용된 것이므로 각각 병좌(病坐), 생좌(生坐), 녹좌(祿坐)라고 한다. 결과적으로 지장간 戊는 육신으로는 편관이면서 운성으로는 생궁병좌(生宮病坐), 지장간 壬은 육신으로는 비견이면서 운성으로는 생궁생좌(生宮生坐), 지장간 庚은 육신으로는 편인이면서 운성으로는 생궁록좌(生宮祿坐)라고 표현한다.

인종법(引從法) (引 당길 인, 從 좇을 종)

지지의 '지장간에 없는 오행'에 지지 자신을 대입해서 운성을 보는 방법이다. 줄여서 그냥 종법(從法)이라고도 한다. 주로 日支를 대상으로 적용한다. 이 방식을 적용해서 파악한 지장간의 운성은 "○宮◎從"이라는 말로 표현한다. 예를 들면, 壬申 日柱에서 申의 운성은 장생(長生)이며, 이것은 봉법을 적용한 것이라서 申을 '생궁(生宮)'이라고 한다. 그리고 申의 지장간은 戊·壬·庚이므로, 지장간에 土·水·金은 있는데 木과 火가 없다. 그래서 木과 火가 日支 申에서 어떤 운성인지 찾아보면 木-申의 운성은 절(絶)이고 火-申의 운성은 병(病)이다. 이것은 인종법이 적용된 것이므로 각각 절종(絶從), 병종(病從)이라고 한다. 결과적으로 '지장간에 없는 오행' 木은 육신으로는 식상이면서 운성으로는 생궁절종(生宮絶從), '지장간에 없는 오행' 火는 육신으로는 재성이면서 운성으로는 생궁병종(生宮病從)이라고 표현한다.

* 인종법(引從法)의 '引'은 "없는 오행을 끌어온다."는 의미로 사용됐다. '없는 오행'은 음양을 알 수 없으므로, 오행포태를 사용해서 운성을 찾아야 한다.

* 인종법은, 앞서 설명한 육갑포태법(六甲胞胎法) – 십이운성을 활용해서 사주에 없는 육신(오행)의 상태를 추리하는 방법 – 과 같은 방식의 십이운성 활용법이다.

십이운성(十二運星)과 왕상휴수사(旺相休囚死) 비교

십이운성과 왕상휴수사는, "각 오행의 기(氣)는 시간의 흐름에 따라 왕성했다가 쇠약해지는 과정을 반복한다."는 원리가 이론의 밑바탕이라는 점에서는 비슷하다. 그러나, 왕상휴수사는 오행 전부(木·火·土·金·水)의 왕쇠(旺衰)를 보지만, 십이운성은

木·火·金·水의 왕쇠만 본다. 십이운성에는 "土는 火와 기(氣)의 흐름이 같다."고 하는 화토동법(火土同法)을 적용했기 때문이다. 그리고 오행의 왕쇠를 판단할 때, 십이운성은 음양을 구분하지만, 왕상휴수사는 음양을 구분하지 않는다. 왕상휴수사는 月支로 日干의 왕쇠를 파악하는데 사용하지만, 십이운성은 日干-月支에만 한정 짓지 않고 사주의 모든 천간-지지의 왕쇠를 파악하는데 사용한다.

* 왕생휴수사에 관해서는 이 책의 "11. 오행왕쇠(五行旺衰)"에 자세히 설명되어 있다.
* 우리나라의 십이운성 활용법은, 일본의 '십이운성 4가지 활용법'의 영향을 많이 받은 것으로 추측된다. 일본에서는 십이운성을 많이 사용하지만, 중국에서는 별로 사용하고 있지 않다. 우리나라는 명리가(命理家)마다 사용 여부가 다르다.

오행포태(五行胞胎)에서 金의 장생(長生)

오행포태 표를 보면, 木은 亥水에서 장생이니 水生木(물은 나무를 키운다.)이고, 火는 寅木에서 장생이니 木生火(나무를 태워 불을 살린다.)이며, 水는 申金에서 장생이니 金生水(금은 물에서 나온다.)이다. 그런데 金은 巳火에서 장생이니 火生金(금은 불속에서 생긴다.)이 되는데, 이것은 상생상극 관계로 보면 틀린다. 하지만 상생의 순환 관계를 보면 水生木→木生火→火生土→土生金→金生水 인데, 이 중에서 '火生土→土生金' 부분에 화토동법(火土同法)을 적용해서 축약하면 火生金이 된다. 그래서 金은 巳火에서 장생이 맞다.

* 이 책의 "5. 지장간(支藏干)"에서 "오행(五行)의 생.왕.묘(生.旺.墓)" 부분 참고

음포태(陰胞胎)를 부정하는 의견

양포태는 오행의 상생상극(相生相剋) 원리에 맞지만, 음포태는 그렇지 않다. 예를 들면, 천간 乙이 지지 亥를 만나면 水生木이므로 乙의 기운이 왕성해져야 하는데, 음포태로는 사(死)라서 오행생극의 이치에 맞지 않는다. 또 천간 乙이 지지 午를 만나면 木生火이므로 乙의 기운이 설기(洩氣)되어 약해져야 하는데, 음포태로는 장생(長生)이라서 오행생극의 이치에 맞지 않는다. 그래서 음포태는 잘못됐다고 생각하는 명리가도 있다. 그런 명리가는, 운성을 판단할 때 양포태만 사용하거나 아예 십이운성을 사용하지 않는다.

土의 십이운성(十二運星)을 부정하는 의견

천간이 土, 즉 戊·己라면 일부 명리가는 아예 십이운성을 적용하지 않는다. 오행은 사상(四象)에서 나온 木·火·金·水에다가 土를 더해서 이루어진 것이며, 土는 사상(四象)의 변화를 중재하는 것이므로, 독립적으로 그 기운의 성쇠(盛衰)를 평가할 대상이 아니라고 본다. 그래서 土에 대해서는 십이운성이 성립될 수 없다고 생각하는 명리가도 있다. 그런 명리가는, 土에다가 화토동법(火土同法)이나 수토동법(水土同法) 이론을 억지로 끼워 맞춰서까지 십이운성을 적용하는 것은 잘못이라고 주장한다.

참고 음양동생동사설(陰陽同生同死說)

음양의 기본 원리는 "양사음생 음사양생(陽死陰生 陰死陽生: 양기가 死하는 자리에서 음기가 生하며 음기가 死하는 자리에서 양기가 生한다.)"이다. 그런데 사주명리학에는 "천간과 지지는 음양으로 구분하지 않고 오행만으로 봐야 한다."는 주장도 있는데 그것을 음양동생동사설(陰陽同生同死說)이라고 한다.

왕상휴수사(旺相休囚死) 및 오행포태(五行胞胎) 등에서 천간을 음양으로 구분하지 않고 그것의 오행만으로 보는 것은 음양동생동사설에 그 근거를 두고 있다. 천간과 지지의 음양생사(陰陽生死)에 관한 의견은 고서(古書)에서도 통일되어 있지 않다.

참고 십이운성(十二運星)의 유래

고대(古代) 바빌로니아 및 페르시아에서는 하늘의 황도(黃道)를 12구역으로 나누고 각 구역을 '궁(宮)'이라고 했으며, (하늘에는 많은 별자리가 있는데 그중에서) 각 궁에 걸쳐 있는 별자리의 이름을 궁의 이름으로 사용했다. 현대 서양 점성술에서 사용하는 탄생일 별자리 이름(zodiac sign) 12개 - 양자리(Aries), 황소자리(Taurus), 쌍둥이자리(Gemini) 등등 - 는 궁을 의미하는 것이다.

근동(近東) 지역의 점성술을 받아들인 고대동양(古代東洋)에서는 각 궁에다가 12지지를 배속시켰다. 그리고 木·火·土·金·水 다섯 행성이 각각 12궁의 어디에 있느냐에 따라서 지구의 만물에 끼치는 힘이 달라진다고 생각했다. 그런 개념에다가 불교의 윤회(輪回) 사상 등을 버무려서 명리학에 접목한 것이 십이운성이라고 여겨진다.

16 십이신살(十二神煞)

신살(神煞, 神殺) =성신(星辰) (煞 죽일 살, 나쁜 기운 살, 殺 죽일 살, 星辰 별의 총칭)

사주에서 특정한 지지와 지지 또는 천간과 지지 2개 또는 3개의 관계를 신살(神煞)이라고 한다. '신(神)'은 좋은 기운을, '살(煞)'은 나쁜 기운을 가리키는 말이기는 하지만, 무조건 '신(神)'은 좋은 것이고 '살(煞)'은 나쁜 것이라고 보면 안 된다.

많은 신살이 옛날 점성술의 한 종류인 오성술(五星術)로부터 유래된 것으로 추정된다. 그런 이유로, 좋은 기운을 '귀인(貴人)' 또는 '성(星)'이라고도 부른다.

* 오성술(五星術)은 고대(古代) 바빌로니아 및 페르시아에서 시작된 점성술이 중국에 전해진 것으로 추측된다.
* 끝에 '귀인(貴人)'이나 '성(星)' 글자가 붙은 신살 이름은, 천을귀인(天乙貴人), 문창귀인(文昌貴人), 천사성(天赦星), 천희성(天喜星), … 등등이 있다.
* '殺'은 죽인다는 뜻의 글자인데, "살인(殺人), 독살(毒殺)"과 같은 말에 사용된다. '煞'은 사람 등을 해치는 나쁜 기운이라는 뜻의 글자인데, 기운이 모질고 독하다는 "독살(毒煞)스럽다."와 같은 말에 사용된다. '神煞'을 '神殺'이라고 써도 되지만 '煞'을 사용하는 것이 의미상 더 정확하다. 시중에서는 '殺'을 더 많이 사용하는 것 같은데, 이 책에서는 의미에 충실하기 위해서 '煞'로 적었다.
* 합(合), 충·형·파·해(沖·刑·破·害), 공망(空亡), 십이운성(十二運星)도 넓은 의미에서는 신살에 속한다.

수백 가지 신살 중에는 옛날부터 지금까지 오랜 세월 동안 전해지면서 무속(巫俗) 등에 흡수되어 민간 문화의 일부가 된 것도 있다. 대부분 신살은 논리적 근거가 부족하며 일부 신살은 성립 기준도 분명하지 않기 때문에, 신살은 쓸모없다고 주장하는 명리가도 많다.

십이신살(十二神煞)

십이신살은 2개 지지 - 年支와 다른 지지 또는 日支와 다른 지지 - 의 관계로 성립한다. 아래는 그 관계를 나타낸 십이신살표다. 사주에서 어떤 지지의 십이신살을 알려면, 그 사주의 年支 또는 日支가 표의 첫 번째 열에 있는 삼합 중에서 어느 삼합에 속하는지 확인해서, 그 줄에서 대상 지지를 찾으면 신살을 알 수 있다.

신살 / 年·日支	겁살(劫煞)	재살(災煞)	천살(天煞)	지살(地煞)	년살(年煞)	월살(月煞)	망신살(亡身煞)	장성살(將星煞)	반안살(攀鞍煞)	역마살(驛馬煞)	육해살(六害煞)	화개살(華蓋煞)
亥·卯·未	申	酉	戌	亥	子	丑	寅	卯	辰	巳	午	未
寅·午·戌	亥	子	丑	寅	卯	辰	巳	午	未	申	酉	戌
巳·酉·丑	寅	卯	辰	巳	午	未	申	酉	戌	亥	子	丑
申·子·辰	巳	午	未	申	酉	戌	亥	子	丑	寅	卯	辰

(劫 으를 겁, 위협할 겁, 災 재앙 재, 將 장수 장, 攀 매달릴 반, 달라붙을 반, 鞍 안장 안, 驛 역참 역, 蓋 덮을 개, 囚 가둘 수, 枯 마를 고, 焦 그슬릴 초)

* 재살은 **수옥살**(囚獄煞), 년살은 **도화살**(桃花煞), 월살은 **고초살**(枯焦煞)이라고도 한다.
* 표를 보면, 각 삼합 묘지(墓地)의 다음 지지를 겁살부터 지지 순서대로 배정했다. 예를 들면, 亥-卯-未에서 묘지는 未이고, 지지 순서상 未 다음은 申인데, 申을 겁살에, 그다음인 酉는 재살에, 그 다음인 戌은 천살에, … 등의 순서대로 배정한 것이다.
* 표를 보면 삼합의 생·왕·묘 지지가 각각 신살 지·장·화(地·將·華)에 해당한다. 예를 들면, 年支가 亥면 亥-卯-未 삼합의 일원인데 다른 柱의 지지가 亥라면 지살이고, 卯라면 장성이고, 未라면 화개살이다. 年支가 卯나 未이더라도 결과는 같다.
* 표를 보면 삼합의 생·왕·묘 지지와 충이 되는 지지는 각각 역·재·월(驛·災·月)이다. 예를 들면, 年支가 亥면 亥-卯-未 삼합의 일원인데 다른 柱의 지지가 巳라면 역마살이고, 酉라면 재살이고, 丑이라면 월살이다. 年支가 卯나 未이더라도 결과는 같다.

사주에서 십이신살(十二神煞)을 찾는 방법

사주에서 신살을 찾는 기준이 학설마다 조금씩 다른데, 주로 다음 3가지 방식 중에서 한 가지를 사용한다.

[방식#1] 年支 기준으로 年支 자신을 포함한 모든 지지의 신살을 찾는다. (총 4개의 신살을 찾는다.)

[방식#2] 年支 기준으로 다른 지지의 신살을 찾고, 또 日支 기준으로 年支의 신살을 찾는다. (총 4개의 신살을 찾는다.)

[방식#3] 年支 기준으로 다른 지지의 신살을 찾고, 또 日支 기준으로 다른 지지의

신살을 찾는다. (총 6개의 신살을 찾는다.)

십이신살은 원명(原命)뿐만 아니라 운(運)에도 적용한다. 이때도 年支와 日支 기준으로 운의 신살을 찾는다. 신살은 고법(古法)에서 시작된 것이라서 원래는 年支 기준으로만 봤는데, 자평학(子平學) 이후에는 日支 기준으로도 보게 되었다.

십이신살을 찾는 보기 - 옆 그림의 사주에서

○	○	○	○
寅	午	申	酉

[방식#1] 年支 酉는 巳-酉-丑 삼합에 속한다. 그래서 신살표의 '巳·酉·丑 행'에서 이 사주의 지지인 酉, 申, 午, 寅을 찾으면 각각 장성, 망신살, 년살, 겁살이다. (총 4개의 신살)

[방식#2] 年支 酉는 巳-酉-丑 삼합에 속하므로, 신살표의 '巳·酉·丑 행'에서 申, 午, 寅을 찾으면 각각 망신살, 년살, 겁살이다. 日支 午는 寅-午-戌 삼합에 속하므로, 신살표의 '寅·午·戌 행'에서 酉를 찾으면 酉는 육해살이다. (총 4개의 신살)

[방식#3] 年支 酉는 巳-酉-丑 삼합에 속하므로, 신살표의 '巳·酉·丑 행'에서 申, 午, 寅을 찾으면 각각 망신살, 년살, 겁살이다. 日支 午는 寅-午-戌 삼합에 속하므로, 신살표의 '寅·午·戌 행'에서 酉, 申, 寅을 찾으면 각각 육해설, 역마살, 지살이다. 결과를 정리하면, 年支에 1개(육해살), 月支에 2개(망신살, 역마살), 日支에 1개(년살), 時支에 2개(겁살, 지살)의 신살이 있다. (총 6개의 신살)

참고 십이신살(十二神煞)을 암기하는 방법

年支(또는 日支)의 '자기 삼합' 3개 지지와 같은 것은 각각 지·장·화(地·將·華)이고, '자기 삼합 오행을 생하는 오행의 삼합' 3개 지지는 각각 겁·년·반(劫·年·攀)이며, '자기 삼합 오행이 생하는 오행의 삼합' 3개 지지는 각각 망·육·천(亡·六·天)이고, '자기 삼합' 3개 지지와 충 관계인 지지 3개는 역·재·월(驛·災·月)이다.

예를 들어 年支(또는 日支)가 申이면, 申·子·辰(水)은 지·장·화이고, 金生水이므로 巳·酉·丑(金)은 겁·년·반이며, 水生木이므로 亥·卯·未(木)는 망·육·천이고, 申·子·辰(水)과 충 관계인 寅·午·戌(火)은 역·재·월이다.

앞의 암기 방법에서 삼합의 합오행을 계절로 바꿔서 생각할 수도 있다. '자기를 생하는 오행'은 '앞 계절'이고, '자기가 생하는 오행'은 '다음 계절'이며, '자기와 충하는 오행'은 '반대 계절'인 것을 활용하는 것이다. 예를 들어 年支(또는 日支)가 申이면, '자기 계절'인 申·子·辰(水)은 지·장·화이고, 水의 '앞 계절'은 金이므로 巳·酉·丑(金)은 겁·년·반이며, 水의 '다음 계절'은 木이므로 亥·卯·未(木)는 망·육·천이고, 水의 '반대 계절'은 火이므로 寅·午·戌(火)은 역·재·월이다.

십이신살(十二神煞) 해설

- **겁살**(劫煞): 겁탈, 강탈, 손재(損財), 탄압, 역모(逆謀) 등 외부로부터 가해지는 위험을 암시한다.
- **재살**(災煞): =**수옥살**(囚獄煞), 감금, 송사(訟事), 재난(木:몽둥이·추락, 火:화재·폭발, 金:총·칼·연장등 상해, 水:수해·약물중독)을 암시한다.
- **천살**(天煞): 하늘을 보고 원망할 일이 생긴다. 자연재해(木:태풍, 火:가뭄, 土:건물붕괴·산사태, 金:우박·전쟁, 水:홍수)를 당하는 것을 암시한다.
- **지살**(地煞): =**행려살**(行旅煞), (자기 의도로) 이동, 변동 또는 새로운 시작을 의미하며 다사분주(多事奔走)함을 암시한다. *삼합의 생지
- **년살**(年煞): =**도화살**(桃花煞), =**목욕살**(沐浴煞), =**욕패살**(慾敗煞), =**패신**(敗神) 인기, 색정, 주색, 화려함 추구 등을 암시한다.
- **월살**(月煞): =**고초살**(枯焦煞), =**고갈살**(枯渴煞), =**침체살**(沈滯煞), 허약, 무기력, 침체, 답보(踏步), 장벽, 좌절 등에 빠지는 것을 암시한다.
- **망신살**(亡身煞): =**파군살**(破軍煞), =**관부살**(官符煞), 허언이나 사기 또는 폭로로 인해서 시비(是非)나 구설수(口舌數)에 휘말린다.
- **장성살**(將星煞): 발전, 출세, 승진, 명예, 권력, 왕성한 사회 활동, 자만심, 교만 등을 암시한다. 십이운성의 제왕과 같다. *삼합의 왕지
- **반안살**(攀鞍煞): =**안장살**(鞍裝煞), "말등에 앉는다."는 뜻이며 출세, 승진, 번영(繁榮), 명리(名利), 허세(虛勢) 등을 암시한다.
- **역마살**(驛馬煞): (자기 의도와 상관 없이) 이동, 변동, 멀리간다 떠돌아 다닌다는 의미이며, 객지나 해외에 인연이 많다.
- **육해살**(六害煞): =**육액**(六厄), 각종 질환으로 고생하며 육친의 덕이 없고 여자는 난산(難産)이나 자식을 잃을 수도 있다.
- **화개살**(華蓋煞): "화려함을 덮는다."는 뜻이며 예술이나 신앙 등 정신 세계를 추구하고 겉은 우아하지만 내면은 고독하다. *삼합의 묘지

* 무속(巫俗)에서 말하는 **오방살**(五方煞)은 다음 5가지 살(煞)을 묶어서 부르는 명칭이다.

역마살(驛馬煞), 도화살(桃花煞), 역살(疫煞)-병들어 죽음, 공방살(空房煞)-배우자와 불화,
청록살(靑綠煞)-조실부모(早失父母)-살부살모(殺父殺母)

십이운성(十二運星)과 십이신살(十二神煞) 비교 *십이운성은 오행포태 기준

寅은 운성에서 金의 절(絶)이고, 신살에서 巳-酉-丑(金)의 겁살(劫煞)이다.
申은 운성에서 木이 절(絶)이고, 신살에서 亥-卯-未(木)의 겁살(劫煞)이다.
巳는 운성에서 水의 절(絶)이고, 신살에서 申-子-辰(水)의 겁살(劫煞)이다.
亥는 운성에서 火의 절(絶)이고, 신살에서 寅-午-戌(火)의 겁살(劫煞)이다.

따라서 십이운성의 절(絶)은 십이신살의 겁살(劫煞)에 해당된다고 볼 수 있다. 다른 운성과 신살도 같은 방식으로 따져보면 다음 표와 같다.

십이운성 (천간과 지지 관계)	절	태	양	장생	목욕	관대	건록	제왕	쇠	병	사	묘
십이신살 (지지와 지지 관계)	겁살	재살	천살	지살	년살	월살	망신살	장성살	반안살	역마살	육해살	화개살

* '년살(=도화살)'과 발가벗는다는 의미의 '목욕'이 같은 자리에 있다. 그래서 도화살(桃花煞)을 목욕살(沐浴煞)이라고도 한다.
* 십이운성의 '장생(長生)'과 십이신살의 '장성(將星)'이 발음이 비슷해서 헷갈리기 쉽다.

도화(桃花)와 도화살(桃花煞)의 차이

왕지(旺地)인 子·午·卯·酉를 '도화'라고 하며, 사람을 끌어당기는 기운(매력)을 뜻한다. 각 도화의 성격을 구분하면, 子는 성적 매력, 午는 밝은 매력, 卯는 귀여운 매력, 酉는 차가운 매력인데, 각 지지 글자의 성정(性情)대로 보면 된다.

사주에 子·午·卯·酉 중 한 개라도 있으면 "도화가 들었다."고 한다. 그리고 그것이 年支(또는 日支) 기준으로 도화살이면 그것을 **진도화**(眞桃花)라고 하고, 子·午·卯·酉 중 하나인데도 도화살이 아니면 **가도화**(假桃花)라고 한다.

戊	**庚**	庚	己
寅	子	午	亥

옆의 사주에서, 子와 午는 '도화'다. 年支 亥 기준의 '도화살'은 子고, 日支 子 기준의 '도화살'은 酉인데, 이 사주에 酉는 없다. 이 사주에서 子는 '도화살'이므로 진도화고, 午는 '도화'이지만 '도화살'은 아니므로 가도화다.

도화-도화살 관계처럼, 역마-역마살 및 화개-화개살도 마찬가지로 보면 된다. 그래서 사주에 寅·申·巳·亥 중 한 개라도 있으면 "역마가 들었다."라고 하며, 그것이 年

支(또는 日支)와 신살 관계이면 '역마살'이다. 마찬가지로 사주에 辰·戌·丑·未 중 한 개라도 있으면 "화개가 들었다."라고 하며, 그것이 年支(또는 日支)와 신살 관계이면 '화개살'이다.

* 이 책의 "5. 지장간(支藏干)"에서 "생지(生地), 왕지(旺地), 묘지(墓地)의 성격" 부분 참고

17

기타신살(其他神煞)

십이신살(十二神煞)을 제외한 나머지 신살(神煞)

이 장에는, 십이신살(十二神煞) 이외의 수백 가지 신살 중에서 흔히 언급되는 신살을, 성립 조건이 비슷한 것들끼리 묶어서 여러 표로 나타냈다.

신살은 충·형(沖·刑) 또는 공망(空亡)되면 원래 기능을 못 한다. 만약 신살이 십이운성으로 사·묘·절(死·墓·絶)에 해당하면 그 신살의 기운이 약해진다.

* 표의 내용 중에서, 〈 〉 기호는 그 안의 것만 신살이 된다는 뜻이다. 예를 들면, 〈年支·日支〉는 "年支와 日支만 그 신살이 될 수 있다."라는 뜻이다.
* 표의 내용 중에서, 글자 사이의 '·' 기호는 '또는'을 의미한다. 그래서 '申·子'를 '申 또는 子'라고 읽으면 된다.

日干과 지지(年·月·日·時支, 運支)로 성립되는 신살(神煞)

日干→ / 地支	甲	乙	丙	丁	戊	己	庚	辛	壬	癸		
천을귀인	未·丑	申·子	酉·亥	亥·酉	丑·未	子·申	丑·未	寅·午	卯·巳	巳·卯	← 陽貴·陰貴 日柱가 천을귀인이면 日貴(일귀)	天乙貴人
천주귀인	巳	午	巳	午	申	酉	亥	子	寅	卯	食神인 지지, 단 火 日干이면 比肩 **〈月支〉**	天廚貴人
문창귀인	巳	午	申	酉	申	酉	亥	子	寅	卯	食神인 지지, 단 火 日干이면 偏財 *火生金	文昌貴人
문곡귀인	亥	子	寅	卯	寅	卯	巳	午	申	酉	偏印인 지지, 단 土·金 日干이면 偏官 *火生金	文曲貴人
학당귀인	亥	午	寅	酉	寅	酉	巳	子	申	卯	십이운성 長生地 **〈月支,時支〉**	學堂貴人
태극귀인	子·午		卯·酉		辰·戌·丑·未		寅·亥		巳·申		**〈年支,日支〉**	太極貴人
관귀학관	(金→) 巳		(水→) 申		(木→) 亥		(火→) 寅		(土→) 寅		'官星이 되는 오행'의 십이운성 長生地	官貴學館
정록	寅	卯	巳	午	巳	午	申	酉	亥	子	십이운성 建祿地	正祿
암록	亥	戌	申	未	申	未	巳	辰	寅	丑	암록과 정록은 六合 관계	暗祿

日干 → / 地支	甲	乙	丙	丁	戊	己	庚	辛	壬	癸		
금여	辰	巳	未	申	未	申	戌	亥	丑	寅	정록 지지로부터 두 자리 뒤의 지지	金輿
왕인살	卯	寅	午	巳	午	巳	酉	申	子	亥	십이운성 帝旺地 **〈月支〉**	旺刃煞
양인살	卯	~~辰~~	午	~~未~~	午	~~未~~	酉	~~戌~~	子	~~丑~~	양인살(陽日干 + 子·午·卯·酉), 음인살(陰日干 + 辰·戌·丑·未)	
비인살	酉	戌	子	丑	子	丑	卯	辰	午	未	비인살과 양인살은 충(沖) 관계	飛刃煞
유하살	酉	戌	未	申	巳	午	辰	卯	亥	寅		流霞煞
홍염살	午	午	寅	未	辰	辰	戌	酉	子	申	乙-午, 己-辰, 癸-申은 제외하기도 한다.	紅艶煞
효신살	子	亥	寅	卯	午	巳	辰·戌	丑·未	申	酉	**〈日柱〉** [보기] 甲子, 乙亥,… (日支가 體로 편인)	梟神煞
고란살	寅	巳		巳	申			亥			**〈日柱〉** [보기] 甲寅, 乙巳,… (甲寅,辛亥가 강력함)	孤鸞煞
절로살	申	未	辰	卯	子	酉	午	巳	寅	丑	**〈日柱〉** [보기] 甲申, 乙未,…	截路煞
낙정관살	巳	子	申	戌	卯	巳	子	申	戌	卯	**〈日支,時支〉**	落井關煞

(廚 부엌 주, 祿 복 록, 暗 어두울 암, 輿 수레 여, 刃 칼날 인, 霞 놀 하, 새우 하, 艶 고울 염, 截 끊을 절, 關 빗장 관, ~關煞 나쁜 운수, 재앙)

* 표에서 지지 칸에 옅은 바탕색이 있는 부분은 화토동법(火土同法)이 적용되었다. 그래서 丙·戊 日干의 신살 지지가 같고, 丁·己 日干의 신살 지지가 같다. 화토동법에 관해서는, 이 책의 "22. 간명용어(看命用語)"에서 "화토동법(火土同法)" 부분에 자세히 설명되어 있다.

- **천을귀인**(天乙貴人)을 세분해서 양귀(陽貴)와 음귀(陰貴)로 구분하기도 하는데, 표에서 앞에 적힌 지지로 성립되면 양귀, 뒤에 적힌 지지로 성립되면 음귀다. 음귀를 옥당귀인(玉堂貴人)이라고도 한다. 양귀는 계절로는 동지(冬至)~하지(夏至) 사이에, 시간으로는 子시~巳시 사이에 태어났으면 천을의 기운이 더 강하다. 반면에, 음귀는 계절로는 하지~동지 사이에, 시간으로는 午시~亥시 사이에 태어났으면 천을의 기운이 더 강하다. 그러나 일반적으로는 천을귀인을 양귀·음귀로 구분해서 사용하지 않는다. 천을귀인 중에서 육십갑자 간지가 되는 丁亥, 丁酉, 癸巳, 癸卯일 생을 **일귀격**(日貴格)이라고 하는데, 천을의 기운이 아주 강하다.
- **천주귀인**(天廚貴人)은 丙-巳, 丁-午만 제외하고 月支가 전부 식신이다. 그러나 丙-巳, 丁-午 조차도 지장간에는 식신이 들어 있다. 그래서 사주에 천주귀인이 있으면 "먹을 복을 타고났다."라고 한다.
- **학당귀인**(學堂貴人)은 月支 또는 時支가 십이운성으로 장생인 것을 말한다. 양(陽) 日干은 **문창귀인**(文昌貴人)과 같고, 음(陰) 日干은 **문곡귀인**(文曲貴人)과 같다.
- **양인살**(羊刃煞)은 양인살(陽刃煞)과 음인살(陰刃煞)로 구분하지만, 음인살은 작용력이 아주 약해서 무시한다. 그래서 양인살(陽刃煞)만 양인살(羊刃煞)로 인정한다. 양인살은 양(陽) 日干에 지지가, 십이운성으로는 제왕이고, 육신으로는 겁재(日干

이 戊일 때는 예외)인 것이다. 양인살 중에서 육십갑자 간지가 되는 丙午, 戊午, 壬子일 생(日柱 자체로 양인살)을 **일인살**(日刃煞)이라고 하며 양인의 기운이 아주 강하다.

- **왕인살(**旺刃煞)은 月支가 십이운성으로 제왕인 것을 말한다. 양(陽) 日干의 왕인살은 양인살이기도 하다.
- **효신살**(梟神煞), **고란살**(孤鸞煞), **절로살**(截路煞)은 日柱로만 성립되는 신살이다. 즉 신살을 찾을 때 日柱만 보고 판단한다.

月支와 천간(年·月·日·時干, 運干)으로 성립되는 신살(神煞)

月支→ / 天干	寅	卯	辰	巳	午	未	申	酉	戌	亥	子	丑	
천덕귀인	丁	**申**	壬	辛	**亥**	甲	癸	**寅**	丙	乙	**巳**	庚	← 寅·申·巳·亥는 地支
월덕귀인	丙	甲	壬	庚	丙	甲	壬	庚	丙	甲	壬	庚	← 전부 陽干(丙·甲·壬·庚)

- **천덕귀인**(天德貴人)은 月支가 寅·申·巳·亥일 때는 '자신이 속한 삼합 오행의 음간(陰干)'과 만나는 것이며, 月支가 辰·戌·丑·未일 때는 '자신이 속한 삼합 오행의 양간(陽干)'과 만나는 것이고, 月支가 子·午·卯·酉일 때는 '자신이 속한 삼합 묘지의 (지지 순서 상) 다음 글자'와 만나는 것이다. 그래서 천덕귀인은 月支-天干 관계이지만, 月支가 子·午·卯·酉일 때만은 月支-他支 관계다. 그리고 천덕귀인 중에서 卯-申과 酉-寅은 원진살(怨嗔煞)이기도 하다.
- **월덕귀인**(月德貴人)은 月支와 '자신이 속한 삼합 오행의 양간(陽干)'과 만나서 성립되는 것이다. 그래서 寅·午·戌(火)은 丙과, 申·子·辰(水)은 壬과, 巳·酉·丑(金)은 庚과, 亥·卯·未(木)는 甲과 만났을 때 월덕귀인이 성립된다.

月支와 다른 지지(年·日·時支, 運支)로 성립되는 신살(神煞)

月支→ / 他支	寅	卯	辰	巳	午	未	申	酉	戌	亥	子	丑		
황은대사	戌	丑	寅	巳	酉	卯	子	午	亥	辰	申	未	〈**日支,時支**〉	皇恩大赦
천희성	未	午	巳	辰	卯	←寅	丑	子	亥	戌	酉	申	〈**日支.時支**〉 홍란성과 沖	天喜星
홍란성	丑	子	亥	戌	酉	申	未	午	巳	辰	卯	←寅	〈**日支.時支**〉	紅鸞星
천의성	丑	寅→	卯	辰	巳	午	未	申	酉	戌	亥	子	月支의 (지지 순서상) 앞 글자	天醫星
천사성	戊寅			甲午			戊申			甲子			〈**日柱**〉 [보기] 寅월 戊寅일 생	天赦星
장명성	亥	戌	酉	申	未	午	巳	辰	卯	←寅	丑	子	月支와 六合이 되는 지지	長命星

月支→ / 他支	寅	卯	辰	巳	午	未	申	酉	戌	亥	子	丑	
단명살	巳	辰	卯	←寅	丑	子	亥	戌	酉	申	未	午	月支와 해(害) 되는 지지, 장명성과 沖
단교관살	寅	卯	申	丑	戌	酉	辰	巳	午	未	亥	子	**〈日支,時支〉** 斷矯關煞
부벽살	酉	巳	丑	酉	巳	丑	酉	巳	丑	酉	巳	丑	斧劈煞
금쇄관살	申	酉	戌	亥	子	丑	申	酉	戌	亥	子	丑	**〈時支〉** 金鎖關煞
급각살	子·亥			卯·未			寅·戌			丑·辰			**〈日支,時支〉** 急脚煞
무정관살	子·寅·酉			巳·戌·亥			申·丑			子·午			**〈時支〉** 無情關煞
천전살	乙卯			丙午			辛酉			壬子			**〈日柱〉** [보기] 寅월 乙卯일 생 天轉煞
지전살	辛卯			戊午			癸酉			丙子			**〈日柱〉** [보기] 寅월 辛卯일 생 地轉煞

(赦 용서할 사, 鸞 난새(전설의 새) 란, 矯 바로잡을 교, 斧 도끼 부, 劈 쪼갤 벽, 鎖 쇠사슬 쇄, 急 급할 급, 脚 다리 각)

- **천희성**(天喜星)과 **홍란성**(紅鸞星)이 되는 지지끼리는 충(沖) 관계다.
- **장명성**(長命星)은 月支와 육합(六合)인 것이고, **단명살**(短命煞)은 月支와 해(害)인 것이다. **장명성**(長命星)과 **단명살**(短命煞)이 되는 지지끼리는 충(沖) 관계다.
- **부벽살**(斧劈煞)은 月支가 寅·申·巳·亥일 때는 타지(他支) 酉를 만나면, 子·午·卯·酉일 때는 타지 巳를 만나면, 辰·戌·丑·未일 때는 타지 丑을 만나면 성립된다.
- **천사성**(天赦星), **천전살**(天轉煞), **지전살**(地轉煞)은 月支와 日柱의 관계로 성립되는 신살이다. (日支가 아니라 日柱임에 주의)

年支와 다른 지지(月·日·時支, 運支)로 성립되는 신살(神煞)

年支→ / 他支	寅	卯	辰	巳	午	未	申	酉	戌	亥	子	丑	
상문살	辰	巳	午	未	申	酉	戌	亥	子	丑	寅→	卯	年支의 (지지 순서상) 두 자리 뒤 글자
조객살	子	丑	寅→	卯	辰	巳	午	未	申	酉	戌	亥	年支의 (지지 순서상) 두 자리 앞 글자
고신살	巳			申			亥			寅			方合 墓地의 (지지 순서상) 다음 글자
과숙살	丑			辰			未			戌			方合 生地의 (지지 순서상) 앞 글자
오귀살	卯+辰	子+丑	酉+戌	午+未	卯+辰	子+丑	酉+戌	午+未	卯+辰	子+丑	酉+戌	午+未	두 지지가 모두 있어야 성립된다.

- **상문살**(喪門煞)과 **조객살**(弔客煞)은 年支뿐만 아니라 日支를 기준으로 보기도 한다. 그리고 살(煞)을 구성하는 두 지지가 사주에 나란히 있어야 성립한다는 의견도 있는데, 이 경우는 年支-月支 또는 日支-時支만 본다.
- **고신살**(孤神煞)은 남자 사주에만 적용되며 대상은 寅·申·巳·亥다. **과숙살**(寡宿煞)은 여자 사주에만 적용되며 대상은 辰·戌·丑·未다.

- **오귀살**(五鬼煞)은 年支 寅·午·戌은 '卯+辰'이, 申·子·辰은 '酉+戌'이, 巳·酉·丑은 '午+未'가, 亥·卯·未는 '子+丑'이 해당된다.

(喪 복입을 상, 弔 위문할 조, 孤 외로울 고, 寡 적을 과, 홀어미 과, 宿 잘 숙, 鬼 귀신 귀)

年支와 그 해의 태세(太歲)로 성립되는 신살(神煞)

年支→ / 太歲	申	子	**辰**	寅	午	**戌**	巳	酉	**丑**	亥	卯	**未**	←삼합
삼재살	寅·卯·**辰** (3년)			申·酉·**戌** (3년)			亥·子·**丑** (3년)			巳·午·**未** (3년)			←방합

- **삼재살**(三災煞)은 '띠(年支)가 속한 삼합의 묘지'와 같은 묘지를 가진 방합의 세 글자 3년 동안이다. 예를 들면, 원숭이 띠(申)는 申-子-辰 삼합의 일원이며 그것의 묘지는 辰이다. 辰이 묘지인 방합은 寅-卯-辰이므로, 원숭이 띠의 삼재는 寅·卯·辰 3년이다. 삼재를 찾는 다른 방법은, '띠(年支)가 속한 삼합의 생지'와 충(沖)하는 지지의 해에 삼재가 시작된다. 결과적으로 삼재의 시작은 寅·申·巳·亥년 중의 한 해다.
- '띠(年支)가 속한 삼합의 합오행'과 '그 띠의 삼재 지지 3개'를 십이운성에 대입하면 각각 병·사·묘(病·死·墓)에 해당된다. '띠(年支)'와 '그 띠의 삼재 지지 3개'를 십이신살에 대입하면 각각 역마살, 육해살, 화개살에 해당된다.

성립 조건이 제각각인 신살(神煞)

삼기귀인	다음 3개의 천간이 年·月·日 또는 月·日·時에 차례대로 있는 것 (순서 중요) 甲+戊+庚, 辛+壬+癸, 乙+丙+丁	각각 천상(天上), 인중(人中), 지하(地下) 삼기
백호살	간지가 甲辰, **戊辰**, 丙戌, **壬戌**, 丁丑, 癸丑, 乙未	지지가 辰·戌·丑·未
괴강살	간지가 (**戊辰**), 戊戌, 庚辰, 庚戌, 壬辰, (**壬戌**)	지지가 전부 辰·戌
원진살	지지끼리 **寅-酉**, 卯-申, 辰-亥, 巳-戌, **子-未**, 丑-午	2개만 다르고, 나머지는 같다.
귀문관살	지지끼리 **寅-未**, 卯-申, 辰-亥, 巳-戌, **子-酉**, 丑-午	
천라살	지지끼리 戌-亥	천라지망살(天羅地網煞)
지망살	지지끼리 辰-巳	
음착살	日柱 또는 時柱가 丁未, 丁丑, 辛卯, 辛酉, 癸巳, 癸亥	음양차착살(陰陽差錯煞)
양차살	日柱 또는 時柱가 丙子, 丙午, 戊寅, 戊申, 壬辰, 壬戌	
탕화살	日支 寅과 지지 寅·巳·申, 日支 午와 지지 辰·午·丑 日支 丑과 지지 午·未·戌	[보기] 日支가 寅이고 年支가 巳면 탕화살
평두살	(위가 평평한 모양의 글자) 甲·丙·丁·壬 / 子·辰	

곡각살	(굽고 꺾이는 모양의 글자) 乙·己 / 丑·巳	자형살(字形煞)
현침살	(아래로 뾰족하게 내려그은 글자) 甲·辛 / 卯·午·申	
과살	('戈'가 들어 있는 글자) 戊 / 戌	

(奇 기이할 기, 魁 으뜸 괴, 罡 북두칠성 강, 怨 원망할 원, 嗔 성낼 진, 關 빗장 관, ~關煞 나쁜 운수, 재앙, 羅 새(鳥)그물 라, 網 그물 망, 錯 섞일 착, 差 다를 차, 어긋날 차, 湯 끓일 탕, 曲 굽을 곡, 脚 다리 각, 懸 매달 현, 늘어질 현, 戈 창 과)

- **삼기**(三奇)는 원래 기문둔갑(奇門遁甲)에서 유래한 것으로 추측된다. 삼기 천간이 충·형(沖.刑) 또는 공망되거나, 삼기 천간의 자좌(自座) 지지 중 하나라도 십이운성으로 사·묘·절(死·墓·絶)이면 삼기가 성립되지 않는다.
- **백호살**(白虎煞), **괴강살**(魁罡煞)은 강한 힘을 가진 지배자, 폭군, 전문가의 기질이 있다. 길흉(吉凶)이 극단적이다. (양인살도 그렇다.) 백호살은 **백호대살**(白虎大煞)이라고도 한다.
- **괴강살**(魁罡煞)은 삼명통회(三命通會)에서는 4개였는데, 사주첩경(四柱捷徑)에서 壬戌이 추가됐고, 현재는 출처미상인 戊辰도 포함됐다. 戊辰과 壬戌은 백호살이기도 하다. 日柱의 것이 특히 작용력이 강하며, 戊辰과 戊戌은 작용력이 약해서 **반괴강**(半魁罡)이라고 한다.
- **원진살**(怨嗔煞), **귀문관살**(鬼門關煞), **천라살**(天羅煞), **지망살**(地網煞), **탕화살**(湯火煞)은 지지끼리 신살 관계가 성립되는 것들이다. 그중에서 원진, 귀문, 천라지망살도 탕화살처럼 두 지지 중 한 개는 반드시 日支라야 한다는 의견도 있다.
- **천라살**(天羅煞)은 日干이 丙일 때만 해당되고, **지망살**(地網煞)은 日干이 壬일 때만 성립한다는 의견도 있다. 日干이 丙일 때 戌와 亥는 십이운성으로 묘(墓)와 절(絶)에 해당되며, 日干이 壬일 때 辰과 巳도 묘와 절에 해당되기 때문인 것 같다.
- **탕화살**(湯火煞)은 총 9가지 조합인데, 그중에서 寅-寅과 午-辰을 제외하면 나머지 조합은 충·형·해(沖·刑·害) 또는 원진살에 해당된다. (寅-巳는 삼형이면서 해, 寅-申은 충이면서 삼형, 丑-午는 해이면서 원진, … 등등)
- **평두살**(平頭煞), **곡각살**(曲脚煞), **현침살**(懸針煞), **과살**(戈煞)은 글자 모양 자체로 살(煞)이 되는 것인데, 전부를 **자형살**(字形煞)이라고 한다.

길(吉)한 신살(神煞) 해설 (가나다순)

- **관귀학관**(官貴學館): 관성(官星)의 장생지(長生地)이므로 학문을 도와주고(官生印) 관직운(官職運)이 좋다.

- **금여**(金輿) =**금여록**(金輿祿): '금으로 만든 수레'라는 뜻이며, 성품이 온화하며 부귀공명(富貴功名)을 이루고 배우자 덕 및 자식 덕이 있다.
- **문곡귀인**(文曲貴人): 문학과 예술방면에 재능이 있으며, 인문계 성향이며 학문으로는 문창귀인보다 더 길신(吉神)이다.
- **문창귀인**(文昌貴人): 지능이 높아서 노력하기보다 꾀로서 공부하는 경향이 있다. 자연계 성향이며 예능에도 뛰어나다.
- **삼기귀인**(三奇貴人): 정신이 밝고 총명하며, 품은 뜻이 탁월해서 한 분야에서 크게 성공한다. 천상삼기(天上三奇)는, 말과 행동, 생각이 특이하니 사업이나 정치 분야에서 성공해서 재력과 권력을 가진다. 지하삼기(地下三奇)는, 천재적 두뇌를 가지고 지식에 대한 욕심이 많아서 연구원, 교수등의 직업을 갖는다. 인중삼기(人中三奇)는, 재주와 끼가 많고 자신이 추구하는 바가 뚜렷해서 예능, 운동, 연예 분야에서 두각을 나타낸다.
- **정록**(正祿) =**건록**(建祿) =**십간록**(十干祿): 신체 건강하고 혈기 왕성하며 정직하다. 국록(國祿)을 받게 되지만 고집이 세다.
- **암록**(暗祿): 총명하고 복록(福祿)이 있으며 주변에 자기를 도와주는 사람이 많다.
- **월덕귀인**(月德貴人): 재물이 풍부하고 흉살(凶煞)을 풀어준다. <u>천을귀인 다음으로 좋은 길신(吉神)</u>이다.
- **장명성**(長命星): 잔병치레 없고 장수(長壽)하며 죽을 고비에서도 회생(回生)한다.
- **천덕귀인**(天德貴人): 천우신조(天祐神助)나 남의 도움으로 위기를 모면한다.
- **천사성**(天赦星): 병액(病厄)이나 재난을 당해도 살 길이 열리며 난국(難局)을 헤쳐 나가게 해준다. (赦 용서할 사)
- **천의성**(天醫星): 병에 걸려도 좋은 의사를 만나거나, 남을 치유하는 역할을 하게 된다. 활인업(活人業)을 하면 좋다.
- **천을귀인**(天乙貴人) =**옥당귀인**(玉堂貴人): 하늘의 복을 타고나서 총명하고 명성을 얻고 평생 안락하게 산다. <u>최고의 길신(吉神)</u>이다.
- **천주귀인**(天廚貴人): 의식주가 풍족해서 평생 궁핍함이 없다. (먹을 복이 많다.) 낙천적이며 건강 장수한다. (廚 부엌 주)
- **천희성**(天喜星): 자연재해나 불행한 사고를 피한다. 벼랑 끝에서도 살 길이 생긴다. 타인을 보살피는 직업에 종사하면 좋다.
- **태극귀인**(太極貴人): 만사형통(萬事亨通)하며 입신양명(立身揚名)하고 큰일을 이룬다.

- **학당귀인**(學堂貴人): 문장과 학문이 뛰어나고 표현력이 좋아서 남을 가르치는 교육자로서 적합하다.
- **홍란성**(紅鸞星): 미모(美貌)이고 성품이 온화하며, 피를 보는 재앙을 면하고 흉한 일도 좋은 일로 바뀐다.
- **황은대사**(皇恩大赦): 위기나 고난 때마다 하늘이 돕는다. 고시(考試) 등에 합격해서 큰 벼슬길에 나선다.

흉(凶)한 신살(神煞) 해설 (가나다순)

- **고란살**(孤鸞煞) =**공방살**(空房煞) =**고독살**(孤獨煞) =**신음살**(呻音煞): 여자에게만 해당되며 색욕이 강하고 남편과 불화한다.
- **고신살**(孤神煞, 孤身煞) =**고진살**(孤嗔煞) =**상처살**(喪妻煞) =**홀아비살**: 배우자와의 이별 수, 승려나 신부 등 개연성이 있다.
- **곡각살**(曲脚煞): 자형살(字形煞)의 일종, 팔다리가 기형이거나 팔다리에 상해를 입기 쉬우며 몸에 흉터를 남긴다.
- **공망살**(空亡煞): 사주에 공망이 있는 것을 뜻하며, 일이 헛되거나 해당하는 육신과 인연이 약하다고 본다.
- **과살**(戈煞) =**도과살**(倒戈煞: 전쟁에서 창을 뒤로 겨눈다.): 자형살(字形煞)의 일종, 중병이나 중상 및 배신을 당하기 쉽다.
- **과숙살**(寡宿煞) =**상부살**(喪夫煞) =**과부살**(寡婦煞): 조실부모, 배우자와의 이별할 수 있다. 비구니나 수녀 등 종교에 헌신한다.
- **괴강살**(魁罡煞): 고집세고 주장이 강하며, 남의 도움 없이 일어서는 정신력이 있다. 길흉(吉凶)에 극단적으로 강하게 작용한다.
- **귀문관살**(鬼門關煞): 귀신이 문으로 들어온다는 의미이며, 아주 섬세하고 예민한 성격, 신경쇠약이나 정신이상의 개연성이 있다.
- **금쇄관살**(金鎖關煞): 자물쇠, 보관, 감금으로 보며, 어려서 작은 쇠붙이에 다치거나 도둑질 또는 도둑을 잡는 일 등으로 해석한다.
- **급각살**(急脚煞): 자주 다친다. 팔다리에 이상이 생기는 소아마비, 척추병, 전신마비, 골다공증 등의 개연성이 있다.
- **낙정관살**(落井關煞): 우물 또는 물에 빠지거나 높은 곳에서 떨어져서 다치는 사고를 의미한다.

- **단교관살**(斷矯關煞): (전생에 남을 높은 곳에서 떨어지게 한 업보로) 사고로 팔다리를 다치거나 불구가 될 수 있다.
- **단명살**(短命煞): 잔병치레로 약골(弱骨)이며, 사고가 잦고 비명횡사나 횡액(橫厄: 뜻밖에 당하는 재난)을 당하고 질병, 수술로 단명(短命)할 가능성이 있다.
- **무정관살**(無情關煞): 홀어머니 밑에서 자라거나 두 부모(두 아버지 또는 두 어머니)일 개연성이 있다.
- **백호살**(白虎煞): 호랑이에게 물린다는 의미이며 피를 본다. 강한 기질, 사고나 부부갈등, 노이로제 등으로 해석한다.
- **부벽살**(斧劈煞): 도끼로 쪼갠다는 뜻이며, 칼 등의 도구로 크게 다치거나 손재수(損財數: 재물을 잃을 운수), 패가망신(敗家亡身) 등의 개연성이 있다.
- **비인살**(飛刃煞): 날아오는 칼에 맞는다는 뜻이며, 양인살과 비슷하면서 조금 약하지만 섬세하고 조용하게 독한 성질이다.
- **삼재살**(三災煞): 12년마다 3년 동안 건강, 가정, 학업, 사업, 재물 등에 좋지 않은 일이 생긴다.
- **상문살**(喪門煞): 년운(年運)에 있으면 귀신에 씌어서 병(病)이 들거나 사고를 당한다. 그해는 상갓집에 가지 않는 것이 좋다.
- **양인살**(羊刃煞): (외부로 드러난) 강한 기질과 센 고집으로 프로 근성이 있다. 욕망, 야망, 폭주, 형벌 등의 개연성이 있다.
- **오귀살**(五鬼煞): 풍파와 장애가 많으며 우환(憂患)과 지병(持病), 손재(損財) 및 관재구설(官災口舌)이 끊이지 않고 잡귀가 붙기 쉽다.
- **왕인살**(旺刃煞): 광폭성(狂暴性)이 있으며, 남의 형벌을 다루는 사법관이 되거나 아니면 범죄인이 될 개연성이 있다.
- **원진살**(怨嗔煞): 상대와의 불화 또는 원망과 화냄, 서로 끌리면서도 다툰다.
- **유하살**(流霞煞): 흐르는 노을처럼 떠돈다는 의미이며, 매사 한 곳에 몰두하지 못하고 항상 새로운 것을 찾아다닌다.
- **음양차착살**(陰陽差錯): 태어나면서 집안을 망하게 하거나 결혼 후에는 처가(妻家)나 시가(媤家)를 망하게 한다.
- **절로살**(截路煞): 매사에 장애가 많고 좌절을 많이 겪으며 자식이 없거나 자식 걱정이 많다.
- **조객살**(弔客煞): 년운(年運)에 있으면 상(喪)을 당하거나 아니면 가족이나 친인척에게 있는 비극적인 일을 암시한다.

- **지전살**(地轉煞): 땅 위에 구른다는 뜻이며, 하는 일마다 용두사미(龍頭蛇尾) 격이며 일정한 직업 없이 여기저기를 떠돌아다닌다.
- **천라지망살**(天羅地網): **=나망살**(羅網煞), 하늘과 땅의 그물에 갇혀 옴짝달싹 못 하는 형국이다. 매사가 불명확하다
- **천전살**(天轉煞): 직업 변동이 잦고 자연재해로 곤란을 겪는다.
- **탕화살**(湯火煞): 욱하는 성질이 있으며, 불이나 열과 관련되어 사고를 당하거나 자해(自害)나 자살(自殺)할 개연성이 있다. 불과 관련된 직업이 좋을 수도 있다.
- **평두살**(平頭煞): 자형살(字形煞)의 일종, 승려처럼 독신이되거나 고독하게 살며, 무관직(無官職), 참수(斬首: 목을 베는 형벌) 등을 암시한다.
- **현침살**(懸針煞): 자형살(字形煞)의 일종, 바늘(針)·붓·칼 등을 다루는 직업으로 성공하거나 아니면 그것 때문에 나쁜 일을 당한다.
- **홍염살**(紅艷煞): 미모(美貌)에 다정다감하며 풍류적인 기질 때문에 연예인이나 가정파탄 등을 암시한다. 남을 끄는 매력은 도화살보다 약하다.
- **효신살**(梟神煞): 올빼미 귀신에 씌었다는 의미로 어머니와의 인연이 약하거나 고부(姑婦)간 갈등이 심하다. *효신(梟神)은 편인(偏印)의 다른 이름이다.

양인살(羊刃煞) (추가 설명)

양인살이란, 양(陽) 日干 사주에 '日干과 같은 오행의 왕지(旺地, 子·午·卯·酉)'가 있는 것이다. 甲-卯, 丙-午, 戊-午, 庚-酉, 壬-子 5가지 경우만 해당한다. 단, 戊-午는 화토동법이 적용되어 양인살이 된 것이다. 이 중에서 丙-午, 戊-午, 壬-子만 간지가 될 수 있다. 日柱 자체로 양인살인 것을 일인살(日刃煞)이라고 하는데, 그래서 일인살은 丙午, 戊午, 壬子 3개뿐이다.

양(陽) 日干이 같은 오행의 왕지(旺地)에 통근하면, 日干의 기(氣)가 매우 강할 수밖에 없다. 그래서 사주에 양인이 있는 사람은 고집이 세고 자기주장과 승부욕이 강하며 겁이 없다. 위험에도 굽히지 않는다. 이기기 위해서 잔혹해질 수 있다. 양인은 강한 기운으로 칼을 휘두르는 에너지이며, 칼과 같은 양면성이 있다. (칼은 유용하게 쓰일 수도 있지만, 잘못 쓰면 위험하다.)

그래서 양인이 있는데 구성이 좋은 사주라면, 생사여탈권(生死與奪權: 법을 집행하고 형벌을 주관하는 권력)을 갖게 되지만, 그렇지 못하면 오히려 형벌을 받는 쪽이 될 수 있다. 양인이 있는 사람은 군인, 경찰, 사법관이나 (사람을 살리는) 의사, 약사나

(칼을 쓰는) 도살업, 정육점, 요식업, (칼·톱 등을 취급하는) 철물점, (칼·가위를 쓰는) 이·미용사, 재단사 등의 직업에 적합하다.

원진살(怨嗔煞) (추가 설명)

옆 그림에서 보면, 마주 보는 - 서로 충(沖)인 - 지지를 교차로 조합한 것이 원진살이다.

- 子-午 충과 丑-未 충을 서로 교차해서 보면 子-未 원진과 丑-午 원진이다.
- 寅-申 충과 卯-酉 충을 서로 교차해서 보면 寅-酉 원진과 卯-申 원진이다.
- 辰-戌 충과 巳-亥 충을 서로 교차해서 보면 辰-亥 원진과 巳-戌 원진이다.

원진(怨嗔)을 이루는 두 지지끼리는 암합(暗合: 지지 속에 있는 지장간끼리의 합)을 이룬다. 그래서 원진은 속으로는 서로 끌리면서도 겉으로는 원망하는 특성이 있다. 한마디로 애증(愛憎) 관계다. 원진살인 두 지지의 암합을 살펴보면 다음과 같다.

子-未(→丁-壬합)　丑-午(→丙-辛합)　寅-酉(→丙-辛합)
卯-申(→乙-庚합)　辰-亥(→戊-癸합)　巳-戌(→丙-辛합)

원진살이 사주 원명에 있으면 까탈스러운 성격이며, 운에 오면 집착과 의심에 의한 상대방과의 불화(不和)를 암시한다.

지지 동물로 원진(怨嗔) 관계를 표현한 문구

특별한 의미가 있지는 않고, 과거에 원진살 암기용으로 만든 것으로 추측된다.

子-未: 서기양두각(鼠忌羊頭角) - 쥐는 양의 뿔을 싫어한다.
丑-午: 우진마불경(牛嗔馬不耕) - 소는 말이 밭갈이하지 않음에 성낸다.
寅-酉: 호증계취단(虎憎鷄嘴短) - 호랑이는 닭의 부리가 짧다고 미워한다.
卯-申: 토원후불평(兎怨猴不平) - 토끼는 원숭이 등이 굽은 것을 원망한다.
辰-亥: 용혐저흑면(龍嫌猪黑面) - 용은 돼지의 검은 얼굴을 혐오한다.
巳-戌: 사경견폐성(巳驚犬吠聲) - 뱀은 개 짖는 소리에 놀란다.

(鼠 쥐 서, 嗔 성낼 진, 耕 밭갈 경, 憎 미워할 증, 嘴 부리 취, 兎 도끼 토, 怨 원망할 원, 猴 원숭이 후, 嫌 싫어할 혐, 猪 멧돼지 저, 驚 놀랄 경, 吠 짖을 폐)

직방살(直方煞)

두 사주에서, 같은 위치에 있는 柱의 지지끼리 원진살이 되는 것을 말하며, 원진이 매우 강하게 작용한다. 年支끼리 원진이면 집안 간에, 月支끼리 원진이면 사돈 간에, 日支끼리 원진이면 부부 사이에, 時支끼리 원진이면 두 집안의 자식들 간의 불화(不和)를 암시한다. 궁합에서는 직방살이 있으면 서로 강하게 이끌리어 사랑을 하게 되지만 끝에는 원수(怨讐)가 된다고 한다.

직방살 중에도 月支가 직방살인 것을 특히 **불혼개폐살**(不婚開閉煞)이라고 하며, "하늘도 허락하지 않는 혼인"이라고 알려져 있다. 왜 日支 직방살보다 月支 직방살의 혼인을 더 극구 부정했을까? 아마도 이것은, 혼사를 결혼 당사자끼리의 일이라기보다는 가문과 가문의 결합이라고 여겼던 과거 사람들의 인식 때문이라고 생각한다. 지금은 궁합에서 日支 직방살을 더 중요하게 여긴다.

* "두 사람의 띠가 쥐–양, 소–말, 범–닭, … 이면 궁합이 나쁘다."라는 것은, '두 사주의 年支끼리 원진살' 즉 직방살이 되는 것을 설명하는 말이다.

삼재살(三災煞) (추가 설명)

삼재는 삼재팔난(三災八難: 3가지 재난과 8가지 힘든 일)의 줄임말이다. 특별한 의미가 있다기보다는, 그냥 여러 가지 나쁜 일이 많다는 뜻으로 쓰이고 있다. 요즘은 삼재살에도 별 의미를 두고 있지 않다.

삼재 3년의 첫 번째 해를 '들삼재', 두 번째 해를 '누울삼재', 세 번째 해를 '날삼재'라고 하는데, 날삼재가 가장 안 좋다고 한다. (入삼재, 伏·宿삼재, 出삼재)
(伏 엎드릴 복, 宿 묵을 숙)

* 子·午·卯·酉 생은 누울삼재와 날삼재만 적용하고, 辰·戌·丑·未 생은 날삼재만 적용한다는 의견도 있다.
* 辰·戌·丑·未년 생은 '자신의 띠 해'가 날삼재이므로 날삼재 해에 환갑(還甲, =회갑 回甲)이 된다. 나쁜 해에 환갑이 되기 때문에 옛날에는 환갑잔치를 하지 않고 대신에 진갑(進甲) 때에 잔치했다.

십악대패살(十惡大敗煞)

日柱가 십악대패일(十惡大敗日)이면서 年柱가 그 日柱를 천충지충(天沖地沖)하는 것이 십악대패살이다. 예를 들어 '庚戌년-甲辰일'이 십악대패살이다. 甲辰일은 십악대패일이고, 年柱와 日柱의 천간끼리는 甲-庚 충이고 지지끼리는 辰-戌 충이기 때문이다. 십악대패살이 있으면 매사가 마음먹은 대로 되지 않고 노력해도 이루는 것이 없다. 십악대패살이 되는 年柱-日柱 조합은 다음과 같이 모두 10개가 있다.

庚戌년-甲辰일　辛亥년-乙巳일　壬寅년-丙申일　癸巳년-丁亥일
甲辰년-戊戌일　乙未년-己丑일　甲戌년-庚辰일　乙亥년-辛巳일
丙寅년-壬申일　丁巳년-癸亥일

* '甲辰년-戊戌일'의 천간은 甲-戊이고, '乙未년-己丑일'의 천간은 乙-己인데, 甲-戊와 乙-己는 지금은 충(沖)이 아니지만 과거에는 충이었다.
* 이 책의 "14. 공망(空亡)"에서 "십악대패일(十惡大敗日)" 부분 참고

절로살(截路煞) =절로일(截路日)

日柱가 甲申, 己酉, 乙未, 庚午, 丙辰, 辛巳, 丁卯, 壬寅, 戊子, 癸丑인 것을 절로일 또는 절로살이라고 한다. 절로일에 태어난 사람은 일마다 막힘과 좌절이 많고 좋지 않은 일이 많음을 암시한다. 그래서 진학, 진급, 거래, 혼사 등이 순탄하지 않다.

* 절로살 구성에 관해서는 이 책의 "14. 공망(空亡)"에서 "절로공망(截路空亡)" 부분 참고

격각살(隔角煞) (隔 사이 뜰 격, 角 뿔 각, 모서리 각, 4분의1 각)

격각(隔角)이란 '소의 뿔이 나란히 있지만 서로 떨어져 있다'는 의미다. 격각살은 日支와 時支에 나란히 있는 두 글자가 지지 순서상 하나 건너뛴 것이면서, 앞 순서의 글자가 日支에 있어야 성립한다. 예를 들어 日支가 子고 時支가 寅이면, 子·丑·寅 순서이므로 子-寅은 격각살이다. 같은 조건의 두 글자가 日支와 運支에 있어도 격각살이다. 그런데 만약 日支에 寅이 있고 時支에 子가 있으면, 두 글자의 순서가 역행이므로 이것은 격각살이 아니다.

격각살은 방합(方合)을 방해해서 사이를 띄어 놓는 개념이다. 그래서 육친과 관계가 소원하거나 떨어져 사는 것을 암시한다.

* 두 글자가 月支와 日支 또는 年支와 月支에 있을 때도 격각살이라는 일부 의견이 있다.
* 年支를 기준으로 두 글자가 지지 순서상 두 칸 건너뛴 것이면 상문살(喪門煞)이나 조객살(弔客煞)이 되는데, 격각살과 비슷해서 헷갈릴 수 있다.

혼파살(婚破煞) (婚 혼인할 혼, 破 깨뜨릴 파)

月支나 時支가 日支를 충·형·파(沖·刑·破)하거나 또는 運支가 日支나 月支를 충·형·파하는 것도 혼파살이다. 혼파살이 있으면 연애가 힘들거나 결혼이 늦어지거나 쉽게 이뤄지지 않는다. (日支는 배우자宮, 月支는 혼인宮·부부宮이다.)

남연살(男戀煞)과 여연살(女戀煞) (戀 생각할 련, 그리워할 연)

남자 사주의 日支 지장간에 편재가 있으면 그것이 남연살이다. 육십갑자 중에서 甲寅, 甲申, 丁丑, 戊申, 己丑, 辛未, 壬寅, 癸未 8개뿐이다. 남연살이 있으면 아내 몰래 바람피운다. 도화살이 센 여자와 인연을 맺으면 망신당하기 쉽다.

여자 사주의 日支 지장간에 편관이 있으면 그것이 여연살이다. 육십갑자 중에서 乙丑, 丙申, 丁丑, 己未, 庚寅, 辛未, 壬寅, 壬申 8개뿐이다. 여연살이 있으면 남편 몰래 바람피운다. 기가 센 남편 때문에 부부간에 다투고 집 밖으로 눈을 돌린다.

도화살(桃花煞)과 홍염살(紅艷煞)의 차이 (紅 붉을 홍, 艷 고울 염)

도화는 끼를 타고났기 때문에 가만히 있어도 타인이 저절로 매력에 끌려온다. 홍염은 자신이 끼를 부려 적극적으로 유혹한다. 그래서 도화는 만인(萬人)의 연인이 되는 자질이고 홍염은 상대와 1:1로 연애하는 자질이다. 도화는 지지-지지 관계이고 홍염은 천간(日干)-지지 관계라서, 타인을 끌어당기는 매력은 도화가 홍염보다 강하다.

* 도화살 및 홍염살은 외모(外貌)와 상관이 없다. 멋진 외모(外貌)가 사람을 끄는 매력 중의 하나일 수는 있으나 다른 요인들도 많다.

도화살(桃花煞)과 함지살(咸池煞) (咸 덜 감, 줄일 감, 다 함, 모두 함, 池 못 지)

年支 기준으로 도화살인 지지를 가진 柱가 있고, 그 柱의 납음오행이 年支가 속한 삼합 오행과 같으면 그 柱는 함지살이다.

예를 들어, 年支가 未이고 壬子 日柱가 있는 사주라면 日支 子는 도화살이다. 도화살인 壬子가 함지살도 되는지는 다음처럼 확인할 수 있다. 年支 未가 속한 삼합 오행은 木이고 壬子의 납음오행은 상자목(桑柘木)이라서 두 오행이 같다. 따라서 이 사주에서 壬子는 함지살이다. 만약 이 사주의 日柱가 壬子가 아닌 甲子라고 가정하면, 甲子의 납음오행은 해중금(海中金)이라서 年支 未의 삼합 오행인 木과 다르다.

따라서 甲子는 도화살이기는 하지만 함지살은 아니다.

육십갑자 중에서 지지가 도화(子·午·卯·酉)인 간지는 20개고, 그 20개 중에서 함지살이 될 수 있는 것은 壬子, 甲午, 丁卯, 乙酉 4개 밖에 없다. 이것이 있기만 하면 무조건 함지살이라는 뜻이 아니다. 사주가 함지살 조건에 맞아야 한다.

子가 도화살이 되는 年支는 亥·卯·未(木)인데, 지지가 子이면서 납음오행이 木인 간지는 壬子(=상자목 桑柘木) 밖에 없다.

午가 도화살이 되는 年支는 巳·酉·丑(金)인데, 지지가 午이면서 납음오행이 金인 간지는 甲午(사중금 沙中金) 밖에 없다.

卯가 도화살이 되는 年支는 寅·午·戌(火)인데, 지지가 卯이면서 납음오행이 火인 간지는 丁卯(노중화 爐中火) 밖에 없다.

酉가 도화살이 되는 年支는 申·子·辰(水)인데, 지지가 酉이면서 납음오행이 水인 간지는 乙酉(천중수 泉中水) 밖에 없다.

도화살을 함지살이라고도 하는데, 모든 도화살이 다 함지살은 아니다. 앞에서 봤다시피 함지살은 도화살 중에서 조건이 더 까다로운 것이다. 함지살의 도화 작용력은 도화살보다 강하다.

함지살이 되는 간지 중에서 천간의 오행조차도 납음오행과 같은 것은 丁卯인데, 이것이 함지살 중에서 가장 강력하다. 결과적으로 도화 작용력은 '丁卯 함지살〉다른 함지살〉도화살' 순서대로 강하다.

* 함지(咸池)는 전설에서 해가 지는 곳에 있는 큰 연못의 이름이다. 해가 목욕하는 곳이라고 한다. 별자리 이름이기도 하다.

여러 가지 도화(桃花)

장내도화(牆內桃花)와 장외도화(牆外桃花) (牆 담 장)

도화(子·午·卯·酉)가 年支와 月支에 나란히 있으면 장내도화라고 하는데, 부부간에 애정이 있음을 암시한다. 도화가 日支와 時支에 나란히 있으면 장외도화라고 하며, 부부가 아닌 사람과의 애정을 암시한다.

* 궁성론(宮星論)에서 年柱·月柱는 집 안의 일을, 日柱·時柱는 집 바깥의 일을 나타낸다.

월장도화(越牆桃花) (越 넘을 월)

사주 지지에 도화(子·午·卯·酉) 3글자가 나란히 있는 것을 말하며, 다른 사람들이

이 사람의 매력에 끌려 담을 넘는다는 의미다. 사회 규범이나 주변의 시선 및 나이 차이 등을 아랑곳하지 않는 이성 관계를 암시한다.

편야도화(遍野桃花) =사도화(四桃花) (遍 두루 편, 널리 편, 遍野 들 전체)

사주 지지에 도화(子·午·卯·酉) 4글자가 모두 있는 것을 말하며, 온 들판에 핀 꽃과 같은 매력이 있다는 의미다. 풍류(風流)를 좋아하고 음욕(淫慾)과 색정(色情)이 많음을 암시하지만, 만약 사주가 귀한 격(格)이면 부귀(富貴)하다.

도삽도화(倒揷桃花) (倒 넘어질 도, 거꾸로 도, 揷 끼울 삽, 倒揷 바꿔 끼우다)

年支가 도화(子·午·卯·酉)이면서 月·日·時支가 '도화살을 찾는 기준인 삼합'이 되는 것을 말한다. 즉 '年支+月·日·時支'가 다음과 같은 것이다.

子+(亥+卯+未)　午+(巳+酉+丑)　卯+(寅+午+戌)　酉+(申+子+辰)
사주 내에서 (삼합이 되는) 3지지의 순서는 상관하지 않는다.

도화살은 삼합 글자를 기준으로 도화를 찾는 것인데, 거꾸로 年支 도화를 기준으로 삼합을 찾기 때문에 도삽(倒揷)이라고 한다. 年支가 도화이므로 일찍 이성 관계에 눈을 뜬다. 조혼(早婚)을 하거나 나이 차가 많은 상대와 혼인한다.

곤랑도화(滾浪桃花) (滾 흐를 곤, 浪 물결 랑, 파도 랑)

日干과 時干이 합이고, 日支와 時支가 子-卯형(刑)인 것을 말한다. 이렇게 되는 것은 '丙子일-辛卯시'와 '己卯일-甲子시' 밖에 없다. 앞의 것은 丙-辛합과 子-卯형이 되고, 뒤의 것은 甲-己합과 子-卯형이 된다. 음기(陰氣)가 강하고 정력이 왕성하며 연애 기술이 뛰어나서 주색(酒色)이나 염문(艶聞: 남녀의 연애에 관한 소문) 때문에 구설(口舌: 시비하거나 헐뜯는 말)을 겪거나 망신당할 개연성이 크다.

나체도화(裸體桃花) (裸 벗을 라, 體 몸 체)

日支가 도화(子·午·卯·酉)이면서 동시에 오행포태로 목욕(沐浴)인 것을 말한다. 목욕지(沐浴地) 중에서 도화인 것을 전부 日干과 짝지어 보면 木(甲·乙)-子, 火(丙·丁)-卯, 土(戊·己)-卯, 金(庚·辛)-午, 水(壬·癸)-酉 인데, 이 중에서 육십갑자 간지가 성립되는 것만 추리면 甲子, 丁卯, 己卯, 庚午, 癸酉 5개 밖에 없다. 즉 日柱가 이 5개 중 하나면 나체도화다. '○○桃花' 중에서 가장 순수하다. 천진난만하지만 변덕스럽고 과시 성향이 있으며 주목받기 좋아한다. 멋과 유행에 민감하다. 목욕의 기운 때문에 일찍 이성 관계에 눈을 뜬다.

* 만약 日支의 십이운성을 따질 때 음양포태를 쓰면, 日支가 도화이면서 목욕인 것은 甲子와 庚午 2개 밖에 없다.

녹방도화(祿榜桃花) (榜 방 붙일 방)

"건록(建祿)이 도화에 (방 붙듯이) 붙어 있다."라는 말이며, 지지가 도화이면서 동시에 건록인 것을 말한다. 도화(子·午·卯·酉)가 십이운성으로 건록이 되는 천간은 각각 癸·丁·乙·辛이다. 따라서 사주에서 癸-子, 丁-午, 乙-卯, 辛-酉 관계인 것이 녹방도화다. 이 干-支 관계는 한 柱에 같이 있어도 되고 서로 다른 柱에 있어도 된다. 한 柱에 같이 있는 것은 乙卯와 辛酉뿐이다. 여러 '○○桃花' 중에서 桃花의 기운이 가장 세다. 외모가 뛰어나고 매력이 넘친다.

* 중국 당(唐)나라의 미녀 양귀비(楊貴妃)의 사주에 녹방도화가 있다는 설(說)이 있다.

재고귀인(財庫貴人)

지지가 고지(庫地, 辰·戌·丑·未)이면서 그 지장간에 재성이 있는 것을 '財의 庫' 즉 재고(財庫)라고 하는데, 지지가 재고인 日柱를 재고귀인이라고 한다. 신살의 일종으로서 많은 재물을 의미한다. 甲辰, 丙戌, 丁丑, 戊戌, 己丑, 辛未, 壬戌 7개 日柱가 재고귀인으로 알려져 있다. 그러나 지지가 재고인 간지는 甲辰, 甲戌, 乙丑, 乙未, 丙戌, 丁丑, 戊辰, 己丑, 庚辰, 辛未, 壬戌, 癸未 12개인데, 왜 7개만 재고귀인이라고 하는지? 재고귀인 7개 중에서 戊戌은 지장간에 재성이 없는데도 왜 포함했는지? 등등 의문점이 많다.

日支의 지장간에 재성이 있고 그 재성이 日干과 합한다면 그 日柱를 재고귀인이라고 정의하는 의견도 있다. (日支가 고지인지 아닌지는 상관없다.) 예를 들면, 甲午 日柱에서 午의 지장간인 己는 재성이며 甲과 甲-己 합이 된다. 그래서 甲午 日柱는 재고귀인이다. 이 의견에 맞는 재고귀인은 육십갑자 중에서 甲午, 丙戌, 戊辰, 戊子, 庚辰, 壬午, 壬戌 7개뿐이다. 이와 같이 재고귀인도 일부 다른 신살들처럼 정설(定設)이 없다. 그뿐만 아니라, 재고귀인의 근거가 되는 '재고(財庫)'라는 용어는 다른 의미로도 쓰인다.

* 이 책의 "22. 간명용어(看命用語)"에서 "재고(財庫)" 부분 참고

신살(神煞) 사용에 관해서

신살 중에서 길신(吉神)을 자세히 살펴보면, 그 성립 조건이 십이운성으로 장생·건록·제왕(長生·建祿·帝旺)이거나 육신으로 식·재·관(食·財·官)인 것이 많다. 또 흉살(凶煞)의 상당수는, 십이운성으로 쇠·병·사·묘·절·태(衰·病·死·墓·絶·胎)이거나 육신으로 상관·학마·칠살·효신(傷官·學魔·七殺·梟神)인 것들이다. 그리고 충·형·파·해(沖·刑·破·害), 공망(空亡) 등은 그 자체가 신살이다. 그뿐만 아니라, 십이신살은 십이운성과 논리적 구성이 유사하다.

즉 신살은 다른 체계화된 사주명리 이론과 완전 별개의 것이 아니라 상당 부분이 중복된다. 그래서 "신살은 다른 사주명리 이론과 무관하고 내용이 난잡하므로 일고(一考)의 가치도 없다."라고 무조건 무시할 일은 아니다. 신살 중에서 몇 가지는 많은 명리가들이 간명(看命)에 활용하고 있다.

참고 동양 천문도(天文圖)의 체계

고대 동양에서는 하늘의 별들을 아래와 같이 '3원(垣) 28수(宿) 체계'의 별자리로 나타낸 천문도(天文圖)를 만들고 사용했다.

하늘의 별자리군(群)						
3원(垣) (3개 별자리군)			28수(宿) (28개 별자리군)			
자미원 (紫微垣)	태미원 (太微垣)	천시원 (天市垣)	동방7수 (東方七宿)	남방7수 (南方七宿)	서방7수 (西方七宿)	북방7수 (北方七宿)

(紫 자줏빛 자, 微 작을 미, 太 클 태, 市 저자 시, 垣 담 원, 별자리 원, 宿 묵을 숙, 별자리 수)

* 원(垣), 수(宿)의 각 '별자리군(群)'마다 여러 개 '별자리'가 포함되어 있으며, 각각의 '별자리'는 1개 이상의 '별'들로 구성된다.
* 조선시대의 천문도(天文圖)인 천상열차분야지도(天象列次分野地圖)도 '3원 28수 체계'다. 이것에는 별 1,467개가 별자리 283개로 구분되어 그려져 있다. 현재 우리나라 만원권 지폐 뒷면의 배경에 그려져 있는 별자리 그림이 바로 '천상열차분야지도'다.

참고 신살(神煞) 이름의 유래

도교(道教)에서는 '3원(垣) 28수(宿)'의 하늘을 천상 세계로 보고 별이나 별자리를 신인(神人)으로 의인화해서 설명했다. 그 내용을 살펴보면, 만물의 생장소멸(生長消滅)을 주관하는 북극성을 중심으로 하늘 궁궐인 자미궁(紫微宮)이 있고 여기에 옥황

상제(玉皇上帝)가 살고 있는데, 이 궁궐의 담이 자미원(紫微垣)이다. 태미원(太微垣)은 오늘날의 정부격이며 '벼슬 있는 신인(神人)'들이 모여 있고, 천시원(天市垣)은 '일반 신인(神人)'들이 모여사는 영역이다.

그리고 28수는 지방의 제후격이며 칠정(七政, 日月과 五星)의 호위를 받고 있다. 이것을 요약하면, "세상은 천상의 여러 신인들이 옥황상제를 받들고 살면서 땅에 있는 인간들의 운명을 주관하는 식으로 이루어져 있다."라는 것이다.

그래서 천문도에 있는 별이나 별자리 이름인 천을(天乙), 태을(太乙), 천주(天廚), 문창(文昌), 문곡(文曲) 등등이 도교의 세계관에서는 신인(神人)들의 이름이다. 이런 이름들은 점성술(占星術), 명리학(命理學), 무속(巫俗) 등에서 그 흔적을 쉽게 발견할 수 있는데, 특히 신살(神煞) 이름에서 많이 볼 수 있다. 점성술의 일종인 자미두수(紫微斗數)의 '자미(紫微)'라는 말도 자미원(紫微垣)에서 따온 것이다.

참고 고대(古代) 동양(東洋)에서의 북두칠성(北斗七星)

북두칠성(北斗七星)을 줄여서 북두성, 북두, 두성, 칠성이라 하거나, 또는 칠좌성(七座星), 군성(軍星), 요백(曜魄)이라고도 한다. 북두칠성 7개 별의 이름은, 고천문학에서는 국자의 머리 모양이 되는 첫 번째 별부터 천추(天樞), 천선(天璇), 천기(天璣), 천권(天權), 옥형(玉衡), 개양(開陽), 요광(搖光)이라고 했다. 도교(道教)에서는 그 이름을 탐랑(貪狼), 거문(巨門), 녹존(祿存), 문곡(文曲), 염정(廉貞), 무곡(武曲), 파군(破軍)이라고 했는며 이를 칠성신(七星神)으로 모셨다. 이런 칠성신 개념은 무속(巫俗)으로도 전해졌다.

북두칠성에서 국자 머리 모양이 되는 4개 별을 합쳐서 두괴(斗魁), 자루 모양이 되는 3개 별을 합쳐서 두병(斗柄) 또는 두표(斗杓)라고 한다. 두괴를 하괴(河魁), 두병을 천강(天罡)이라고도 하는데 그 두 이름을 합쳐서 **괴강**(魁罡)이라고 부르며 이는 곧 북두칠성을 의미한다.

국자 머리 부분의 두 끝 별인 천선(天璇)에서 천추(天樞) 방향으로 그 거리의 5배가 되는 위치에 북극성(北極星)이 있으며, 그 방향이 바로 정북(正北)이다. 그래서 천선과 천추를 합해서 지극성(指極星)이라 한다. 북두칠성은 북반구에서는 일 년 내내 밤에 볼 수 있는 별자리라서 밤에 사람들의 길잡이 역할을 했다.

옛 사람들은 북두칠성이 인간의 수명과 죽음의 세계를 관장한다고 믿었기 때문에 시신을 넣는 관 바닥에 북두칠성 모양으로 구멍을 뚫은 칠성판(七星板)이라는 나무 판을 깔았다.

* 이 책의 "4. 천간(天干)과 지지(地支)"에서 "지지(地支)와 방위(方位)" 부분 참고

참고 태백살(太白煞) ='손 없는 날'

'손(損)'은 사방을 옮겨 다니면서 사람의 일을 방해하는 귀신을 말하는데, '손'이 있는 방향으로 이동하거나 행사를 하면 '손'이 훼방을 놓는다고 한다. 그래서 이사나 큰 행사는 '손'이 없는 날에 하는 것이 좋다고 여겨왔다. '손'은 음력 날짜에 1이나 2가 들어가는 날은 동쪽에, 3이나 4가 들어가는 날은 남쪽에, 5나 6이 들어가는 날은 서쪽에, 7이나 8이 들어가는 날은 북쪽에 있으며, 9와 10이 들어가는 날은 '손'이 하늘로 올라가버리기 때문에 이날이 '지상(地上)에 손이 없는 날'이다.

요약하면, 음력 9일과 10일, 19일과 20일, 29일과 30일이 '손 없는 날'이다. 번거롭게 택일(擇日)을 하지 않고도 이날은 이사, 개업, 결혼, 산소 돌보기, 집수리, 장 담그기 등의 일을 해도 무난한(탈이 없는) 날로 삼았다.

참고 삼살방(三煞方, 三殺方)

삼살은 겁살(劫煞), 재살(災煞), 천살(天煞)을 말하는데, 삼살이 끼어 있는 흉(凶)한 방위를 삼살방이라고 한다. 이 방향으로 이동하거나 어떤 행사를 하면 삼살이 닥칠 수 있다고 한다. '年支가 속한 삼합이 나타내는 방향'의 반대(충하는) 방향이 그해 삼살방이다.

예를 들면, 丁亥년의 亥는 亥-卯-未 삼합에 속하며, 이 삼합의 합오행은 木인데 木이 동쪽이므로 반대 방향은 서쪽이다. (木↔金) 그래서 丁亥년의 삼살방은 서쪽이다. 정리하면, 寅·午·戌년에는 북쪽이, 巳·酉·丑년에는 동쪽이, 申·子·辰년에는 남쪽이, 亥·卯·未년에는 서쪽이 삼살방이다.

참고 대장군방(大將軍方)

대장군은 도교(道教)의 수호신장(守護神將)들을 말하는데, 대장군이 뒷걸음치는 방향을 대장군방(大將軍方)이라고 한다. 이 방향으로 이동하거나 어떤 행사를 하면 재앙이 닥칠 수 있다고 한다. '年支가 속한 방합의 계절'의 '앞 계절'의 방향이 그해의

대장군방이다.

예를 들면, 丁亥년의 亥는 亥-子-丑 방합에 속하며, 이 방합의 계절은 겨울(水)이고 그 '앞 계절'은 가을인데 가을(金)의 방향은 서쪽이다. 그래서 丁亥년의 대장군방은 서쪽이다. 정리하면, 寅·卯·辰년에는 북쪽이, 巳·午·未년에는 동쪽이, 申·酉·戌년에는 남쪽이, 亥·子·丑년에는 서쪽이 대장군방이다. 방합은 3지지가 연속되는 것이므로 대장군방은 3년마다 바뀐다.

참고 **천기대요(天機大要)** (機 틀 기, 기회 기, 조짐 기, 실마리 기, 要 구할 요, 요긴할 요)

음양오행설(陰陽五行說)에 따라서, 관혼상제(冠婚喪祭)를 비롯 일상생활의 거의 모든 분야에서 길흉(吉凶)을 가리는 방법을 기술한 책이다. 중국 명(明)나라의 임소주(林紹周)가 편찬하였고, 1636년에 조선의 성여훈(成如櫄)이 이 책를 도입해서 간행하였으며, 그 후에 내용을 보충해서 신증천기대요(新增天機大要), 증보참찬비전천기대요(增補參贊祕傳天機大要)라는 제목으로도 간행됐다.

* 천기대요에는 '손 없는 날' 방향으로 초례상(醮禮床)을 차리지 말라는 것만 있을 뿐, '손 없는 날' 택일에 관해서는 언급된 것이 없다.
* 천기대요에 삼살방, 대장군방도 언급되어 있지만 집터나 묘터를 앉히는 방향에 관한 내용일 뿐 이사, 행사 등의 방향과는 무관하다.

참고 **불교(佛敎)의 49재(四十九齋)** (齋 재계할 재, [주의] 齊 가지런할 제, 祭 제사 제)

사람이 죽으면 혼(魂)은 육신을 벗어나서 허공계(虛空界)로 들어가 중음신(中陰身, = 영 靈)이 된다. 중음신은 49일 안에 유래의 길에 들어서야 하는데, 그렇지 못하면 그대로 중음신으로 남아서 허공계를 떠돌아다닌다. 그것을 유령(幽靈: 떠도는 영)이라고 한다. 중음신이 부처님 말씀을 듣고 현생의 죄를 참회해서 윤회의 길 중에서 좋은 길로 가도록 인도해 주는 불교 의식(儀式)이 천도재(遷度齋)인데, 49재(四十九齋)도 천도재의 일종이다.

* 윤회의 길은 6도(六道) - 천상도(天上道), 인간도(人間道), 아수라도(阿修羅道), 축생도(畜生道), 아귀도(餓鬼道), 지옥도(地獄道) - 가 있는데, 현생(現生)에서 선업(善業)을 많이 지은 사람은 천인(天人)이 되거나 인간으로 환생하지만, 악업(惡業)을 많이 지은 사람은 짐승으로 환생하거나 아귀가 되거나 나락(奈落)에 떨어진다.
* '나락(奈落)'은 지옥(地獄)을 뜻하는 불교 용어인데, 고대 인도의 언어인 산스크리트어로 지옥을 의미하는 'naraka(나라카)'라는 말을 한자어로 음역한 것이다.

* 사고 등으로 갑자기 죽거나 또는 한(恨)을 품고 죽어서 중음신이 되면, 자신의 죽음을 인정하지 않거나 마음을 정리하지 못해서 이승이 보이는 허공계를 떠나려 하지 않는다. 그래서 6도에 들어 가지 못하고 유령(幽靈)이 된다. 인간도(人間道)에 들어서 환생을 준비하고 있다가 낙태를 당한 경우에도 낙태령(落胎靈)이 되어 자기 엄마의 몸에 빙의(憑依)된다.

참고 **백중일(百中日)** (駕 멍에 가, 존칭.경칭 가, 靈駕 영가 = 靈(영)을 높여 부르는 말)

음력 7월 15일이며, 민가(民家)에서는 (고된 농사철 중에) 농부와 머슴이 쉬는 날이었다. 불가(佛家)에서는 이날을 우란분절(盂蘭盆節)이라고 하며, 우란분회(會)라는 법회를 열며, 돌아가신 부모와 조상의 영가(靈駕)를 위해서 기도하는 우란분재(齋)를 지낸다. 우란분재는 천도재의 일종이며, 흔히들 백중기도(百中祈禱)라고 한다.

* '우란분(盂蘭盆)'은 고대 인도의 언어인 산스크리트어로 '울람바나(ullambana)'라는 말을 한자어로 음역한 것이며, "거꾸로된 것을 풀어주고 바르게 세운다."라는 뜻이다.

18
통근(通根)과 득령(得令)

통근(通根) (通 통할 통, 根 뿌리 근)

통근(通根)은 "천간이 지지에 뿌리를 내린다."라는 말이다. 사주 천간이 자기와 '오행이 같은' 지장간을 가진 지지가 있으면, 그 천간이 그 지지에 통근(通根)했다고 하고, 아니면 무근(無根)이라고 한다. 예를 들면, 甲은 '亥의 지장간 甲'이나 '未의 지장간 乙'에 통근한다. 甲은 아무 지지의 지장간에 甲이나 乙이 있으면 통근한다.

* 위에서 '오행이 같은'이라는 말은 음양은 달라도 상관없다는 뜻이다.
* 천간이 지지의 生을 받는 것과 지지에 통근하는 것은 다르다. 예를 들면, 甲은 子로부터 생은 받지만 子에 통근하지 못한다. 천간이 지지로부터 생을 받는 것도 통근이라는 소수 의견도 있지만, 그것은 통근과 득령(得令)·득지(得地)를 구분하지 않는 관점인 것 같다.

- 원명(原命)의 천간이 운(運)의 지지에 통근하거나, 운의 천간이 원명의 지지에 통근할 수 있다. 간합의 합오행도 지지에 통근할 수 있다.
- 통근한 지지가 충을 받으면 그 통근은 무효다.
- 통근한 지지가 합의 일원인데 그 합오행이 천간을 극하면 그 통근은 무효다.
- 생지(生地, 寅·申·巳·亥)의 지장간에 있는 戊는 기운이 매우 약하기 때문에, 천간 戊나 己의 뿌리가 되지 못한다는 의견도 있다.
- 묘지(墓地, 辰·戌·丑·未)는 잡기(雜氣)라서 뿌리의 역할을 하지 못하므로, 묘지에는 오로지 천간 戊와 己만 통근할 수 있다는 의견도 있다.

통근(通根)한 천간의 세기와 뿌리가 되는 지지의 세기

- '통근한 천간'은 '통근하지 못한 천간'에 비해서 기운이 세다.

- 통근한 지장간이 많은(뿌리가 많은) 천간은 그렇지 않은 천간보다 기운이 세다.
- 왕지(旺地, 子·午·卯·酉)에 통근한 천간이 그렇지 않은 천간보다 기운이 세다. 이유는, 왕지는 지장간에 같은 오행을 2개나 가지고 있기 때문이다.
- 月支에 통근한 천간이 그렇지 않은 천간보다 기운이 세다.
- 지장간 본기(本氣)에 통근한 천간이 여기(餘氣)나 중기(中氣)에 통근한 천간보다 기운이 세다.

천간(天干)이 통근(通根)할 수 있는 지지

각 천간이 어떤 지지에 통근할 수 있는지 정리하면 다음과 같다.

天干↓ 地支	통근(通根)할 수 있는 지지	근력(根力)의 세기
甲·乙(木)	寅, 卯, 辰 / 亥, 卯, 未	卯 〉寅 〉亥 〉辰 〉未
丙·丁(火)	巳, 午, 未 / 寅, 午, 戌	午 〉巳 〉寅 〉未 〉戌
戊·己(土)	辰, 戌, 丑, 未, / 午 / 寅, 申, 巳, 亥	午 〉未 〉戌 〉辰 〉丑 〉寅·申·巳·亥
庚·辛(金)	申, 酉, 戌 / 巳, 酉, 丑	酉 〉申 〉巳 〉戌 〉丑
壬·癸(水)	亥, 子, 丑 / 申, 子, 辰	子 〉亥 〉申 〉丑 〉辰

* 표의 내용을 요약하면, 천간은 자신의 오행과 합오행이 같은 방합(方合) 및 삼합(三合)에 속하는 지지에 통근한다. 단, 천간이 土일 때는 예외다.

투출(透出) =투간(透干) (透 통할 투, 꿰뚫어볼 투)

투출(透出)은 "지장간이 천간을 통해서 자신의 기(氣)를 드러낸다."라는 말이다. 사주에 지지의 지장간과 같은 천간이 있으면, 그 지장간은 투출(透出) 또는 투간(透干)했다고 한다. 예를 들면, 지지 辰의 지장간은 乙·癸·戊인데, 만약 사주 천간에 乙이 있다면 辰 중의 乙이 투출했다고 한다. 癸나 戊가 투출할 수도 있다.

* 통근(通根)은 천간 입장에서 지지가 얼마나 받쳐주는지를 보는 것이고, 투출(透出)은 지지 입장에서 지지의 기운이 천간에 얼마나 드러나는지를 보는 것이다.

- 원명(原命)의 지장간이 운(運)의 천간에 투출하거나, 운의 지장간이 원명의 천간에 투출할 수도 있다.
- '(천간에) 투출한 지지'는 '(천간에) 투출하지 못한 지지'에 비해서 힘이 세다.
- 생지(生地, 寅·申·巳·亥)의 지장간에 있는 戊는 기운이 매우 약하기 때문에, 투출하더라도 그 지지의 힘이 세지지 않는다는 의견도 있다.

통근(通根)과 투출(透出)의 보기

時	日	月	年	
乙 未	**丙** 子	甲 子	戊 戌	
丁·乙·己	壬·癸	壬·癸	辛·丁·戊	지장간

年干 戊는 '未 속의 己'와 '戌 속의 戊'에 통근
月干 甲은 '未 속의 乙'에 통근
日干 丙은 '未 속의 丁'과 '戌 속의 丁'에 통근
時干 乙은 '未 속의 乙'에 통근
두 번 통근한 戊, 丙이 한 번 통근한 甲, 乙보다 세다.
'戌 속의 戊'는 年干 戊에 투출
'未 속의 乙'은 時干 乙에 투출
투출한 戌과 未가 투출 못한 子보다 세다.

時	日	月	年	
乙 亥	**甲** 子	己 卯	乙 亥	
戊·甲·壬	壬·癸	甲·乙	戊·甲·壬	지장간

年干 乙은 '亥 속의 甲'에 두 번, '卯 속의 甲과 乙'에 통근
月干 己는 '亥 속의 戊'에 두 번 통근
日干 甲은 '亥 속의 甲'에 두 번, '卯 속의 甲과 乙'에 통근
세 번 통근한 甲, 乙이 두 번 통근한 己보다 세다.
'亥 속의 甲'은 日干 甲에 투출
'卯 속의 甲'은 日干 甲에 투출
'卯 속의 乙'은 年干과 時干 乙에 두 번 투출
세 번 투출한 卯가 한 번 투출한 亥나 투출 못한 子보다 세다.

원신투출(元神透出)

月支와 같은 오행이 사주 천간에 있으면 그것을 원신투출(元神透出)이라고 한다. 예를 들면, 月支가 寅인데 천간에 甲 또는 乙이 있으면, 그 사주는 "木 원신(元神)이 천간에 드러나 있다."라고 한다. 이것을 천간 甲 또는 乙의 관점에서 보면 천간이 月支에 통근한 것이다.

* 원래 '투출'이라는 용어는 '지장간과 같은 글자가 천간에 있는 것'을 말하는데, 여기서 '투출'이라는 단어는 '지지와 같은 오행이 천간에 있는 것'의 의미로 쓰였다.

득령(得令) =득월령(得月令) =득시(得時) (得 얻을 득)

득령(得令)은 "월령을 얻었다."는 말이다. 月支가 日干을 생(生)하거나 도우면(助) 득령이고, 아니면 실령(失令)이다. (돕는 것은 같은 오행) 예를 들어 日干이 甲·乙(木)인데, 月支가 日干과 같은 오행인 寅·卯(木)이거나 또는 日干을 생하는 亥·子(水)라면 이 사주는 득령했다.

* 月支는 태어난 계절을 나타내는 것이다. 그래서 득령(得令)을 득시(得時)라고도 한다. 여기서 '時'는 계절을 의미하는 글자이며 '時支'의 의미가 아니다.

- 위의 조건대로 따져보면, 月支가 (육신으로) 비겁이나 인성이면 득령이다.
- 月支가 (십이운성으로) 건록·제왕 또는 장생·목욕이면 득령이다. 단, 日干이 土일 때는 이 조건이 되더라도 득령이 아니다.

- 득령했더라도, 月支가 충·형(沖·刑)되거나, 月支가 합의 일원인데 그 합오행이 日干을 극하면, 득령은 무효다.
- 月支가 (육신으로) 비겁인 경우만 득령이라는 소수 의견도 있다. 즉 인성인 경우는 득령이 아니라는 의견이다. (이 의견대로라면 득령이 통근과 같아진다.)

득지(得地)

득지(得支)은 "日支를 얻었다."는 말이다. 日支가 日干을 생(生)하거나 도우면(助) 득지(得地)고, 아니면 실지(失地)다. (돕는 것은 같은 오행) 예를 들어 日干이 甲·乙(木)인데, 日支가 日干과 같은 오행인 寅·卯(木)이거나 또는 日干을 생하는 亥·子(水)라면 이 사주는 득지했다.

- 위의 조건대로 따져보면, 日支가 (육신으로) 비겁이나 인성이면 득지다.
- 日支가 (십이운성으로) 건록·제왕이나 장생·목욕이면 득지다. 단, 日干이 土일 때는 이 조건이 되더라도 득지가 아니다.
- 득지했더라도, 日支가 충·형(沖·刑)되거나, 日支가 합의 일원인데 그 합오행이 日干을 극하면, 득지는 무효다.

득세(得勢)

사주 전체에 비겁과 인성을 합해서 3개 이상이면 득세(得勢)했다고 하고, 아니면 실세(失勢)했다고 한다. 그런데 득세 여부를 판단할 때는 단순히 비겁과 인성의 개수보다는 그것들이 힘이 있는 글자인지가 더 중요하다. 힘이 없는 글자들이라면 개수가 많아도 득세가 아니다.

- 비겁과 인성일지라도 충·형(沖·刑)된 글자라면 득세를 판단하는 개수에 포함하지 않는다.

사주의 왕쇠(旺衰)와 강약(强弱)

日干의 왕쇠(旺衰)는 '日干의 기(氣)의 세기'를 의미하며, 日干 자신에게 기운을 보태주는 계절에 태어났으면 왕(旺)하고 아니면 쇠(衰)하다. 그래서 왕쇠는 月支(태어난 계절)를 보면 알 수 있다. 즉 득령하면 왕하고 아니면 쇠하다.

* 태어난 계절에 따라서 日干의 왕쇠(旺衰)가 결정된다는 것은 조후론(調候論)적인 관점과 일치한

다. 태어난 계절(月支)이 사주의 한난조습(寒暖燥濕)에 미치는 영향력이 가장 크지만, 태어난 시(時支)의 영향력도 무시할 수 없다. 하루 중에도 시간에 따라서 기온이 많이 차이 나기 때문이다. 그래서 日干의 왕쇠를 판단할 때는 月支를 위주로 보지만 時支도 참고해야 한다.

日干의 강약(强弱)은 '日干의 세력(勢力)의 크기'를 의미하며, 日干이 사주의 다른 글자로부터 생조(生助)를 많이 받으면 강(强)하고 아니면 약(弱)하다. 그래서 강약은 사주의 오행 구성을 보면 알 수 있다. 득지·득세하면 강하고 아니면 약하다.

日干이 왕하면 **신왕**(身旺), 쇠하면 **신쇠**(身衰), 강하면 **신강**(身强), 약하면 **신약**(身弱)이라고 한다. 그런데 日干이 왕(旺)한 조건이나 강(强)한 조건을 자세히 따져보면 내용이 비슷하다. 그래서 꼭 필요한 경우가 아니라면 굳이 왕쇠와 강약을 구별하지 않는다. 그래서 이후는 '왕쇠강약'이라고 해야 할 것을 그냥 '강약'으로 표현한다.

日干이 사주의 주체이므로 日干의 강약이 곧 사주의 강약이다. 그래서 '日干이 강한 사주'라는 말은 '사주가 신강하다'는 말과 같다.

득령(得令), 득지(得地), 득세(得勢)로 日干의 강약(强弱) 판단하기

日干의 (왕쇠)강약이 곧 사주의 (왕쇠)강약이다. 사주에 득령, 득지, 득세 중에서 2가지 이상이 성립되면 신강(身强)한 사주가 될 가능성이 크다. 日干의 강약 판단에서 득령의 비중이 가장 크다. 아래의 보기는 득령, 득지, 득세로 신강신약을 판단하는 방법이다. 단, 이 방법이 신강신약 판단 전부가 아니다. 단순한 예시일 뿐이다. 간명할 때는 득령, 득지, 득세 이외의 다른 요소도 함께 보고 판단해야 한다.

時	日	月	年
정인	日干	편인	식신
乙 未	**丙** 子	甲 子	戊 戌
상관	정관	정관	식신

日干 丙이 子월에 태어났으니 실령했고,
日干 丙은 日支 子에 극을 당하므로 실지했으며,
사주 전체에 인성이 2개 밖에 없으므로 실세했다.
실령, 실지, 실세했으니 日干이 매우 약하다. (매우 신약)

時	日	月	年
비견	日干	편인	정인
壬 寅	**壬** 午	庚 子	辛 丑
식신	정재	겁재	정관

日干 壬이 子월에 태어났지만 子-午 충이라서 실령했고,
日干 壬은 日支 午를 극하느라 설기(洩氣)되므로 실지했으며,
사주 전체에 비겁과 인성이 모두 3개이므로 득세했다.
실령, 실지, 득세했으니 日干이 약하다. (신약)

時	日	月	年
편재	日干	상관	정인
乙 未	辛 未	壬 戌	戊 戌
편인	편인	정인	정인

日干 辛이 戌월에 태어났으니 득령했고,
日干 辛은 日支 未의 생을 받으니 득지했으며,
사주 전체에 인성이 모두 5개이므로 득세했다.
득령, 득지, 득세했으니 日干이 매우 강하다. (매우 신강)

時	日	月	年
정인	日干	상관	겁재
壬 午	乙 酉	丙 子	甲 寅
식신	편관	편인	겁재

日干 乙이 子월에 태어났으니 득령했고, (子-午 충)
日干 乙은 日支 酉의 극을 당하므로 실지했으며,
사주 전체에 비겁과 인성이 모두 4개이므로 득세했다.
득령, 실지, 득세했으니 日干이 강하다. (신강)
* 子-午 충이 있으나 서로 떨어져 있어서 무시했다.

19

사주명리학설(四柱命理學說) 소개(紹介)

간명법(看命法) =논명법(論命法) =관법(觀法) (看 볼 간, 觀 볼 관, 論 논의할 논)

우리가 흔히 사용하는 "운명를 본다."라는 말의 한자어가 바로 '간명(看命)'이다. 사주 간명은 사주 여덟 글자 사이에 포함된 파악해서 사람의 운명을 보는 일이다. 사주 간명법을 학문적 관점에서는 '사주명리 이론' 또는 '사주명리학설'이라고 한다.

고대로부터 다양한 간명법이 전해져 오고 있으며, 지금도 많은 명리가에 의해서 계속 발전하고 있는데, 시대나 명리가에 따라서 내용이 서로 반대되는 이론도 있다. 그러다 보니 같은 사주라도 어떤 이론을 적용하느냐에 따라서 해석이 달라질 수 있다. 따라서 간명할 때는 단 하나의 이론만을 적용해서는 안 되고, 여러 이론을 함께 적용해서 다양한 관점에서 평가해야만 간명의 정확도를 높일 수 있다. 이 장에서는 주로 언급되는 사주명리 이론 몇 가지를 간략하게 소개한다. 각 이론의 자세한 내용은 별도로 공부해야 한다.

근묘화실론(根苗花實論), 궁위론(宮位論), 궁성론(宮星論)

사주에 여덟 글자가 놓이는 위치를 근거로 한 간명법은 근묘화실론(根苗花實論)과 궁위론(宮位論)이 있다. 각 柱에 '유년, 청년, 중장년, 노년'과 같이 시간 흐름의 의미를 부여한 것이 근묘화실론이고, 각 柱에 '조상, 부모형제, 배우자, 자식' 자리(宮)의 의미를 부여한 것이 궁위론이다. 유년·청년 시기는 조상·부모의 지배를 받고, 결혼해서는 배우자와의 관계가 중요하며, 노년에는 자식에게 의탁(依託)한다는

- 지금 시대에는 그런 문화가 상당히 달라졌지만 - 점에서 근묘화실론과 궁위론은 같은 내용을 다르게 설명한 이론으로 볼 수 있다.

궁성론(宮星論)은 궁위론에다가 육신을 접목한 것인데, '궁(宮)'은 '육신의 집'이라는 뜻이며 위치가 고정되어 있으나, '성(星)'은 육신을 의미하며 아무 위치에나 있을 수 있다. 예를 들면, '배우자宮'은 日支고 '배우자星'은 재성(남자는 아내)과 관성(여자는 남편)을 말하는 것이다. 궁성론을 통변에 적용한 예를 들면, 年柱에 식신이 있다면, 年柱는 '조상宮'이고 식신은 풍부한 의식주(衣食住)를 의미하므로, 조상이 부자라고 본다. 또, 남자 사주에서 日支가 겁재라면, 日支는 '배우자宮'인데 아내가 있을 자리에 경쟁자(겁재)가 있는 모습이므로, 아내와의 인연이 좋지 않다고 본다.

* 이 책의 "8. 사주팔자(四柱八字)"에서 "근묘화실(根苗花實)과 궁위(宮位)" 부분 참고
* 궁성론(宮星論)은 대만의 명리학자 하건충(何建忠)에 의해서 체계적인 이론으로 소개되었다.

육신론(六神論) =육친론(六親論) =십신론(十神論) =십성론(十星論)

사주에서 日干과 다른 간지와의 음양 및 오행 생극(生剋) 관계에 각각 이름을 부여한 것이 육신인데, 그것을 설명한 이론이다. '日干과 다른 간지'와의 관계를 '나(命主)와 육친(六親, 부·모·형·제·자식·배우자)'과의 관계로도 보기 때문에 육친론(六親論)이라고도 한다.

육신을 통변할 때는 같은 육신일지라도 글자에 따라서 통변이 달라진다. 예를 들면, '卯월 戊일'에 태어난 사람과 '酉월 甲일'에 태어난 사람의 사주에서, 月支의 육신은 둘 다 정관이지만, 卯와 酉라는 글자가 의미하는 계절과 성정(性情)이 다르므로 통변이 다를 수밖에 없다.

* 이 책의 "10. 육신(六神)"에서 이 이론을 자세히 설명하고 있다.

십이운성론(十二運星論) =포태법(胞胎法) =장생법(長生法) (胞 태보 포, 胎 아이 밸 태)

천간이 12지지 각각을 만났을 때의 왕쇠(旺衰) 상태를, 자연의 순환 과정인 생장소멸(生長消滅)과 사람의 일생인 생로병사(生老病死)에 비유해서 이름을 부여한 것이 십이운성이다. 구체적으로는 日干을 기준으로 사주 각 지지가 어느 정도의 왕쇠 상태인지를 판단하는 이론이다. 십이운성은 점성술의 영향을 받아서 만들어지고, 거기에 불교의 윤회(輪廻) 사상이 더해진 것으로 추측된다.

* 이 책의 "15. 십이운성(十二運星)"에서 이 이론을 자세히 설명하고 있다.

신살론(神煞論, 神殺論)

신살이란 고법(古法) 이론이며, 지지와 지지 또는 천간과 지지 사이에 어떤 관계를 보는 것이 신살이다. 십이운성론과 마찬가지로 옛날 점성술의 한 종류인 오성술(五星術)로부터 유래된 것으로 추정된다. 신살의 구성 관계를 상세하게 따져보면 합(合), 충·형·파·해(沖·刑·破·害), 공망(空亡) 등의 관계이거나 그것에서 파생된 것들이 많다. 신법(新法) 이론인 자평학(子平學) 관련 책에서도 신살을 언급하기는 했지만, 사용을 권장하지는 않았다. 그러나 지금도 다수 명리가가 일부 신살을 간명에 활용하고 있다.

* 이 책의 "16. 십이신살(十二神煞)" 및 "17. 기타신살(其他神煞)"에서 많은 신살을 소개했지만, 모두 다 사용되는 것은 아니다. 사주 간명에 어떤 신살을 활용할지는 전적으로 본인 선택이다.
* 사주명리학을 모르는 사람에게 이름이 흉(凶)한 신살을 그대로 알려주는 일은 조심해야한다. 이름의 나쁜 뜻을 곧이곧대로 받아들일 수 있기 때문이다.

각종 용신론(用神論)

억부용신론(抑扶用神論)에 따르면, 사주에는 각 글자의 오행끼리 생극(生剋)에 의한 기(氣)의 세력 다툼이 있다. 좋은 사주는 여러 오행의 세력이 균형을 이루고 있는 것인데, 그런 균형 잡힌 사주를 '중화(中和)된 사주'라고 한다.

그리고 **용신**(用神)은 사주의 중화를 이루어 줄 수 있는 오행을 의미하며, 구체적으로는 日干에게 가장 도움이 되는(가장 필요한) 오행을 가리키는 이름이다. 사주 원명에 해당 오행의 글자가 있으면 그것을 용신으로 쓰고, 없더라도 대운이나 년운에 그 오행의 글자가 들어오면 용신으로 쓰면 된다.

* 사주 구성에 따라서, 日干을 생조(生助)하는 것이 日干에 해가 되기도 하고, 日干을 극설(剋洩)하는 것이 日干에 도움이 되기도 한다.
* '용신(用神)'이라는 말은 체(體)인 日干이 꼭 필요로 해서 용(用)하는 신(神)이란 뜻에서 비롯된 것이라는 설(說)이 있다.
* '용신(用神)'은 육효점(六爻占)에 나오는 '용효(用爻)'라는 말에서 유래한 것이며, 나중에는 이것을 '격(格)'이라고도 부르다가 종래에는 '격국(格局)'이라는 용어로까지 발전했다고 하는 설(說)도 있다. (주역 점술이 사주명리학에도 영향을 미쳤음을 추측하게 한다.)

용신의 정의와 역할에 관해서는 고서(古書)에서도 여러 가지 견해가 있고, 사주에서 어떤 오행이 용신인지 파악하는(정하는) 원리도 다양하다. 그래서 사주 간명에 용신을 사용할지 말지, 사용하더라도 어떤 기준으로 용신을 정할지는 전적으로 명리가 본인에게 달렸다. 현재 가장 일반적인 용신의 개념은 대만의 명리학자인 서낙오(徐樂吾)가 정립한 것으로, 억부론(抑扶論)을 적용해서 정한 용신이다.

억부론을 적용해서 정한 용신을 (다른 이론으로 정한 용신과 구분하기 위해서) **억부용신**(抑扶用神)이라고 한다. 또 격국론(格局論)을 적용해서 정한 용신은 **격국용신**(格局用神)이라고 한다. 그 밖에도 용신을 정하는 방법에 따라 **조후용신**(調候用神), **통관용신**(通關用神), **병약용신**(病藥用神), **전왕용신**(專旺用神) 등이 있다.

* 격국용신은 다른 용신과 개념이 많이 다르다. 무엇이 다른지는 이 책의 "20. 격국론(格局論) 개요(槪要)"에서 "격국용신(格局用神)과 상신(相神)" 부분에 자세히 설명되어 있다.

격국론(格局論) =격국용신론(格局用神論) =격용론(格用論) (格 틀 격, 격식 격)

격국(格局)은 사주의 틀(유형, 형태)을 의미하며 여러 종류의 격(格)이 있다. 간명할 때는 먼저 사주의 격을 찾고 그것을 사용해서 통변한다. '月支 지장간 중에서 천간에 투출한 육신'으로 격을 정하는 것이 가장 기본적인 방법이지만, 다른 다양하고 복잡한 조건에 따라 정하기도 한다.

격은 月支 기준이고 月支는 가정, 사회, 직장을 의미하는 자리이므로, 격은 적성, 전공, 직업 등을 강하게 암시한다. 그래서 격은 그 사람이 타고 난 그릇(특성과 성품)을 파악하는 데는 유용하지만, 격만 보고 그 사람의 시기별 길흉화복(吉凶禍福)을 알 수는 없다.

* (사주에서 주체는 日干이지만) 月支는 日干을 포함해서 사주의 모든 천간과 지지를 관리하고 있다. (대운은 月柱로부터 시작되고 있으니) 月支는 대운을 통해서 지속해서 운을 주관하고 있다. 그래서 月支 기준으로 격을 정하는 것이다.
* 연해자평(淵海子平) 및 명리정종(命理正宗)에서 여러 격이 소개되었는데, 후대의 자평진전(子平眞詮)에서는 그것을 정리하고 이론화했다.
* 격은 삶의 방식이 단순했던 옛날에 정해진 것이라서, 삶의 형태가 다양하고 복잡한 현대에는 적용하기에 적절치 않다는 의견도 있다.
* 이 책의 "20. 격국론(格局論) 개요(槪要)"에서 이 이론을 좀 더 구체적으로 설명한다.

억부론(抑扶論) =신강신약론(身强身弱論) =억부법(抑扶法) (抑 누를 억, 扶 도울 부)

사주의(日干의) 기운이 지나치게 강하면 폭주(暴走), 파재(破財) 등의 확률이 높고, 지나치게 약하면 병고(病苦), 빈천(貧賤) 등의 확률이 높다. 사주의 기운이 강하면 누르고 약하면 북돋워서, 기운이 적당해지도록 만드는 오행을 **억부용신**(抑扶用神)이라고 한다. 간명할 때 먼저 용신을 정하고 그것으로 간명하는 이론이 억부론이다.

다음은 억부론과 억부용신을 간결하게 설명한 문장이다.
"사주를 억(抑) 또는 부(扶)해서 사주를 중화(中和)시키는 오행이 용신인데, 신약한 사주는 日干을 부조(扶助)하는 오행을 용신으로 삼고, 신강한 사주는 日干을 억제(抑制)하는 오행을 용신으로 삼는다."

* 이 책의 "21. 억부론(抑扶論) 개요(概要)"에서 이 이론을 좀 더 구체적으로 설명한다.

격국론(格局論)과 억부론(抑扶論)의 차이

격국론이든지 억부론이든지 日干을 사주의 주체(主體)로 삼고 간명한다는 점에서는 같다. 용신을 정하는 방법이 다를 뿐이다. 격국법은 月支를 기준으로 비교적 단순하게(?) 격(格)을 찾아서 용신을 정하며 그 격에 따라 부귀빈천(富貴貧賤)을 파악하지만, 억부법은 용신을 정하기 위해서 각 干과 支의 성정(性情)과 생극(生剋) 관계를 일일이 따져서 사주의 강약을 판단해야 하므로, 상대적으로 복잡하게 느껴진다. 격국론의 격 중에서 정격(正格)은 억부법과 원리가 비슷하지만, 특별격(特別格)은 억부법의 원리와 아주 다르다.

조후론(調候論) =조후법(調候法) (調 고를 조, 어울릴 조, 候 철 후, 날씨 후)

사주의 한·난·조·습(寒·暖·燥·濕) 상태를 조절하는 것을 조후(調候)라고 한다. 천간과 지지의 개별 한·난·조·습을 종합해서 사주 전체가 한·난·조·습 중 어느 한쪽으로 치우쳐 있으면, 그것을 중화시킬 수 있는 오행을 용신으로 삼는데 그것이 **조후용신**(調候用神)이다. 예를 들면, 木·火가 많아서 더운 사주는 열을 식혀주는 金·水가 용신이고, 金·水가 많아서 추운 사주는 추위를 막아주는 木·火가 용신이다.
(寒 찰 한, 暖/煖 따뜻할 난, 燥 마를 조, 濕 축축할 습, 젖을 습)

* 조후론은 궁통보감(窮通寶鑑)에서 이론화됐다.

月支와 時支가 조후(調候)에 미치는 영향

日干의 한·난·조·습은 태어난 때의 기후 조건에 가장 크게 영향을 받으므로, 일단 月支(어느 계절인지)와 時支(하루 중 언제인지)만 봐도 대충 파악할 수 있다. 예를 들면, 日干이 丙인데 午월(양력 6월) 午시(11~13시)생이면 더운 여름 대낮에 태어났으므로 日干에 열기가 많다. 그러나 같은 丙 日干이라도 子월(양력 12월) 寅시

(3~5시)생이면 추운 겨울 새벽에 태어났으므로 日干이 丙인데도 한기가 많다.

* 우리나라의 더운 시기는 午·未·申·酉월(대략 양력 6~9월)이다. 그중에서도 더 더운 시기는 未·申월(대략 7~8월)이고, 가장 더울 때는 대서(大暑, 7월 하순)~입추(立秋, 8월 초순) 동안이다. 추운 시기는 子·丑·寅·卯월(대략 양력 12~3월)이다. 그중에서도 더 추운 시기는 丑·寅월(대략 1~2월)이고, 가장 추울 때는 대한(大寒, 1월 하순)~입춘(立春, 2월 초순) 동안이다.

천간(天干)과 지지(地支)의 한·난·조·습(寒·暖·燥·濕) 구분

각 천간과 지지가 한·난·조·습 중 어디에 해당하는지에 관해서는 정설(定說)이 없다. (사실 이렇게 세세하게 알 필요가 없다. 개략만 이해하면 된다.)

- 木·火(난), 金·水(한) 기준으로 정한 것

  [근거] 木·火는 조열(燥熱)하고 金·水는 냉습(冷濕)하다.

  甲·乙·丙·丁(난)　庚·辛·壬·癸(한)　戊(조), 己(습)
  寅·卯·巳·午(난)　申·酉·亥·子(한)　辰·丑(습), 戌·未(조)

- 木(습), 火(난), 金(조), 水(한) 기준으로 정한 것

  [근거] 습↔조, 난↔한 관계는 木↔金, 火↔水 관계와 같다.

  甲·乙(습)　丙·丁(난)　庚·辛(조)　壬·癸(한)　戊(조), 己(습).
  寅·卯(습)　巳·午(난)　申·酉(조)　亥·子(한)　辰·丑(습), 戌·未(조)

- 천간과 지지 각각에 대해서 정한 것

  [근거] 구분하는 기준이 모호해서 실전에 잘 적용하지 않는다.

  甲(조), 乙(습), 丙(난), 丁(난), 戊(조), 己(습), 庚(습), 辛(조), 壬(한), 癸(한)
  寅(한·습), 卯(습), 辰(습), 巳(습·난), 午(난), 未(난), 申(난·조), 酉(조), 戌(조), 亥(조·한), 子(한), 丑(한)

辰·戌·丑·未의 한난조습

辰·未는 각각 봄·여름 지지이므로 **난토**(暖土)라고 하며, 戌·丑은 각각 가을·겨울 지지이므로 **한토**(寒土)라고 한다. 辰·丑은 지장간에 癸水가 있어서 **습토**(濕土)라고 하며, 戌·未는 지장간에 丁火가 있어서 **조토**(燥土)라고 한다.

통관론(通關論) =통관법(通關法)

사주에서 오행이 크게 양대 세력으로 나누어져 대치하고 있으면, 그 두 세력을 소통(화해)시켜 주는 오행을 용신으로 삼는데 그것이 **통관용신**(通關用神)이다.

예를 들어 木과 土 세력이 대치(木剋土)하고 있는 사주에, 火가 있으면 木生火→火生土로 이어져서 木→火→土로 부드럽게 흘러가게 된다. 이런 사주에는 火가 통관용신이다. 같은 원리로, 土와 水가 대치(土剋水)하고 있으면 金이, 水와 火가 대치(水剋火)하고 있으면 木이, 火와 金이 대치(火剋金)하고 있으면 土가, 金과 木이 대치(金剋木)하고 있으면 水가 통관용신이다.

이와 같은 관계를 육신으로 보면, 비겁과 재성이 대치할 때는 식상이, 재성과 인성이 대치할 때는 관성이, 인성과 식상이 대치할 때는 비겁이, 식상과 관성이 대치할 때는 재성이, 관성과 비겁이 대치할 때는 인성이 중간에서 중재 역할을 하는 통관용신이다.

사주에서 '소통시킬 두 세력'과 멀리 떨어져 있을수록 통관용신의 소통 작용이 약하다. 통관용신이 두 세력 사이에 낀 위치에 있을 때 가장 잘 소통시킨다.

병약론(病藥論) =병약법(病藥法) (病 병들 병, 藥 약 약)

사주에서 좋지 않은 역할을 하는 오행을 병(病)이라고 하고 그 원인을 제거해 줄 수 있는 오행을 약(藥)이라고 하는데, 약(藥)이 되는 오행을 **병약용신**(病藥用神) 또는 줄여서 약신(藥神)이라고 한다. 명리정종(命理正宗)에서 이론화됐다.

예를 들면, 乙 日干 옆에 辛(예리한 칼)이 있으면 乙(작은 나무)이 다치기 쉬운데, 그런 사주에 丁(뜨거운 불)이 있으면 辛을 극해서(칼을 녹여서) 乙을 보호해 준다. 그 경우 辛은 병이고 丁은 약이다. 또 다른 예는, 金 日干 사주에 土가 너무 많으면 土가 金을 생하지 못하고 오히려 해가 된다. 이 경우는 土가 병이고, '土를 극하는 木'이나 '日干과 같은 편인 金'이 약이다.

병(病)은 억부법 관점에서는 기신(忌神)과 같고, 약(藥)은 억부법 관점에서는 용신과 같은 것이므로, 병약법은 억부법과 원리가 같은 이론이라고 볼 수 있다.

병도 없고 약도 없는 사주는 안정적이지만 현실에 안주하는 평범한 삶을 암시하고, 병이 있는데 약은 없는 사주는 실패와 고난이 많은 힘든 삶을 암시하며, 병이 있지만 약도 있는 사주는 살아가는 과정에 난관은 있지만 많은 것을 성취하는 삶을 암시한다. 사주 원명(原命)에 병이 있는데 운(運)에 약이 들어오는 시기는 아주 좋다.

전왕론(專旺論) =전왕법(專旺法) (專 오로지 전)

사주에 오행의 분포가 한 가지에만 치우치면 그 오행의 세력이 매우 강하다. 그런 사주에는 (운에서) 그 오행의 세력을 거스르지 않는 오행이 오는 것이 좋다. 그래서 '그 오행' 또는 '그 오행에 도움이 되는 오행'을 용신으로 삼는데, 그것이 전왕용신(專旺用神)이다. 결과적으로 보면, 억부법과 정반대 개념으로 용신을 정하는 것이다.

그러나 사주가 한 가지 오행에 어느 정도 치우쳐야 전왕(專旺)하다고 할 수 있는지 기준이 명확하지 않다. 그래서 전왕법을 적용하지 않는 명리가도 있다.

* 이 책의 "20. 격국론(格局論) 개요(槪要)"에서 "특별격(特別格) 중에서 변격(變格)의 용신(用神) 정하기" 부분 참고

간지론(干支論)

십간(十干)과 십이지(十二支) 글자 각각의 음양오행, 성정(性情), 포함한 의미 등을 설명한 것이 간지론이다. 십간과 십이지와 그것으로 구성된 육십갑자 체계는 중국 은(殷)나라 이전에 성립된 것으로 추측되며, 음양오행학과 결합해서 천지자연의 변화 원리를 설명하는 기호로 사용되고 있는데, 동양의 모든 수리역학(數理易學: 역(易)의 수(數)로서 자연의 이치를 밝히는 학문)이나 술수(術數: 역(易)의 수(數)를 활용해서 길흉을 점치는 방법) 분야에 널리 사용되고 있다.

물상론(物象論)

천간과 지지 글자 각각의 의미를 자연물(사물)에 빗대어 해석하는 이론이다. 오행 중 유일한 생명체인 木을 중심으로 천간과 지지의 역할을 설명한다. 물상론적인 사주 해석의 기본 개념은 "좋은 土에서 자란 木으로 火를 살려서 그 불기운으로 金을 제련한 후에 水로 식히고 씻어주는 것"이다.

[보기#1] 나무는 물이 많으면 좋다고 보는 것이 기본이다. 그러나 물도 너무 많으면 나무의 뿌리가 썩게 되니 안 좋다. 이것이 수다목부(水多木腐)다. 또 물이 충분하더라도 나무 주변에 마른 흙(조토 燥土)이 많으면 나무가 흡수할 물이 없어진다. 이것이 토다수멸(土多水滅)이다. 하지만, 죽은 나무 주변에는 마른 흙이 있으면 좋다. 왜냐하면 죽은 나무는 물이 있으면 썩기 때문에, 마른 흙이 물을 흡수해서 썩지 않게 해준다.

[보기#2] 한정된 흙(土)에 나무가 많으면 잘 자라지 못한다. 그럴 때는 도끼(金)로 잡목을 솎아내거나 가지치기를 해주면 잘 자랄 수 있다. 그런 이유로, 木이 많아서 신강한 사주는 金이 있으면 설기(洩氣)되어 좋다.

* 천간과 지지의 물상에 관해서는 이 책의 "4. 천간(天干)과 지지(地支)"의 내용을 기본으로 공부한 후에, "부록1. 천간물상(天干物象)"과 "부록2. 지지물상(地支物象)" 및 "부록3. 십간관계(十干關係)"를 추가로 공부할 것을 권한다.

일주론(日柱論)

日干은 명주(命主) 즉 나를 의미하며, 日支는 日干 밑에 있으므로 '내가 깔고 앉아 있는 자리'라고도 한다. 日支는 '배우자宮'이기도 하다. 그래서 사주에서 日柱의 비중은 매우 크다. 그래서 日柱만으로도 그 사람의 특성을 어느 정도 파악할 수 있다고 보고, 육십갑자 60개 모든 日柱의 특성을 정리한 것이 일주론이다.

명리가마다 나름대로 日柱를 해석해서 제시하기 때문에 다양한 일주론이 있다. 그러나 사주 중에서 日柱의 비중이 아무리 크다 한들 두 글자만으로 간명하는 것은 아무 의미가 없으니, 일주론은 쓸모없다고 주장하는 명리가도 있다.

허자론(虛字論)

사주 원명에 있는 글자를 **실자**(實字)라고 하고, 원명에는 없지만 사주에 있는 것처럼 작용하는 가상의 글자를 **허자**(虛字)라고 한다. '2개 이상의 실자'가 특정 조건이 되면 허자를 만든다 - 사주에 그 허자가 있는 것처럼 생각한다 - 는 이론이다. 허자를 허신(虛神) 또는 암신(暗神)이라고도 한다. 허자론은 연해자평(淵海子平)에서 처음 제시된 이론이다.

과거 신분제 사회에서 사주에 정관이 없는 사람이 관직(官職)에 오른 것을 설명하려고, 어떻게든지 사주에 정관을 만들어 낸 억지 논리라는 이야기가 있다. 그래서인지 허자론을 올바른 간명 이론으로 인정하지 않는 명리가도 많다.

- 생성될 허자가 이미 원명에 있는 것이라면 허자는 생성되지 않는데, 그런 상황을 **전실**(塡實)이라고 한다. (塡 메울 전)
- 허자를 생성할 조건이 되는 실자가 다른 글자와 합 또는 충되면 허자를 생성시키지 못한다.
- 허자는 사주의 강약 판단에는 사용하지 않는다.

도충(倒沖) (倒 뒤집을 도, 넘어질 도)

음(陰)과 양(陽)은 한 가지 기운이 가득 차면 반대되는 기운이 발생한다. 그런 원리로 허자가 생성되는 것이 도충이다. 같은 글자가 많으면 그 글자의 기운이 많다는 뜻이다. 반대되는 오행끼리는 충(沖)을 하므로, 반대되는 글자는 충하는 글자다.

- 같은 지지가 2개 이상 나란히 있으면 그것과 충되는 글자가 허자로 생성된다. 예를 들면, 사주에 子와 子가 나란히 있으면 子-午 충이 될 수 있는 午가 허자로 생성된다.
- 원명에 있는 지지와 같은 글자가 운에도 있으면 그것과 충되는 글자가 허자로 생성된다. 예를 들면, 사주에 子가 있는데 년운에도 子가 있으면 子-午 충이 될 수 있는 午가 허자로 생성된다.

허합(虛合) =인합(引合) =비합(飛合)

지지에 삼합을 이루는 글자 중에서 한 글자가 없으면, 완전한 合이 되기 위해서 그 없는 글자가 허자로 생성된다. 그런 합을 허합이라고 한다. 예를 들면, 사주에 申과 子가 있으면 삼합을 이루기 위해서 辰이 허자로 생성된다. 그런데, 만약 이 사주에 寅이 있다면 寅-申 충이 되어 허자가 만들어지지 않는다. 허합은 원명에서만 성립되고 운과는 무관하다.

공협(拱挾) =협공(挾拱) (拱 두 손 맞잡을 공, 挾 낄 협)

지지 순서상 사이에 한 글자가 빠진 두 지지가 나란히 있으면, 그 중간 빈자리에 맞는 글자가 허자로 생성된다. 그런 것을 공협이라고 한다. 예를 들면, 사주에 子와 寅이 나란히 있으면 子·丑·寅 순서에서 중간에 빠진 丑이 (원명에 丑이 없다면) 허자로 생성된다. 공협으로 생성된 허자를 협신(挾神)이라고 한다. 공협은 年支-月支, 日支-時支에만 해당되고 月支-日支는 해당되지 않는다. 공협은 원명에서만 성립되고 운과는 무관하다.

요합(遙合) =특합(特合) (遙 멀 요, 서성거릴 요)

사주가 '甲子일-甲子시', '辛丑일-己丑시', '癸丑일-癸丑시'이면 巳가 허자로 생성된다. 그것을 요합이라고 하는데, 그 이유는 다음과 같다.

- 子의 지장간 癸는, 巳의 지장간 戊와 암합해서 戊-癸 합이 되려고 巳를 허자로

생성한다. (子가 巳를 허자로 불러낸다.)

- 丑의 지장간 癸는, 巳의 지장간 戊와 암합해서 戊-癸 합이 되려고 巳를 허자로 생성한다. (丑이 巳를 허자로 불러낸다.)
- '甲子일+甲子시'인 사주를 **자요사격**(子遙巳格)이라고 한다.
- '辛丑일+己丑시' 및 '癸丑일+癸丑시'인 사주를 **축요사격**(丑遙巳格)이라고 한다.

허자론(虛字論)에서 탐합망임(貪合忘任)

예를 들면, 사주에 子와 子가 나란히 있으면 도충(倒沖)에 의해서 午를 허자로 생성해야 하는데, 만약 다른 지지에 丑이 있다면 子가 丑과 合을 이루느라고 (허자를 생성해야 하는 본연의 임무를 잊고) 午를 생성하지 않는다. 또 다른 예는, 年支와 月支가 子와 寅이면 공협(拱挾)에 의해서 丑을 허자로 생성해야 하는데, 만약 다른 지지에 亥가 있다면 寅이 亥와 합을 이루느라고 (허자를 생성해야 하는 본연의 임무를 잊고) 丑을 생성하지 않는다. 이런 것을 탐합망임(貪合忘任)이라고 표현한다.

* 탐합망임에 관해서는 이 책의 "22. 간명용어(看命用語)"에서 "탐□망○(貪□忘○)" 부분 참고

참고 신취팔법(神趣八法) =간명팔법(看命八法) =팔상법(八象法) (趣 빨리 달릴 취)

모든 사주 명식(命式)을 8가지로 분류하고 그것을 살펴서 통변하는 방식으로서 격국론의 격(格)과 유사한 개념이다. 팔상(八象)은 유상(類象), 속상(屬象), 종상(從象), 화상(化象), 반상(返象), 조상(照象), 귀상(鬼象), 복상(伏象)을 말한다. 삼명통회(三命通會), 명리정종(命理正宗), 연해자평(淵海子平), 명리약언(命理約言) 등 여러 고서(古書)에서 언급되어 있지만, 현재는 사용되지 않는 간명법이다.

* 관상학 책인 마의상법(麻衣相法)에 나오는, 관상을 보고 인물을 분류하는 방법인 관인팔상법(觀人八相法)과는 전혀 다른 것이다.

참고 체용론(體用論)

체용론은 동양철학에서 사물을 이해하는 사상의 한 갈래이며, 명리학뿐만 아니라 불교 및 성리학에서도 쓰이고 있는 이론이다. 사물을 체(體)와 용(用) 두 측면으로 나누고 그것들의 상호 연관성을 살펴서 사물을 이해한다. 체(體)는 사물의 본체(本體) 즉 근본적인 것을 의미하고, 용(用)은 사물의 작용이나 쓰임새를 의미한다. 어떤 사물이 체(體)와 용(用)으로 구분되더라도 본질은 같다고 본다. 예를 들어 나무

가 재료인 부채를 체용론에 기반해서 해석하면, 부채의 체(體)의 오행은 木인데, 사람을 때리는 무기로 사용되면 살기(殺氣)를 띠는 것이므로 용(用)의 오행은 金이라고 할 수 있으며, 부채로 춤을 춘다면 용(用)은 현란한 속성인 火가 되고, 부채로 한기(寒氣)를 일으킨다면 용(用)은 추운 속성인 水가 된다. 즉 하나의 체(體)가 다양한 용(用)으로 바뀌지만, 본질은 변하지 않는다는 것이다.

사주명리학에 적용되는 체용론(體用論)

- 원명(原命)에서는, 日干을 체(體)로 보고 나머지 글자를 용(用)으로 보거나 또는 격(格)을 용(用)으로 본다.
- 대운(大運)에서는, 원명을 체(體)로 보고 대운을 용(用)으로 본다.
- 년운(年運)에서는, 원명과 대운을 체(體)로 보고 년운을 용(用)으로 본다.

20
격국론(格局論) 개요(槪要)

격(格)과 격국(格局) (格 격식 격, 겨룰 격, 때릴 격, 법칙 격, 자리(등급) 격)

격(格)에 따라 사주 주인공의 정체성(正體性)이 정해진다고 보는 것이 격국론이다. 격은 그 사람의 정체성 - 성격, 적성, 삶의 환경 등 - 을 나타내는, 미리 정해진 사주의 형태(패턴)를 말한다. 사주의 형태를 표준화해서 쉽게 간명하기 위한 목적으로 만들어진 것으로 추측된다. 격마다 고유(固有)의 정체성이 있다.

* 격(格)은 '月支 지장간의 투출 형태'를 말하는 것이고, 격국(格局)은 '月支와 다른 글자와의 짜임새'를 말하는 것이다. 그러나 보통은 격과 격국을 구분하지 않고 혼용한다.

사주의 형태가 어느 격의 조건에 맞으면 **입격**(立格) 또는 **성격**(成格)되었다고 한다. 격이 되기는 해도 합(合), 충·형(沖·刑), 공망(空亡) 등에 의해서 격이 깨지면 **파격**(破格) 또는 **패격**(敗格)되었다고 한다. 파격은 격이 안 된다는 뜻이 아니다. 완전한 형태의 격이 아니라서, 그 격 고유의 정체성이 거의 드러나지 않는다는 뜻이다.

격국론도 일부 다른 사주명리 이론처럼 기준이 모호하거나 불명확한 내용이 많다. 그러다 보니 격의 종류나 격을 정하는 방식이 명리가마다 조금씩 차이가 있다.

* "八字用神 專求月令(팔자용신 전구월령: 팔자의 용신은 오로지 월령에서 구한다.)" 여기서 용신은 격(格)을 말한다. 자평진전(子平眞詮)에 있는 말이다.

격은 크게 **정격**(正格)과 **특별격**(特別格)으로 구분한다. 그리고 특별격을 다시 세분하면 **변격**(變格), **잡격**(雜格)으로 나뉜다. 정격은 月支를 기준으로 정한 격을 말한다. 특별격은 月支 이외의 다른 기준으로 정한 격을 말한다.

사주에 여러 개 격이 겹쳐 있을 수 있다. 즉, 한 사주가 여러 격이 될 수 있다는 뜻이다. 그러나 한 사주에 정격은 하나뿐이든지 없든지 한다. 정격과 특별격을 파악하는 순서는 상관없지만, 통변할 때는 정격보다 특별격을 우선적으로 통변하는 것이 일반적이다.

정격(正格) =내격(內格)

月支의 육신을 기반으로 정한 격을 정격이라고 한다.

십정격(十正格)

정격은 보통 10가지로 구분하는데, 그것을 십정격(十正格)이라고 한다. 다음 표에 십정격을 나타냈다. 그런데, 표의 내용 중에서 건록격과 양인격을 빼고 팔정격(八正格)이라고 하는데, 그것은 뒤에 나오는 팔정격과 구분이 다르다.

건록격 (建祿格)	양인격 (羊刃格)	식신격 (食神格)	상관격 (傷官格)	편재격 (偏財格)	정재격 (正財格)	편관격 (偏官格)	정관격 (正官格)	편인격 (偏印格)	정인격 (正印格)

* 月支가 비견이면, 비견이 십이운성으로 건록(建祿)이므로 건록격이라고 한다.
* 月支가 겁재면, 양(陽) 日干 사주에서는 양인살(羊刃煞)이므로 양인격이라고 한다. 음(陰) 日干 사주에서는 아무런 격(格)이 아니다. 즉 月支가 음인살(陰刃煞)이면 아예 격이 되지 않는다.
* 일반적으로 편관격은 칠살격(七殺格), 정인격은 인수격(印綬格)으로 불린다.

팔정격(八正格)

정격은 8가지로 구분해서 팔정격(八正格)이라고 한다. 이것은 앞의 십정격(十正格)과 구분이 다르다. 십정격의 건록격 대신에 녹겁격이 있고, 편재와 정재, 편인과 정인은 작용이 거의 같다고 보기 때문에 편·정(偏·正)으로 구분하지 않고 재성격, 인성격으로 뒀다.

녹겁격 (祿劫格)	양인격 (羊刃格)	식신격 (食神格)	상관격 (傷官格)	재성격 (財星格)	편관격 (偏官格)	정관격 (正官格)	인성격 (印星格)

* 月支가 양인살(羊刃煞)이면 양인격이다. (이때 月支는 비견이기도 하다.)
* 月支가 비견이나 겁재면, 양인살인 경우만 제외하고 나머지는 녹겁격(祿劫格)이 된다.
* 표의 내용 중에서 녹겁격, 양인격을 빼고 육정격(六正格)이라고 한다.
* 팔정격 중에서 재성격, 정관격, 인성격, 식신격은 **사길격**(四吉格, 財·官·印·食)이고, 칠살격, 상관격, 녹겁격, 양인격은 **사흉격**(四凶格, 殺·傷·劫·刃)이다. 단, 길격과 흉격이 이분법적으로 좋은 사주와 나쁜 사주를 의미하는 것은 아니다.

십정격(十正格)을 파악하는 방법

십정격(十正格) 기준으로 격을 파악하는 원칙과 방법을 설명한다.

- 아래에서 '투출된 천간'의 육신을 격으로 삼는 경우는, 만약 '투출된 천간'의 육신이 비견이나 겁재라면 그것을 격으로 삼지는 않는다. 이것이 일반적으로 알려진 "비견이나 겁재는 격이 되지 않는다."라는 말의 의미다.
- 격으로 삼으려는 글자가 합(合)이 되거나 충(沖)을 당해서 무력하면 그것으로 격을 삼으면 안 된다.
- (당연한 말이지만) 日干은 육신이 될 수 없으므로, 아래에서 언급된 '투출된 천간'을 찾을 때 日干은 해당하지 않는다.

<u>아래 번호 순서대로 조건을 따져서 먼저 일치하는 것으로 격을 정하면 된다.</u> 격을 판단하는 세부적인 조건과 조건의 우선순위에 관해서는 명리가마다 의견이 다르므로 아래에 설명된 방법이 절대적인 원칙이 아니다.

(a) 月支가 건록이면, 사주가 신강한지를 살펴보고 만약 신강하다면 이 사주는 건록격(建祿格)이다. 신약하면 격이 되지 않는다.

(b) 月支가 양인이면, 사주가 신강한지를 살펴보고 만약 신강하다면 이 사주는 양인격(羊刃格)이다. 신약하면 격이 되지 않는다.

(1) 月支의 지장간 본기가 투출(透出)했으면, 그것의 육신을 격으로 삼는다.

(2) 月支의 본기가 투출하지 않고 여기나 중기 중에서 투출한 것이 있으면 그것의 육신을 격으로 삼는다. <u>단, 비견이나 겁재면 격으로 삼지 않는다.</u>
만약 여기와 중기 둘 다 투출했으면, 기운이 더 센 것이나 월지사령(月支司令)인 것의 육신을 격으로 삼는다.
만약 月支가 생지(生地, 寅·申·巳·亥)면, 여기인 戊는 (원래 지장간으로서의 기운이 약한 것이기 때문에) 투출해도 격이 될 수 없다.

(3) 月支가 다른 지지와 삼합이고 그 합오행이 투출했으면, 합오행의 육신을 격으로 삼는다. 반합은 인정하지 않는다.

(4) 月支가 왕지(旺地, 子·午·卯·酉)면 月支 자신의 육신을 격으로 삼는다.

(5) 위의 조건에 맞는 것이 없으면, 지장간과 같은 오행인 천간의 육신을 격으로 삼는다. (이것을 인정하지 않는 의견이 많다.)

(6) 그래도 격이 정해지지 않았으면, 月支 자신의 육신을 격으로 삼는다.

* 위의 (a), (b)의 건록격과 양인격은 십정격(十正格)에 포함하기는 했지만, 정격이 아닌 특별격으로 취급한다.
* 위의 (1)(2)(5)를 합해서 설명하면, "月支에 통근한 천간의 육신을 격으로 삼는다."이다. 하지만 이것으로는 조건의 우선순위를 알 수 없다.

앞의 각 경우에 맞게 정격(正格)을 정하는 보기

(a) 日干이 甲이고 月支가 寅이며(甲-寅 건록) 사주가 신강하면, 이 사주는 건록격(建祿格)이다. 만약 신약하면 건록격이 될 수 없다.

(b) 日干이 甲이고 月支가 乙이며(甲-乙 양인) 사주가 신강하면, 이 사주는 양인격(羊刃格)이다. 만약 신약하면 양인격이 될 수 없다.

(1) 日干이 甲이고 月支가 巳이며 巳의 본기인 丙이 투출됐으면, 丙은 식신이니 이 사주는 식신격(食神格)이다.

(2.1) 日干이 甲이고 月支가 巳이며 巳의 중기인 庚만 투출했으면, 庚은 편관이니 이 사주는 편관격(偏官格)이다.

만약 여기인 戊가 함께 투출했어도 寅.申.巳.亥의 여기인 戊는 힘이 없으므로 무시한다. 그래서 이 사주는 그대로 편관격이다.

(2.2) 日干이 甲이고 月支가 辰이며 여기·중기인 乙·癸가 투출했으며, 癸의 세력이 乙보다 강하다면, 癸가 정인이니 정인격(正印格)이다.

(3) 日干이 癸고 지지에 月支 포함 寅-午-戌 삼합이 있고 천간에 합오행과 같은 丙이 있으면, 丙은 식신이니 이 사주는 식신격(食神格)이다.

(4) 日干이 甲이고 月支가 午(왕지)면, 午는 육신으로 상관이다. 이 사주는 상관격(傷官格)이다.

(5) 日干이 甲이고 月支가 辰이며 투출된 지장간이 없는데, 중기인 癸와 같은 오행인 壬 편인이 천간에 있다면, 편인격(偏印格)이다.

(6) 日干이 甲이고 月支가 酉이며 위의 아무 조건에도 해당하지 않는다면, 月支 酉는 정관이니 이 사주는 정관격(正官格)이다.

격(格)의 강약(强弱)과 정체성(正體性)

같은 격이라도 격이 정해지는 조건에 따라서 그 격의 강약이 다른데, 편의상 그것을 '격의 힘'이라고 표현한다. 격의 힘이 강할수록 인생에서 그 격 고유의 정체성(正體性)이 강하게 발현된다. 예를 들면, 편관격인데 격의 힘이 강하면 그 사주 주인공의 성격, 적성, 삶의 환경 등에 편관의 특징(인내심, 의리, 책임감, 개혁성, 완고함, 과시욕, 강압적, 하극상 등등)이 강하게 드러나고, 격의 힘이 약하면 편관의 특징이 잘 드러나지 않는다. 아래에 격의 강약을 판단하는 기준을 설명한다.

- 앞서 설명한 '십정격(十正格)을 파악하는 방법'의 번호가 빠를수록 격의 힘이 세하다. (1)~(3)은 月支의 지장간이 투출된 경우인데, 격의 힘이 강하다.
- (1)~(3)처럼 月支의 지장간이 투출된 경우라도, 月干에 투출한 경우에 가장 힘이 세다. 그다음은 時干에 투출한 경우고, 그다음은 年干에 투출한 경우다.
- (1)~(3)처럼 月支의 지장간이 투출된 경우라도, 한 곳에만 투출한 경우보다는 두 곳에 투출한 경우에 더 힘이 있다.
- (4)~(6)처럼 月支 지장간이 투출하지 않은 격을 **가격**(假格)이라고 하는데, 격의 힘이 약해서 그 격의 정체성이 잘 드러나지 않는다.
- 파격(破格)은 가격(假格)보다 더 격의 힘이 약해서, 그 격의 정체성이 거의 드러나지 않는다. 그래서 그 사주 주인공의 정체성을 파악하기 어렵다.

특별격(特別格) =외격(外格) =별격(別格)

사주의 기세나 구성된 형태로 정한 격을 특별격이라고 한다. 고서(古書)에는 수백 개의 특별격이 기록되어 있으나, 상당수는 기준도 모호하고 별로 의미가 없는 것들이 대부분이다. 여기서는 기준이 약간이나마 분명하고 많이 알려진 것들만 몇 가지 소개한다. 크게 변격(變格), 잡격(雜格)으로 나누고, 변격(變格)은 다시 종격(從格), 전왕격(專旺格), 화격(化格)으로 세분화했다. 명리가마다 다르게 분류하기도 하는데, 어떻게 분류하는지는 중요하지 않다. 변격은 비교적 타당성이 있지만, 잡격은 이론이 난잡하고 잘 맞지 않아서 요즘은 거의 사용하지 않는다.

변격(變格)

1. 종격(從格) (從 좇을 종, 따를 종, 兒 아이 아)

종격(從格)은 특정 육신(오행)의 세력이 매우 강한 사주를 말한다. 세력이 강한 육신(오행)의 이름이 곧 격의 이름이다. 종격은 아래 표에서와 같이 구분한다.

육신→	인성	비겁	식상	재성	정관	편관	(1)	(2)	(3)
격명 (格名)	종강격 (從强格)	종왕격 (從旺格)	종아격 (從兒格)	종재격 (從財格)	종관격 (從官格)	종살격 (從殺格)	종관살격 (從官殺格)	종기격 (從氣格)	종세격 (從勢格)

(1) (정관만 있으면서 세력이 강하면 종관격, 편관만 있으면서 세력이 강하면 종살격) 정관과 편관이 모두 있으면서 세력이 강하면 종관살격(從官殺格)이다.

(2) 신약한데, 식·재·관 중에서 두 세력이 강하면 종기격(從氣格)이다.

(3) 신약한데, 식·재·관 모두가 세력이 비슷하게 강하면 종세격(從勢格)이다.

* 강한 세력을 따라야 한다는 의미로 '종(從)'자를 사용했다.

* '日干이 생하는 자식'이라는 뜻으로 식상(食傷)을 '아(兒)'라고 한다.

2. 전왕격(專旺格) =일행득기격(一行得氣格) =독상(獨象) (專 오로지 전, 獨 홀로 독)

종왕격(從旺格)이면서 日干을 극하는 오행이 하나도 없는 사주를 전왕격(專旺格)이라고 한다. 당연히 日干의 세력이 극도로 강하다. 그래서 일행득기격(一行得氣格) 또는 독상(獨象)이라고도 한다. 日干의 오행에 따라서 다음과 같이 격을 구분하며, 격의 이름은 '○○專旺格'이다.

日干 오행→	木	火	土	金	水
격명(格名)	곡직전왕격 (曲直從旺格)	염상전왕격 (炎上從旺格)	가색전왕격 (稼穡從旺格)	종혁전왕격 (從革從旺格)	윤하전왕격 (潤下從旺格)
별명(別名)	목일곡직격 (木日曲直格)	화일염상격 (火日炎上格)	토일가색격 (土日稼穡格)	금일종혁격 (金日從革格)	수일윤하격 (水日潤下格)
약칭(略稱)	목일격	화일격	토일격	금일격	수일격
약칭(略稱)	곡직격	염상격	가색격	종혁격	윤하격

3. 화격(化格) =화기격(化氣格) =합화격(合化格) =종화격(從化格) (從 좇을 종, 따를 종)

日干이 옆의 글자(月干이나 時干)와 합하면서 그 합오행이 月支의 오행과 같고, 사주 전체에 그 합오행의 세력이 강하면서 그 합오행을 극하는 오행이 하나도 없는 사주를 화격(化格)이라고 한다. 단, 합이 깨지면 화격이 성립되지 않는다. (성립 조건이 무척 까다롭다.) 화격의 합오행을 화신(化神)이라고 한다. 합에 따라서 다음과 같이 격을 구분한다.

日干 간합→	甲-己	乙-庚	丙-辛	丁-壬	戊-癸
격명(格名)	갑기합화토격 (甲己合化土格)	을경합화금격 (乙庚合化金格)	병신합화수격 (丙辛合化水格)	정임합화목격 (丁壬合化木格)	무계합화화격 (戊癸合化火格)
약칭(略稱)	갑기합토격	을경합금격	병신합수격	정임합목격	무계합화격
약칭(略稱)	화토격	화금격	화수격	화목격	화화격

잡격(雜格)

1. 日柱로 정한 격

日干과 日支의 관계가 특정한 조건이 되는 격을 말한다. 조건에 따라서 다음과 같은 격이 있다. (아래 표에 있는 것 외에도 더 많이 있다.)

日柱 →	건록	천을귀인	괴강살	일인살	재관쌍미	…
격명(格名)	전록격 (專祿格)	일귀격 (日貴格)	괴강격 (魁罡格)	일인격 (日刃格)	재관쌍미격 (財官雙美格)	…

* 日干-月支가 괴강살인 것도 괴강격으로 보는 의견도 있다.

2. 時干으로 정한 격

신강한 사주에서, 식·재·관(食·財·官) 중 한 가지가 時干(=時上)에만 유일하게 있으며 힘 있는 길신(吉神)이면 격이 성립된다. 時干에만 유일하게 있는 그 육신이 식·재·관 중 어느 것인지에 따라서 다음과 같이 격을 구분하며, 격의 이름은 '시상일위○○격(時上一位○○格)'이다. (아래 표에서 '~'는 '시상일위(時上一位)'다.)

時干 →	식신	정재	정관	상관	편재	편관
격명(格名)	~식신격 (~食神格)	~정재격 (~正財格)	~정관격 (~正官格)	~상관격 (~傷官格)	~편재격 (~偏財格)	~편관격 (~偏官格)

* 이 중에서 '시상일위편관격'을 별도로 '시상일위귀격(時上一位貴格)'이라고도 한다. 사주명리학에서 '귀(貴)'는 관성(官星)의 뜻으로 많이 쓰인다. 과거에는 관직(官職)에 들면 귀한 신분이 된 것으로 여겼기 때문이다.

3. 기타 잡격

(日柱나 時干만 보는 것이 아니라) 사주 전체의 구성을 보고 격을 정하는 것이 있는데 그것은 다음과 같다. (아래 표에 있는 것 외에도 더 있다.)

구성→	천원일기	지신일기	양신성상	관인상생	식신제살	득비리재	군겁쟁재	탐재괴인
격명 (格名)	천원일기격 (天元一氣格)	지신일기격 (地辰一氣格)	양신성상격 (兩神成象格)	관인상생격 (官印相生格)	식신제살격 (食神制殺格)	득비리재격 (得比理財格)	군겁쟁재격 (群劫爭財格)	탐재괴인격 (貪財壞印格)

* 천원일기, 지신일기, 양신성상 등의 용어는 이 책의 "22. 간명용어(看命用語)"에 자세히 설명되어 있다.

격국용신(格局用神)과 상신(相神) (相 서로 상, 도울 상, 볼 상)

이 내용은 자평진전(子平眞詮)의 용신론(用神論)을 참조했다.

격국론에서는 격의 육신을 용신(用神)이라고 한다. 즉 격이 곧 용신이다. 그것을 **격국용신**(格局用神)이라고 한다. 그리고 **상신**(相神)이라는 말이 있는데 '보좌(相)하는 신(神)'이라는 뜻이다. 격국용신을 생조(生助)하거나 극제(剋制)하거나 설기(洩氣)해서 '日干을 돕는 육신'이 상신이다.

예를 들어 사주가 정관격인데 日干이 약하고 정관이 강하면, 정관을 극하는 상관이나 정관을 설기시키는 인성이 있으면 日干에게 도움이 된다. 이 사주의 격이 되는 정관은 격국용신이고 상관 또는 인성은 상신이다. 그래서 격국론의 상신(相神)은 억부론의 용신(用神)과 같은 것으로 보면 된다.

* 상신(相神)을 '격국용신을 보좌하는 육신'이라고 설명하기도 하는데, 이것보다는 '日干을 보좌하는 육신'이라고 해야 의미가 정확하다.
* 요즘은 격국론과 억부론을 혼용해서 간명하는 경우가 많으므로, 헷갈리지 않도록 격을 용신이라고 하지는 않는다. 그래서 별도 언급없이 용신이라고 하면 상황에 따라서 억부·조후·통관·병약·전왕 용신 중의 하나를 의미한다.

사주의 격이 정해졌다고 무조건 성격(成格)되었다고 보지는 않는다. 사주에 상신이 올바르게 갖춰져야 제대로 성격되었다고 본다. 즉, 격이 제대로 완성되려면 사주에 상신이 있고 그 상신이 제 역할을 하는 구조라야 한다.

성격(成格)된 사주는 그 격 고유의 정체성을 제대로 발휘하며 살게 되지만, 반대로 파격(破格)된 사주는 그 격의 정체성을 거의 발휘하지 못한다. 이런 것이 격국론을 적용해서 사주를 간명할 때 주의 깊게 살펴봐야 할 부분이다.

정격(正格)의 용신(用神) 정하기

이 내용은 자평진전(子平眞詮)의 용신론(用神論)을 참조했다.
(내용 중에서 '격국용신'은 격(格) 자체의 육신을 뜻하고, '상신'은 억부론의 용신과 같은 것임을 알고 보면, 내용을 이해하기 쉽다.)

앞에서 정격(八正格) 설명할 때, 팔정격 중에서 재·관·인·식(財·官·印·食) 격을 사길격(四吉格)이라 하고, 살·상·겁·인(殺·傷·劫·刃)격을 사흉격(四凶格)이라고 했다. 자평진전에서는 그것을 사길신(四吉神), 사흉신(四凶神)이라고 한다. 그리고 상신을 정할 때는 "사길격(四吉格)의 상신은 순용(順用)하고 사흉격(四凶格)의 상신은 역용(逆用)한다."라는 원칙을 제시하였다. 이것은, 사길격 사주는 '격국용신을 생조(生助)하거나 설기(洩氣)하는 육신'을 상신으로 정해야 하고, 사흉격 사주는 '격국용신을 극제(剋制)하는 육신'을 상신으로 정해야 한다는 뜻이다.

예를 들어 신약한 정관격 사주라면, (약한 日干을 돕기 위해서) 격국용신인 정관의 힘을 빼줘야 한다. 정관격은 길격(吉格)이므로 상신을 정할 때 순용(順用)해야 한다. 즉 정관을 (극보다) 설기하는 것을 상신으로 삼아야 한다. 따라서 인성이 상신이다.

또 다른 예를 들어 신약한 상관격 사주라면, (약한 日干을 돕기 위해서) 격국용신인 상관의 힘을 빼줘야 한다. 상관격은 흉격(凶格)이므로 상신을 정할 때 역용(逆用)해야 한다. 즉 상관을 (설기보다) 극제하는 것을 상신으로 삼아야 한다. 따라서 인성이 상신이다.

사주에 순용 또는 역용하는 상신이 있으면, 그렇지 못한 사주보다 격이 높은 사주다. 즉 사길격 사주는 격의 육신을 생조 또는 설기하는 육신이 있으면 좋고, 사흉격 사주는 격의 육신을 극제하는 육신이 있으면 좋다는 뜻이다.

특별격(特別格) 중에서 변격(變格)의 용신(用神) 정하기

사주의 격이 종격(從格), 전왕격(專旺格, =종왕격 從旺格), 화격(化格, =종화격 從化格)이라면 그 사주의 용신은 전왕법(專旺法)에 따라서 정한다. 종격이나 전왕격 사주는 세력이 강한 육신(오행)을 용신으로 삼고, 화격 사주는 합오행을 생하는 육신(오행)을 용신으로 삼는다.

* 이런 종류의 격 이름에 '종(從)' 자를 사용한 이유는 "강한 세력의 오행을 좇아가야 좋다."는 의미를 담았기 때문이다. (從 좇을 종)
* 이 책의 "19. 사주명리학설(四柱命理學說) 소개(紹介)"에서 "전왕론(專旺論)" 부분 참고

격(格)을 정하는 사례

다음은 격을 어떻게 정하는지 보여주기 위한 사례들이다. 격을 정하는 과정과 격으로 간명하는 방법이 이렇다는 것을 보여주는 것이 목적이므로, 격 위주로만 설명했을 뿐 사주 전체를 간명한 내용은 아니다. 그리고 여기서 설명한 것이 정석(定石)이라고 주장하지도 않는다. 예시(例示)한 사주를, 여기서는 미처 보지 못한 세세한 조건까지 따져서 다시 살펴본다면, 여기 설명과는 다르게 격을 판단할 수도 있다.

丙	**庚**	丙	丙
子	寅	申	午

月支 申이 비견이므로 건록격(建祿格)으로 볼 수 있다. 그러나 관성이 너무 많고 日干 庚을 생조(生助)하는 세력이 없어서 극도로 신약하다. 그래서 격이 성립되지 않는다. 인성 土와 비겁 金이 길신(吉神)이고 관성 火가 흉신(凶神)이다. 관성(丙·丙·丙·午)이 많고 심지어는 寅의 지장간에도 丙이 있으며, 사주가 신약하다. 그래서 관살혼잡격(官殺混雜格)이다.

戊	**丙**	丙	壬
子	戌	午	辰

日干 丙은 비겁인 丙과 午가 바로 옆에서 돕고 있고 지지의 午-戌 반합 火가 받치고 있으니 신강하다. 月支 午가 양인살이므로 양인격(羊刃格)이다. 따라서 양인살의 기질을 타고났으므로 성격이 과격하고 다른 사람들을 무시한다.

甲	**甲**	丙	癸
子	寅	辰	巳

月支 辰의 지장간 중기인 癸가 年干에 투출했다. 癸는 정인이므로 이 사주는 정인격(正印格)이다. 그리고 日支가 건록이므로 전록격(專祿格)도 된다. 日干은 정인(癸·子)과 비견(甲·寅)의 생조(生助)를 많이 받고 있기 때문에 신강하다. 신강한 정인격 사주이므로, (강한 日干의 힘을 빼주려면) 격국용신인 정인의 힘을 빼줘야 한다. 정인격은 길격(吉格)이므로 상신(相神)을 정할 때 순용(順用)해야 한다. 즉 정인을 극하기보다 설기하는 것을 상신으로 삼아야 한다. 따라서 (정인도 설기하고 동시에 日干도 설기하는) 식상이 상신이다. 즉 月干에 있는 식신 丙이 상신(억부법으로는 용신)이다.

정인격과 전록격이므로 몸을 쓰는 직업보다는 교육자 또는 행정직 공무원과 같은 직업에 적합하고, 식신(丙)과 편재(辰)가 있어서 식신생재(食神生財)로 볼 수 있으니, 의식이 풍족하다.

甲	**癸**	戊	壬
寅	酉	申	戌

月支 申의 지장간 본기인 庚은 투출되지 않았다. 중기 壬은 年干에 투출되었지만 겁재라서 격으로 삼지 않는다. 여기 戊가 月干에 투출되었다. 원래 寅·申·巳·亥의 지장간 여기인 戊는 기운이 약해서 투출되었더라도 격으로 삼지 않는다. 그러나 이 사주에서는 투출된 戊가 時支 寅 및 年支 戌에 통근해서 힘이 있으므로 격이 될 수 있다. 戊는 정관이다. 그래서 이 사주는 정관격(正官格)이다. 사주뿐만 아니라 지장간에도 편관(己·丑·未)이 없으니 관살혼잡격(官殺混雜格)은 아니다.

丁	辛	乙	戊
酉	丑	卯	寅

日干 辛은 인성 戊·丑과 비견 酉가 돕고 있고 지지의 酉-丑 반합 金이 받치고 있으니 신강하다. 月支 卯의 지장간 乙이 月干에 투출했다. 乙은 편재다. 그래서 이 사주는 편재격(偏財格)이다. 時干에 식·재·관 중의 하나인 편관 丁이 관성으로는 유일하게 있다. 日干이 신강하므로 편관 丁의 극제를 충분히 받아낼 수 있다. 그래서 이 사주는 시상일위편관격(時上一位偏官格)이기도 하다. 따라서 명예를 추구하는 경향이 있다. 재성이 3개(乙·卯·寅)나 있어서 신왕재왕(身旺財旺)하니 재운(財運)도 있다.

庚	丁	戊	壬
子	巳	申	辰

月支 申의 지장간 본기인 庚이 時干에 투출했으며 庚은 정재이므로 정재격(正財格)이다. 따라서 전체적으로 보면 모험적이지 않고 안정된 삶을 추구하는 성향이다. 중기인 壬 정관이 年干에 투출했으니 어릴 적에는 규칙을 잘 지키는 모범생일 것이다. 여기인 戊 상관이 月干에 투출했으니 청년기에는 다소 사회 질서에 대해서 반항심을 가지기 쉽고, 직장생활에 얽매이는 것을 싫어한다. (여자라면 남자에 대한 거부감이 있어서 결혼이 늦거나 독신을 주장할 수도 있다.) 본기인 庚 정재는 時干에 투출했으니 노년기로 갈수록 안정적인 생활을 추구하고 알뜰한 생활 태도를 가진다.

壬	丁	戊	丁
寅	丑	申	未

日干 丁은 득령도 득지도 못했고 돕는 세력도 적은데 식상(戊·丑·未)의 세력이 강하므로 신약하다. 月支 申의 지장간 壬이 時干에 투출되었다. 壬은 정관이므로 이 사주는 정관격(正官格)이다. 月支 申이 時支 寅과 寅-申 충이 되어서 격이 깨질 뻔했는데 중간에 丑이 土生金으로 막아서서 다행이다. 정관격은 길격(吉格)이므로 상신을 순용(順用)해야 한다. 그래서 (정관을 설기하면서 동시에 日干을 생하는) 정인 寅을 상신(相神) 즉 용신으로 삼는다. 時干에 식·재·관 중의 하나인 정관 壬이 관성으로는 유일하게 있지만, 日干이 신약하고 정관 壬은 세력이 강한 식상 土의 극을 받기 때문에 시상일위격(時上一位格)은 될 수 없다.

이 사주의 청탁을 살펴보면, 충(沖)이 많고(寅-申 충, 丑-未 충) 길격인 정관을 극하는 상관이 천간에 투출되어 있으므로, 이 사주는 탁(濁)하다. 그래서 아주 순수한 정관격은 아니다.

己	**癸**	丁	甲
未	酉	丑	子

비견 子가 있고 酉-丑 반합 金이 인성이므로 약간 신강하다. 月支 丑의 지장간 己가 時干에 투출되었다. 己는 편관이다. 그래서 이 사주는 편관격(偏官格)이다. 전체적으로 子水→甲木→丁火→丑土→酉金→癸水의 순서로 오행의 흐름이 좋다. 편관(己·未·丑)의 세력이 강하기 때문에 상관 甲으로 상관제살(傷官制殺)하면 좋은 사주가 되는데, 甲이 時柱에 있는 己와 未를 제살(制殺)하려 해도 멀리 떨어져 있을 뿐만 아니라 酉-丑 반합 金이 사이를 막고 있어서 쉽지 않다. 그래서 평범한 사주다.

癸	**丙**	癸	庚
巳	申	未	申

日干 丙은 도와줄 세력이 거의 없다. 時支에 비겁 巳가 하나 있으나 그것마저 巳-申 합 때문에 水 역할을 한다. 月支 未의 지장간 丁에 통근해서 겨우 의지하고 있다. 月支는 건록도 아니고 양인도 아니고, 月支 未의 지장간(丁·乙·己) 중에 천간에 투출된 것이 하나도 없다. 그래서 月支 자체의 육신으로 격을 정하니 상관격(傷官格)이다. 그렇지만 月支 未의 힘이 워낙 약하기 때문에 상관격으로서의 기질이 별로 드러나지 않을 수 있다.
사주 전체를 보면 인성과 비겁은 거의 힘이 없고, (식·재·관 중에서) 재성과 관성 두 오행의 세력이 강하기 때문에 종기격(從氣格)으로 볼 수도 있다.

壬	**丙**	丙	甲
辰	寅	子	申

月支 子의 지장간 중에 천간에 투출된 것이 없으며, 子는 왕지(旺地)이며 정관이다. 그래서 이 사주는 정관격(正官格)이다. 時干에 식·재·관 중의 하나인 편관 壬이 있지만 지지에 정관 子도 있으므로 관성으로는 유일하지 않다. 게다가 壬은 옆의 丙 두 개와 충이기도 하다. 그래서 시상일위격(時上一位格)은 될 수 없다.
정관격이므로 품행이 바르고 단정해서 규칙적인 생활을 중시하며 일탈하지 않으려 한다. 정규 월급직에 적합하다. 다만 가격(假格)이라서 좀 아쉽다.

己	**戊**	甲	戊
未	辰	子	申

月支 子의 지장간 중에 천간에 투출된 것이 없으며, 子는 왕지(旺地)이며 정재다. 그래서 이 사주는 정재격(正財格)이다. 그런데 지지에 申-子-辰 삼합 水가 있으니 사주에 재성의 세력이 왕(旺)하다. 그래서 왕자편화(旺者偏化)에 의해서 편재격(偏財格)이다.
사업적 재능이 있고 인색하지는 않지만 남을 잘 속이고 계략에 능한 편재의 기질을 타고났다.

庚	**甲**	甲	戊
午	辰	寅	戌

이 사주는 인·비와 식·재·관을 개수로만 비교하면 2:5로 신약한 것처럼 보인다. 하지만 日干 甲은 月支 寅과 辰의 여기인 乙에 통근했으며, 寅-辰 반합 木도 日干을 받쳐주고 있다. 게다가 月干 甲 비견까지 있으니 매우 신강하다. 月支 寅이 건록이므로 건록격(建祿格)이다.
좀 더 살펴보면, 時干에 식·재·관 중의 하나인 편관 庚이 관성으로는 유일하게 있으며, 日干이 매우 강해서 편관 庚의 극제를 충분히 받아낼 수 있으므로, 진정한 시상일위편관격(時上一位偏官格)이다.

丁	**丙**	甲	丙
酉	戌	午	午

日干이 양(陽)이고 月支가 겁재이니 양인격(羊刃格)이다. 그리고 비겁이 매우 강하므로 종왕격(從旺格)이기도 하다. 게다가 日干 丙을 극하는 관성 水가 하나도 없으니, 전왕격(專旺格)이며 그중에서도 화일염상격(火日炎上格)이다. 또 많은 비겁(丁·丙·午·午)이 하나뿐인 정재 酉를 차지하려고 서로 다투기 때문에 군겁쟁재격(群劫爭財格)이기도 하다.
이 사주를 억부법으로 보면 비겁이 강해서 신강한 사주이므로 비겁을 설기하는 식신 戌이나 재성 酉를 용신으로 삼아야 한다. 그러나 격국법으로 보면 (전왕격 중에서 화일염상격이므로) 격의 오행인 火에 따라야 한다. 그래서 비겁 火가 용신이다.

戊	**甲**	己	庚
辰	寅	丑	戌

月支가 丑인데 日干 甲과 月干 己가 甲-己 합해서 합오행이 土이며 사주에 土가 5개나 있다. 그래서 종화격(從化格) 중에서 화토격(化土格)인가 싶었는데, 日支에 土를 극하는 寅이 있으므로 화토격이 아니다. 그러나 좀 더 자세히 살펴보면 寅의 지장간 본기 甲과 丑의 지장간 본기 己가 甲-己 암합(暗合)을 이루고 있어서 (寅이 무조건적인 반대 세력이 아니므로) 화토격으로 봐도 된다.
이 사주의 용신은, 억부법으로 보면 재성 土가 강해서 매우 신약한 사주이므로 비견 寅이나 인성 水를 용신으로 삼아야 한다. 그러나 격국론으로 보면 화토격이므로 土에 따라야 한다. 그래서 土가 용신이다.

乙	**庚**	壬	乙
酉	子	午	卯

사주에 인성 土가 없고 비겁도 酉 하나뿐이라서 신약하다. 月支 午의 지장간 중에 천간에 투출된 것이 없으며, 午는 왕지(旺地)이며 정관이다. 그래서 이 사주는 정관격(正官格)이다. 그런데 日支 子와 月支 午가 충이 되므로 격이 깨졌다. 그래서 온전한 정관격이 아니다. 신

약한 사주라서 격국용신인 정관의 힘을 빼줘야 한다. 정관격은 길격(吉格)이므로 상신(相神)을 정할 때 순용(順用)해야 한다. 그래서 정관을 설기하는 인성이나 비겁을 상신으로 삼아야 하는데, 사주에 인성은 없고 겁재인 酉가 있으므로 이를 상신(억부법으로는 용신)으로 삼는다.

이 사주를 억부법 관점에서 보면, 신약한 日干을 생해줄 인성 土가 없으므로 時支에 있는 겁재 酉를 용신으로 삼는다. 격국법으로 본 상신과 억부법으로 본 용신이 일치한다.

이 사주는 신약한데 재성(乙·乙·卯)이 많으니 재다신약(財多身弱)이고, 또 지지가 모두 도화(子·午·卯·酉)인 편야도화(遍野桃花)이기도 하다.

21
억부론(抑扶論) 개요(槪要)

억부론(抑扶論)으로 간명(看命)하는 절차

억부론으로 간명하는 기본 절차는, 사주의 신강신약을 판단하고 나서 용신(用神)을 정한 다음에, 日干과 용신을 기준으로 통변하는 것이다. 신강신약은 日干의 왕쇠강약(旺衰强弱)을 의미할 뿐이지, 그 자체로 길흉(吉凶) 판단의 기준은 아니다.

사주의 신강신약(身强身弱)을 판단하는 일반적인 원칙

신강신약을 정확하게 판단할 수 있는 정립된 공식은 없고, 다음과 같은 일반적인 원칙만 있다. (이 원칙조차도 절대적인 것은 아니다.)

- 사주에 (日干을 생조하는) 인·비의 세력이 (日干을 극설하는) 식·재·관의 세력보다 크면 신강하다. 옆의 그림 참조.
- 득령, 득지, 득세를 많이 할수록 신강하다. (이것을 자세히 따져보면 윗줄과 같은 내용이다.)
- 사주팔자 각 글자의 위치별 기운의 세기를 고려한다. (月支>日支>時支>年支>時干>月干>年干)
- 합(合)과 충·형(沖·刑) 및 통근(通根) 등이 각 오행에 미치는 영향을 고려한다.

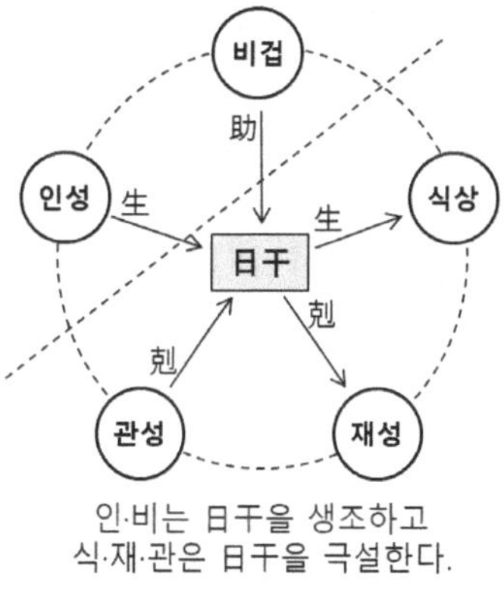

인·비는 日干을 생조하고
식·재·관은 日干을 극설한다.

* 옆의 그림은 이 책의 "11. 오행왕쇠(五行旺衰)"에 있는 그림과 같은 것이다.
* 이 책의 "18. 통근(通根)과 득령(得令)"에서 "사주의 왕쇠(旺衰)와 강약(强弱)" 부분 참고
* 사주팔자 각 글자의 위치별 기운의 세기는, 이 책의 "8. 사주팔자(四柱八字)"에 있는 그림 참고

억부용신(抑扶用神)

신강도 신약도 아닌 중화(中和)인 사주가 좋은 사주인데, 사주를 중화시키는 데 필요한 오행을 용신이라고 한다. 즉 사주가 신강하면, 日干을 **억제**(抑制) 또는 **설기**(洩氣)해 주는 오행이 용신이고, 신약하면, 日干을 **부조**(扶助) 또는 **생조**(生助)해 주는 오행이 용신이다.

일반적으로 아무 설명 없이 그냥 '용신'이라고 하면, 억부용신을 말하는 것이다. 용신은 원명을 간명하는 데도 중요하지만, 운의 간명에 더 중요한 요소다. 운에 용신이 들면(=용신 글자가 있으면) 운세(運勢)가 좋아진다.

억부용신(抑扶用神)을 정하는 방법 =용신정법(用神定法) =취용신법(取用神法)

억부용신을 정하는 방법은 매우 복잡하며 정설(定說)이 없다. 이 책에서는 억부용신을 정하는 가장 기본적인 원칙인, "신강하면 식·재·관(食·財·官) 중에서 용신을 정하고, 신약하면 인·비(印.比) 중에서 용신을 정한다."에 관해서만 설명할 뿐이며, 실제로는 좀 더 다양한 요소들을 살펴서 용신을 정해야 한다. 즉 여기서 설명된 것이 절대적인 원칙이 아니다.

신강(身强)한 사주에서 용신을 정하는 방법

신강한 사주라면, 인성과 비겁은 용신으로 부적절하다. 즉 식상, 재성, 관성 중에서 하나를 용신을 정하는 것을 우선으로 고려해야 한다. (마지막 설명 다음에, 각 번호에 해당하는 그림이 있다. 그림을 보면서 설명을 이해하면 쉬울 것이다.)

(1) 인성이 강하면, 인성을 극하는 재성을 용신으로 삼고, 인성을 설기시키는 식상을 희신(喜神: 용신을 돕는 오행)으로 삼는다. (희신은 나중에 자세히 설명한다.)

(2) 비겁이 강하면, 日干을 설기시키는 식상이나 재성 중에 하나를 용신으로 삼고, 다른 하나를 희신으로 삼는다. 日干을 극하는 관성도 용신이 될 수는 있지만, 관성은 日干을 극하는 것이므로, 가능하면 관성을 용신으로 삼지 않는 것이 좋다. 하지만 日干이 매우 강하다면 관성으로부터 극을 당해도 견딜 수 있으므로 관성을 용신으로 삼을 수도 있다.

(3) 인성과 비겁의 기운이 대등하면, 식상, 재성, 관성 중에서 제일 강한 것을 용신으로 삼고, 다른 하나를 희신으로 삼는다.

신약(身弱)한 사주에서 용신을 정하는 방법

신약한 사주라면, 식상과 재성과 관성은 용신으로 부적절하다. 즉 인성과 비겁 중에서 하나를 용신을 정하는 것을 우선으로 고려해야 한다.

(4) 식상이 강하면, 식상을 극하는 인성을 용신으로 삼고, 日干을 돕는 비겁을 희신으로 삼는다.

(5) 재성이 강하면, 日干과 함께 재성을 극하는 비겁을 용신으로 삼고, 재성을 설기시키는 인성을 희신으로 삼는다.

(6) 관성이 강하면, 관성을 설기시키는 인성을 용신으로 삼고, (관성의 극에 대항할 수 있게) 日干을 돕는 비겁을 희신으로 삼는다.

(7) 식상, 재성, 관성의 기운이 대등하면, 인성과 비겁 중에서 더 강한 것을 용신으로 삼고, 다른 하나를 희신으로 삼는다.

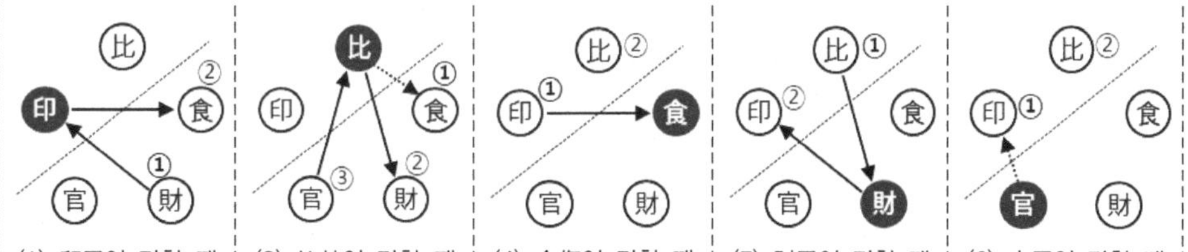

(1) 印星이 강할 때 | (2) 比劫이 강할 때 | (4) 食傷이 강할 때 | (5) 財星이 강할 때 | (6) 官星이 강할 때

앞의 방법을 요약하면

(1) 신강한데 인성이 강하면: 재성이 용신, 식상이 희신 (경우에 따라 식상이 용신)

(2) 신강한데 비겁이 강하면: 식상이 용신, 재성이 희신 (경우에 따라 재성이 용신)

*日干이 매우 강한 경우라면, 관성을 용신으로 삼을 수도 있다.

(4) 신약한데 식상이 강하면: 인성이 용신, 비겁이 희신 (경우에 따라 비겁이 용신)

(5) 신약한데 재성이 강하면: 비겁이 용신, 인성이 희신 (경우에 따라 인성이 용신)

(6) 신약한데 관성이 강하면: 인성이 용신, 비겁이 희신 (경우에 따라 비겁이 용신)

용신을 정할 때 추가 조건

오행을 용신으로 삼기 때문에 원명에 그 오행의 글자가 있는지는 상관없다. 원명에 용신 오행의 글자가 있다면 그 글자를 용신으로 삼으면 된다. 만약 원명에 용신 오행의 글자가 2개 이상 있다면 지지보다는 천간에 있는 글자를, 통근(通根)하거나 유정(有情)한 글자를, 득령(得令)하거나 득지(得地)한 글자를, 충극(沖剋)을 받지 않은 글자를 용신으로 삼는다.

용신(用神)의 진가(眞假) (眞 참진, 假 거짓 가)

원명에 있는 오행의 글자를 용신으로 정했으면 그것을 **진용신**(眞用神) 또는 **정용신**(正用神)이라고 한다. 용신으로 정하면 좋을 오행이기는 하지만 그 오행의 글자가 원명에 없어서 또는 충·형(沖·刑)되거나 힘이 없어서 다른 오행을 용신으로 정했다면, 그것을 **가용신**(假用神)이라고 한다.

예를 들어, 비겁이 강해서 신강한 사주에는 식상이 용신이고 재성이 희신인데, 식상이 원명에 있고 힘이 있다면 식상을 용신으로 삼으면 되고 그것이 진용신이다. 그런데 원명에 식상 자체가 없거나 식상이 있기는 하지만 너무 힘이 없다면, 원명에 재성이 있는지 살펴보고 재성을 용신으로 삼을 수 있는데, 그것이 가용신이다. 가용신은 진용신보다 용신으로서의 역량(力量)이 적다.

용희기구한(用喜忌仇閑) (喜 기쁠 희, 忌 꺼릴 기, 仇 원수 구, 閑 한가할 한)

사주에서 각각의 오행이 어떤 역할을 하느냐에 따라서 다음과 같이 분류한다.

- 용신(用神): 사주 중화(中和)에 필요한(도움이 되는) 오행
- 희신(喜神): 용신에 도움이 되는 오행이나 용신 다음으로 사주 중화에 도움이 되는 오행
- 기신(忌神): 용신을 해롭게 하는 오행이나 사주 중화에 해가 되는 오행
- 구신(仇神): 희신을 해롭게 하는 오행이나 기신을 돕는 오행
- 한신(閑神): 용·희·기·구 외의 나머지 오행, 원래 아무런 역할이 없지만 상황에 따라서 희신을 돕거나 기신을 돕는다.

* 용희기구한을 논(論)하는 것이 아닌 일반적인 경우에는, 희신(喜神)은 말그대로 '日干이 반기는 육신(오행)'을 뜻하고, 기신(忌神)은 '日干이 꺼리는 육신(오행)'의 뜻으로 사용한다.

용희기구한에 관해서

- 용희기구한의 용신이 반드시 억부용신이라야 하는 것은 아니다. 사주에 가장 필요한 오행이기만 하면, 조후용신일 수도 있고, 통관용신일 수도 있다.
- 용신과 희신은 사주에서 좋은 역할이고, 기신과 구신은 사주에서 나쁜 역할이다.
- 용희기구한에서 희신(喜神)과 기신(忌神)의 판단 기준이 '日干'이 아니라 '용신'이라는 사실을 명심해야 한다. 자칫하면, 희신을 '日干을 생조(生助)하는 오행'이라고 착각하거나, 기신을 '日干을 극설(剋洩)하는 오행'이라고 착각하기 쉽다. 어떤

사주에서는 日干을 극설(剋洩)하는 것이 희신일 수 있으며, 어떤 사주에서는 日干을 생조(生助)하는 것이 기신일 수 있기 때문이다.

- 사주의 용희기구한이 각각 어느 오행인지 먼저 정한 다음에 사주를 간명하기도 하지만, 사주를 간명하다 보면 저절로 용희기구한이 정해지기도 한다. 즉 용희기구한을 정해야 간명할 수 있는 것은 아니다. 용희기구한은 사주에서 오행 각각의 역할을 나타내는 말일 뿐이다.
- 같은 오행이라도 글자가 다르면 역할이 다를 수 있다. 예를 들면, 어떤 사주에서 전체적으로는 土가 기신일지라도, 습토(濕土)인 辰土나 丑土는 희신일 수 있다. 또, 어떤 사주에서는 같은 火라도, 丁은 희신이지만 丙은 기신일 수 있다.

용희기구한을 정하는 일반적인 방법

용희기구한을 정하는 순서는, 일반적으로 다음 세 개 그림과 같다.

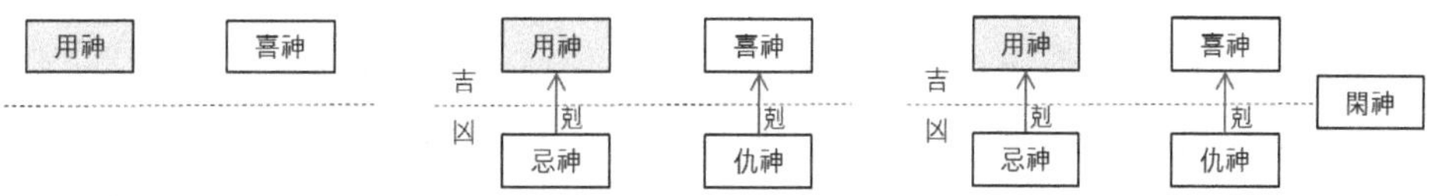

첫째, 앞에서 설명한 '억부용신(抑扶用神)을 정하는 방법'에 따라서, 용신과 희신을 정한다. 둘째, 용신을 극하는 오행을 기신으로 정하고, 희신을 극하는 오행을 구신으로 정한다. 셋째, 남는 오행을 한신으로 정한다.

용신, 희신, 기신을 제대로 정하지 않으면 통변 내용이 꼬이기 쉽고, 특히 운에 대한 통변이 완전히 잘못되어, 길(吉)을 흉(凶)으로 흉(凶)을 길(吉)로 통변하게 된다.

용희기구한을 정한 결과 확인

정한 결과는 다음 그림의 내용과 일치하는지 확인해서 검증할 수 있다.

'희신이 용신을 생'하는 것이 일반적인 관계지만, '용신이 희신을 생'하는 관계도 있을 수 있다. 그러나 절대로 '용신과 희신이 서로 극'하는 관계는 있을 수 없다. 마찬가지로 '구신이 기신을 생'하는 것이 일반적인 관계지만, '기신이 구신을 생'하는 관계도 있을 수 있다. 그러나 절대로 '구신과 기신이 서로 극'하는 관계는 있을 수 없다.

예를 들어 水가 용신이고 金이 희신이라고 가정하면, 용신 水를 극하는 土가 기신이고 희신 金을 극하는 火가 구신이다. 나머지 오행인 木이 한신이다. 결과를 보면, 희신 金은 용신 水를 생하고(金生水) 구신 火는 기신 土를 생한다(火生土). 기신 土는 희신 金을 생한다(土生金).

반대로, 金이 용신이고 水가 희신이라고 가정하면, 金을 극하는 火가 기신이고 水를 극하는 土가 구신이다. 나머지 오행인 木이 한신이다. 결과를 보면, 용신 金이 희신 水을 생하고(金生水) 기신 火가 구신 土를 생한다(火生土). 희신 水는 기신 火을 극한다(水剋火)

용신(用神)을 정하는 사례

여기서는 다른 간명 요소들은 전혀 고려하지 않고, 득령, 득지, 득세 여부만으로 신강신약을 판단하고 거기에 따라서 (억부)용신을 정했다. 만약 다른 요소들까지 감안하거나 다른 이론도 함께 적용해서 간명한다면, 예시된 사주의 신강신약이 여기서 설명한 것과 다를 수도 있다.

癸 **己** 丁 丁
酉 亥 未 酉

▶ 인(丁·丁), 비(未), 식(酉·酉), 재(癸·亥), 관(木없음) ◀

득령(未), 실지, 득세(丁·丁·未)했다. 따라서 신강하다. 신강한데 인성이 강하므로 일단 재성을 용신으로 삼기로 한다. 재성으로는 癸와 亥가 있는데, 癸는 천간이며 亥에 통근하고 酉의 생을 받기 때문에 癸가 힘이 있다. 하지만 丁-癸 충이다. 그래서 亥를 용신으로 정했다. 식상 金이 희신이고, 水를 극하는 土가 기신, 金을 극하는 火가 구신이다.

丙 **甲** 壬 壬
寅 子 子 申

▶ 인(壬·壬·子·子), 비(寅), 식(丙), 재(土없음), 관(申) ◀

득령(子), 득지(子), 득세(壬·壬·子·子·寅)했다. 따라서 매우 신강하다. 신강한데 인성이 강하므로 일단 재성을 용신으로 삼기로 한다. 재성은 없고 식신 丙이 있으므로 丙을 용신으로 삼으려고 했는데 丙-壬 충이라서 마땅치 않다. 그래서 재성 土를 용신으로, 식신 火를 희신으로 정했다. 土를 극하는 木이 기신, 火를 극하는 水가 구신이다.

丁	**甲**	壬	丙
卯	子	辰	子

▶ 인(壬·子·子), 비(卯), 식(丁·丙), 재(辰), 관(金없음) ◀

실령, 득지(子), 득세(壬·子·子·卯)했다. 따라서 신강하다. 신강한데 인성이 강하므로 일단 재성을 용신으로 삼기로 한다. 재성으로는 辰이 있는데 지지이고 土라서 용신으로 삼기에 부적절하다. 그래서 식상을 용신으로 삼기로 한다. 식상은 丁과 丙이 있는데, 丁이 丙보다 유정(有情: 日干에 가깝다.)하고 지지에 자기를 생하는 卯가 있으므로 丁을 용신으로 정했다. 재성 土가 희신이고, 火를 극하는 水가 기신, 土를 극하는 木이 구신이다.

丙	**甲**	戊	庚
寅	子	寅	寅

▶ 인(子), 비(寅·寅·寅), 식(丙), 재(戊), 관(庚) ◀

득령(寅), 득지(子), 득세(子·寅·寅·寅)했다. 따라서 매우 신강하다. 신강한데 비겁이 강하므로 일단 식상을 용신으로 삼기로 한다. 時干에 있는 식신 丙을 용신으로 정했다. 만약 丙이 없다면 편재 戊나 편관 庚을 용신으로 정할 수밖에 없다. 만약 편재 戊를 용신으로 삼았으면 土를 생하는 火가 희신이고, 편관 庚을 용신으로 삼았으면 金을 생하는 土가 희신이다.

己	**戊**	辛	癸
未	戌	酉	未

▶ 인(火없음), 비(己·未·戌·未), 식(辛·酉), 재(癸), 관(木없음) ◀

실령, 득지(戌), 득세(己·未·戌·未)했다. 따라서 신강하다. 신강한데 비겁이 강하므로 일단 식상을 용신으로 삼기로 한다. 식상으로는 辛과 酉가 있는데, 辛은 천간이며 戌 및 酉에 통근하였으므로 辛을 용신으로 정했다. 재성 水가 희신이고, 金을 극하는 火가 기신, 水를 극하는 土가 구신이다.

庚	**丙**	癸	丙
寅	子	巳	寅

▶ 인(寅·寅), 비(丙·巳), 식(土없음), 재(庚), 관(癸.子) ◀

득령(巳), 실지, 득세(寅·寅·丙·巳)했다. 따라서 신강하다. 신강한데 인성과 비겁의 세력이 비슷하므로 식상, 재성, 관성 중에서 더 강한 것을 용신으로 삼기로 한다. 식상은 없고 천간에 편재 庚과 정관 癸가 있는데, 庚은 옆의 日干 丙으로부터 극을 당하고 있을 뿐만 아니라 자기 밑에 있는 寅의 지장간 丙으로부터도 극을 당하고 있다. 그런데 癸는 극을 당하고 있지도 않고 오히려 자기 밑에 있는 巳의 지장간 庚으로부터 생을 받고 있다. 따라서 癸가 庚보다 기운이 강하므로 癸를 용신으로 삼고 庚을 희신으로 정했다. 水를 극하는 土가 기신, 金을 극하는 火가 구신이다.

己	**丙**	辛	己
丑	寅	未	丑

▶ 인(寅), 비(火없음), 식(己·己·丑·未·丑), 재(辛), 관(水없음) ◀
실령, 득지(寅), 실세했다. 따라서 매우 신약하다. 신약한데 식상이 강하므로 일단 인성을 용신으로 삼기로 한다. 지지에 편인 寅이 있으므로 용신으로 정했다. 용신이 유정(有情: 日干에 가깝다.)하며 또한 丙-辛 합 水의 생을 받으므로 용신의 힘이 세다. 비겁 火가 희신, 木을 극하는 金이 기신, 火를 극하는 水가 구신이다. 나머지 오행인 土가 한신이다. 그런데 한신 土는 日干 丙을 심하게 설기시키기 때문에 흉신(凶神) 역할이다.

癸	**丙**	辛	丙
巳	戌	丑	辰

▶ 인(木없음), 비(丙·巳), 식(戌·丑·辰), 재(辛), 관(癸) ◀
실령, 실지, 실세했다. 따라서 매우 신약하다. 신약한데 식상이 강하므로 일단 인성을 용신으로 삼기로 한다. 그러나 인성이 없어서 비견 丙을 용신으로 삼는다. 용신이 멀리 있는 巳에 통근하기는 하지만, 丙-辛 합 水가 되어 日干을 극하고, 時干 癸도 丙의 태양 빛을 가리고 있다. 지지에 있는 丑과 辰조차도 습(濕)한 土라서 화기(火氣)를 빨아들인다. 그래서 용신이 무력하다. 인성 木이 희신이다. 火를 극하는 水가 기신, 木을 극하는 金이 구신이다.
사주에 태양이 두 개나 있어서, 본인이 잘났다고 생각하며 이상은 높은데 현실은 따라주지 않는다. 日支 배우자宮에 있는 戌이 火의 고지(庫地)라서 日干에 도움을 주니 그나마 다행이다.

庚	**戊**	乙	庚
申	子	酉	子

▶ 인(火없음), 비(土없음), 식(庚·庚·申·酉), 재(子·子), 관(乙) ◀
실령, 실지, 실세했고 日干이 바로 옆의 乙로부터 극제를 당하고 있으니 매우 신약하다. 신약한데 식상이 강하므로 일단 인성을 용신으로 삼기로 한다. 그러나 인성도 비겁도 없다. 사주 원명에는 없지만 인성 火와 비겁 土를 각각 용신과 희신으로 정했다. 火를 극하는 水가 기신, 土를 극하는 木이 구신, 金이 한신이다. 그런데 한신 金(庚·庚·申·酉)은 日干 戊를 심하게 설기하기 때문에 흉신(凶神) 역할이다.

庚	**甲**	己	丙
午	戌	亥	戌

▶ 인(亥), 비(木없음), 식(丙·午), 재(己·戌·戌), 관(庚) ◀
득령(亥), 실지, 실세했고 日干이 바로 옆 庚의 극제를 받고 있으니 신약하다. 신약한데 재성이 강하므로 일단 비겁을 용신으로 삼기로 한다. 그러나 비겁이 없어서 편인 亥를 용신으로 정했다. 하지만 3개의

土에 둘러싸여서 극을 당하므로 무력한 용신이다. 비겁 木이 희신이다. 水를 극하는 土가 기신, 木을 극하는 金이 구신, 火가 한신이다. 그런데 한신 火는 기신인 土를 생하는 역할을 하므로 흉신(凶神)이다.

庚	**乙**	乙	庚
辰	亥	酉	辰

▶ 인(亥), 비(乙), 식(火없음), 재(辰·辰), 관(庚·庚·酉) ◀

실령, 득지(亥), 실세했고 日干이 주변에 있는 金의 극제와 土의 설기를 받고 있으니 매우 신약하다. 신약한데 관성이 강하므로 일단 인성을 용신으로 삼기로 한다. 정인 亥가 있으므로 亥를 용신으로 정했다. 비겁 木이 희신이다.

乙	**丙**	壬	丁
未	子	子	酉

▶ 인(乙), 비(丁), 식(未), 재(酉), 관(壬·子·子) ◀

실령, 실지, 실세했고 日干이 3개의 水로 둘러싸여서 극을 당하고 있으니 매우 신약하다. 신약한데 관성이 강하므로 일단 인성을 용신으로 삼기로 한다. 정인 乙이 있으므로 乙을 용신으로 정했다. 비겁 火가 희신이다. 金이 기신, 水가 구신, 土가 한신이다. 日干이 관성 水로 둘러싸여서 심하게 극을 받으므로, 水의 기세를 눌러주는 土가 도움이 된다. 따라서 한신 土는 길신(吉神) 역할을 한다.

이 사주는 용신(木) 운이 오면, 용신이 강한 기신인 관성 水를 설기해서 온순하게 만들기 때문에 '관성과 연관된 일'이 좋아진다.

庚	**丁**	壬	庚
戌	丑	午	子

▶ 인(木없음), 비(午), 식(戌·丑), 재(庚·庚), 관(壬·子) ◀

득령(午), 실지, 실세했다. 따라서 신약하다. 신약한데 식상, 재성, 관성의 세력이 비슷하므로 인성이나 비겁 중에서 더 강한 것을 용신으로 삼기로 한다. 인성은 없고 비견인 午가 있지만 子-午 충이라서 마땅치 않다. 그래서 인성 木을 용신으로 정했다. 비겁 火가 희신이다. 金이 기신, 水가 구신, 土가 한신이다. 그런데 한신 土는 신약한 日干 丁을 설기하고 기신 金을 생하므로 흉신(凶神)이다.

천간 丁-壬 합은 지지에 뿌리가 없어서 木이 되지 못해 日干에 도움이 안 된다. (지지 지장간에 木이 하나도 없다.)

壬	丁	丙	辛
寅	亥	申	未

▶ 인(寅), 비(丙), 식(未), 재(辛·申), 관(壬·亥) ◀

실령, 실지, 실세했다. 따라서 매우 신약하다. 신약한데 식상, 재성, 관성의 세력이 비슷하므로 인성이나 비겁 중에서 더 강한 것을 용신으로 삼기로 한다. 인성과 비겁 둘 다 있는데, 겁재 丙은 丙-辛 합 水가 되어 日干을 극하기 때문에 용신으로 적절치 못하다. 그래서 정인 寅을 용신으로 정했다. 비겁 火가 희신이다. 金이 기신, 水가 구신, 土가 한신이다.

寅은 용신이기는 하지만 寅-亥 합, 寅-申 충, 寅-巳 형이 될 수 있으므로 운에서 申.巳.亥가 오는지 주의 깊게 살펴봐야 한다.

* 이 사주에서 丙-辛 합이 합화(合化)가 가능한 이유는, 그 합오행인 水가 지지 亥와 申의 지장간에 있는 壬에 통근해서 힘을 얻기 때문이다.

日干의 음양(陰陽)에 따라 용신(用神)을 정하는 기준

용신을 정할 때 日干의 음양에 따라서 다음과 같은 기준을, 앞서 설명한 기본 원칙에 추가해서 적용하기도 한다.

- 양(陽) 日干을 억제할 때는 설(洩)보다 극(剋)이 더 좋고, 음(陰) 日干을 억제할 때는 극보다 설이 더 좋다. (洩은 식상·재성을, 剋은 관성을 의미한다.)
- 양(陽) 日干을 부조할 때는 조(助)보다 생(生)이 더 좋고, 음(陰) 日干을 부조할 때는 생보다 조가 더 좋다. (助는 비겁을, 生은 인성을 의미한다.)

요약하면, 日干을 억부(抑扶)할 때, 양(陽) 日干은 간접적인 조·설(助·洩)보다 직접적인 생·극(生·剋)이 더 좋고, 음(陰) 日干은 그 반대다.

22

간명용어(看命用語)

간명용어(看命用語)

이 장에는 알고 있으면 간명에 도움이 되는 각종 용어들을 설명한다. 용어 중에는 사자성어(四子成語)가 대부분이다. 사주명리학 입문자 중에는 그런 사자성어를 사주 보는 비법(祕法) 구절인 것으로 오해하는 사람도 있다. 사자성어란 설명할 내용을 몇 글자로 압축한 제목과 같은 것이다. 그러니 사자성어를 암기하는 일은 전혀 중요하지 않다. 우리가 공부하고 기억해야 할 것은 그 용어에 내포된 원래 내용이다. 용어를 모른다고 해서 간명을 못 하지도 않고, 용어를 많이 안다고 고수(高手)가 되는 것도 아니다.

* 이 장의 간명용어들은 서로 관계 있는 것끼리 연결해서 설명하기 위한 순서로 나열되어 있다. 그래서 원하는 용어를 찾기가 어렵다. 이 장에 나오는 사자성어를 쉽게 찾을 수 있도록, 이 책의 마지막에 가나다순으로 된 "참고1. 간명용어 색인(索引)"을 포함시켰다.

상생유통(相生流通) =생화유통(生化流通) =주류무체(周流無滯) (周 두루 주, 滯 막힐 체)

사주 글자 대부분이 끊이지 않고 생(生)으로 연결되는 흐름을 말한다. 다음에 나열한 사주는 상생유통한 것들이다. 앞의 사주부터 차례대로 (1)~(6)번이다.

壬 **己** 丁 癸	庚 **癸** 丁 甲	乙 **壬** 癸 己	戊 **丙** 甲 癸	戊 **丁** 甲 癸	辛 **壬** 乙 丙
申 丑 巳 卯	申 未 丑 午	巳 辰 酉 酉	戌 寅 子 酉	申 未 寅 卯	丑 寅 未 子

(1) 年干부터 癸(水)→卯(木)→巳(火)→丑(土)→申(金)→壬(水)
(2) 年干부터 甲(木)→午(火)→丑.未(土)→申·庚(金)→癸(水)
(3) 年干부터 己(土)→酉·酉(金)→癸·壬(水)→乙(木)→巳(火)→辰(土)
(4) 年支부터 酉(金)→癸·子(水)→甲·寅(木)→丙(火)→戊·戌(土)
(5) 年干부터 癸(水)→甲(木)→丁(火)→戊(土)→申(金)
(6) 時支부터 丑(土)→辛(金)→壬(水)→乙(木)→丙(火)

사주의 어느 위치에서 시작하는지는 중요하지 않으며, 반드시 모든 글자가 이어져야 하는 것도 아니다. 대략 5개 이상만 이어져도 상생유통으로 본다.

상생유통한 사주는 사주에 오행이 모두 있을 가능성이 커서, 신강신약을 판단하기에 쉽지 않을 수 있다. 그렇지만 대체로 오행이 조화된 사주일 확률이 높다. 이런 사주는 어렵고 힘든 일이 닥쳐도 (오행의 흐름이 순조로워서) 무난히 그것을 해결한다.

사주의 청탁(淸濁) (淸 맑을 청, 濁 흐릴 탁)

- 사주에 오행이 골고루 있어서 상생유통(相生流通)하면 '청(淸)'하고, 오행이 편중(매우 신강 또는 신약)되거나 극(剋)이 많으면 '탁(濁)'하다.
- 충·형·파·해가 많거나 관살혼잡(官殺混雜)하거나 강한 살 - 양인살, 백호살, 괴강살 등 - 이 많은 사주는 탁하다.
- 격(格)이 성립된 사주는 청하지만 합·충·형, 공망 등 때문에 격이 깨지면 탁하다. 그러나 탁한 사주에서 탁해진 원인이 되는 합·충·형, 공망 등이 제거되면 청해진다. 그런 것을 **거탁유청**(去濁有淸: 탁한 것을 제거하면 맑은 것만 남는다.)이라고 표현한다.
- 재성격에 비겁이, 정관격에 상관이, 정인격에 재성이, 식신격에 편인이 투출(透出)된 사주는 탁하다. 즉 길격(吉格) 사주에 그 격을 극하는 육신이 함께 천간에 투출되어 있으면 그 사주는 탁하다.

  * 이 책의 "20. 격국론(格局論) 개요(槪要)"에서 "팔정격(八正格)"의 "사길격(四吉格)" 참고

사주가 '청(淸)'할수록 인생에 굴곡(屈曲)이나 기복(起伏)이 적으며, 좋을 때 더욱 좋고 나쁠 때는 적게 나쁘다. '탁(濁)'하면 이와 반대다.

유정(有情)과 무정(無情)

- 日干에 인접한 글자(日支, 時干, 月干)는 '유정(有情)'하고, 日干에서 옆이나 아래로 멀리 떨어져 있는 글자는 '무정(無情)'하다.
- 유정한 글자가 합거(合去)되거나 충거(沖去)되면 무정하게 되고, 무정한 글자가 유정한 글자와 합하면 유정하게 된다.
- 길신(吉神)이 멀리 年柱에 있으면 무정한데, 흉신(凶神)이 그 사이에 끼어(日柱과 年柱 사이에 있는 月柱에) 있다면 더 무정해진다.

日干에 인접한 글자일수록 日干에 강하게 작용한다. 그러므로 길신(吉神)은 유정할수록 좋고 흉신(凶神)은 무정할수록 좋다.

* 日干에 가까이 있는지와 상관없이, 두 글자가 가까이 있으면 유정하고, 서로 떨어져 있으면 무정하다고 말하기도 한다.

태과(太過)와 불급(不及) (過 지날 과, 及 미칠 급)

사주에 같은 오행(육신)이 매우 많은 것을 '태과(太過)', '과다(過多)', '중중(重重)'이라고 한다. 일반적으로 오행이 같은 글자가 3개 이상 있으면 태과라고 하는데, 2개만 있는 경우일지라도 하나가 月支 또는 日支이고 다른 하나가 힘이 강한 글자라면 태과라고 본다. 반면에, 사주에 특정 오행이 아예 없거나 있더라도 세력이 아주 약한 것은 '불급(不及)', '부족(不足)'이라고 한다.

'태과'나 '과다'는 단순히 그 오행의 글자가 많아서 같은 오행끼리 세력을 이루는 것만을 말하는 것이 아니라, 글자가 적게 있더라도 다른 오행으로부터 생을 많이 받아서 지나치게 왕(旺)해진 것도 포함한다.

마찬가지로, '불급'이나 '부족'은 단순히 그 오행의 글자가 없어서 세력이 약한 것만을 말하는 것이 아니라, 글자가 있더라도 다른 오행으로부터 극을 많이 당해서 지나치게 쇠(衰)해진 것도 포함한다. 요약하자면 특정 오행(육신)의 세력이 아주 강하면 '태과', 매우 약하면 '불급'이라고 보면 된다.

다자무자(多字無字)

"너무 많은 글자는 없는 글자나 마찬가지다."는 말인데, 사주에 한 가지 육신이 과다하면 그 육신은 없는 것으로 여긴다는 뜻이다. 예를 들면, 재성이 과다하면 오히려 재물 복이 없고, 관성이 과다하면 오히려 관운이 없다. 그러나 사주가 신강하면 그렇지 않을 수도 있다.

- 신약한 남자 사주에 재성이 과다하면 돈이나 여자로 인해서 고통을 겪는다.
  = 다재무재(多財無財), 다처무처(多妻無妻)
- 신약한 여자 사주에 관성이 과다하면 남편이 없거나 남편 복이 없다.
  = 관살혼잡(官殺混雜)
- 신약한 여자 사주에 식상이 과다하면 자식이 없거나 자식 복이 없다.
  = 다자무자(多子無子)

다자편화(多者偏化) =왕자편화(旺者偏化)

다자편화(多者偏化)는 "많은 것은 편(偏)이 된다."라는 말이며, 왕자편화(旺者偏化)는 "왕한 것은 편(偏)이 된다."라는 말이다. 정(正) 육신이 과다하면 편(偏) 육신과 같은 역할을 한다는 뜻으로 쓰인다. 정재가 과다하면 편재 역할을 하고, 정관이 과다하면 편관(칠살) 역할을 하고, 정인이 과다하면 편인(학마, 효신) 역할을 하고, 식신이 과다하면 상관 역할을 한다. 이와는 반대로, 편(偏) 육신은 과다하더라도 정(正) 육신 역할을 하지는 않는다.

모자멸자(母慈滅子) =모왕자쇠(母旺子衰)

"어머니의 사랑이 지나치면 자식을 망친다."라는 말인데, 인성이 과다한 사주를 뜻한다. 인성은 日干을 생하는 것이지만 과다하면 오히려 日干을 해치게 된다. 인성이 과다할 때는 재성이나 식상을 용신으로 삼는다. 비겁(형제)이 있으면 인성(어머니)의 과한 생(사랑)을 나누어 받을 수 있으니 (드물기는 하지만) 비겁을 용신으로 삼을 수도 있다. 모왕자쇠(母旺子衰)는 "어머니가 왕성하면 자식은 쇠약해진다."라는 말이다.

* 이 책의 "3. 오행(五行)"에서 "생(生)의 과(過)작용" 부분 참고

탐□망○(貪□忘○) (貪 탐할 탐, 忘 잊을 망)

"□을 탐하느라 ○을 잊는다."라는 말이다. 사주 한 글자가 생·극·합·충(生·剋·合·沖)에 중복으로 해당하면, '생'이나 '합'을 먼저 적용하고 '극'이나 '충'을 나중에 적용해서 통변한다는 뜻의 용어다. 적용하는 우선순위는 '합〉생〉충〉극'이다.

탐생망극(貪生忘剋)의 예를 들면, 日干이 甲인 사주에 庚과 子가 있다고 가정하면, 관성 庚은 먼저 인성 子를 생하고 난 후에 日干인 甲을 극한다. 즉 사주에 관성과 인성이 있다면, 관성이 日干을 극하는 것보다 인성을 생하는 것을 우선으로 보고 통변해야 한다. 다른 육신(오행)의 생극 관계에도 같은 이치가 적용된다.

탐합망충(貪合忘沖)의 예를 들면, 사주 천간에 己·甲·庚이 있다고 가정하면, 甲-己 합과 甲-庚 충이 되는데, 甲-己 합을 먼저 보고 甲-庚 충은 나중에 보거나 아예 보지 않는다. 또 지지에 丑·子·午가 있다면 子-丑 합과 子-午 충이 되는데 이런 경우도 마찬가지다.

앞에서 언급된 것 외에도 **탐합망생**(貪合忘生), **탐합망극**(貪合忘剋), **탐생망충**(貪生忘沖)

등이 있다. 이런 것들을 통변할 때 주의할 점은, 잊는다(忘)고 해서 아예 작용하지 않는 것이 아니라 잊고 있다가 나중에라도 작용한다는 사실이다.

탐합망임(貪合忘任)이라는 말도 있는데, 어떤 글자가 합을 하느라 원래 그 글자가 해야 할 역할을 하지 않는다는 뜻이다.

* 이 책의 "19. 사주명리학설(四柱命理學說) 소개(紹介)"에서 "허자론(虛字論)에서 탐합망임(貪合忘任)" 부분 참고

용신기반(用神羈絆) (羈 굴레 기, 재갈 기, 絆 줄 반, 얽어맬 반)

용신이 기반(羈絆)되는 것을 말한다. 특히 투출된 천간 격국용신이 기반되면 격이 깨져서 사주가 탁(濁)해진다. 매사가 잘 풀리지 않는다.

* 이 책의 "12. 합(合)"에서 "기반(羈絆), 합반(合絆), 합거(合去)" 부분 참고

戊	**戊**	庚	乙
午	寅	辰	未

옆의 사주를 격국론으로 보면, 月支 辰의 지장간 정기인 戊가 투출되었지만 戊는 비견이므로 격으로 삼을 수 없고, 여기인 乙 정관이 투출되었으니 정관격이다. 즉 격국용신은 정관 乙이다. 이 사주를 억부법으로 보면, 득령했고 寅-午 합오행이 火 인성이고 비겁(戊·辰·未)이 많으니 신강하다. 이 사주에 재성인 水는 없고 식신 庚은 힘이 없다. 그래서 辰과 未에 통근해서 힘이 있는 乙 정관을 용신으로 삼는다. 어쨌거나 정관 乙이 용신이다. 그러나 乙은 乙-庚 합으로 기반되어 용신 역할을 제대로 할 수 없다. 그러므로 파격(破格)이다.

녹근(祿根)과 전록(專祿)

천간의 자좌(自座) 지지가 십이운성으로 건록(建祿)인 것을 녹근(祿根)이라고 한다. 이 경우를 "천간이 자좌에서 건록을 만났다."라고 말한다. 특히 日柱가 녹근인 것 - 日干에 대해서 日支가 건록인 것 - 을 전록(專祿)이라고 한다. 이 경우는 "日干이 자좌에서 건록을 만났다."라고 말한다. 십이운성-음양포태를 적용했을 때 녹근인 간지는 육십갑자 중에서 甲寅, 乙卯, 庚申, 辛酉 4개뿐이다.

* 어떤 천간에 대해서 건록인 지지라면 그 천간은 그 지지에 무조건 통근(通根)한다. 그래서 "녹근(祿根: 건록인 뿌리)"이라고 하는 것이다.

개두(蓋頭)와 절각(截脚) (蓋 덮을 개, 截 끊을 절)

운의 간지에서, 지지가 길신(吉神)인데 천간이 그 지지를 극하는 것을 개두(蓋頭: 머리를 덮는다.)라고 한다. 지지가 길신이 아니면 개두가 아니다. 지지 길신이 모자를 덮어써서(천간의 극을 당해서) 앞을 보지 못하는 형상이라고 해서 개두라고 한다. 운이 개두가 되면 지지 길신의 작용력이 반으로 줄어든다. 지지 길신이 개두가 될 가능성이 있는 운은 (木剋土→) 甲戌, 甲辰, 乙未, 乙丑, (火剋金→) 丙申, 丁酉, (土剋水→) 戊子, 己亥, (金剋木→) 庚寅, 辛卯, (水剋火→) 壬午, 癸巳 이다.

운의 간지에서, 천간이 길신(吉神)인데 지지가 그 천간을 극하는 것을 절각(截脚: 다리를 끊는다.)이라고 한다. 천간이 길신이 아니면 절각이 아니다. 천간 길신이 다리가 잘려서(지지의 극을 당해서) 절뚝거리는 형상이라고 해서 절각이라고 한다. 운이 절각이 되면 천간 길신의 작용력이 거의 소멸한다. 천간 길신이 절각이 될 가능성이 있는 운은 (木剋土→) 戊寅, 己卯, (火剋金→) 庚午, 辛巳, (土剋水→) 壬辰, 壬戌, 癸丑, 癸未, (金剋木→) 甲申, 乙酉, (水剋火→) 丙子, 丁亥 이다.

* 길신이 개두가 되면 길신의 작용력이 반으로 줄어들고, 절각이 되면 길신의 작용력이 거의 소멸하는 이유는, 현실에 대한 사주 글자의 작용력은 지지가 천간보다 강하므로 천간이 지지의 극을 받으면 힘을 거의 쓰지 못하게 되기 때문이다.

복음(伏吟)과 반음(反吟) (伏 엎드릴 복, 吟 읊조릴 음, 탄식할 음)

복음(伏吟)은 "엎드려(숨어서) 탄식(신음)한다."라는 뜻이며, 같은 천간이나 같은 지지가 중복되는(거듭 나타나는) 것을 일컫는 말이다. 복음을 자충(自沖)이라고 표현하기도 하는데 충(沖)과 같은 역할을 하는 것으로 간주한다.

반음(反吟)은 "뒤돌아서(돌아앉아서) 탄식(신음)한다."라는 뜻이며, 천간충(天干沖)이나 지지충(地支沖)을 일컫는 말이다.

복음과 반음은 주로 기문둔갑, 육효점, 풍수지리 등에서 사용하는 용어로써 사주명리학에서는 잘 쓰지 않는 말이다.

대운, 년운 등 운의 간지가 원명의 간지와 같거나, 운끼리 간지가 같은 것을 복음운(伏吟運)이라고 하는데, 운의 간지가 日柱의 간지와 같은 것만 복음운이라고 하는 의견도 있다.

* 이 책의 "23. 간명요결(看命要訣)"에서 "日柱와 동일한 柱가 있을 때 통변" 부분 참고

고지(庫地)와 묘지(墓地)

辰·戌·丑·未를 각 오행의 고지(庫地) 또는 묘지(墓地)라고 하는데, 두 용어를 구분해서 사용하는 것에는 다음과 같은 의견이 있다.

(1) 지장간을 보유하고 있다는 관점에서는 고(庫)가 되고, 십이운성으로 볼 때는 묘(墓)가 된다.

(2) 사물에 대해서는 그것을 보관하고 있는 창고(庫)로 보고, 육친에 대해서는 묘지(墓) - 인연 단절, 건강 악화, 고립 등의 상태 - 로 본다.

(3) 辰·戌·丑·未월은 각 계절의 끝으로서, '자기 계절'이 끝나는 때이므로 '앞 달'의 기운(餘氣)은 그대로 보관하고(庫) '앞 계절'의 기운(中氣)은 다음 생이 될 때까지 묻어두는(墓) 것으로 보는 관점이다. 이것을 정리하면 다음과 같다.

	계절	지장간	방합(方合)의 고(庫)	삼합(三合)의 묘(墓)
辰	봄	乙·癸·戊	寅-卯-辰(木)의 고 乙木을 보관 (=乙木入庫)	申-子-辰(水)의 묘 癸水를 묻음 (=癸水入墓)
未	여름	丁·乙·己	巳-午-未(火)의 고 丁火를 보관 (=丁火入庫)	亥-卯-未(木)의 묘 乙木을 묻음 (=乙木入墓)
戌	가을	辛·丁·戊	申-酉-戌(金)의 고 辛金을 보관 (=辛金入庫)	寅-午-戌(火)의 묘 丁火를 묻음 (=丁火入墓)
丑	겨울	癸·辛·己	亥-子-丑(水)의 고 癸水를 보관 (=癸水入庫)	巳-酉-丑(金)의 묘 辛金을 묻음 (=辛金入墓)

입묘(入墓)와 입사(入死)와 입절(入絶)

천간이 십이운성으로 묘(墓)인 지지를 보고 있으면, 해당 천간은 그 지지에 "입묘(入墓)한다."라고 한다. 그리고 만약, 입묘하는 천간이 육신으로 관성이면 관성입묘(官星入墓)라고 하고, 재성이면 재성입묘(財星入墓)라고 한다. 마찬가지 원리로 입사(入死) 및 입절(入絶) 등을 말할 수 있다. 입묘에 관해서 더 자세한 내용은 뒤에 나오는 "육신(六神)의 입묘(入墓)" 부분에 설명되어 있다.

천간이 자좌(自座)에 자신의 묘지가 있다면 - 지지가 자기 위의 천간에 대해서 묘지라면 - 그것을 **동주입묘**(同柱入墓) 또는 **동주묘**(同柱墓)라고 한다. 동주입묘가 되는 육십갑자 간지는 乙未, 丙戌, 戊戌, 辛丑, 壬辰 5개뿐이며, 입묘하는 육신은 사주의 日干이 어떤 오행이냐에 따라서 정해진다. 예를 들어 乙未는, 木 日干 사주에서는 (乙이 비겁이므로) 비겁이 동주입묘한 것이고, 火 日干 사주에서는 (乙이 인성이므로) 인성이 동주입묘한 것이고, … 등이 된다. 나머지 4개 간지에 대해서도 마찬가지다. 또 이런 동주입묘의 원리를 십이운성 사(死), 절(絶)에 대해서도 동일하게 적용하면 **동주사**(同柱死), **동주절**(同柱絶) 등을 설명할 수 있다.

육신(六神)의 입묘(入墓)

원명이나 운의 지지가 묘지(墓地, 辰·戌·丑·未)라면 그 묘지에는 특정 천간 육신이 입묘(入墓)한다. 예를 들어 日干이 木이고 지지에 丑이 있는 사주라면, 丑이 십이운성으로 묘(墓)가 되는 오행은 金이고 金은 육신으로 관성이다. 따라서 日干이 木인 사주에 관성이 있으면 모두 丑에 입묘한다. 그것을 **관성입묘**(官星入墓)라고 표현한다.

만약 이 사주의 日干이 火라고 가정하면, 이 경우도 지지에 있는 丑이 십이운성으로 묘(墓)가 되는 오행은 金이다. 하지만 이번에는 金의 육신이 재성이다. 따라서 日干이 火인 사주에 재성이 있으면 모두 丑에 입묘한다. 그것을 **재성입묘**(財星入墓)라고 표현한다. 마찬가지 원리로 비겁입묘(比劫入墓), 식상입묘(食傷入墓), 인성입묘(印星入墓)를 설명할 수 있다.

육신이 입묘하면 해당하는 육친(六親)과 인연이 좋지 않다. 원명에 묘지가 있는데 운에 또 같은 묘지가 오면 거듭 입묘하는 상황이니 그때는 해당 육신에게 매우 좋지 않은 시기로 본다.

* '墓'와 '庫'는 한자의 의미가 다르므로, '入墓'를 '入庫'라고 부르는 것은 적절치 않다.

日干 오행별 육신(六神)의 묘지(墓地)

십이운성-오행포태에 따르면, 木의 묘지는 未, 火·土의 묘지는 戌, 金의 묘지는 丑, 水의 묘지는 辰이다. 이것을 근거로, 日干이 특정 五行일 때 각 육신의 묘지는 어떤 지지인지 정리하면 다음 표와 같다.

	木 日干	火 日干	土 日干	金 日干	水 日干
(비겁의→) 묘지	(木→) 未	(火→) 戌	(土→) 戌	(金→) 丑	(水→) 辰
(식상의→) 묘지	(火→) 戌	(土→) 戌	(金→) 丑	(水→) 辰	(木→) 未
(재성의→) 묘지	(土→) 戌	(金→) 丑	(水→) 辰	(木→) 未	(火→) 戌
(관성의→) 묘지	(金→) 丑	(水→) 辰	(木→) 未	(火→) 戌	(土→) 戌
(인성의→) 묘지	(水→) 辰	(木→) 未	(火→) 戌	(土→) 戌	(金→) 丑

관성입묘(官星入墓)와 부성입묘(夫星入墓)

관성입묘하면 사주에 있는 모든 官을 묻어버리므로, 그 사주는 무관사주(無官四柱: 官이 없는 사주)처럼 된다. 관성입묘는 官(직업·자식·남편)에게 좋지 않은 일을 암시하며, 여자 사주에서 관성은 남편이므로 부성입묘(夫星入墓)라고도 하는데, 만약 배우자宮인 日支가 부성입묘라면 남편 운이 더더욱 좋지 않다. 원명에 관성의 묘지가 있는데 운에 또 관성의 묘지가 오면 官이 거듭 묻히므로 官에게 더 안 좋다.

日支가 관성의 묘지인 日柱는 육십갑자 중에서 乙丑, 丙辰, 己未, 庚戌, 壬戌 5개뿐이다. 예를 들어 日干이 木이면, 관성은 金이고 金의 묘지는 丑이다. 그런데 천간이 木이고 지지가 丑인 간지는 乙丑밖에 없다. 나머지 日柱도 마찬가지다.

재성입묘(財星入墓)와 처성입묘(妻星入墓)

재성입묘하면 사주에 있는 모든 財를 묻어버리므로, 그 사주는 무재사주(無財四柱: 財가 없는 사주)처럼 된다. 재성입묘는 財(재물·아내·아버지)에게 좋지 않은 일을 암시하며, 남자 사주에서 재성은 아내이므로 처성입묘(妻星入墓)라고도 하는데, 만약 배우자宮인 日支가 처성입묘라면 아내 운이 더더욱 좋지 않다. 원명에 재성의 묘지가 있는데 운에 또 재성의 묘지가 오면 財가 거듭 묻히므로 財에게 더 안 좋다.

日支가 재성의 묘지인 日柱는 육십갑자 중에서 甲戌, 丁丑, 戊辰, 辛未, 壬戌 5개뿐이다. 예를 들어 日干이 木이면, 재성은 土고, 土의 묘지는 戌이다. 그런데 천간이 木이고 지지가 戌인 간지는 甲戌밖에 없다. 나머지 日柱도 마찬가지다.

* 무재사주(無財四柱)는 사주에 재성이 없다는 뜻이고, 지장간에조차도 財가 없다는 뜻으로는 천지무재(天地無財)라는 말을 사용한다.

합사(合死)와 합묘(合墓)와 합절(合絶)

<u>합을 하는 두 천간</u> 중의 하나가 상대 천간 아래의 지지에 입사(入死), 입묘(入墓), 입절(入絶)하는 것을 합입사(合入死), 합입묘(合入墓), 합입절(合入絶)이라고 하며, 줄여서 합사(合死), 합묘(合墓), 합절(合絶)이라고도 한다. 이것은 해당 천간이 십이운성으로 사(死), 묘(墓), 절(絶) 상태가 된다는 의미다.

예를 들면, 日柱가 戊申이고 月柱가 癸丑이면 戊-癸는 합이 된다. 이때 癸는 (戊 아래의) 申에 끌려 들어가서 사(死) 상태가 되는데 그것이 합사(合死)다. 癸는 육신으로 정재이므로, 남자 사주라면 '아내 또는 아버지'가 사(死) 상태다. 또 다른 예는, 年柱가

丁丑이고 月柱가 壬子라면, 丁-壬은 합이 된다. 이때 丁은 (壬 아래의) 子에 끌려 들어가서 절(絶) 상태가 되는데, 그것이 합절(合絶)이다. 만약 日干이 辛이고 여자 사주라면, 丁은 육신으로 편관이므로 '남편이나 자식 또는 정부(情夫)나 며느리'가 절(絶) 상태다.

재고(財庫)

원명이나 운의 지지가 고지(庫地, 辰·戌·丑·未)이며 그 고지의 지장간 중에 재성이 있으면, 그 고지를 '재물 창고'라는 뜻에서 **재고**(財庫)라고 한다. 예를 들면, 金 日干 사주에 辰이 있으면 辰의 지장간인 乙이 재성이다. 그래서 辰은 이 사주의 재고다. 만약 이 사주에 未가 있으면 未의 지장간인 乙이 재성이다. 그래서 未는 이 사주의 재고다. 결과적으로 金 日干 사주의 재고는 辰과 未다. 같은 방법으로 따져보면, 木日干 사주의 재고는 辰·戌·丑·未다. 왜냐하면 네 지지 모두 지장간에 土가 들어있기 때문이다. 사주에 재고가 있으면 재물 복(福)이 있거나 재물을 잘 지키는 성향이 있음을 암시한다.

위에서 정의한 재고와 다르게, 단순히 '재성(財星)의 고지(庫地)'라는 뜻으로 **재고**(財庫)를 정의하기도 한다. 예를 들면, 金 日干 사주는 재성이 木이고 木의 고지는 未다. 그래서 이 사주의 재고는 未다. 각 오행의 고지가 정해져 있으므로 - 木의 고지는 未, 火·土의 고지는 戌, 金의 고지는 丑, 水의 고지는 辰 - 사주에서 재성의 오행이 무엇인지에 따라서 재고는 자동으로 정해진다. 이런 의미의 재고는 재성입묘(財星入墓)와 같은 뜻이다. 그래서, 辰·戌·丑·未를 재성의 고지로 보는 관점에서는 재고이고, 재성의 묘지로 보는 관점에서는 재성입묘다. 재고로 볼 때 하는 통변과 재성입묘로 볼 때 하는 통변은 당연히 달라야 한다.

* '재성의 고지'를 재고라고 하듯이, 관성의 고지인 관고(官庫), 인성의 고지인 인고(印庫), 식상의 고지인 식상고(食傷庫)도 같은 원리다.

개고(開庫)

사주에서 고지(庫地, 辰·戌·丑·未)는 닫겨 있어서, 안에 있는 지장간은 정체된 채로 가만히 있다. 고지를 열어서 안에 있는 지장간을 꺼내주면 그 지장간이 활동하게 된다는 것이 개고(開庫) 이론이다. 개고는 "(지장간을 보관한) 창고를 연다."라는 뜻이다. 고지가 충·형(沖·刑)하면 개고된다. 즉 사주 원명에 고지가 있는데 운에서 그것을 충·형하는 지지가 오면 개고된다. 고지를 충·형하는 지지도 역시 고지다. (辰-戌 충, 丑-未 충, 辰-辰 형 참고) 대운은 원명을 개고시키고, 년운은 원명과 대운을 개고시킨다. 그러나 대운은 원명을 개고시키지 못한다는 의견도 있다.

* 이 이론은, 가만히 있던 지지가 운의 충·형을 받아서 작용하게 되는 것을, 고지(庫地)에 한정해서 적용한 것으로 추측된다.

화토동법(火土同法) =화토동궁설(火土同宮說) =화토동원설(火土同原說)

하늘의 오행을 땅의 사계(四季)에 대비해서 나열하면 짝이 맞지 않는다. 오행은 木→火→土→金→水 순서로 순환하는데, 土는 중간에서 火의 기운을 金으로 연결해 주는 것이므로, 土를 火의 연속으로 보고 같이 묶어서 배치하면 사계와 짝이 맞는다. 그것을 화토동법(火土同法)이라고 하는데 십이운성이나 신살에서 戊·己를 丙·丁과 같은 것으로 취급하는 이유다.

화토동법의 기원(起源)은 연해자평(淵海子平)이다. 후대의 명리정종(命理正宗)에서는 고법(古法)인 삼명학에 나오는 **수토동법**(水土同法)을 다시 주장했다. 현재 사주명리에서는 대체로 화토동법을 적용하고 있으며, 육효점이나 풍수지리에서는 수토동법을 적용하고 있다.

* 이 책의 "3. 오행(五行)"에서 "오행(五行)의 생성 순서와 운동 순서" 부분 참고

길신태로(吉神太露) (露 이슬 로, 드러날 로)

길신(吉神)이 천간에 노출되어 있어서 충극(沖剋) 받기 쉬운 상태임을 뜻한다. 예를 들면, 천간 甲이 길신인데 庚 운이 오면 甲을 극하므로 좋지 않다. 만약 지지 寅이 길신인데 申 운이 오면 寅을 극하기는 하는데, 이 경우는 寅 속에 지장간 丙이 있어서 申의 극을 어느 정도 막아주므로 寅이 완전히 파극(破剋)되지는 않는다.

이런 이유로, 길신(吉神)은 지지에 있는 것이 천간에 있는 것보다는 충극 당할 확률이 낮으므로 더 안전하고, 흉신(凶神)은 천간에 있는 것이 지지에 있는 것보다는 충극 당할 확률이 높으므로 사주에는 더 유리하다. 단, 천간에 있는 길신이 지지에 뿌리가 있으면(통근했으면) 쉽게 합거(合去) 또는 충거(沖去)하지 않는다.

천부지재(天覆地載, '천복지재'로도 읽음) (覆 뒤집힐 복, 덮을 복, 덮을 부, 載 실을 재)

천부지재(天覆地載)는 "하늘은 덮어주고 땅은 실어준다."라는 말이며, 천부(天覆)는 천간이 '지지의 길신(吉神)'을 생조(生助)하거나 '지지의 흉신(凶神)'을 극제(剋制)하면 좋다는 뜻이고, 지재(地載)는 지지가 '천간의 길신'을 생조하거나 '천간의 흉신'을 극제하면 좋다는 뜻이다.

반대로, 길신을 극제하거나 흉신을 생조하는 것은 천부지재라고 하지 않는다. 어떤 구체적인 사주 구성 형태를 말하는 것이 아니라, "천간은 지지가 도와주고, 지지는 천간이 도와주는 것이 좋다."라는 단순한 뜻으로 쓰이는 말이다.

* 원래 천부지재라는 말은, 예기(禮記) 중용편(中庸篇)에 나오는 "천지소부 지지소재(天之所覆 地之所載: 하늘이 덮고 있는 곳과 땅이 싣고 있는 곳이라는 뜻)"를 줄인 말이다. 보통 '하늘과 땅의 큰 은덕' 또는 '하늘과 땅 같은 부모의 큰 사랑'을 말할 때 쓰인다.

간여지동(干如支同, 干與支同) (與 더불 여, 줄 여, 如 같을 여, 따를 여)

간여지동(干如支同)은 "干이 같고 支도 같다."라는 말이다. 육십갑자 간지 중에서 간(干)과 지(支)의 오행이 같은 것을 말한다. 간여지동인 간지는 육십갑자 중에서 甲寅, 乙卯, 丙午, 丁巳, 戊辰, 戊戌, 己丑, 己未, 庚申, 辛酉, 壬子, 癸亥 12개다. 간여지동인 간지 중에서 丙午, 丁巳, 壬子, 癸亥 4개는 간과 지의 음양이 ('용(用) 음양'으로 보면) 다르므로 간여지동이 아니라는 의견도 있다.

日柱가 간여지동이면 배우자宮이 비견이나 겁재이므로 배우자와 사이가 안 좋다. 그래서 日柱가 간여지동인 것을 생사이별살(生死離別煞)이라고 한다. 간여지동인 日柱 중에서 丙午, 壬子 日柱는 양인살(羊刃煞)이기도 하다. 그래서 다른 생사이별살보다 더 강하게 작용한다.

천지덕합(天地德合)

천합지합(天合地合)은 2개 柱가 천간끼리 지지끼리 합하는 것인데, 그중에서 원명의 柱끼리 천합지합하는 것을 특별히 천지덕합(天地德合)이라고 한다. 원명과 운의 천합지합은 천지덕합이 아니다. 천지덕합하는 柱가 다른 柱와 합이나 충이 되면 천지덕합이 무산된다. 천지덕합 중에서 특히 日柱와 時柱의 천지덕합이 가장 좋은데, 그렇게 되는 것은 다음 11개뿐이다.

甲申일+己巳시　乙酉일+庚辰시　丙戌일+辛卯시　丁亥일+壬寅시
戊寅일+癸亥시　己丑일+甲子시　己卯일+甲戌시　庚辰일+乙酉시
辛巳일+丙申시　壬午일+丁未시　癸未일+戊午시

천지덕합은 해당되는 궁위(宮位)나 육신(六神)에 따라 통변하면 되는데, 예를 들면, 年柱와 時柱가 천지덕합이면 조상의 덕(德)이 내 부모와 나를 건너뛰어 내 자식이 좋게 이어 받는다는 식으로 통변할 수 있다. 만약 두 사주의 日柱끼리 천지덕합이면 좋은 궁합으로 본다.

관식동림(官食同臨) (臨 임할 림)

관식동림(官食同臨)은 "관성과 식상이 함께 나타났다."라는 말인데, 관식동림에 대한 정의는 다음과 같이 여러 가지다.

(1) 사주에 관성과 식상이 모두 있는 것 - 가장 넓은 의미의 관식동림이다.
(2) 한 柱에 관성과 식상이 같이 있는 것 - 관식동림이지만 관식동주(官食同柱)라고도 한다.
(3) 日支가 관성(또는 식상)인데 다른 지지나 운에 있는 식상(또는 관성)과 합이 되는 것 - 다른 의미의 관식동림이다. 예를 들어 日柱가 丁亥인데 다른 지지에 未가 있으면, 亥는 정관이고 未는 식신이며 亥-未 반합(半合)이므로 관식동림이다.
(4) 日支 지장간에 관성과 식상이 함께 있는 것 - 가장 일반적으로 말하는 관식동림이다. 해당하는 日柱는 육십갑자 중에서 甲戌, 乙巳, 丙辰, 丙申, 丁亥, 丁丑, 壬寅, 壬辰, 癸未, 癸亥 10개다. 여자 사주면, 남편(관성)과 자식(식상)이 한자리에 동시에 있으므로 혼전득자(婚前得子: 결혼하기 전에 출산)를 암시한다.

재관동림(財官同臨) (臨 임할 림)

재관동림(財官同臨)은 "재성과 관성이 함께 나타났다."라는 말인데, 재관동림에 대한 정의는 다음과 같이 여러 가지다.

(1) 사주에 재성과 관성이 모두 있는 것 - 가장 넓은 의미의 재관동림이다.
(2) 한 柱에 재성과 관성이 같이 있는 것 - 재관동림이지만 재관동주(財官同柱)라고도 한다.
(3) 日支가 재성(또는 관성)인데 다른 지지나 운에 있는 관성(또는 재성)과 합이 되

는 것 - 다른 의미의 재관동림이다. 예를 들어 日柱가 戊寅인데 다른 지지에 亥가 있으면, 寅은 편관이고 亥는 편재며 寅-亥 육합(六合)이므로 재관동림이다.

(4) 日支 지장간에 재성과 관성이 함께 있는 것 - 가장 일반적으로 말하는 재관동림이다. 해당하는 日柱는 육십갑자 중에서 甲申, 甲戌, 乙巳, 乙丑, 丙申, 丁丑, 戊辰, 己亥, 庚寅, 辛未, 壬寅, 壬午, 壬戌, 癸巳, 癸未 15개다. 남자 사주면 아내(재성)와 자식(관성)이 한자리에 동시에 있으므로 혼전득자(婚前得子: 결혼하기 전에 출산)를 암시한다.

앞의 (4)번에서 언급한 재관동림인 日柱 중에서, 재성과 관성이 각각 정재와 정관인 것은 壬午, 癸巳, 乙巳, 己亥 4개다. 아래에서 이것을 좀 더 자세히 살펴본다.

壬午 日柱 → 日支 午의 지장간(丁·乙·己) 중에서 丁은 정재, 己는 정관 → 십이운성 좌법(坐法)으로 丁-午는 건록, 己-午도 건록 (둘 다 건록)

癸巳 日柱 → 日支 巳의 지장간(戊·庚·丙) 중에서 丙은 정재, 戊는 정관 → 십이운성 좌법(坐法)으로 戊-巳는 건록, 丙-巳도 건록 (둘 다 건록)

乙巳 日柱 → 日支 巳의 지장간(戊·庚·丙) 중에서 戊는 정재, 庚은 정관 → 십이운성 좌법(坐法)으로 戊-巳는 건록, 庚-巳는 장생

己亥 日柱 → 日支 亥의 지장간(戊·甲·壬) 중에서 壬은 정재, 甲은 정관 → 십이운성 좌법(坐法)으로 甲-亥는 장생, 壬-亥는 건록

이 4개 日柱 중에서 두 지장간이 '십이운성 활용법 중에서 좌법(坐法)'으로 둘 다 건록(建祿)인 것은 壬午, 癸巳뿐이며, 그것을 **재관쌍미**(財官雙美)라고 한다. 즉 재관쌍미는 재관동림 중에서 특별한 것이다.

재관쌍미(財官雙美) =재관동향(財官同鄕) =녹마동향(祿馬同鄕)

재관쌍미(財官雙美)는 "재(財)와 관(官)이 쌍을 이루니 그것이 아름답다."라는 말이며, 앞에서 설명했듯이 재관동림(財官同臨) 중에서 특별한 것이다. 해당하는 日柱는 육십갑자 중에서 壬午, 癸巳 2개뿐이다. "재(財)와 관(官)이 같은 고향 출신이다."라는 뜻으로 재관동향(財官同鄕)이라고도 하며, '재(財)'를 '마(馬)'로 '관(官)'을 '록(祿)'으로 바꿔서 표현하면 녹마동향(祿馬同鄕)이라고도 한다.

사주가 신강하고 다른 흠결이 없으면 재물과 명예(관직)를 모두 가진다. 특히 癸巳 日柱는 일귀(日貴: 日柱가 천을귀인)이기도 하다. 그래서 癸巳를 **녹귀동궁**(祿貴同宮)이라고 하며 더 귀하게 여긴다. 壬午일, 癸巳일 생이 신강하려면 사주에 金 및 水의 세력

이 많으면 된다. 그래서 壬午일, 癸巳일 생 중에서도 가을(月支가 申·酉)이나 겨울(月支가 亥·子)에 태어났으면 더더욱 좋다.

* 간혹, 午월의 壬 日干(日干-月支가 壬-午)과 巳월의 癸 日干(日干-月支가 癸-巳)도 재관쌍미라고 주장하는 명리가도 있다.

재다신약(財多身弱)과 재다신강(財多身强)

재성이 많아서 신약한 사주를 재다신약(財多身弱)이라고 한다. 남자가 재다신약이면, 항상 재물이나 여자를 갈구하지만, 막상 재물이나 여자가 생겨도 그것을 감당하지 못해서 화(禍)가 된다. 재다신약 사주는 운에서 인성이나 비겁이 오면 좋다.

사주에 재성이 많으면 신약할 가능성이 큰데도 불구하고 신강하다면 아주 특별한 경우다. 그런 사주를 재다신강(財多身强)이라고 한다. 남자가 재다신강이면, 재물과 여자가 많아도 감당할 능력이 된다. 다음은 사주에 재성이 많고 적음을 좀 더 세분해서 본 것이다.

- 신왕재왕(身旺財旺) =재다신강(財多身强): 사주 그릇의 크기만큼 재물을 가진다. 그러나 관성이 없으면 재물을 지키지 못한다.
- 신왕재약(身旺財弱): 재물이 별로 없지만 가난하지 않다.
- 신약재왕(身弱財旺) =재다신약(財多身弱): 재물 욕심이 많고 애는 쓰지만 성과가 적다. 기껏해야 남의 재산이나 관리하는 정도다.
- 신약재약(身弱財弱): 재물 욕심도 없고 노력도 하지 않으니, 결과가 없다. 작은 재물에 집착한다. 큰 재물이 생기면 오히려 흉(凶)하다.

득비리재(得比理財, 得比利財) (得 얻을 득, 理 다스릴 리, 利 날카로울 리, 이로울 리)

득비리재(得比理財)는 "비겁을 얻으면 財를 다스릴 수 있다."라는 말이다. 재다신약(財多身弱)한 사주에 비겁이 있으면, 비겁의 도움으로 재성을 다스릴 수 있음을 말한다. 군겁쟁재(群劫爭財)와 반대 개념이다. 日干이 재성을 극하느라 설기되어 기운이 빠지는 것을 비겁이 도와주기 때문에 당연히 비겁을 용신으로 삼는 것이 좋다. 비겁은 나의 재물을 빼앗아 가는 것으로 해석하는 것이 일반적인데, 득비리재 사주에서는 예외다.

庚	丙	丙	辛
寅	午	申	酉

재성(庚·辛·申·酉)이 많아서 재다신약한 사주인데, 비겁(丙·午)이 있어서 日干을 도와주니 득비리재다. 비겁이 길신(吉神)이므로 형제나 친구의 도움을 받으면 좋다. 따라서 동업하면 좋다.

군겁쟁재(群劫爭財) =군비쟁재(群比爭財) (群 무리 군, 爭 다툴 쟁)

군겁쟁재(群劫爭財)는 "비겁의 무리가 재(財)를 두고 서로 다툰다."라는 말이다. 비겁이 강한 남자 사주에 약한 재성이 있으면, 많지 않은 재(財)(재물·여자)를 두고 비겁(형제·친구·동료)끼리 서로 차지하려고 다투는 모습이다.

재성이 아예 없으면 나눌 거리가 없어서, 재성이 많으면 나눌 거리가 충분해서, 형제(자매)와 다툴 일이 없으므로 군겁쟁재가 아니다. 극부(剋父)나 파재(破財)를 암시하며, 형제나 친구와 금전거래나 동업에 문제가 생기기 쉽다. 남자는 극처(剋妻)나 중혼(重婚)이다.

癸	壬	庚	辛
卯	午	子	亥

득령하고 비겁(癸·子·亥)과 인성(庚·辛)이 많아서 매우 신강하다. 재성이라고는 지지에 힘없는 午 하나만 있다. 비겁은 많은데 재성은 약한 午 정재 하나뿐이니 군겁쟁재다. 남자라면, 아내인 정재 午를 두고 여러 남자와 - 비겁은 동류(同類)를 의미 - 경쟁하는 형국이다. (아내 午 입장에서 보면 水는 관성인데, 水가 많으므로 아내는 남자가 많다.)

군겁쟁관(群劫爭官) =군겁탈부(群劫奪夫) =자매강강(姉妹剛强) (奪 빼앗을 탈, 剛 굳셀 강)

군겁쟁관(群劫爭官)은 "비겁의 무리가 관(官)을 두고 서로 다툰다."라는 말이다. 비겁이 강한 여자 사주에 약한 관성이 있으면, 많지 않은 관(官)(남자·직업)을 두고 비겁(자매·친구·동료)끼리 서로 차지하려고 다투는 모습이다. 겁재는 '남편의 첩'을 의미하므로, "다른 여자가 자기 남편(官)을 빼앗아 간다."라는 의미로 군겁탈부(群劫奪夫)라고도 한다. 또 "자매가 관(官)을 두고 강하게 대치한다."라는 의미로 자매강강(姉妹剛强)이라고도 한다.

관성이 아예 없으면 나눌 거리가 없어서, 관성이 많으면 비겁을 충분히 통제해서, 자매와 다툴 일이 없으므로 군겁쟁관이 아니다. 남자라면 직업이 변변찮거나 자식 문제로 고생한다.

己 丙 癸 丙
丑 午 巳 戌

득령하고 비겁(丙·午·巳)이 많아서 신강하다. 관성이라고는 천간에 힘없는 癸 하나만 있다. 비겁은 많은데 관성은 약한 癸 정관 하나뿐이니 군겁쟁관이다. 여자라면, 남편인 정관 癸를 두고 여러 여자와 - 비겁은 동류(同類)를 의미 - 경쟁하는 형국이다. (남편 癸 입장에서 보면 火는 재성인데, 火가 많으므로 남편은 여자가 많다.)

식상생재(食傷生財) =식신생재(食神生財) =상관생재(傷官生財)

식상생재(食神生財)는 "식신이 재를 생한다."라는 말이다. 사주에 식상과 재성이 둘 다 있으면 식생재(食生財)이므로, 자기 능력(재주)으로 재물을 이루는 형국이다. 그러나 식상이나 재성이 흉신(凶神)이거나 충·형(沖·刑) 또는 공망(空亡)되면 식상생재가 되지 못한다. 만약 재성의 세력이 강하다면 식상생재가 아니라 오히려 재다신약(財多身弱)이 되기 쉽다. 원명은 식상생재가 아닌데 운에서 식상이나 재성이 와서 식상생재가 될 수도 있다.

신강한 사주면 식상과 재성이 길신(吉神)이므로, 의식(衣食)이 풍부하며 부자가 될 수 있다. 사주에 식상생재의 기운이 강하면 사업이나 재물을 추구하는 것이 맞다.

* 길신(吉神)인 식상이 인성(특히 편인)에게 극을 당해서 제구실 못 하게 되는 것을 도식(倒食: 밥그릇 엎기)이라고 한다.

득자부별(得子夫別)

득자부별(得子夫別)은 "자식을 낳고 나면 남편과 이별한다."라는 말인데, 여자 사주에서 日支(배우자宮)가 식상(자식)이거나 식상이 강한 경우를 뜻한다. 식상이 관성(남편)을 극하므로 생긴 말로 추측된다. 자식이 생기면 아무래도 남편보다 자식에게 더 신경 쓰게 되어서 그런 것 같은데, 이것만으로 남편과 헤어진다고 보기는 어렵다. 참고로 지지가 식신인 日柱는 丙辰, 丙戌, 丁丑, 丁未, 戊申, 己酉, 壬寅, 癸卯이고 지지가 상관인 日柱는 甲午, 乙巳, 庚子, 辛亥다.

탐재괴인(貪財壞印) (壞 무너질 괴)

탐재괴인(貪財壞印)은 "財를 탐하면 印이 무너진다."라는 말인데, 신약해서 인성을 용신으로 삼는 사주에 재성이 있으면 인성 용신을 극하게 되는 것을 뜻한다. 재물·여자(財)를 탐하다가 명예(印)를 잃게 되거나, 아내(財) 때문에 어머니(印)에게 불효

하는 것으로 본다. 탐재괴인격 사주에서 재성은 병(病)으로 취급하는데, 운에 또 재성이 오면 병(病)이 심하게 되고, 운에 재성을 억제하는 오행이 오면 좋다.

癸	**戊**	甲	辛
亥	子	午	亥

득령했지만 재성(癸·亥·子·亥)이 너무 많아서 신약하다. 즉 재다신약이다. (정재 癸는 뿌리가 많으니 戊-癸 합해서 火가 되지 않는다.) 정인 午를 용신으로 삼는데, 午는 양옆에 있는 재성 子·亥의 극을 당해서 힘이 없는 용신이다.

재자약살(財慈弱殺) (慈 사랑 자)

신강한 사주이며 관성이 희신(喜神)일 경우에, 관성이 약해서 제 기능을 하지 못하면 재성이 관성을 도와줄 수 있다. 그것을 "약한(弱) 살(殺)(관성)에게 재(財)가 사랑(慈)을 베푼다."라고 해서 재자약살(財慈弱殺)이라고 한다. 재자약살이 되려면 반드시 신강한 사주라야 한다. 만약 신약한 사주에서 재성이 관성을 도우면 (관성이 약한 日干을 극하게 되므로) 日干에게 매우 불리하다.

庚	**乙**	己	乙
辰	卯	卯	卯

득령하고 득지하니 신강한 사주라서, 日干을 극하는 정관 庚을 용신으로 삼는다. 그런데 庚은 뿌리도 없고 자신을 도와주는 다른 金도 없으며, 겨우 時支에 있는 정재 辰 하나로부터만 생을 받고 있으니 약하다. 운에 재성 土가 오면 용신 庚을 도와줘서 좋다. 만약 운에 식상 火가 오면 강한 日干을 설기하기도 하지만, 용신 庚을 극하기도 하므로, 좋고 나쁨이 반반이다.

명관과마(明官跨馬) (明은 천간을 의미, 跨 걸터앉을 과)

명관과마(明官跨馬)는 "명관(明官)이 말(馬)에 타고 있다."라는 말이며, '천간에 있는 관성'이 '지지에 있는 재성'의 생을 받아서 좋다는 뜻이다. 관성은 재성의 도움을 받아야 기운이 생기는데, 만약 사주에 관성은 있는데 재성이 없으면, 그 관성으로 인한 관록(官祿)은 오래가지 못한다.

* 사주명리에서 '녹(祿)'은 관성의 뜻으로 많이 쓰인다. 벼슬을 하면 녹봉(祿俸)을 받기 때문이다. **관록**(官祿)이라고도 한다.

* 사주명리에서 '마(馬)'는 재성의 뜻으로 많이 쓰인다. 재물이 있으면 말(馬)을 가진 것처럼 편하게 살기 때문이다. **재마**(財馬)라고도 한다.

己	丁	壬	丁
酉	酉	寅	丑

득령은 했지만 실지하고 실세했기 때문에 신약한 사주다. 관록(官祿)을 뜻하는 정관 壬은 寅을 생하느라 설기했지만, 지지에 있는 2개 酉와 酉-丑 반합의 합오행 金의 생을 받아서 힘이 약해지지 않았으니, 명관과마격 사주다. 신약하기 때문에 인성 寅을 용신으로 삼으려고 했지만, 많은 재성(2개 酉와 酉-丑 반합)이 인성을 극하는 탐재괴인(貪財壞印) 형국이다. 그래서 재성 金을 극제하고 日干을 돕는 비겁 火를 용신으로 삼는 것이 좋다.

배록축마(背祿逐馬) (背 등 배, 등돌릴 배, 逐 쫓을 축)

'록(祿)'은 '관(官)'이고 '마(馬)'는 '재(財)'이므로, 배록축마(背祿逐馬)는 "관성(祿)이 등돌리고 재성(馬)이 쫓겨난다."라는 말이며, 관성과 재성이 있는 사주에 비겁이 왕(旺)하면, 비겁이 재성을 극해서 재성이 관성을 생하지 못하게 하는 것을 뜻한다. 일반적으로 사주에 길신(吉神)인 재(財)와 관(官)이 있으면 귀격(貴格)인데, 배록축마가 되면 귀격이 되지 못하며 관록(官祿)이 있어도 오래 가지 않는다.

戊	乙	庚	乙
寅	巳	辰	卯

비겁(乙·卯·寅)이 많지만 실령, 실지하고 庚의 극과 巳의 설기를 당하니 신약하다. 정관 庚과 정재 辰이 있기는 한데, 많은 비겁이 정재 辰을 극해서 (외로운) 정관 庚을 지원하지 못하게 하니 배록축마격 사주다.

진상관격(眞傷官格)과 가상관격(假傷官格)

'상관의 설기 때문에 신약한' 사주를 진상관격(眞傷官格)이라 하고, '신강한데, 상관이 설기를 해주는' 사주를 가상관격(假傷官格)이라 한다. 상관은 원래 흉신(凶神)이므로 나쁜 역할을 하면 '진짜 상관', 좋은 역할을 하면 '가짜 상관'이라는 뜻이다.

진상관격은 (상관이 병(病)이므로) 인성 운이 오면 매우 좋고 상관 운이 오면 매우 안 좋다. 가상관격은 (상관이 용신이므로) 인성 운이 오면 매우 나쁘고 상관 운이 오면 매우 좋다. 그래서, 인성은 상관이 흉한 진상관격 사주에서는 희신(喜神)이고, 상관이 길한 가상관격 사주에서는 기신(忌神)이다.

상관상진(傷官傷盡)과 파료상관(破了傷官) (盡 다할 진, 破 깨뜨릴 파, 了 마칠 료)

상관상진(傷官傷盡)은 "상관을 상(傷)하게 해서 기진맥진하게 만든다."라는 말이며,

인성이 '사주에 나쁜 역할을 하는 상관'을 극하는 것을 뜻한다. 이럴 때 인성은 희신(喜神)이다. 파료상관(破了傷官)은 "상관을 완전히 파괴해버린다."라는 말이며, 인성이 '사주에 좋은 역할을 하는 상관'을 극하는 것을 뜻한다. 이럴 때 인성은 기신(忌神)이다.

요약하면, 진상관격(眞傷官格) 사주에 인성이 있는 것을 상관상진이라 하고, 가상관격(假傷官格) 사주에 인성이 있는 것을 파료상관이라고 한다.

辛	**戊**	丁	辛
酉	寅	酉	酉

月支 酉의 지장간 辛이 투출되었으니 상관격(傷官格) 사주이며, 상관이 많아서(辛·辛·酉·酉·酉) 신약하다. 이 사주는 상관이 병(病)이다. 그래서 진상관격(眞傷官格)이다. 寅에 통근한 인성 丁이 상관을 극제하는 역할을 해 주므로 상관상진이다. 인성 丁을 용신으로 삼는다.

丁	**丁**	乙	戊
未	巳	卯	子

月支 卯의 지장간 乙이 투출되었으니 상관격(傷官格) 사주다. 득령, 득지, 득세했으니 매우 신강한데, 상관 戊가 日干을 설기하고 있다. 그래서 가상관격(假傷官格)이다. 상관 戊는 길신(吉神)이지만 인성 乙·卯의 극제를 받고 있다. 길신인 상관이 극을 당하는 것이므로 파료상관이다. 편관 子는 신강한 日干을 극하기는 하지만 동시에 기신인 卯를 생하기 때문에 용신으로 삼기에 부적절하다. 상관 戊를 용신으로 삼는다.

상관견관(傷官見官)과 상관패인(傷官佩印) (佩 찰 패)

상관견관(傷官見官)은 "상관이 정관을 쳐다본다."라는 말이다. '길신(吉神)인 정관이 있는 원명에 상관도 함께 있거나' 또는 '원명에 상관이 있는데 운에 정관이 오거나' 또는 '원명에 정관이 있는데 운에 상관이 오면' 상관견관이 된다. 상관견관은 상관이 길신(吉神)인 정관(직업·남편)을 극하는 상황이므로 좋지 않다.

* 상관견관 위화백단(傷官見官 爲禍百端: 상관이 정관을 보면 나쁜 일이 백가지에 이른다.)

상관견관인 사주에 정인이 있으면, 상관을 제압해서 정관을 도와준다. 그런 것을 상관패인(傷官佩印)이라고 한다. 상관패인은 "상관이 인수(印綬)(정인)를 허리춤에 찬다."라는 말인데, "상관이 자신을 억제하는 정인을 갖고 있다."라는 의미다. 즉 인성이 간접적으로 정관을 돕는 것이다. 그런데 만약 신강한 사주라면 인성이 日干에 해가 되기 때문에 상관패인이라고 하지 않는다.

己	辛	壬	丙
丑	亥	辰	辰

득령하고 득세하니 신강하다. 정관 丙을 용신으로 삼는다. 그런데 丙은 뿌리가 없다. 게다가 정관 丙이 상관 壬의 극제를 당하는 형국이니 상관견관이다. 상관을 제압해서 정관을 구할 수 있는 인성이 많기는 하지만 신강한 사주이므로 인성이 오히려 해가 된다. 그래서 상관패인은 아니다. 운에 상관이 오면 정관을 더 극하므로 정관에게는 좋지 않다.

목화상관(木火傷官)

목화상관(木火傷官)은 木 日干의 원명에 상관(火)이 있거나 운에 상관(火)이 오는 것을 말한다. 甲 日干 사주에 丁·午가 있거나, 乙 日干 사주에 丙·巳가 있으면 목화상관(木火傷官)이다. 나무를 태워 불꽃이 살아나는 모습(木生火)이라서 밝고 따뜻하며 아름다운 외모에 재주가 뛰어나다.

목화상관 사주는 木(日干)과 火(상관)가 많아서 사주가 난조(暖燥)할 가능성이 크다. 그럴 때는 조후(調候)를 맞춰주는 水(인성)가 도움이 되는데, 그것을 자평진전(子平眞詮)에서는 "목화상관희견수(木火傷官喜見水: 목화상관은 水를 기뻐한다.)"라고 표현했다. 특히 '日干이 木이고 月支가 火', 즉 '여름에 태어난 木 日干'인 목화상관은 매우 난조하므로 더더욱 水가 있으면 좋다.

* 목화상관인데 金(관성)이 있으면 상관견관(傷官見官)도 될 수 있다. 그런 경우는 목화상관만을 적용한다.

* 상관격(傷官格) 사주인데 日干이 木인 것을 목화상관격(木火傷官格)이라고 한다.

금수상관(金水傷官)

금수상관(金水傷官)은 金 日干의 원명에 상관(水)이 있거나 운에 상관(水)이 오는 것을 말한다. 庚 日干 사주에 癸·子가 있으면, 辛 日干 사주에 壬·亥가 있으면 금수상관(金水傷官)이다. 차가운 물이 바위에서 쏟아져 내리는 모습(金生水)이라서 시원하고 깨끗하며 외모나 성격이 깔끔하다.

금수상관 사주는 金(日干)과 水(상관)가 많아서 사주가 냉습(冷濕)할 가능성이 크다. 그럴 때는 조후(調候)를 맞춰주는 火(관성)가 도움이 되는데, 그것을 자평진전(子平眞詮)에서는 "금수상관희견관(金水傷官喜見官: 금수상관은 官을 기뻐한다.)"이라고 표현했다. 특히 '日干이 金이고 月支가 水', 즉 '겨울에 태어난 金 日干'인 금수상관은 매우 냉습하므로 더더욱 火가 있으면 좋다.

* 금수상관인데 火(관성)가 있으면 상관견관(傷官見官)도 될 수 있다. 그런 경우는 금수상관만을 적용한다.
* '金水傷官喜見官'은 '~喜見火'라고 할 수도 있다. (목화상관은 '~喜見水'라고 했다.)
* 상관격(傷官格) 사주인데 日干이 金인 것을 금수상관격(金水傷官格)이라고 한다.

목화통명(木火通明) (焚 불사를 분, 晦 그믐 회, 炎 불꽃 염)

목화통명(木火通明)은 "나무와 불이 만나면 밝은 빛을 낸다."라는 말이다. '日干과 月支가 木', 즉 '봄에 태어난 木 日干' 사주에 火가 있거나 운에 火가 오는 것을 말한다. 즉 식상 火가 신강한 木 日干을 설기해 주는 좋은 사주다.

그러나 만약 신약하다면, 운에 또 火가 오면 日干이 너무 심하게 설기되므로 좋지 않다. 그것은 목화통명이 아니라 화다목분(火多木焚: 강한 불에 나무가 타서 재가 된다.)이다. 목화통명 사주는 총명하며 재능이 뛰어나다.

丙	**甲**	乙	戊
寅	戌	卯	辰

봄에 태어난 木 日干이다. 득령하고 비겁(乙·寅·卯)이 많고 寅-卯-辰 방합의 합오행 木까지 있으니 매우 신강하다. 時干에 있는 丙은 時支 寅과 日支 戌에 통근해서 힘이 있으며, 신강한 日干을 설기하므로 목화통명이다. 당연히 丙이 용신이다. 신강한데 재성(戊·戌·辰)이 많으니 신왕재왕(身旺財旺) 사주다. 운에 인성 水가 오면 丙(불)을 꺼트린다.

* 신약한 火 日干이 원명이나 운에 木(인성)을 만나는 것도 목화통명으로 보는 의견도 있다. 그것을 회화재염(晦火再炎: 꺼져가는 어두운 불에 나무를 넣어서 다시 불꽃을 살린다.)이라고 표현하기도 한다.

금수상함(金水相涵) (涵 잠길 함, 젖을 함, 沈 잠길 침)

금수상함(金水相涵)은 "金이 물에 잠겨 깨끗하다."라는 말이다. '日干과 月支가 金', 즉 '가을에 태어난 金 日干' 사주에 水가 있거나 운에 水가 오는 것을 말한다. 즉 식상 水가 신강한 金 日干을 설기해 주는 좋은 사주다.

그러나 만약 신약하다면, 운에 또 水가 오면 日干이 너무 심하게 설기되므로 좋지 않다. 그것은 금수상함이 아니라 수다금침(水多金沈: 많은 물에 쇠가 가라앉는다.)이다. 금수상함 사주는 총명하며 재능이 뛰어나다.

庚	庚	庚	癸
辰	子	申	卯

가을에 태어난 金 日干이다. 득령하고 득세해서 매우 신강하다. 식상 水(癸·子)는 있는데 재성(木)과 관성(火)이 드물다. 그래서 금수상함이다. 그런데 申-子-辰 삼합 합오행 水까지 있으니 설기가 지나쳐서 수다금침이 되었다.

금백수청(金白水淸) (淸 맑을 청)

금백수청(金白水淸)은 "金은 희고 물은 맑다."라는 말이다. '日干이 金이고 月支가 水', 즉 '겨울에 태어난 金 日干' 또는 '日干이 水고 月支가 金', 즉 '가을에 태어난 水 日干' 사주에, 金과 水가 대부분이면서 金과 水를 하는 방해하는 요소가 없으면 금백수청이라 한다. 이런 사주는 아주 맑고 순수하고 청렴결백하다. 보통 금백수청이라고 하면, 가을에 태어난 水 日干을 의미한다. 금백수청 중에서 특히 酉월 생 壬日干을 최고로 꼽는다.

* 겨울에 태어난 金 日干은 너무 한랭(寒冷)하므로 火가 있어야 금백수청이라는 의견도 있다.

壬	壬	丙	辛
寅	子	申	酉

日干이 壬이고 月支가 申이면서, 사주가 대부분 金과 水로 구성되어 있다. 게다가 金이나 水를 충극(沖剋)하는 오행도 없으니 금백수청 사주다. 조후 용신으로 丙을 쓰려고 했지만, 丙-辛 합으로 묶인다. 土가 있으면 강한 水를 극제하면서 火生土→土生金→金生水로 소통시키니 土를 용신으로 삼는다. 강한 金을 극제하면서 土를 생하는 火가 희신(喜神)이다.

금수쌍청(金水雙淸) (雙 쌍 쌍, 짝 쌍)

금수쌍청(金水雙淸)은 "金과 水가 어우러져 맑다."라는 말인데, 크게 두 가지 정의가 있다. 첫째는, 단순하게 천간에 庚과 壬이 함께 있거나 辛과 癸가 함께 있으며, 전체 구성이 좋은 사주를 표현하는 말이다. 둘째는, 금백수청(金白水淸)을 다르게 표현한 말이다. 하지만 금백수청과 금수쌍청을 다르게 정의하는 명리가도 많고, 금수쌍청의 성립 조건조차도 명리가마다 달라서 헷갈린다. 그래서 사주에 金과 水가 조화를 이룬 좋은 사주를 말하는 것으로 보면 된다. 명확하지도 않은 성립 조건을 굳이 따질 필요는 없다. 금백수청이니 금수쌍청이니 하는 용어는 중요하지 않다.

참고 **木·火 또는 金·水의 조화에 관한 용어 정리**

- [木 日干 + 火 상관]이면 목화상관(木火傷官)
- [木 日干 + 火 식상 + 木 月支]이면 목화통명(木火通明)
- [金 日干 + 水 상관]이면 금수상관(金水傷官)
- [金 日干 + 水 식상 + 金 月支]이면 금수상함(金水相涵)
- [金 日干 + 水 月支] 또는 [水 日干 + 金 月支]면 금백수청(金白水淸)
- [庚金 + 壬水] 또는 [辛金 + 癸水]면 금수쌍청(金水雙淸)

* 목화상관인데, 봄(月支가 寅·卯)에 태어났으면 목화통명(木火通明)이다.

* 금수상관인데, 가을(月支가 申·酉)에 태어났으면 금수상함(金水相涵)이다.

양신성상(兩神成象) =양기성상(兩氣成象)

사주에 두 가지 오행만 있고 두 오행의 세력이 비슷하면 양신성상(兩神成象)이라고 하며, 세력의 차이가 크면 양신성상이 아니다. 만약 두 오행이 상생(相生) 관계일 때는 두 오행에 종(從)하는 것이 좋다. 예를 들면, 木·火 양신성상 사주는 木生火 관계이므로 木·火가 길신(吉神)이다. 그래서 木·火 운이 오면 좋고 金·水 운이 오면 안 좋다. 만약 木·土, 土·水, 水·火, 火·金, 金·木 양신성상처럼 두 오행이 상극(相剋) 관계일 때는 통관 오행을 용신으로 삼고 간명하면 된다.

수화기제(水火旣濟) (旣 이미 기, 濟 건널 제)

수화기제(水火旣濟)는 사주에 水와 火가 적절히 배치되어 오행이 균형 잡힌 것을 의미한다. (水와 火가 적절하면 木을 잘 키운다.) 수화기제는 주역 64괘 중 63번째 괘명(卦名)이며, 이 괘는 물이 위에 불이 아래에 있는 모습이다. 기재(旣濟)는 "이미 건넜다.", "목적지에 도달했다.", "완성했다."라는 뜻이다. 음양이 합하였기 때문에 더 이상 할 일이 없다. 그래서 처음은 좋지만 결국은 좋지 않게 된다.

화수미제(火水未濟) (未 아닐 미, 濟 건널 제)

화수미제(火水未濟)는 사주에 火와 水가 서로 힘겨루기를 하는 것을 의미한다. (火와 水가 서로 다투니 木에게 불리하다.) 화수미제는 주역 64괘 중 64번째 괘명(卦名)이며, 이 괘는 불이 위에 물이 아래에 있는 모습이다. 미제(未濟)는 "아직 건너지 못했다.", "목적지에 도달하지 못했다.", "완성하지 못했다."라는 뜻이며 새로운 시작의 의미가 있지만, 대립이 예상되므로 무모하게 나서지 말라는 의미도 있다.

천한지동(天寒地凍) =금수한랭(金水寒冷)

천한지동(天寒地凍)은 "하늘은 차갑고 땅은 얼었다."라는 말이며, 金과 水의 기운이 가득한 한랭(寒冷)한 사주를 뜻한다. 겨울에 태어났으며(月支가 亥·子·丑), 사주에 金과 水가 많으면 천한지동이다. 게다가 日干조차 庚·辛이나 壬·癸라면 매우 한랭하다. 이런 사주는 고난이 많고 건강이 좋지 않다.

화토중탁(火土重濁) (濁 흐릴 탁)

화토중탁(火土重濁)은 "火와 土가 많으면 사주가 거듭 탁(濁)해진다."라는 말이며, 火가 土를 생해서 바짝 마르게 하는 것을 뜻한다. 특히 사주에 火가 왕(旺)하고 마른 土(戊·戌·未)가 많은데 水까지 없으며 엄청나게 조열(燥熱)하다. 그래서 나무(木)가 살기 어려운 환경이며, 흙(土)이 먼지가 되어 날리듯이 마음과 정신이 안정되지 않기 때문에, 이런 사주의 사람은 철학이나 종교에 관심을 가지며 정신세계를 추구할 가능성이 크다. 土 입장에서 火는 인성이므로 공부를 즐겨하는 기질이다. 이런 사주는 대체로 金·水가 길신(吉神)이다.

* 만약 사주에 다른 오행 없이 火·土만 있다면, 화토중탁(火土重濁)이면서 양신성상(兩神成象)이기도 하다. 이때는 火·土가 길신(吉神)이다.

辛	**庚**	丁	戊
巳	午	巳	戌

천간 丁이 日干 바로 옆에 있고, 지지에 火(巳·午·巳)가 많고, 더욱이 조토(燥土)인 戊·戌까지 있는데 수기(水氣)는 한 점도 없다. 그래서 日干 庚이 녹을 지경이다. 사주에 火와 土가 많아서 조열(燥熱)하므로 화토중탁이다. 그나마 다행인 것은, 丁이 年支 戌에 입묘(入墓)해서 힘이 약해진 덕에 庚이 조금 살아났다. (戌은 寅-午-戌 삼합의 묘지)

편관(偏官)의 다른 이름, 칠살(七殺)

'칠살'은 '편관'과 같은 말이기는 하지만, "나(日干)로부터 7번째 되는 천간이 나를 극한다."라는 뜻에서 만들어졌다. 그래서 日干이 강해서 충분히 제압할 수 있는 편관은 그냥 '편관'이고, 日干이 약해서 제압하기 힘든 편관은 '칠살'이다.

다른 관점에서 보면, 식상으로 억제되거나 인성이 설기(洩氣)해서 온순해진 편관은 그냥 '편관'이고, 기신(忌神) 역할을 하는 강한 편관은 '칠살'이다. 즉, 편관이 사주에 부정적인 역할을 할 때만 '칠살'이라고 하는 것이 맞다. 그러나 굳이 구분하지 않고 사용하며 대부분 그냥 '칠살'이라고 부른다.

칠살은 日干을 공격하는 흉폭한 무법자다. 日干이 약할수록 칠살의 공격을 많이 받는다. 그러니 약한 日干과 비겁은 칠살을 두려워한다. 그러나 '강한 사주에서 칠살' 또는 '제화(制化)가 잘된 칠살'은 정관 못지않게 좋은 역할을 한다.

신약한 사주에서 칠살이 나(日干)를 심하게 극할 때는, 내게 타격을 주는(내가 다치거나 생명에 지장을 주는) 일이 생기기도 하며, 남자라면 자녀 문제로, 여자라면 남편이나 남자 문제로 힘들 수 있다.

관살혼잡(官殺混雜) (混 섞을 혼, 雜 섞일 잡)

관살혼잡(官殺混雜)은 "정관과 칠살이 섞여 있다."라는 말이다. 관살혼잡의 성립 조건에 관해서는 워낙 다양한 설(說)이 있어서 헷갈린다. 사주에 정관과 편관 둘 다 있기만 하면 된다는 설도 있고, 천간에 정관과 편관 둘 다 있거나 지지에 정관과 편관 둘 다 있어야 한다는 설도 있다. 또, 정관 편관을 따지지 않고 관성이 3개 이상이면 된다는 설도 있다. 또 이런 조건에 맞더라도 신강한 사주라면 관살혼잡이 성립되지 않는다.

관살혼잡인데 만약 지장간에도 관성이 있으면, 그것은 명암부집(明暗夫集)이나 관장살로(官藏殺露)나 살장관로(殺藏官露)이다. 그리고 관살혼잡한 사주는 합살유관(合殺留官), 거살유관(去殺留官), 합관유살(合官留殺), 거관유살(去官留殺), 거류서배(去留舒配) 등이 되면 좋아진다.

관살혼잡은 日干이 관살의 억압을 강하게 받는다. 그러니 명주(命主)를 간섭하고 통제하려는 요인이 많아서 스트레스를 많이 받으며 직장·직업을 자주 바꾼다. 여자라면 여러 남자와 관계한다고 본다. 그리고 과거에는 여자가 직업을 갖지 않았으므로 여자 사주의 관성을 직업으로 보지 않았지만 현대에는 직업으로도 본다. 그래서 직장을 가진 능력 있는 여자로 보기도 한다.

관장살로(官藏殺露)와 살장관로(殺藏官露) (藏 감출 장, 露 이슬 로, 드러낼 로)

'장(藏)'은 지장간에 감춘 것을, '로(露)'는 천간에 드러낸 것을 의미한다. 정관이 지장간에 있고 칠살이 천간에 있는 것을 관장살로(官藏殺露)라고 하며, 반대로 칠살이 지장간에 있고 정관이 천간에 있는 것을 살장관로(殺藏官露)라고 한다. 사주가 신강하면 관직으로 출세할 수 있다. 특히 정관이나 칠살이 통근(通根)해서 힘이 있으면 더 좋다. 일반적으로 정관은 드러나 있는 것이 좋고, 칠살은 감춰져 있는 것이 좋으므로, 살장관로가 관장살로보다 격이 높다.

관성은 日干을 극하는 것이므로, 신약한 사주에는 관장살로나 살장관로 둘 다 좋지 않지만, 만약 길신(吉神)인 인성이 있다면, 관인상생(官印相生)이나 살인상생(殺印相生)이 되어서 좋다.

壬	丁	甲	戊
寅	酉	子	午

실령하고 실지했지만, 비견(午)과 정인(甲.寅)이 많고, 寅-午 반합의 합오행 火(비겁)까지 있어서 신강하다. 정관 壬이 천간에 있고 月支 子의 지장간에는 칠살 癸가 있으니 살장관로다. 게다가 日柱에 천을귀인(天乙貴人)이 있고 月支 子와 時干 壬이 월덕귀인(月德貴人)까지 이루고 있으니, 관직으로 출세하는 사주다.

명암부집(明暗夫集)

명암부집(明暗夫集)은 "여자 사주의 천간과 지장간에 관성이 많다."라는 말이다. '명(明)'은 드러난 것 즉 천간을 의미하고, '암(暗)'은 감춰진 것 즉 지장간을 의미하며, 여자 사주에 '부(夫)'는 관성을 의미하고, '집(集)'은 모였다는 뜻이다. 그래서 남편과 정부(情夫)가 모두 있다는 것을 암시한다.

甲	戊	癸	乙
子	辰	未	巳

천간에 칠살 甲과 정관 乙이 있어서 관살혼잡인데, 辰과 未의 지장간 둘 다에 정관 乙까지 있으니 명암부집이다. 月支 未는 木(관성)의 묘지(墓地)이므로, 이 사주는 관성입묘(官星入墓, =부성입묘 夫星入墓)이니 남자와의 인연이 좋지 않다.

합살유관(合殺留官)과 거살유관(去殺留官)
합관유살(合官留殺)과 거관유살(去官留殺) (留 머무를 류, 去 갈 거)

관살혼잡(官殺混雜)한 사주는 탁(濁)한데, 정관이나 칠살 중 한쪽이 합거(合去)나 충거(沖去)되어 다른 한쪽만 남으면, 관살혼잡이 풀려서 사주가 청(淸)해진다. 정관이 합거되면 합관유살(合官留殺), 칠살이 합거되면 합살유관(合殺留官)이라 하고, 정관이 충거되면 거관유살(去官留殺), 칠살이 충거되면 거살유관(去殺留官)이라고 한다. '합거되어 청(淸)해진 사주'가 '충거되어 청(淸)해진 사주'보다 격이 더 높다.

丁	**庚**	丙	辛
○	○	申	○

천간에 칠살 丙, 정관 丁이 있어서 관살혼잡한 사주로 보이는데, 칠살 丙은 <u>丙-辛 합으로 합거되어</u> 정관 丁만 남게 되니 합살유관이라, 청(淸)한 사주가 됐다.

辛	**甲**	○	○
未	○	申	寅

천간에 정관 辛, 지지에 칠살 申이 있어서 관살혼잡한 사주로 보이는데, 칠살 申은 <u>寅-申 충으로 충거되어</u> 정관 辛만 남게 되니 거살유관이라, 청(淸)한 사주가 됐다.

거류서배(去留舒配) (去 갈 거, 留 머무를 류, 舒 펼 서, 配 짝지을 배)

거류서배(去留舒配)는, '정관 2개와 칠살 1개' 또는 '정관 1개에 칠살 2개'가 있는 사주에서, 정관과 칠살 중에서 한 개는 충극(沖剋)해서 떠나고(去), 한 개는 다른 글자의 짝이 되고(舒配, 合), 나머지 한 개는 그대로 있는(留) 것을 말한다.

요약하면, 관살(官殺) 3개 중에서 2개가 각각 합거(合去) 및 충거(沖去)되고 1개만 남는다. 이런 사주는 언뜻 보면 관살혼잡(官殺混雜)만 보이지만 자세히 보면 관살이 잘 조정되어서 오히려 좋은 사주다.

癸	**甲**	丙	辛
酉	寅	申	亥

천간에 정관 辛, 지지에 칠살 申, 정관 酉가 있어서 관살혼잡한 사주로 보이는데, 정관 辛은 丙-辛 합거되고 칠살 申은 寅-申 충으로 충거되고 정관 酉만 남기 때문에 거류서배 해서 청(淸)한 사주가 됐다.

살중용인(殺重用印) (重무거울 중, 거듭할 중, 殺重은 殺이 많다. 칠살이 많다. 관성이 많다)

신약한 사주에 관성이 많다면, 관성을 설기하면서 日干을 생조(生助)하는 인성을 용신으로 삼는데, 그것을 살중용인(殺重用印)이라고 한다. 그럴 때, 관성을 직접 극하는 식상을 용신으로 삼을 수는 없다. 왜냐하면 식상은 日干을 설기해서 더욱 약하게 만들기 때문이다.

甲	**戊**	甲	戊
寅	午	寅	子

칠살(甲·甲·寅·寅)이 많아서 신약한데, 日支에 있는 정인 午가 좌우에 있는 칠살들의 생을 받아서 그 힘으로 겨우 日干 戊를 받치고(生) 있다. 정인 午가 용신이다. 이 사주는 관성이 많고

인성을 용신으로 쓰는 살중용인격이다.

관인상생(官印相生)과 살인상생(殺印相生)

신약한 사주에 정관과 정인이 함께 있으면, 정관은 정인을 생하는라 日干을 극하지 않고, 오히려 '官生印→印生我'로 통관(通關)해서 日干을 돕는다. 그것이 관인상생(官印相生)이다. 그러나 사주가 신강하면 굳이 정인의 도움이 필요 없으므로, 관인상생이 아니다. 관인상생에서 정관 대신에 칠살이 있으면 살인상생(殺印相生)이다. 사주에 관인상생의 기운이 강하면 재물보다 명예를 추구하는 것이 맞다.

庚	癸	丁	甲
申	未	丑	午

식·재·관이 많아서 신약하다. 특히 두 개의 칠살(未·丑)이 日干을 극제하고 있다. 그러나 두 개의 정인(庚·申)이 칠살을 설기시켜서 흉폭성을 누그러뜨리고 있으니 살인상생이다. 丑월 癸일에 태어나서 한랭(寒冷)하지만, 午-未 반합의 합오행 火가 月干 丁에 투출했으니, 조후는 문제가 안 된다. 더욱이 甲부터 癸까지 주류무체(周流無滯)하니 좋은 사주다.

乙	丁	己	癸
巳	亥	未	丑

칠살 癸과 편인 乙이 있어 살인상생처럼 보이지만 서로 멀리 떨어져 있고, 가운데 상관 己가 끼어 칠살을 극하고 있으므로, 칠살이 편인을 생하지 못한다. 그래서 살인상생이 아니다.

참고 정관(正官)과 칠살(七殺)이 섞여 있는 경우에 관한 용어 정리

- 정관과 칠살이 섞여 있으면, 관살혼잡(官殺混雜)
- 정관이 지장간에 있고 칠살이 천간에 있으면, 관장살로(官藏殺露)
  칠살이 지장간에 있고 정관이 천간에 있으면, 살장관로(殺藏官露)
- 여자 사주의 천간과 지장간에 관살이 섞여 있으면, 명암부집(明暗夫集)
- 정관과 칠살이 있는 관살혼잡 사주에서, 정관이 합거되면 합관유살(合官留殺), 칠살이 합거되면 합살유관(合殺留官), 정관이 충거되면 거관유살(去官留殺), 칠살이 충거되면 거살유관(去殺留官)
- 관살이 세 개인 관살혼잡 사주에서, 두 개가 합거·충거되면 거류서배(去留舒配)
- 관성이 많아서 신약한 사주에, 인성이 있으면 살중용인(殺重用印)
- 신약한 사주에, 정관과 정인이 있으면 관인상생(官印相生), 칠살과 정인이 있으면 살인상생(殺印相生)

식신제살(食神制殺)과 상관제살(傷官制殺)

식신제살(食神制殺)은 "식신이 칠살을 제압(制)한다."라는 말이며, 칠살이 강한 사주에는 (칠살을 극하는) 식상도 있으면 좋다는 뜻이다. 단, 식신제살은 신강한 사주에만 좋다. 이유는, 강한 日干이라야 식상 때문에 설기되더라도, 칠살의 극을 감당해 낼 수 있기 때문이다.

같은 내용이지만 "상관이 칠살을 제압(制)한다."라는 말은 상관제살(傷官制殺)이다. 상관은 식신보다 日干을 더 많이 설기하므로, 신약한 사주에는 식신제살보다 상관제살이 더 나쁘다. 식신제살 및 상관제살은 운에 인성이 오면 도식(倒食)이 될 수도 있으니 주의해서 살펴봐야 한다.

丙	**甲**	庚	庚
寅	戌	辰	申

득령은 했지만 실지, 실세해서 신약하다. 천간의 두 칠살 庚은 申과 戌에 통근했으니 강하다. 그래서 日干을 지나치게 극제하고 있다. 식신 丙은 寅에 통근했고 寅은 丙의 장생지이므로 丙은 힘이 있다. 그리고 寅-戌 반합의 火도 식상이다. 식상이 칠살을 대적해서 日干을 지켜주니 식신제살이다. 그러나 식상을 용신으로 삼을 수는 없다. 비견 寅이 용신이다.

상관합살(傷官合殺)과 상관대살(傷官帶殺) (帶 띠 대, 두를 대)

상관합살(傷官合殺)은 "상관이 칠살과 합한다."라는 말이다. 사주에 상관과 칠살이 있으며 그 둘이 합이 되는 것을 말한다. 日干이 음(陰)일 때만 (천간에 있는) 상관과 칠살은 합이 된다. 이 합은 극합(剋合)이므로 극보다 합이 우선한다.

상관합살이 되는 것은 乙 日干 사주에 丙·辛이 있는 경우, 丁 日干 사주에 戊·癸가 있는 경우, 己 日干 사주에 乙·庚이 있는 경우, 辛 日干 사주에 丁·壬이 있는 경우, 癸 日干 사주에 甲·己가 있는 경우다. 그리고 지지에 있는 상관과 칠살이 합이 되는 것은, 오로지 壬 日干 사주에 卯·戌이 있는 한 가지 경우밖에 없다.

상관대살(傷官帶殺)은 "상관이 칠살을 두르고 있다."라는 말이다. 상관제살(傷官制殺)과 같은 내용이기는 한데, 상관제살처럼 상관이 칠살을 무조건 힘으로 제압하지 않고 약간 타협한다는(어르고 달랜다는) 의미가 포함되어 있다.

상관합살 사주는 상관과 칠살이 적절히 조화해서 각자의 역할을 하는 것이다. 설득력 및 협상력이 뛰어나다.

제살태과(制殺太過)

제살태과(制殺太過)는 "(식상이) 칠살을 지나치게 제압(制)한다."라는 말이다. '강한 칠살'이 있는 사주에 식상이 있으면, 식상이 칠살을 날뛰지 못하게 막아준다. (그것이 식신제살·상관제살이다.) 그런데 '약한 칠살'이 있는 사주에 강한 식상이 있으면 칠살이 과도하게 억제된다. 특히 칠살이 희신(喜神)이라면 강한 식상은 더더욱 좋지 않다.

戊	**庚**	丙	戊
寅	申	辰	子

득령, 득지, 득세했으니 매우 신강하다. 그래서 日干 庚을 극하는 칠살 丙을 용신으로 삼는다. 그러나 丙은 힘이 없다. 그런데 申-子-辰 삼합의 합오행인 水 식상이 약한 칠살 丙을 극하므로 제살태과한 좋지 않은 사주다.

상관가살(傷官駕殺) (駕 멍에 가)

상관가살(傷官駕殺)은 "상관이 (맹수처럼 사나운) 칠살에 멍에를 씌워서 부린다."라는 말이다. 상관을 칠살의 입장에서 보면 정관이므로 칠살은 상관에게 순종하는 관계다. 그래서 상관과 칠살 두 흉신(凶神)이 함께 있으면 오히려 전화위복(轉禍爲福)이 된다. 단, 日干이 상관의 설기를 감당할 정도로 강한 경우에만 그렇다. 만약 상관이 칠살보다 너무 강하면 제살태과(制殺太過)라서 좋지 않다. 상관가살은 상관제살(傷官制殺)과 거의 같은 내용이다.

양인가살(羊刃駕殺)과 살인상정(殺刃相停) (駕 멍에 가, 停 머무를 정)

양인가살(羊刃駕殺)은 글자로는 "양인이 칠살에 멍에를 씌운다."라고 해석해야 맞지만, 실제 내용은 "칠살이 (마구 날뛰는) 양인에 멍에를 씌워서 부린다."이다. 양인의 지원을 받아서 강해진 日干의 기운을 칠살이 억제해 주기 때문에 사주의 중화에 도움이 된다.

양인가살인 사주는, 난폭한 칠살과 양인을 잘 다스릴 수 있는 자질이 있으므로, 권력을 다루는 직업에 적합하다. 양인가살인 사주에 강한 식상이 있으면, 식상에게 극을 당해서 힘이 빠진 칠살이 양인을 제어하지 못하므로, 양인가살이 성립되지 않는다.

살인상정(殺刃相停)은 양인가살과 같은 내용의 다른 표현인데, "칠살과 양인이 (합해서) 함께 머무른다."라는 말이다. 즉 사나운 칠살과 양인이 합을 하면, 서로 견제해서 얌전해진다. 여기서 칠살과 양인이 합이 된다는 말은, '천간 칠살'이나 '지지 칠살의 지장간'과 '양인의 지장간'이 간합이 되기 때문이다. 예를 들어 日干이 甲이고 '천간 칠살 庚'과 '양인인 卯'가 있으면, 庚과 '卯의 지장간 乙'이 乙-庚 합이 된다. 따라서 살인상정인 사주다. 만약 이 사주에 '천간 칠살 庚'이 아니라 '지지 칠살 申'이 있다면 '申의 지장간 庚'과 '卯의 지장간 乙'이 乙-庚 합이 된다.

* 양인가살을 '陽刃架殺'이라고 쓴 것이 있는데, '陽刃'은 '羊刃'과 같은 것이지만, '架' 글자는 '駕'를 잘못 사용한 것이다. (架 시렁 가)

참고 칠살(七殺)과 식상(食傷)이나 양인(羊刃)이 섞여 있는 경우에 관한 용어 정리

- 강한 칠살을, 식신이 제어하면 식신제살(食神制殺), 상관이 제어하면 상관제살(傷官制殺) 및 상관가살(傷官駕殺)
- 상관과 칠살이 합을 해서 조화를 이루면 상관합살(傷官合殺), 합을 해서 상관이 칠살을 순화시키면 상관대살(傷官帶殺)
- 식상이 (약한) 칠살을 과도하게 극하면 제살태과(制殺太過)
- 칠살이 양인을 제어하면 양인가살(羊刃駕殺), 칠살과 양인이 합을 해서 조화를 이루면 살인상정(殺刃相停)

간재지인(干財支刃) =인두재(刃頭財)

간재지인(干財支刃)은 "干은 財고 支는 刃이다."라는 말이다. 즉 천간이 재성이고 지지가 양인인 柱다. 인두재(刃頭財)라고도 한다. 甲 日干 사주에는 己卯가, 丙 日干 사주에는 庚午가, 戊 日干 사주에는 壬午가, 庚 日干 사주에는 乙酉가, 壬 日干 사주에는 丙子가 인두재이다. 사주에 인두재가 있는 사람은 양인과 관련되는 직업·사업을 하면 좋은데 그렇지 않으면 재물이 모이지 않고 이익을 얻어도 남에게 뺏긴다.

* 양인살은 日干과 地支가 다음과 같은 것들이다. 甲-卯, 丙-午, 戊-午, 庚-酉, 壬-子

간살지인(干殺支刃) =인두관(刃頭官) =인두귀(刃頭鬼)

간살지인(干殺支刃)은 "干은 殺이고 支는 刃이다."라는 말이다. 즉 천간이 관성이고 지지가 양인인 柱다. 인두관(刃頭官)이라고 한다. 甲 日干 사주에는 辛卯가, 丙 日干 사주에는 壬午가, 戊 日干 사주에는 甲午가, 庚 日干 사주에는 丁酉가, 壬 日干 사주에는 戊子가 인두관이다. 사주에 인두관이 있는 사람은 양인과 관련되는 관직에 들면 좋은데 그렇지 않으면 관직에 들기도 어렵고 비록 관직에 올랐어도 끝이 좋지 않다.

* 명리학이나 주역 점술에서, '관성'이라는 용어 대신에 '귀(鬼)'라는 글자는 많이 쓴다.

아능생모(兒能生母) =아능구모(兒能救母)

아능생모(兒能生母)는 "자식이 어머니를 살린다."라는 말이다. 내 아이가 내 적을 물리친다, 즉 사주에 식상이 있는데 그것이 기신(忌神)인 관살(官殺)을 물리치는 역할을 함과 동시에 사주의 조후(調候)까지 맞춰준다면, 그 식상은 日干을 살리는 희신(喜神)임을 의미한다.

식상이 단순히 관살(官殺)을 억제하는 역할만 한다면 식신제살(食神制殺)이나 상관제살(傷官制殺)로 보지만, '관살 억제'와 '조후 조율' 두 역할을 함께 하면 아능생모다.

* '日干이 생하는 자식'이라는 뜻으로 식상(食傷)을 '兒(아이 아)'라고 한다.

庚	**甲**	丙	甲
午	申	寅	申

칠살(庚·申·申)이 많아서 日干 甲을 많이 핍박하고 있다. 寅월은 아직 추울 때인데 게다가 金까지 많으니, 사주가 한랭(寒冷)하다. 그런데 식상(丙·午)이 칠살을 억제할 뿐만 아니라, 사주에 온기(溫氣)를 더해준다. 그래서 아능생모(兒能生母)다. 이 사주에서 병(病)은 金이고 약(藥)은 火다. 다른 관점에서 보면 식신 丙이 용신(用神)이고 칠살 庚이 기신(己神)이다.

아우생아(兒又生兒)

아우생아(兒又生兒)는 "자식이 또 아이를 낳는다."라는 말이다. 재성이 용신(用神)인 사주에, 식상이 있고 그 식상이 재성을 생하는 것을 말한다. 그러니 식상은 희신(喜神)이다. 이런 사주는 비겁이 재성을, 인성이 식상을 충극(沖剋)하지만 않으면 대귀(大貴)하거나 큰 부자가 된다.

丙	**癸**	壬	丁
辰	卯	寅	卯

천간에 丁-壬합의 합오행인 木이 있고, 지지에도 木(卯·寅·卯)과 寅-卯-辰 방합의 합오행인 木이 있다. 그래서 식상인 木이 아주 왕성한, 종아격(從兒格) 사주다. 왕성한 식상이 정재인 丙을 생하는 형국이니 아우생아다. 겁재 壬이 丙을 극하려고 하지만, 丁-壬 합으로 壬이 합거(合去)되고 합오행인 木이 오히려 丙을 생하니 좋은 사주다.

벽갑인정(劈甲引丁) =벽갑인화(劈甲引火) (劈 쪼갤 벽, 引 당길 인)

벽갑인정(劈甲引丁)은 "(큰 나무인) 甲木을 잘게 쪼개어 불(丁火)을 붙인다."라는 말이다. (도끼로) 나무를 쪼갠다는 것은 庚金으로 甲木을 극한다는 뜻이며, 쪼갠 나무로 불을 붙이는 경우는 불이 미약할 때다.

해석하자면, 미약한 丁火가 甲木의 생을 받아야 하는 사주에서, 만약 큰 나무인 甲木을 그대로 쓰면 오히려 丁火가 꺼질 수 있으므로, 이때는 庚金으로 甲木을 쪼개어 쓰면 좋다는 말이다. 사주가 庚+甲+丁으로 구성되는데, 庚·甲·丁이 있다고 해서 무조건 벽갑인정이 아니라, 사주 전체 조건이 맞아야 한다. 예를 들면, 寅월(甲木)에 태어난 丁火 日干인데, 만약 신약하다면 벽갑인정이 될 조건이므로 庚金을 용신으로 삼으면 된다. 그러나 만약 이 사주가 신강하다면 벽갑인정이 될 수 없다.

* 물상론(物象論)으로 보면, 甲 日干 사주에 丙이 있으면 태양이 나무를 키우는 형국(火生木)이고, 甲 日干 사주에 丁이 있으면 나무가 불을 키우는 형국(木生火)이다.

등라계갑(藤蘿繫甲) =등라반갑(藤蘿絆甲)

등라계갑(藤蘿繫甲)은 "등나무와 담쟁이 덩굴이 甲에 매달려 있다."라는 말이며, 덩굴이 큰 나무를 칭칭 감고 의존해서 살아간다는 뜻이다. 신약한 乙木 日干이 甲木을 만나면, 乙木(등나무·담쟁이)이 감고 올라갈 수 있는 대상이 되기 때문에 甲木이 도움이 된다.

즉 신약한 乙 日干이 원명에 甲이 있거나 운에서 甲을 만나면 좋다 (등라계갑이 좋은 경우). 그러나 신강한 乙 日干에 甲은 日干을 너무 신강하게 만들기 때문에 좋지 않다 (등라계갑이 나쁜 경우). 만약 日干이 甲인데 필요하지 않은 乙을 만나면, 자신에게 기생하는 乙이 반갑지 않다.

(藤 등나무 등, 蘿 담쟁이덩굴 라, (덩굴=넝쿨), 繫 끈맬 계, 매달 계, 絆 줄 반, 얽어맬 반)

부건파처(夫健怕妻) (怕 두려워할 파, 겁낼 파)

부건파처(夫健怕妻)는 "건장한 남편이 아내를 두려워한다."라는 말이다. 재성이 처(妻)가 되는 사주는 남자 사주이므로 日干을 부(夫)라고 할 수 있다. 따라서 '부건(夫健)'은 日干이 왕(旺)하다는 의미다. 결과적으로 부건파처는 "신왕재왕(身旺財旺)하지만 재(財)가 두렵다."는 뜻이다. 재성이 두려운 이유는, 이런 사주에 만약 관성이 있으면 재성의 생을 받아서 강하게 日干을 극하기 때문이다. 또 관성이 없더라도 日干이 약해지는 운에서는 재성의 설기가 큰 부담이 된다.

이 용어는 신왕재왕(身旺財旺)이라는 말에 의미가 조금 더 추가된 것이다. 내가 강하다고 아내를 공박하다가 아내가 자식과 합세해서 나를 반격하는 형상이므로, 아내를 두려워하는 공처가 사주다.

庚	丁	辛	乙
戌	巳	巳	亥

득령, 득지하고 日干이 火의 고지(庫地)인 戌에도 통근했으니 신왕(身旺)하다. 그런데 천간에 庚·辛이 있고 巳에 암장(暗藏)된 庚과 戌에 암장된 辛이 있으니 재(財)도 왕(旺)하다. 그런데 재성의 생을 받은 정관 亥가 자체로도 日干을 극하지만, 巳를 충해서 日干의 세력을 더욱 약하게 만든다. 그래서 부건파처 사주다.

천원일기(天元一氣)와 지신일기(地辰一氣)

사주의 4개 천간이 같은 글자인 것을 천원일기(天元一氣)라고 하고, 4개 지지가 같은 글자인 것을 지신일기(地辰一氣)라고 한다. 이런 사주가 특별히 좋거나 나쁘지는 않다. 그러나 오행이 균형되지 못하므로 길흉이 극단으로 치우칠 가능성이 크다.

기관팔방(氣貫八方) (貫 꿸 관)

기관팔방(氣貫八方)은 "오행의 기(氣)가 팔방(八方)에 꽉 찼다."라는 말이며, 사주의 4개 지지가 서로 90° 방위인 것을 일컫는데, 순서에 상관없이 子·午·卯·酉(正北·正南·正東·正西)이거나 寅·申·巳·亥(東北·西南·南東·北西)이거나 또는 辰·戌·丑·未(東南·西北·北東·南西)인 경우를 말한다.

다르게 표현하면, 사주 4개 지지가 전부 역마(驛馬)인 사생격(四生格)이거나, 전부 도화(桃花)인 사정격(四正格)이거나, 전부 화개(華蓋)인 사고격(四庫格)이다. 기관팔방이면서 사주 구성이 좋으면 이름을 사방에 떨친다. 단, 寅·申·巳·亥 또는 辰·戌·丑·未가 전부 있으면 사형살(四刑煞)이기도 하다. 그래서 어떤 것으로 보고 통변해야 할지 주의해야 한다.

양팔통(陽八通)과 음팔통(陰八通)

사주팔자 전부가 양(陽)이면 양팔통이라 하고 전부가 음(陰)이면 음팔통이라 한다. 원래 육십갑자의 간(干)과 지(支)는 ('체(體) 음양' 기준으로) 음양이 같으므로, 천간 4개가 전부 양이면 지지도 전부 양이고, 천간 4개가 전부 음이면 지지도 전부 음이다. 남자가 양팔통이면 편협되고 외골수적이라서 대박 아니면 쪽박이고, 음팔통이면 남자다움은 부족하지만 신중하면서 안정적이다. 여자가 양팔통이면 남자처럼 활동적이고 기상이 강하고, 음팔통이면 내성적이고 수동적이며 정신건강에 유의해야 한다. 남자 양팔통이나 여자 음팔통 사주는 음양이 극단으로 치우쳐 있어 전체적인 삶도 그렇게 되기 쉽다.

왕자충발(旺字沖發) (拔 뺄 발, 뽑을 발, 發 (꽃)필 발, 일으킬 발, 나타낼 발)

왕자충발(旺字沖發)은 "왕한 글자가 충해서 발동된다."라는 말이다. 그 뜻은 적천수(滴天髓)의 논지지(論地支) 편에 있는 "왕자충쇠쇠자발 쇠신충왕왕신발(旺者沖衰衰者拔 衰者沖旺旺神發: 왕한 것이 쇠한 것을 충하면 쇠한 것이 뽑혀 나가고, 쇠한 것이 왕한 것을 충하면 왕한 것이 발동해서 들고 일어난다.)"라는 구절과 같다.

예를 들면, '왕한 子'가 '쇠한 午'를 충하면 午는 뽑혀서 일어서지도 못하고, '쇠한 子'가 '왕한 午'를 충하면 午가 발동한다. 만약 午가 길신(吉神)이면 그때 발복(發福)하고, 흉신(凶神)이면 그 午로 인해서 다른 오행이 크게 다치게 된다.

참고 수승화강(水昇火降)

"한냉(冷濕)한 수기(水氣)는 위로 올려줘야 하고 조열(燥熱)한 화기(火氣)는 아래로 내려줘야 한다."라는 말이며, "사람 몸에서 차가운 기운은 상체로 올라가게 하고 뜨거운 기운은 하체로 내려가게 해줘야 생리적 기능이 정상적으로 유지된다."라는 한의학(韓醫學, 漢醫學)의 원리다. 사주명리학과 아무 관계가 없다.

오행 중에서 火는 심장(心臟)을, 水는 신장(腎臟)을 의미한다. 그래서 심장에 있는 화기(火氣)는 아래로 내려와서 복부와 손발을 따뜻하게 해주고, 신장에 있는 수기(水氣)는 상체 쪽으로 올라가서 심장과 머리를 식혀주는 것이 좋다는 말이다. 그렇게 되도록 하는 방법이 "머리는 차고 발은 따뜻하게(두한족열 頭寒足熱)" 또는 "가슴은 서늘하고 아랫배는 따뜻하게"다. 반대로 화기(火氣)가 머리로 몰리거나 수기(水氣)가 아랫배로 몰리는 상열하한(上熱下寒) 상태가 되면 인체의 생리적 리듬이 깨지고 병들게 된다.

23
간명요결(看命要訣)

간명요결(看命要訣) (要 요긴할 요, 허리 요, 訣 이별할 결, 訣別, 祕訣, 口訣, 要訣)

'요결(要訣)'이란 어떤 일을 하는 중요한 방법을 말한다. 따라서 '간명요결'은 간명하는 요긴한 방법이라는 뜻이다. 이 장에서는 사주명리 이론을 설명하지 않는다. 사주를 간명할 때 앞에서 배운 사주명리 이론들을 어떻게 적용할지, 절차와 요령을 설명하고 있다. 그러니 기초 이론을 알아야 이 장의 내용을 이해할 수 있다.

木은 오행(五行) 중 유일한 생명체

오행 중에서 생명체는 木 하나뿐이다. 그래서 사주에서 木의 상태를 살피는 일은 간명에 큰 도움이 된다. 木의 상태는 다른 오행이 木에 어떤 영향을 끼치는지 물상론(物象論) 관점에서 살펴보면 알기 쉽다.

물상론에서 木과 관련된 몇 가지 간명 원리를 보면, "木은 물(水)이 있어야 살 수 있다.", "丙火의 태양 빛은 木을 잘 자라게 한다.", "木은 습토(濕土, 辰.丑)가 있으면 뿌리를 내리고 힘을 얻는다.", "庚金은 무성한 木을 다듬거나 간벌(間伐)해서 건강하게 만든다."와 같은 것들이다. 그러나 木에 대한 다른 오행의 이런 작용도 지나치면 오히려 좋지 않다.

원명(原命)에서 파악할 내용

순서대로 적혀 있지만, 이 순서를 따라야 하는 것은 아니다.

(1) 사주 전체의 '음양(陰陽) 비율'을 확인한다. - 천간과 지지의 '체(體) 음양'을 파

악한다.

(2) 오행(육신)의 분포를 살핀다. - '과다한 오행'과 '없는 오행'이 무엇인지, 팔자(八字)끼리의 생극(生剋) 관계 및 상생유통(相生流通)을 파악한다.

(3) 어떤 격(格)에 해당하는지 확인한다. - 사주에 (격국론에서 말하는) 상신(相神)이 있는지 찾고, 격이 깨지지 않았는지 살핀다.

(4) 사주의 왕쇠강약(旺衰强弱)을 확인한다. - 득령, 득지, 득세, 통근, 투출 및 십이운성을 파악한다.

(5) 사주의 한난조습(寒暖燥濕)을 확인한다. - 木·火와 金·水의 전체 비율을 보고, 특히 생월(月支)과 생시(時支)의 한난(寒暖)을 살핀다.

(6) 용신(用神), 희신(喜神), 기신(忌神)을 확인한다. - 억부법, 조후법, 통관법, 병약법, 전왕법 등의 방법을 사용해서 파악한다.

(7) 합(合), 충·형·파·해(沖·刑·破·害), 공망(空亡) 등을 확인한다. - 이것으로 인해서 영향을 받는 간명 요소들이 있는지 살핀다.

(8) 신살을 찾는다. - 지지에 역마(驛馬), 도화(桃花), 화개(華蓋)가 있는지, 어떤 신살(神煞)이 있는지 파악한다. (많이 쓰이는 신살 위주로)

앞에서 파악한 내용을 근거로 통변하기

(1) 명주(命主)의 기질 - 음양, 오행(육신) 분포, 격(格), 용신 등을 보고 성격과 적성을 통변한다.

(2) 육친(六親)과의 인연 - 육신과 궁성론(宮星論)을 함께 적용해서 부모, 배우자, 자식, 주변인(친구, 동료, 상사, 부하) 순서로 통변한다.

(3) 삶의 요소별 운(運) - 학업, 직업, 재물, 결혼, 자식 등에 대해서 총괄적인 것부터 시작해서 부분적인 것까지 차례로 통변한다.

(4) 삶의 시기별 운(運) - 원명의 근묘화실(根苗花實)을 보고 초년, 청년, 중장년, 노년 운을 통변하고, 이어서 대운, 년운, 월운 등을 통변한다.

(5) 기타 - 체질과 건강 및 수명 등에 대해서 통변한다.

* 명주(命主)에게는 조심해야 할 것과 긍정적인 미래 운 그리고 개운(開運) 방법을 알려주며 격려하고, 사주가 암시하는 부귀빈천(富貴貧賤)과 길흉화복(吉凶禍福)은 개연성일 뿐 절대적인 것이 아니라는 사실을 강조한다.

생·극·합·충(生·剋·合·沖)이 중복될 때

사주 한 글자가 생·극·합·충(生·剋·合·沖)에 중복되었을 때 적용하는 우선순위는 '합>생>충>극'이다. 탐생망극, 탐합망충 등의 말로 표현되는데, 이 책의 "22. 간명용어(看命用語)"에서 "탐□망○(貪□忘○)" 부분에 자세히 설명되어 있다.

○	**甲**	壬	○
巳	戌	申	酉

申-酉-戌 방합의 합오행 金은 甲을 극하기 앞서 壬을 생한다. 그리고 壬은 甲을 생한다. 甲은 壬의 생을 받음에도 불구하고 지지에 통근할 뿌리가 하나도 없어서 매우 약하기 때문에 합오행 金으로부터 극을 당한다.

특정 오행(五行)이 강한 명주(命主)의 기질

강한 오행	명주(命主)의 기질	오행 성정
木	승부욕이 강해서 경쟁을 즐기며 성을 잘 낸다.	노(怒)
火	혈기 왕성하지만, 성격이 급하고 다혈질이며 지나치게 웃는다.	희(喜)
土	변동을 싫어하며 고집이 세다. 매사에 생각이 많고 너무 따진다.	사(思)
金	의리는 있지만 냉정하다. 매사에 비관적이며 짜증을 잘 낸다.	비(悲),우(憂)
水	겁이 많고 소심하지만, 속이 깊고 참을성이 많다. 정신세계에 몰두	공(恐),경(驚)

* 이 책의 "3. 오행(五行)"에서 "오행(五行) 배속표(配屬表)" 부분 및 "오행(五行)의 성정(性情)" 부분 참고

특정 오행(五行)이 약한 명주(命主)의 기질

약한 오행	명주(命主)의 기질	오행 성정
木	생기가 적고 허약하며, 적극성, 진취성, 창조성이 부족하다.	솟아오르는 기운
火	활동성 및 사교성이 부족하고 열정이 없으며 언행이 무겁다.	펼치고 피우는 기운
土	삶의 기복이 심하고 직업을 자주 바꾸며 안정감이 없다.	중재하는 기운
金	결단력이 부족하고 일이나 재물에 성과가 없다.	결실의 기운
水	차분함, 융통성, 지혜 등이 부족하다. 여자는 출산에 문제	휴식·사색하는 기운

특정 오행(五行)이 강하거나 약한 명주(命主)의 건강

대상 오행	명주(命主)의 기질	기(氣)가 약하면 도움되는 음식
木	간, 쓸개, 눈이 좋지 않다.	신 맛의 음식 (酸 신 산)
火	심장, 소장, 혀가 좋지 않다.	쓴 맛의 음식 (苦 쓸 고)
土	비장, 위장, 입이 좋지 않다.	단 맛의 음식 (甘 달 감)
金	폐, 대장, 코가 좋지 않다.	매운 맛의 음식 (辛 매울 신)
水	신장, 방광, 귀가 좋지 않다.	짠 맛의 음식 (鹹 짤 함)

특정 육신(六神)이 과다할 때

특정 육신이 과다하면 다른 육신을 지나치게 생극(生剋)한다. 생극을 받는 다른 육신의 강약에 따라서 그 육신에게 도움이 될 수도 있고 해(害)가 될 수도 있다. 예를 들어 비겁이 과다할 때, 만약 다른 육신이 약한 식상이라면 식상은 지나치게 생을 받아서 나빠지고, 약한 재성이라면 재성은 너무 많은 극을 당해서 나빠지고, 약한 관성이나 인성이라면 지나치게 설기해서 기운이 빠진다. 이것은 오행 상생상극의 여러 가지 현상을 육신의 관점에서 설명한 것일 뿐, 특별한 내용이 아니다.

특정 육신(六神) 부족할 때

특정 육신이 부족하면 그에 해당하는 성정(性情)이 없거나 해당 육친(六親)과 인연이 좋지 않다. 남자는 양(陽, 활동적)이라서 없는 것을 추구하는(채워 넣으려는) 경향이 있고, 여자는 음(陰, 소극적)이므로 없으면 없는대로 적응하려는 경향이 있다.

예를 들면, 남자 사주에 관성이 없으면 관직이나 지위를 얻으려고 애쓰고, 재성이 없으면 재물이나 여자를 갈구(渴求)하거나 찾아다니는 경향이 있다고 본다. 하지만 사주 구성에 따라서는 관직(官) 또는 재물(財)에 뜻이 없거나 연연해하지 않는다고 반대로 통변하는 경우도 있다. 특정 육신이 없으면 지장간에라도 있는지 살펴보고 있다면 그것을 사용해도 된다.

* 사주에 특정 육신(오행)이 없거나 부족한 사람이라면 물상대체(物象代替) 개운법(開運法)이 도움이 된다.

특정 육신(六神)이 과다하거나 부족한 명주(命主)의 특성

1-1. 비겁(比劫) 과다

- 자존심이 강해서 지배나 간섭받기 싫어하며 독립적이고 자유로운 일을 선호한다.
- 승부욕과 투쟁성이 커서 남과 경쟁하기 좋아하며, 배타적이고 충고를 듣지 않지만, 관심은 받고 싶어 한다.
- 재물에 대한 욕구가 강하다. 남자는 여자에 대한 욕구도 강하다. 만약 비겁이 흉신(凶神)이면 재성을 극하므로 財에 어려움이 있다.
- 비겁이 과다해도 이를 통제할 정도의 힘을 가진 관성이 있으면, 비겁은 (내 것을 뺏는) 경쟁자·겁탈자가 아니라 협력자·조력자가 된다.
- <u>재성을 강하게 극하므로,</u> 남자는 아내에게 군림(君臨)하려 하며 부부 관계가 원만하지 않다. 여자는 금전 위주이며 고부(姑婦) 관계가 원만하지 않다. 남녀 구분없이 재성은 아버지를 의미하기도 하므로 비겁이 강하면 아버지와의 인연이 좋지 않다.
- <u>재성을 강하게 극해서,</u> 재성이 관성을 생하지 못하게 하거나, 관성을 지나치게 설기하므로, 사회 질서나 규범을 무시하는 경향이 있으며 남자는 자식 운이 좋지 않고, 여자는 남편에게 군림하려 들며 남자 운이 좋지 못하다.

* 연관된 용어: 군비쟁재(群比爭財), 군겁쟁관(群劫爭官), 배록축마(背祿逐馬)

1-2. 비겁(比劫 부족

- 주체성과 배짱이 부족하고 추진력은 없으나 성격이 순하고 대인 관계가 원만하다.
- 자신감이 약해서 실천력이 부족하고 의타심이 커서 줏대가 없다. 그래서 늘 고독하고 불안해하며 허세를 부리거나 눈치를 많이 본다.

2-1. 식상(食傷) 과다

- 감성이 지나치고 잘난 체하며 오지랖이 넓어 쓸데없는 참견을 많이 하며 실속없이 남에게 잘해준다. 유시무종(有始無終: 일은 시작해 놓고 끝맺음이 없다.)이다.
- 다재다능(多才多能)하지만 제대로 한 우물을 파지 않는다. 유흥과 소비를 과다하게 한다. 여자는 색욕이 강한 편이다.
- <u>관성을 강하게 극하므로,</u> 조직 생활에 잘 적응하지 못한다. 남자는 자식과 원만

하지 못하며 여자는 남편과의 인연이 좋지 않다.

- 관성을 강하게 극해서, 관성이 인성을 생하지 못하게 하거나, 인성을 지나치게 설기하므로, 재주는 있지만 학업에 지장이 있다.

* 연관된 용어: 식신제살(食神制殺), 상관제살(傷官制殺)

2-2. 식상(食傷) 부족

- 표현력과 창의성이 부족하며 매사에 소극적이다. 성격이 과묵하고 무미건조하며 수동적인 스타일이다.
- 과정을 생략하고 서둘러 결과나 결론을 원한다. 투기 기질이다. 앞뒤를 따지지도 않고 생각만으로 일을 벌인다.

3-1. 재성(財星) 과다

- 재물에 대한 집착이 강하며 매사 결과지향적이다. (食生財이므로, 食은 財를 얻기 위한 수단이고 財는 그 결과다.)
- 정조 관념이 희박하고 비가정적이다. 남자는 공처가이면서도 바깥 여자에 관심을 가진다.
- 인성을 강하게 극하므로, 인성이 약해져서 모친과 갈등이 많거나 학업에 지장이 있다.
- 비겁을 지나치게 설기하므로, 비겁이 약해져서 자존심이 없고 욕심이 많다.
- 관성을 지나치게 생하므로, 관성이 과도해서 사회 질서나 규범을 무시하는 경향이 있다.

* 연관된 용어: 재다신약(財多身弱), 재다신강(財多身强), 다처무처(多妻無妻)

3-2. 재성(財星) 부족

- 소유욕이 아예 없거나, 재물에 대한 욕망은 강하지만 재물 성취가 어렵다.
- 재물(결과물)을 관리하지 못한다. 남에게 돈을 빌려주면 떼일 소지가 크다. 남자는 아내에게 재물 관리를 맡기는 것이 좋다.
- 실천력, 결단력이 부족하고 일의 마무리에 약하므로, 사업은 맞지 않다.
- 재성이 없는 사주에 제대로 된 식상만 하나 있어도, (食生財하기 때문에) 어설픈 재성이 있는 것보다 더 낫다.

4-1. 관성(官星) 과다

- 자제심이 과도해서 자신의 감정을 표출하지 않으며, 너무 원리원칙을 따져서 답답하다. (관성은 자신에 대한 통제를 의미)
- 나를 강하게 극하므로, 피해의식이 있어서 대인 관계가 좋지 않다. 건강도 좋지 않다.
- 비겁을 강하게 극하므로, (주체성이 약해져서) 자존심이 없고 소극적이며 남의 눈치를 많이 보고 무기력하다. 형제 인연이 좋지 않다.
- 식상을 지나치게 설기하므로, 식상이 약해져서 창의성 및 활동성 없으며, 자식복도 없고 직장 운도 없다.
- 재성을 지나치게 설기하므로, 재물 운이 없고 남자는 아내의 건강이 염려된다.

* 연관된 용어: 관살혼잡(官殺混雜), 관장살로(官藏殺露), 명암부집(明暗夫集)

4-2. 관성(官星) 부족

- 자신을 절제하지 못하므로 인내심이 없고, 사회 질서나 규범 또는 원칙을 무시하며, 안하무인(眼下無人: 교만하여 다른 사람을 업신여김)인 성격이다. 따라서 조직의 구성원으로는 맞지 않으니, 자유 직업을 택하는 것이 좋다.
- 남자 사주에 관성은 자식이므로 자식과의 인연이 좋지 않고, 여자 사주에 관성은 남편(남자)이므로 남편(남자) 복이 없다.
- 상사(上司)의 통제를 강하게 받는 직업에 종사하면, 직업 자체가 관성의 역할을 해주기 때문에 마치 관성이 있는 것처럼 살게 된다.

5-1. 인성(印星) 과다

- 비겁을 지나치게 생하므로, 쓸데없이 자존심이 세고 이기적이며 배타적이고 외골수다. 자기중심적이며 주변의 도움을 믿고 게으르다.
- 식상을 강하게 극하므로, 남에게 인색하며 생각(인성)만 많고 행동(식상)은 하지 않는다. 여자는 자식과 인연이 좋지 않다.
- 재성을 지나치게 설기하므로, 재물 운이 없고 이성 문제로 아내를 힘들게 한다.

* 연관된 용어: 모자멸자(母慈滅子), 모왕자쇠(母旺子衰)

5-2. 인성(印星) 부족

- 학문에 인연이 없으며 부모를 위시해서 주변 인덕(人德)도 없다.
- 잘 삐치며 상처받기 쉽지만, 정(情)에 연연해하지 않는다.

육신(六神)과 궁위(宮位)를 적용한 통변 보기

- 年柱(유년기)에 편재가 있으면 인성을 극하므로, 어릴 적에 학업에 장애를 겪는다. 이것이 '편재'를 학마(學魔)라고 하는 이유다.
- 年柱(유년기)에 인성이 있으면 어릴 적에 공부는 잘하지만, 식상을 극하므로, 성장 발달에는 문제가 있을 수 있다.
- 年柱(조상宮)(전생)에 재성이 있는데 흉신(凶神)이면, 전생에 재(財)로 인한 업(業)을 타고났거나 조상에게 재(財)로 인한 문제가 있다.
- 月柱(부모宮)(사회·직장)가 충(沖)되면 윗사람이나 형제 또는 부모와 불화하거나 직장 변동이나 이사를 하게 된다.
- 時柱(노년기)에 水(壬·癸·亥·子)가 있으면 노년에 은둔생활(전원생활)을 바라거나 그렇게 하는데, 時干에 있으면 그런 생각이 간절하다는 뜻이고 時支에 있으면 그런 일을 실천한다는 뜻이다. (천간은 마음이나 생각을, 지지는 현실이나 실제 일을 의미한다.)
- 남자 사주에서, 日支(배우자宮)가 재성이고 그 재성이 길신(吉神)이면, 아내가 순종적이며 결혼 후에 매사가 잘 풀린다.
- 남자 사주에서, 日支(배우자宮)가 겁재면, 겁재는 정재(아내)를 극하기 때문에 아내와의 인연이 좋지 않다. *간여지동(干如支同) 참고
- 남자 사주에 식상이 있으면, 식상은 재성(아내·여자)을 생하는 것이므로 여자에게 잘해준다.
- 남자 사주에서, 재성이나 관성이 흉신(凶神)인데 재성과 관성이 합이거나 붙어있으면, 아내와 자식이 합세해서 나를 공격한다. 아니면 재성이 인성(명예)을 극하므로 직장(官)에서 뇌물(財)을 밝히다가 문제가 생긴다.
- 여자 사주에서, 年柱에 식상(자식)이 있고 月柱에 관성(남편)이 있으면, 年柱, 月柱의 시간적 흐름으로 보아 혼전임신(婚前妊娠)을 암시한다.
- 여자 사주에서, 관성(남편)이 年柱에 있으면, 젊을 때 나이든 남자와 인연이 있고, 時柱에 있으면 연하(年下) 남자와 인연이 있다.

- 여자 사주에서, 時柱(자식宮)에 인성이 있다면, 인성은 식상(자식)을 극하는 것이므로 자식이 없거나 자식과의 인연이 좋지 않다.
- 여자 사주에서, 日支(중장년기) 및 時柱(노년기)에 재성(시부모)이 있다면, 시부모를 평생 모시게 된다.
- 여자 사주에서, 정관은 없고 편관만 있으면 편관을 남편으로 간주하는데, 능력이 없거나 경제력이 없는 반쪽 남편일 개연성이 크다.
- 여자 사주에 재성이 있고 그 재성이 길신(吉神)이면, 재성은 관성(남편.남자)을 생하는 것이므로 남자에게 잘해준다.
- 年柱에 재성이 있고 月柱에 식상이 있으면, 재(財)가 먼저고 식(食)이 나중이므로 조상으로부터 물려받은 재산을 쓰면서 산다. 노력(食)은 하지 않고 결과(財)만 바라는 성향이다.
- 日支에 재성이 있고 時柱에 관성이 있으면, 재(財)가 먼저고 관(官)이 나중이므로 자신의 노력으로 재산을 이루고 나서 관직(정치)에 든다.

  반대로, 日支에 관성이 있고 時柱에 재성이 있으면, 관(官)이 먼저고 재(財)가 나중이므로 관직에 가서 재산을 이루는 모양이므로 부정부패를 암시한다. 만약 사업가라면 내실보다는 외형적 성장에 치중하는 스타일이다.
- 남자는 년운(年運)의 재성(아내)과 합이 되는 해에 결혼한다. 관성(자식)과 합이 되는 해에 자식이 생긴다.
- 여자는, 년운(年運)의 관성(남편)과 합이 되는 해에 결혼한다. 식상(자식)과 합이 되는 해에 임신한다.

육친(六親)에 관한 통변에서 궁위(宮位)와 육신(六神)의 우선순위

육친(六親)에 관해서 통변하려면, 먼저 어떤 글자가 그 육친에 해당하는지 알아야 한다. 그러려면 해당 궁위(宮位)의 글자를 봐야 할지, 해당 육신(六神)의 글자를 봐야 할지 분명하지 않다. 예를 들어 배우자에 관해서라면, '배우자宮'에 있는 글자를 보고 통변해야 할지, '배우자星'에 해당하는 글자를 보고 통변해야 할지 헷갈린다.

궁위를 우선해서 봐야 한다는 의견이 일반적이다. 천간은 육신을 우선해서 보고, 지지는 궁위를 우선해서 봐야 한다는 의견도 있다. 사주에 따라서 다르므로 각자가 알아서 판단해야 한다는 의견도 있다. 여하튼, 이에 대해서는 분명한 정설(正說)이 없는 것 같다(?). *궁위를 '궁(宮)', 육신을 '성(星)'이라고 줄여서 언급하기도 한다.

日支에 있는 육신(六神)으로 배우자의 성품 통변하기

사주에서 日支는 '배우자宮'인데, 그 자리에 어떤 육신이 있는지를 보면 배우자의 성품을 알 수 있다는 이론이 있다. 예를 들어 남자 사주 戊午 日柱에서, 日支 午는 육신으로 정인이다. 만약 午가 길신(吉神)이면 어머니(정인)처럼 자애로운 아내를 만난다. 또, 여자 사주 戊子 日柱에서, 日支 子는 배우자宮이며 육신으로 정재다. 만약 子가 길신(吉神)이면 배우자宮에 아버지(정재)가 있으니, 아버지처럼 엄한 남편을 만난다. 만약 子가 흉신(凶神)이면, 재물(정재)을 탕진하고 애먹이는 남편을 만난다. 아래는 그런 내용을 정리한 표다.

	길신(吉神)이면	흉신(凶神)이면
인성	어머니처럼 자애로운, 아버지처럼 자상한 배우자	잔소리가 많거나 징징대는 배우자
비겁	친구처럼 다정다감한 배우자	나를 막 대하는 예의 없는 배우자
식상	자식 같이 귀여운 배우자	나를 힘들게 하는 철 없는 배우자
재성	말 잘듣는, 내게 재물 복을 주는 배우자	재물을 탕진하고 애먹이는 배우자
관성	엄한 배우자, 나를 관리해 주는 배우자	흉폭한 배우자, 내게 대드는 배우자

배우자와의 인연(因緣)에 관한 통변

배우자宮(日支)에 길신(吉神)이 있거나 배우자星(남-재성, 여-관성)이 길신이면, 좋은 배우자를 만난다. 만약 궁(宮)과 성(星)이 상반되면 궁(宮)을 우선 적용해서 통변한다. 이 책 여기저기에서 배우자와의 인연에 관해서 설명한 것을 한꺼번에 모아서 정리하면 다음과 같다. *日支는 배우자宮, 月支는 혼인宮·부부宮이다.

- 日干과 日支 지장간이 합이면, 부부 사이에 정(情)이 있다. *자화간합(自化干合)
- 日干과 日支의 오행이 같으면, 배우자와의 인연이 좋지 않다. *간여지동(干如支同)
- 月支나 時支가 日支를 충·형(沖·刑)하면, 좋은 배우자를 만나기 어렵다.
  *혼파살(婚破煞)
- 남자 사주에서, 비겁이 과다하거나 日支가 겁재면, 아내와의 인연이 좋지 않다.
  *비겁은 재성을 극한다(比剋財).
- 여자 사주에서, 식상이 과다하거나 日支가 상관이면, 남편과의 인연이 좋지 않다.
  *식상은 관성을 극한다(食剋官).
- 남자 사주에 日支가 처성입묘(妻星入墓)인 지지면, 아내와의 인연이 좋지 않다.
  *처성입묘는 日柱가 甲戌, 丁丑, 戊辰, 辛未, 壬戌인 것

- 여자 사주에 日支가 부성입묘(夫星入墓)인 지지면 남편과의 인연이 좋지 않다.

  *부성입묘는 日柱가 乙丑, 丙辰, 己未, 庚戌, 壬戌인 것
- 남자 사주의 日支 지장간에 편재가 있으면, 부정(不貞)하기 쉽다. *남연살(男戀煞)
- 여자 사주의 日支 지장간에 편관이 있으면, 부정(不貞)하기 쉽다. *여연살(女戀煞)

남녀 또는 사람 사이의 궁합(宮合)

두 사주 사이의 화합(和合)을 보는 것을 궁합(宮合)이라고 하는데, 특히 부부 인연을 파악하기 위해서 많이 본다. 겉으로 드러난 화합의 정도를 보는 '겉궁합'과 성적(性的)인 조화를 보는 '속궁합'으로 나눠서 말하기도 하는데, 사주명리학에는 그런 식으로 겉궁합과 속궁합을 나누어서 설명하는 이론은 없다. '띠'로 보는 것을 겉궁합, 합과 음양오행으로 보는 것을 속궁합 정도로 생각하는 것이 전부다.

- 두 사주가 억부(抑扶)나 조후(調候)에 근거해서 서로 부족한 기운을 채워주는 보완 관계에 있다면, 기본적으로 좋은 궁합이다. 즉, 두 사주가 가진 음양오행의 기운이 상생(相生)하면 좋고, 서로 기운이 충돌(衝突)하면 나쁘다.
- 두 사주의 日干끼리 합이면 일단 서로에게 끌리는데, 만약 상대자의 日干이 자기에게 희신(喜神)이면 좋지만 기신(忌神)이면 안 좋다. 정신적인 관계가 돈독하며 서로 상대를 위해서 희생하는 자세를 가진다.
- 두 사주의 日支끼리 합이면 일단 좋은 궁합이다. 현실적인 이해(利害)가 맞을 때는 서로가 필요하다가 이해가 안 맞으면 금방 돌아선다.
- 두 사주의 日支끼리 충·형(沖·刑)이거나 원진살 또는 귀문관살이면 안 좋다.
- 두 日柱가 천합지합(天合地合)이라면 기본적으로 좋다.
- 두 日柱가 천충지충(天沖地沖)이면 기본적으로 좋지 않다. 의견 충돌이 잦다.

* 첨단 과학이 발달한 지금 시대에도 결혼 생활의 원만함을 예측할 방법은 (신뢰성 여부를 떠나) 그나마 궁합 밖에 없다.

공망(空亡) 통변하기

이 책의 "14. 공망(空亡)"에서 "공망(空亡) 통변하기" 부분 참고

십이운성(十二運星) 통변하기

이 책의 "15. 십이운성(十二運星)"에서 "십이운성(十二運星) 통변하기" 참고

운(運)을 통변할 때 고려할 점

운을 볼 때 가장 먼저 할 일은, 그 운이 희신(喜神)인지 기신(忌神)인지를 파악하는 것이다. 그리고 운을 통변할 때는 그 운의 반대편도 같이 봐야 한다. 예를 들어 대운에 재성이 오면 재물을 얻는다고 해석한다면, 재성은 인성을 극하므로 인성에 문제가 생길 소지가 있는 것이다. 또 장사하는 사람 대운에 식상이 오면 번창할 것이라고 보지만, 반면에 관성에 좋지 않은 일이 있을 개연성도 살펴봐야 한다.

조후론(調候論)에 따르면, 원명이 한냉(寒冷)한데 한냉한 운이 오거나, 원명이 난조(暖燥)한데 난조한 운이 오면, 한기(寒氣)나 난기(寒氣)가 과다해져서 좋지 않다.

운은 직업에 따라서 작용력이 다를 수도 있다. 조직에 속한 사람은 조직이 개인의 보호막이 되기 때문에 비교적 운의 변화에 둔감하다. 그래서 나쁜 운에도 큰 탈 없이 지내기도 하고 좋은 운에도 그저 승진 정도로 그친다. 그러나 직접 사업을 하는 사람에게는 크게 작용해서, 좋은 운에서는 크게 이루고 나쁜 운에서는 작은 일로도 크게 낭패를 보기가 쉽다.

대운 10년 중 앞 5년은 대운 천간만의 영향을 받고 뒤 5년은 대운 지지만의 영향을 받는다는 의견도 있다. (앞 3년, 뒤 7년 의견도 있다.)

운(運)과 신살(神煞) 통변하기

신살은 그 사람의 성격, 자질, 특징 등을 암시하기도 하지만, 그 사람에게 그 신살에 해당되는 일이 발생할 개연성이 있음을 암시하는 것이기도 하다. 운 자체가 신살이 되거나 또는 원명에 있는 신살을 운에서 발동(發動)시키면, 그때 그 신살에 해당되는 일이 발생한다. 원명에 있는 신살은 운에 의해서 충(沖) 또는 자충(自沖)되면 발동된다.

예를 들어 壬 日干이고 辰이 있는 사주에서, 년운(年運)에 寅이 오면 寅-辰은 상문살(喪門煞)이 되며, 원명에 있는 辰은 칠살(=편관)이므로 직장이나 남편에게 상문(喪門)에 해당되는 일이 생길 수 있다고 본다.

다른 예는, 庚午 日柱고 寅이 있는 사주면 午-寅 지살(地煞)이 있는데, 년운에 申이 오면 寅-申 충이 되어 그해는 지살이 발동한다. 원명에 있는 寅은 편재이므로, 그해는 재(財)의 이동(변동)이 생길 수 있다. 같은 사주에서, 년운에 寅이 오면 寅-寅 자충이 되어 그해도 지살이 발동한다.

또 다른 예를 들면, 寅이 있는 사주에 申 대운이 오면 寅-申충이 발생하는데, 그때 년운에 巳가 들어 오면 巳-申 합으로 대운의 申을 합거해버리기 때문에 寅-申 충이 해소된다고 본다. 그러나 다른 관점에서 보면 寅과 巳와 申이 함께 만나서 寅-巳-申 삼형살(三刑煞)이 되기 때문에 그것으로 통변하기도 한다.

日柱와 동일한 柱가 있을 때 통변

원명에 日柱와 같은 柱가 있으면 일단 좋지 않은 사주일 가능성이 크다. 왜냐하면 오행이 골고루 분포되어 있어야 좋은 사주인데, 같은 柱가 있으면 그로 인해서 다양한 오행이 배치될 가능성이 낮기 때문이다.

그리고 대운이나 년운에 日柱와 같은 간지가 온 것을 **복음운**(伏吟運)이라고 하는데, 이 운에서는 주저하고 망설이거나 정체되는 상황 또는 진퇴양난(進退兩難) 상태가 될 수 있다고 본다. 그러나 무조건 그렇게 봐서는 안 되고, 운과 원명의 관계를 살펴서 통변하는 것이 원칙이다.

* 두 개의 같은 柱와 관계있는 것은 천동지동(天同地同), 복음(伏吟), 자충(自沖) 등이다.

물상결합(物象結合)을 적용한 통변

천간과 지지가 같은 오행이어서 서로 소통하는 것을 **물상결합**(物象結合) 또는 **간지결합**(干支結合)이라고 한다. 천간은 상(象, 마음이나 생각)을 나타내고 지지는 물(物, 현실의 환경)을 나타내는 것이므로, 어떤 일에 관해서 생각하게 되는 것은 천간 때문이고, 현실에서 이루어지는지는 지지에 달렸다. 그래서 천간과 지지의 오행이 일치하면 마음과 현실이 일치되어(물상결합해서) 현실로 이루어진다. 그것이 길(吉)인지 흉(凶)인지는 별개 문제다.

물상결합은 천간과 지지가 같은 柱에 있지 않아도 적용되며, 원명과 운 사이에도 적용된다. 다음 보기는, 어떤 운이 왔을 때 財(재물·아내·아버지)가 어떻게 되는지를 물상결합 이론을 적용해서 통변하는 사례다.

○ 辛 ○ ○ ← 甲
○ ○ ○ ○

(이 사주로는 財에 대한 관심 여부는 알 수 없지만) 甲(정재) 운이 오면 財에 대한 관심이 생긴다. 하지만 지지에 재성이 없으면 현실로 이루어지는 것은 없다.

○ 辛 ○ ○
○ ○ ○ ○ ← 寅

(이 사주는 천간에 재성이 없다고 가정한다.) 천간에 재성이 없으니 財에 대한 관심이 없다. 寅(정재) 운이 오면 내 뜻과 상관 없이 財가 생긴다. 즉 생각지도 않던 財가 생긴다.

○ 辛 ○ ○ ← 甲
○ ○ 寅 ○

甲(정재) 운이 오면 財에 대한 마음이 일어나서, 평소에는 관심이 없던 寅(정재)에 관심을 가진다.
甲과 寅이 물상결합해서 財를 얻게 된다. 甲 운이 지나고 나면 財에 대한 관심이 사라진다.

○ 辛 甲 ○
○ ○ ○ ○ ← 寅

천간에 甲(정재)이 있으니, 평소에 財에 관심이 많다.
寅 운이 오면 甲과 寅이 물상결합해서 財를 얻게 된다.
寅 운이 지나고 나면 財에 대한 관심만 남는다.

○ 辛 ○ ○ ← 甲
○ ○ ○ ○ ← 寅

甲寅년(또는 월)이 되면 운 자체에서 財가 물상결합되어 들어온다. (남자 사주에서 財는 아내도 된다.)
이 운에서 마음과 현실이 일치되어 財를 얻게 된다. (남자라면 결혼 운일 수도 있다.)

○ 辛 甲 ○ ← 己
○ ○ ○ ○

己(편인) 운이 오면 甲-己 합으로 甲이 합거(合去)되어, 財에 대한 관심이 없어진다.
하지만 천간은 상(象)이므로 상(象)이 사라져도 현실에서 財에 대한 손실은 없다.

○ 辛 甲 ○ ← 己
○ ○ 寅 ○

원명에 甲寅 물상결합이 있는데, 己(편인) 운이 오면 甲-己 합으로 甲이 합거(合去)되어 없다고 여겨진다.
이 운에서 물상결합이 깨지면서(인성 때문에, 즉 문서로 인해서) 財에 손실이 생긴다.

○ 辛 甲 ○
○ ○ 寅 ○ ← 亥

원명에 甲寅 물상결합이 있는데, 亥(상관) 운이 오면 寅-亥 합으로 寅이 합반(合絆)되어 제 역할을 못 한다.
이 운에서 물상결합이 깨지면서(식상 때문에, 즉 새로운 일을 벌려서) 財를 소모한다.

○ 辛 甲 ○
○ ○ 寅 ○ ← 午

원명에 甲寅 물상결합이 있는데, 午(편관) 운이 오면 寅-午 반합으로 寅이 합반(合絆)되어 제 역할을 못한다.
이 운에서 물상결합이 깨지면서(관성 때문에, 즉 관직이나 명예를 얻기 위해서) 財를 소모한다.

충(沖)을 건강의 문제로 통변하기

충을 신체 이상(異常)으로 통변할 때는 충을 당하는 글자가 의미하는 부위에 문제가 생길 소지가 있다고 본다. 예를 들면, 卯-酉 충은 金剋木으로 卯가 극을 당하는 모양이므로, 卯가 의미하는 '신경 계통'이나 또는 卯의 지장간인 甲·乙이 의미하는 '간, 담 ,목, 머리, 근육, 눈'에 문제가 발생할 소지가 있다고 본다.

적용하는 간명법(看命法)이나 풀이하는 방식에 따른 통변의 차이

같은 사주라도 어떻게 간명하느냐에 따라서 전혀 다른 통변을 할 수 있다. 예를 들면, 사주에 수기(水氣)가 강하면, 水의 기운을 타고났기 때문에 물과 관련된 일이 좋다고 할 수도 있지만, 조후(調候)를 맞추려면 화기(火氣)가 필요하므로 火와 관련된 일이 좋다고 정반대로 통변할 수도 있다. 또 남자 사주에 재성이 없으면 배우자와 인연이 없다고 할 수도 있지만, 사주에 여자가 없으니 여자를 갈구(渴求)한다고 할 수도 있다. 그래서 사주를 부분적으로 보고 통변할 것이 아니라 전체를 두루 살펴서 통변해야 한다.

사주 통변의 어려운 일 중 하나가 육신을 어떤 대상으로 볼 것인지 판단하는 일이다. 예를 들자면 재성이 충극(沖剋)되었을 때 그것이 재물 문제인지, 아버지 문제인지, 여자 문제인지, 건강상의 문제인지 등을 정하기가 쉽지 않다. 사주명리학에는 이런 부분에 관해서 명확하게 정리된 기준이 없다.

그래서 일부 명리가는 자미두수(紫微斗數)와 같은 다른 명리학이나 육효점(六爻占) 등을 보조적으로 활용하여, 육신을 어떤 대상으로 볼 것인지 정하기도 한다. (물론 자미두수나 육효점을 전공하는 명리가 입장에서는 오히려 반대로 생각할 것이다.)

日支(배우자宮)가 정재(正財) 또는 정관(正官)인 日柱

<u>남자 사주에서 日支가 정재면,</u> 아내가 배우자宮에 제대로 자리 잡고 있다. 日干이 木·火·金인 경우는 간지의 구조상 日支가 정재가 될 수 없고, 日干이 土·水인 경우는 日支가 정재일 수 있다. 日干이 土(戊·己)고 日支가 정재(子·亥)인 간지는 戊子와 己亥고, 日干이 水(壬·癸)고 日支가 정재(午·巳)인 간지는 壬午와 癸巳다. 결론적으로 日支가 정재인 日柱는 戊子, 己亥, 壬午, 癸巳 4개뿐이다.

<u>여자 사주에서 日支가 정관이면,</u> 남편이 배우자宮에 제대로 자리 잡고 있다. 日干이

木·土·水인 경우는 간지의 구조상 日支가 정관이 될 수 없고, 日干이 火·金인 경우는 日支가 정관일 수 있다. 日干이 火(丙·丁)고 日支가 정관(子·亥)인 간지는 丙子와 丁亥고, 日干이 金(庚·辛)이고 日支가 정관(午·巳)인 간지는 庚午와 辛巳다. 결론적으로 日支가 정관인 日柱는 丙子, 丁亥, 庚午, 辛巳 4개뿐이다.

개운법(開運法, 改運法) (開 열 개, 改 고칠 개)

'운을 바꾸는 방법'이라는 말인데, 흉(凶)한 운을 좀 약화하거나 길(吉)로 바꾸는 방법이다. 개운법을 보통 '**액땜**'이라고 하는데, "앞으로 닥칠지도 모르는 흉액(凶厄)을 미리 다른 일로 대신해서 대비한다."라는 말이다. 사주와 운은 타고나는 것이기는 하지만, 개운법은 명주(命主)의 노력으로 운을 좋은 방향으로 돌릴 수 있음을 전제로 생겨났다. 개운법은 크게 다음의 두 가지가 있다.

물상대체(物象代替) (代 대신할 대, 替 바꿀 체, 厄 재앙 액)

어떤 흉액(凶厄)과 비슷한 행위나 상황을 인위적으로 만들어서 흉액의 기운을 미리 누설(漏泄)시키거나, 특정 물건을 소지해서 좋은 기운을 북돋워서 흉액을 상쇄시키는 일을 말한다. 예를 들어 火가 부족한 사주라면, 따뜻한 지역에서 산다, 인삼과 같이 열을 많이 내는 음식을 먹는다, 火의 색인 빨간색 옷을 입는다, 이름에 火의 의미가 있는 글자를 사용한다, 자기 방에 태양이 이글거리는 사진을 걸어둔다, 등의 방법이 있다. 또 부부 인연이 좋지 않은 사주라면, 주말 부부로 사는 것도 좋은 물상대체 방법이다.

* 예로부터 민속(民俗)으로 전해오던 다양한 액땜 방법이 있었지만, 지금은 미신으로 여겨져 대부분 전해지지 않는다.

업상대체(業象代替) (代 대신할 대, 替 바꿀 체, '業象'을 불교에서는 '業相'이라고 한다.)

사주가 오행이 편중되거나 신살이 강하다면, 그것을 좋게 활용하는 직업을 선택해서 좋은 운이 되도록 하는 것을 말한다. 예를 들면, 丑-戌-未 삼형살(三刑煞)은 '칼을 든 생사여탈(生死與奪)의 기운'이므로 활인(活人) 작용인 동시에 살인(殺人) 작용이기도 하다. 만약 사주에 丑-戌-未가 있으면 활인업(活人業: 사람을 돕고 살리는 직업 - 교육, 상담, 종교, 의료 분야)에 종사함으로써, 그 작용을 좋은 쪽으로 유도할 수 있다. 만약 사주에 寅-申-巳 삼형살 또는 양인살(羊刃煞), 괴강살(魁罡煞), 백호살(白虎煞) 등이 있으면 군인, 경찰, 검찰 등의 분야에 종사하면 좋다.

내정법(來情法, 來定法) (情 뜻 정, 定 정할 정, 반드시 정)

어떤 사람이, 언제, 무슨 이유로 내게 오는지를 예견하는 방법을 말한다. 역술(易術)에서는 내방자(來訪者)가 역술가를 찾아온 목적을 알아내는 방법이다. 내방자가 고민을 털어놓기 전에 역술가가 먼저 방문 목적을 설명해 줌으로써 역술가 자신에 대한 신뢰를 얻고 상담의 효과를 높이기 위해서 사용한다.

그런데 사주명리학에는 별도의 내정법 이론이 없고, 사주를 보러 온 사람이 어떤 일에 관해서 묻고자 하는지 예견하기 위해서 대부분 육임(六任), 기문(奇門), 육효점(六爻占), 매화역수(梅花易數), 구성학(九星學) 등등 각종 점술을 응용한다.

* '○○내정법'이라는 이름으로 자신만의 내정법 이론을 내놓은 명리가도 있지만, 전통 사주명리학의 범주에는 속하지 않는다.

참고 오불언(五不言)

우리나라 사주명리학계에서 전해져 오는, 명리를 보는 사람이 명(命)을 묻는 사람에게 말하지 않아야 할 다섯 가지 금기 사항이 있는데, 다음과 같다.

- 신불언(神不言): 귀신에 관해서 말하지 말라, 즉 귀신을 들먹이며 명주(命主)를 겁박(劫迫)하지 말라는 말이다. *귀불언(鬼不言)이라고도 한다.
- 수불언(壽不言): 사람의 수명에 관해서 말하지 말라, 즉 하늘이 내린 수명을 함부로 발설하지 말라는 말이다. (미리 알아서 좋을 일이 없다.)
- 재불언(財不言): 빈부(貧富) 즉 재물운에 관해서 상세히 말하지 말라. (가난하다면 자포자기할 것이고 부유하다면 노력하지 않을 것이다.)
- 연불언(緣不言): 사람끼리 서로 미워하고 원망할 만한 말을 하지 말라, 특히 이미 맺어진 남녀 간의 인연과 궁합에 관해서 말하지 말라.
- 명불언(名不言): 명주(命主)의 이름을 타인에게 말하지 말라(악용될지 봐), 명주 이름의 좋고 나쁨을 평가하지 말라고 이해하기도 한다.

* 전불언(錢不言, 복채는 주는대로 받아라)을 언급하기도 하는데, 돈에 관해서 대놓고 말하기 꺼려하는 과거 선비문화의 영향으로 생긴 말일 수도 있다고 추측한다.
* 이것과는 내용이 전혀 다른 오불언을 언급하는 명리가도 있다.

참고 **부적(符籍)과 부작(符作)**

부적(符籍)이란 사액(邪厄)을 막고 악귀(惡鬼)를 쫓기 위한 글씨나 그림이 그려진 종이를 말하는데, 무속에서 전해오는 액땜 방법 중의 한 가지다. 원래는 도교의 비방(祕方)이었으며 '부(符)'라고 했다.

부적은 원래 '경면주사(鏡面朱砂) 가루'를 '산초 열매를 짠 기름'에 개어서 만든 붉은색 물감을 '쥐의 털로 만든 붓'을 사용해서 '괴황지(槐黃紙)라는 종이'에 써야 한다. 부적의 종류와 도안은 포박자(抱朴子) 혹은 부적대사전(符籍大辭典)과 같은 책에서 찾아볼 수 있다.

물건으로 부적의 역할을 대신하는 것은 부작(符作)이라고 하는데, 벼락 맞은 대추나무, 호랑이 발톱, 수닭 꽁지 등등이다. 거기에 글씨나 그림을 새겨 넣은 것들도 있다. 사람들의 몸에 부착하는 각종 장신구도 그 근원은 부작이라고 볼 수 있으며, 불교의 염주, 기독교의 십자가, 천주교의 묵주 등도 부작의 일종이라고 볼 수 있다. '부작'을 그냥 '부적'이라고도 말한다.

* 경면주사(鏡面朱砂)는 단사(丹砂), 진사(辰砂), 영사(靈砂), 광명사(光明砂)라고도 불리는데 황화수은(HgS)이 주성분인 천연광석이다. 한약재로서 심장·신경성 질환이나 아이들의 경기(驚氣: 놀람증) 치료 등에 사용했으며, 도교에서는 장생불사(長生不死) 약의 재료로 사용했다.
* 괴황지(槐黃紙)는 닥종이에 괴화(槐花: 회화나무 꽃) 물을 들인 누런색 종이를 말한다.
* 포박자(抱朴子)는 중국 위진남북조 시대의 서진(西晉) 사람인 갈홍(葛洪)이 지은 책인데, 갖가지 신선방약(神仙方藥: 신선이 되기 위한 약을 만드는 방법)과 불로장생법(不老長生法: 늙지 않고 오래 사는 방법)이 적혀 있다.

(鏡 거울 경, 朱 붉을 주, 砂 모래 사, 槐 회화나무 괴, 靈 신령 령, 驚 놀랄 경)

참고 **도연명(陶淵明)의 "사시(四時)"**

사주명리학은 계절과 관계가 깊은 학문이다. 그래서 사계절을 읊은 멋진 한시(漢詩) 하나를 소개한다. 중국 위진남북조 시대 사람인 도연명(陶淵明, 365~427년)이 쓴 四時('時'라는 글자는 '계절'이라는 뜻이 있다.)라는 제목의 시(詩) 내용 중에 春·夏·秋·冬이라는 글자로 시작되는 두 단락만을 발췌했다. 특히 두 번째 단락은 사계절 자연의 모습을 쉬운 문장으로 아주 간결하면서도 멋들어지게 표현했다.

春來梨花白(춘래이화백) 봄이 오니 배꽃이 하얗게 피고
夏至樹葉靑(하지수엽청) 여름에 이르니 나무 잎이 푸르며

秋涼黃菊發(추량황국발)　가을 서늘함에 노란 국화가 만발하고
冬寒白雪來(동한백설래)　겨울 추위에 흰 눈이 온다.

春水滿四澤(춘수만사택)　봄 물은 사방 연못에 가득하고
夏雲多奇峯(하운다기봉)　여름 구름은 기묘하게 생긴 봉우리에 많이 걸려 있고
秋月揚明輝(추월양명휘)　가을 달은 밝게 비치며
冬嶺秀孤松(동령수고송)　겨울 고갯마루에 있는 외로운 소나무는 홀로 빼어났다.

(梨 배나무 리, 樹 나무 수, 涼 서늘할 량, 菊 국화 국, 滿 찰 만, 澤 못 택, 奇 기이할 기, 峯 봉우리 봉, 揚 떨칠 량, 輝 빛날 휘, 嶺 고개 령, 秀 빼어날 수)

24
간명사례(看命事例)

간명(看命) 예시(例示)의 목적

다음에는 여러 명리가들이 사주 원명을 간명한 내용을 예시(例示)했다. 이것은 사주 명리학 입문자들에게, 명리가들이 사주(특히 원명)를 어떻게 간명하고 통변하는지 그 한 부분을 보여주기 위한 목적일 뿐, 예시된 간명 방식이 정석(定石)이라고 주장하거나 해당 내용이 정확하다고 단언하지는 않는다.

사례 중에는 비슷한 부분도 각각 다르게 간명한 예도 있는데, 이는 명리가마다 적용하는 이론이나 간명의 기준, 그리고 통변 능력에 차이가 있기 때문이다. 따라서 모든 명리가가 동의하는 '정확한 간명'이라는 개념은 존재하지 않는다. 그러니 예시된 내용의 올바름을 따지는 것은 이 책의 취지에 맞지 않는다. 이 책은 사주명리학에 관한 기본 개념과 원리, 해석 방법 등을 다루고 있지만, 사주를 보고 제대로 된 간명을 하기 위해서는 보다 깊은 이론 공부와 실전 경험이 필요하다.

(한 사주를 여러 명리가들이 각자 풀이한 것을 대비해 보면 좋은 공부가 될 것 같아서, 이름만 대면 누구나 알만한 유명인의 사주를 간명한 것을 책이나 인터넷에서 찾아보았는데, 명리가마다 그야말로 각양각색이었다. 사주(四柱)가 아니라 삼주(三柱)만으로 간명했거나, 그 사람의 인생 결과에 꿰어맞춘 듯한 통변도 있었다.

물론 사주명리학이 정답이 있는 학문이 아니라는 사실을 감안하더라도, 사주명리학을 공부하는 처지에서는 혼란스러움을 넘어서 실망스럽기까지 했다. 그래서 사주 간명법이 현대에 맞게 체계적으로 정리되어야 할 필요성을 더욱 절실하게 느꼈다.)

* 이 책의 마지막에 있는 "참고2. 사주 간명지(看命紙)"를 활용하기를 권장한다.

간명사례(看命事例)

壬	丁	癸	壬
寅	卯	丑	子

女命 ▶ 인(寅·卯), 비(火없음), 식(丑), 재(金없음), 관(壬·癸·壬·子) / 日柱 丁卯는 도화살(桃花煞) ◀

추운 겨울인 丑월에 태어났다. 관성 水가 많다. 인성 寅·卯가 있지만, 관성의 기세가 워낙 강해서 인성의 도움이 있으나 마나 하다. 관살혼잡(官殺混雜)이라서 남자가 많다. 그러나 사주가 워낙 신약해서 관성을 감당하지 못한다. 즉 남자가 많기는 하지만 남자로 인해서 삶이 순탄하지 못할 수 있다. 관성은 나를 극하는 것이니 건강을 조심해야 한다.

丙	癸	庚	戊
辰	丑	申	申

男命 ▶ 인(庚·申·申), 비(水없음), 식(木없음), 재(丙), 관(戊·辰·丑) / 日柱 癸丑은 백호살(白虎煞) ◀

득령했고, 日干이 습토(濕土)인 辰과 丑에 통근했으며, 인성 金이 많고, 年干 戊가 자기 주변의 인성들을 생하고 있다. 그래서 매우 신강한 사주이므로 관성 土의 극제를 충분히 감당할 수 있다. 時干에 있는 정재 丙은 아무 지지에도 통근하지 못했고, 게다가 많은 金에 의해서 설기되고 있다. 그래서 재(財)(재물·여자)와의 인연이 좋지 않다.

식상인 木 운이 오면, 木의 생을 받아서 재(財)가 좋아진다. 인성의 세력이 강하기 때문에 (비록 힘이 약하기는 하지만) 정재 丙을 용신으로 삼는다. 희신은 식상 木이다.

戊	辛	甲	壬
戌	巳	辰	辰

男命 ▶ 인(戊·戌·辰·辰), 비(金없음), 식(壬), 재(甲), 관(巳) / 日柱 辛巳는 자좌암합(自座暗合) ◀

인성 土가 4개나 있고 日支에 있는 정관 巳가 土를 생하고 있으니, 신강한 사주라고 생각하기 쉬우나, 토다금매(土多金埋) 및 모왕자쇠(母旺子衰)로 오히려 日干이 약하게 된다. 그래서 매우 신약한 사주다. 게다가 時干에 있는 戊는 조열(燥熱)하므로, 비록 인성이지만 日干 辛이 꺼린다. 그래서 인성 土를 극제하는 甲이 용신이고 甲을 생하는 壬이 희신, 金이 기신, 土가 구신, 火가 한신이다.

火는 한신이지만 이 사주에서는 신약한 日干을 더욱 약하게 하므로 흉신(凶神)이다. 운에서 金, 土, 火가 오면 좋지 않다. 토다금매 사주라서 금기(金氣)가 약할 때 생기는 호흡기나 폐 질환을 조심해야 한다.

癸	辛	壬	甲
巳	亥	申	辰

女命 ▶ 인(辰), 비(申), 식(癸·壬·亥), 재(甲), 관(巳) / 日柱 辛亥는 금여(金輿)이면서 고란살(孤鸞煞) ◀

득령은 했지만, 식상 水의 세력이 강하기 때문에 신약한 사주다. 식상이 강하므로 자기주장이 강하고 잘난 척한다. 時支에 있는 정관 巳는 강한 水의 극제를 받아서 힘이 없으니, 남편이 남편 역할을 못 한다. 게다가 時支와 日支가 巳-亥 충이므로 혼파살(婚破煞)이라서 연애가 힘들거나 결혼이 늦어지거나 쉽게 이뤄지지 않는다.

日干이 辛이라서 깔끔한 인물이기는 하지만, 성격이 예민한 데다 관성이 약해서 절제력이 없으니 충동적이며 안하무인일 수 있다.

甲	壬	庚	丙
辰	戌	寅	午

女命 ▶ 인(庚), 비(水없음), 식(甲·寅), 재(丙·午), 관(辰·戌) / 日柱 壬戌은 백호살(白虎煞)이면서 괴강살(魁罡煞) ◀

실령, 실지, 실세해서 매우 신약하다. 日干은 비겁 水나 인성 金의 도움이 필요한데, 비겁 水는 보이지 않고, 편인 庚이 있기는 하지만 자좌(自座)의 寅이 庚의 절지(絶地)이고 또한 寅-午-戌 삼합 火의 극제를 받고 있으니 庚은 日干에 도움을 주지 못한다. 그렇지만 다른 대안이 없으니 庚을 용신으로 삼는다.

이 사주는 재성인 火의 세력이 강해서 日干을 핍박하므로 火가 병(病)이다. 日干을 생하면서 火를 설기하는 인성 金이 운에서 오면 좋다.

사주에 편관 辰과 戌이 있고 寅과 午의 지장간에도 편관 戊와 정관 己가 있으니 관살혼잡(官殺混雜)하다. 그래서 남자 편력(遍歷)이 많으며, 배우자宮에 있는 편관 戌이 삼합 火 재성의 일원이기 때문에 돈을 보고 남자를 바꾼다. 戌에 정재와 정관이 둘 다 들어있으니 재관동림(財官同臨: 돈과 남자가 함께 하는 것)이다.

이 사주에서 재성은 火, 관성은 土인데, 日支 戌이 火.土의 묘지(墓地)이므로 재성과 관성이 모두 戌에 입묘(入墓)한다. 그래서 돈과 남자 운이 약하다.

戊	乙	丙	戊
寅	亥	辰	申

男命 ▶ 인(亥), 비(寅), 식(丙), 재(戊·戊·辰), 관(申) ◀

득지는 했지만 재성 土가 많아서 신약한 재다신약(財多身弱) 사주다. 정인 亥가 용신이고, 비겁 木이 희신, 재성 土가 기신, 관성 金이 구신, 식상 火가 한신이다. 재성의 과도한 극제로 정인 亥가 약해져서 용신 역할을 제대로 못한다. 인성이 약하므로 학업에 지장이 많을 수 있다.

배우자宮에 있는 亥는 月支 辰과 원진살(怨嗔煞)이 되니 아내와 불화가 예견된다.

자식宮에 있는 寅은 희신이므로 자식 복이 있으며, 배우자宮에 있는 亥와 寅-亥 합이 되니 아내와 자식은 사이가 좋다. 그러나 寅-亥는 파(破)이기도 하니 간혹 대립하기도 한다.

운에서 巳가 올 때는 寅-巳-申 삼형살(三刑煞)이 성립되어 흉(凶)하다. 乙 日干이라서 환경에 잘 적응한다.

己	**戊**	甲	戊
未	辰	子	申

男命 ▶ 인(火없음), 비(己·戊·未·辰), 식(申), 재(子), 관(甲) / 日柱 戊辰은 백호살(白虎煞)이면서 괴강살(魁罡煞) ◀

득지하고 (비겁인 土가 많아서) 득세했기 때문에 신강한 것처럼 보인다. 그러나 日干 戊는, 申-子-辰 삼합 水로 인해서 설기되고, 年干에 있는 비견 戊의 도움을 甲이 중간에서 막고 있어서, 신약하다.

이 사주는 재성 水가 강한 것이 병(病)이다. 다행히 時干에 있는 겁재 己가 자좌(自座)의 未에 통근해서 힘이 있으니 日干에 도움이 된다. 그래서 己를 용신으로 삼는다. 日干 戊와 용신 己를 생하는 인성 火가 사주에는 없지만 운에 들면 길(吉)하다. 月干에 있는 편관 甲은 삼합 水의 생을 받지만, 좌우에 있는 戊에 설기되어서 자기 역할을 못하고 있다. 辰에 정재와 정관이 둘 다 들어있으니 재관동림(財官同臨)이다.

* 이 사주의 격(格)에 관해서는, 이 책의 "20. 격국론(格局論) 개요(槪要)"에서 "격(格)을 정하는 사례"에 설명되어 있다.

丁	**丙**	甲	丙
酉	戌	午	午

男命 ▶ 인(甲) 비(丁·丙·午·午) 식(戌) 재(酉) 관(水없음) / 日柱 丙戌은 백호살(白虎煞) ◀

득령했으며 비겁 火가 많으니 매우 신강하다. 비겁이 많아서 신강하므로 식상을 용신으로 삼는 것이 좋다. 그러나 日支에 있는 식신 戌은 火의 고지(庫地)라서 조열(燥熱)하므로 신강한 日干 丙을 더욱 신강하게 만든다. 따라서 용신으로는 부적절하다. 관성 水를 용신으로 쓰려고 해도 사주에 없다. 할 수 없이 정재 酉을 용신으로 삼기는 하지만 비겁 火의 세력이 워낙 강해서 무력하다. 이 사주는 火가 병(病)이다.

만약 이 사주를 전왕격(專旺格)으로 본다면 이때는 火의 기세를 따라서 火 또는 木이 용신이다.

* 이 사주의 격(格)에 관해서는, 이 책의 "20. 격국론(格局論) 개요(槪要)"에서 "격(格)을 정하는 사례"에 설명되어 있다.

甲 丙 戊 甲
午 戌 辰 寅

男命 ▶ 인(甲·甲·寅), 비(午), 식(戊·戌·辰), 재(金없음), 관(水없음) / 日柱 丙戌은 백호살(白虎煞), 자좌암합(自座暗合) ◀

실령, 실지했지만 인성 木이 많고 寅-午-戌 삼합 火 비겁까지 있으니 신강하다. 식상의 설기가 필요하므로 月干에 있는 식신 戊를 용신으로 삼는다. 戊는 戌과 辰에 통근하고 있다. 그렇지만 인성 木이 많아서 식상 土를 극제하는 도식(倒食) 형국이다. 만약 재성 金이 있다면 인성 木을 말려주겠지만 아쉽게도 金이 없다. 그래서 식상 土가 신강한 日干 丙을 제대로 설기하지 못하고 있다. 즉 식신 戊는 인성 木 때문에 용신 역할을 제대로 할 수 없다. 金이 희신이고, 木이 기신이며, 火가 구신(仇神)이다.

土가 용신이기는 하지만 아무 土나 무조건 다 좋은 것이 아니다. 배우자宮의 戌은 火의 고지(庫地)라서 조열(燥熱)하므로, 오히려 구신(仇神) 역할을 한다.

사주에 드러난 재(財)와 관(官)은 없지만, 戌의 지장간에 정재 辛이 있고 辰의 지장간에 정관 癸가 있으므로, 운만 따라주면 재(財)와 관(官)을 모두 성취할 수 있다. 日干 丙이 戌의 지장간 辛과 암합(暗合)이니 부부가 은근히 정(情)이 있다.

乙 壬 壬 戊
巳 申 戌 戌

男命 ▶ 인(申), 비(壬), 식(乙), 재(巳), 관(戊·戌·戌) ◀

득지는 했지만, 관성 土가 많아서 신약하다. 日干 壬을 생하면서 土를 설기하는 인성 金이 사주에 도움이 된다. 그래서 日支에 있는 편인 申을 용신으로 삼는다. 용신이 日柱에 있으니 유정(有情)해서 좋다. 月支 戌이 日支 申을 생하고, 申은 日干 壬을 생하는 흐름이라서 나쁘지 않다. 다만 戌은 火의 고지(庫地)라서, 金을 생하는 능력이 적다. 그리고 戌은 운에 午가 오면 午-戌 반합 火로 변해서, 오히려 용신 申을 공격하게 된다. 비겁 水가 희신, 재성 火가 기신, 관성 土가 구신, 식신 木이 한신이다.

時干에 있는 상관 乙은 신약한 日干을 설기하므로 반갑지는 않지만, 칠살 戊의 극을 조금이나마 막아준다. 또 乙은 운에 庚이 왔을 때는 乙-庚 합 金이 되어 日干을 돕는다. 그러나 乙은 운에 재성 火가 왔을 때는 기신인 火를 돕기 때문에 구신 역할이다.

月干에 있는 비견 壬은 희신이다. 그러나 운에 丁이 오면, 丁-壬 합 木이 되어 日干의 힘을 설기하는 반갑지 않은 역할을 하게 된다.

年干에 있는 칠살 戊는, 日干에게는 구신이지만 용신 申에게는 나쁘지 않다. 그러나 운에 癸가 오면 戊-癸 합 火가 되어 기신 역할을 하게 된다.

日干 壬 주변에 비견이 2개(月干 壬과 日支 申의 지장간 壬)나 있으므로, 이 사람은 주체성이 강하다. 하지만 강한 관성 土의 억제를 받기 때문에, 자신의 감정을 잘 드러내지 않는 성격이다.

* 이 사주는 비견 壬을 용신으로 삼아도 된다. 그러면 金이 희신, 土가 기신, 火가 구신, 木이 한신이 된다. 그렇더라도 간명에 차이가 없다.

己 **丙** 壬 丁
丑 申 寅 巳

男命 ▶ 인(寅), 비(丁·巳), 식(己·丑), 재(申), 관(壬) ◀

日干 丙이 寅과 巳에 통근하고, 비겁 丁·巳가 있어서, 언뜻보면 신강한 것 같다. 하지만 寅-申-巳 삼형(三刑) 때문에 뿌리가 되는 寅과 巳가 상(傷)했으므로 통근력(通根力)이 미약하다. 또, 月干에 있는 편관 壬은, 日支에 있는 편재 申의 생을 받아서 자기 아래에 있는 寅 속의 비견 丙을 꺼버린다. 사주에 日干 丙을 돕는 세력이 별로 없으니, 사실은 신약하다.

비겁 丁·巳 뿐만 아니라 寅의 지장간에도 비견 丙이 있으니 군겁(群劫)이다. 寅월생이면 금기(金氣)가 수(囚)한 때이므로, 편재 申이 왕성할 수 없다. 기본적으로 재성이 휴수(休囚)되면 부자가 되기 어렵다. 종합해 보면, 이 사주는 비겁이 많지만 신약하고 미약한 재(財)밖에 없으니 군겁쟁재(群劫爭財) 상이다. 그러니 더더욱 재물과 인연이 없다.

만약 丁酉 대운이 온다고 가정하면, 재성 酉 운이고 천을귀인(天乙貴人)이라서 재물운이 좋을 것 같지만, 자세히 따져보면 손재(損財) 운이다. 왜냐하면 酉로 인해서 巳-酉-丑 삼합 金이 되어 버리니, (재성은 강해졌지만) 日干을 설기하여 더 약해진다. 게다가 겁재 丁이 더해져서, 재물에 대한 다툼이 더욱 치열해진다. 丁酉 운은, 겁재가 나의 재물에 올라탄 상이며, 酉는 日干 丙의 사지(死地)이지만, 대운 丁의 장생지(長生地)이다. 따라서 재물인 酉를 차지하기 위한 경쟁에서, 日干 丙은 겁재인 丁에 비해서 불리하다. 즉 丁酉 대운에서는 손재(損財)가 확실하다. 그렇니 丁酉 대운에서는, 재물에 관해서 절대로 무리하면 안 되고 특히 동업은 피해야 한다.

乙 **甲** 壬 丁
亥 子 子 巳

女命 ▶ 인(壬·亥·子·子), 비(乙), 식(丁·巳), 재(土없음), 관(金없음) / 日柱 甲子는 도화(桃花)이면서 목욕(沐浴) ◀

득령, 득지, 득세했으니 매우 신강한 사주다. 인성 水가 많아서 재성 土를 용신으로 삼으려고 했으나, 사주에 재성 土가 없으니 식상 火가 용신 오행이다. 火로는 丁과 巳가 있는데, 丁이 천간에 있으며 자좌(自座)의 巳에 통근해서 힘이 있으니, 용신으로 적합하다. 용신 丁을 극하는 기신인 水(壬·子)를 막아주면서 丁을 생하는 土가 희신이다. 희신인 土를 극하는 木이 구신이며, 나머지 오행인 金이 한신이다. 이 사주에서 한신 金은 기신인 수를 생하기 때문에 흉신(凶神)이다.

인성이 과다해서(모왕자쇠 母旺子衰), 자기중심적이며 주변의 도움에 의지하고 게으르다. 또 식상을 지나치게 극하므로, 생각(인성)만 많고 행동(식상)은 하지 않는다. 여명이므로 자식(식상)과 인연이 좋지 않다. 재성이 없으니 재물 인연이 적다. (亥와 巳의 지장간에 편재인 戊가 있지만, 寅·申·巳·亥의 지장간 戊는 힘이 없다.) 관성이 없으니 남자 운이 없으며, 자제력도 없으니 제멋대로라서 정규적인 직장에 맞지 않는다. 상관이 용신이므로 프리랜서형 기술직이 좋다.

배우자宮인 日支에 정인 子가 있으니 나를 보살펴주는 남편(아마도 연상)을 바라지만, 水는 기신이므로 내게 도움이 안 되는 남편을 만난다. 자식宮인 時支에 있는 편인 亥 역시 기신이므로 자식 운도 없다. 이 사주에서 아버지(편재)는 戊인데, 비록 사주에는 없지만 土가 희신이므로, 아버지와의 인연은 좋다. 時干에 있는 겁재 乙은 구신이므로, 친구나 동료가 있어도 도움이 되지 않는다.

사주 전체에 水가 많아서 日干 甲이 수다목부(水多木浮) 형국이니, 나무가 물 위에 뜨듯이 한곳에 정착하지 못하고 이리저리 떠돈다.

甲	癸	辛	戊
寅	丑	酉	戌

男命 ▶ 인(辛·酉), 비(水없음), 식(甲·寅), 재(火없음), 관(戊·丑·戌) / 日柱 癸丑은 백호살(白虎煞) ◀

득령은 했지만, 관성 土가 많아서 신약하다. 日干 癸을 생하면서 土를 설기하는 인성 金이 사주에 도움이 된다. 그래서 月干에 있는 편인 辛을 용신으로 삼는다. 辛은 丑과 酉와 戌에 통근했으며 年干 戊의 지원까지 받고 있으니, 매우 힘이 있는 용신이다. 金을 극하는 火가 기신인데 원명(原命)에는 없으니 더더욱 좋다. 年干 戊로부터 土生金→金生水→水生木으로 상생의 흐름이 이어지며, 원명의 음양 비율도 반반이니 무난한 사주다. 비겁 水가 희신, 재성 火가 기신, 관성 土가 구신, 식신 木이 한신이다.

재성 火가 원명에 없으니, 재물과는 인연이 적다. 하지만 寅에 암장된 丙, 戌에 암장된 편재 丁이 있어서, 재물로 어려움을 겪지는 않는다.

- 초년기 운은, 年柱의 土가 관성이니 어릴 때 부모의 통제가 심했을 것이다. 그러나 용신인 인성 金을 생하므로 학업은 원만했을 것이다.

- 청년기 운은, 月柱에 있는 편인 辛은 뿌리도 강하고 주변 土의 생을 받고 있고 日干과도 유정(有情)하기 때문에, 크게 학문으로 성취한다.
- 중년기 운은, 日支에 있는 丑은 세력이 강한 칠살이기는 하지만 日干을 돕는 癸 및 辛을 암장(暗藏)하고 있어서, 반은 길하고 반은 흉하다.
- 노년기 운은, 時柱의 木은 한신이라 딱히 역할이 없으므로 평범한 노년이다. 자식宮에 있는 寅이 일(日) 공망(空亡)이니 자식 복은 없다.

辛	**丙**	壬	乙
卯	辰	午	未

男命 ▶ 인(乙·卯), 비(午), 식(辰.未), 재(辛), 관(壬) ◀

日干 丙이 午월에 태어났고 마른 土인 未에도 통근했으니, 신강하면서 조열(燥熱)한 사주다. 칠살 壬은 辰의 지장간 癸에 통근하고 時干에 있는 정재 辛의 생을 받으니 힘이 있다. 壬은 丙-午 양인을 극제해서 조열한 사주를 식히는 역할도 한다. 그래서 壬이 용신이다. 칠살 壬이 양인 午를 제어하는 사주이므로 양인가살격(羊刃駕殺格)이다. 용신 壬을 생하는 정재 辛이 희신이며, 土가 기신이고, 火가 구신이며, 木이 한신이다.

辛은 오행 상으로는 日支 辰과 年支 未의 생을 받지만, 辰과 未에 통근하지는 못한다. 그래서 辛은 힘이 없다. 辛은 日干 丙에 합을 하려고 하니, 재(財)가 내게 합을 하자고 (힘이 없는) 손을 내미는 형국이다.

배우자宮에 용신 壬의 뿌리가 되는 辰이 있으니 좋은 아내를 만나며, 辰은 희신인 정재 辛을 생하는 것이니 아내 덕에 재물을 일군다. 정재 辛이 처성(妻星)인데 현침살이니 아내는 예민한 성격이다.

어머니宮에 구신인 午가 있고, 모성(母星)인 정인 乙은 구신인 火를 생하는 것이므로 사주에 도움이 되지 않는다. 어머니 덕이 없거나 어머니와 불화한다.

아버지宮에는 용신인 壬이 있지만, 구신인 午를 깔고 앉아 있기 때문에, 썩 좋은 아버지는 아니다. 부성(父星)은 편재인데 사주에는 편재인 庚이 없다. 그래서 아버지가 어떤 사람인지 알아 보기 위해서, 아버지宮에 편재인 庚을 대입해본다. 庚이 午 목욕지(沐浴地)에 앉아 있고, 庚의 재성인 乙과 卯가 있으며 辰과 未의 지장간에도 乙이 있으니, 아버지는 여자관계가 복잡하다.

日支와 月支가 辰-午 격각살이니 부모와 소원한 관계다.

丙	**庚**	庚	壬
戌	午	戌	申

男命 ▶ 인(戌·戌), 비(庚·申), 식(壬), 재(木없음), 관(丙·午) / 日柱 庚午는 도화(桃花)이면서 목욕(沐浴) ◀

日干 庚은 丙과 午 및 화고(火庫)인 戌·戌에 에워싸여 있으니 강한 불 속에 있는 형국이다. 게다가 유일한 뿌리인 申이 멀리 떨어져 있고, 식신 壬의 설기 때문에 신약하다. 식신 壬이 관살 火의 열기를 다소나마 식혀주기 때문에 壬을 용신으로 삼는다. 壬이 식신이면서 용신이면, 깊은 사색(壬)통해서 정제된 생각을 내놓는(식신) 일을 하는 것이 유리하다.

원명뿐만 아니라 지장간에 조차도 재성이 없는, 완전한 무재(無財) 사주다. 그러니 재물과 여자에 대한 인연이 없다. 화개살(華蓋煞)이 되는 戌이 2개나 있으니, 이 사람은 정신 세계를 추구하며 고독한 성정이다.

사주가 양팔통(陽八通)이고 時柱가 丙戌 백호살(白虎煞)이니, 강한 기질을 가졌고 고집이 세다. 칠살 丙은 日干 庚에게 있어 병(病)이면서 약(藥)이기도 하다. 왜 약이 되냐 하면, 庚이 있는데 丙도 있으면 용금성기(鎔金成器: 금을 녹여서 그릇을 만든다.) 하기 때문이다.

日干 庚은 火의 극을 많이 받으므로, 호흡기나 폐가 약하다. 운에 火가 와서 극을 더 받으면 더 나빠진다. 운에 寅이 오면, 庚의 뿌리가 되는 申을 충하고, 寅-午-戌 삼합 火가 되어 매우 흉(凶)하게 되니 위험하다. 따라서 丙寅 운이 최악이다.

부록1
천간물상(天干物象)

甲木(갑목) (甲 갑옷 갑, 거북 등딱지 갑, 껍질 갑)

- 상징(象徵): 대림목(大林木), 큰 나무, 고목(古木), 재목(材木), 천문-우뢰(雷)
- 성정(性情): 천간의 첫 글자, 싹트다, 시작, 처음, 첫 성장, 하늘로 치솟는 성질, 돌출, 위로 뻗침, 곧음, 굽히려 하지 않는다.
- 긍정 기질: 진취적이다. 적극적이다. 명예지향적이다. 추진력이 있다. 지도력이 있다. 어질고 남에게 잘 베푼다.
- 부정 기질: 고집이 세서 남의 말을 잘 듣지 않는다. 구속이나 간섭을 싫어한다. 한 번 좌절하면 쉽게 일어나지 못한다.

[나무] → 산림, 목재, 원목, 가로수, 조경, 가구

[싹트다, 시작, 처음, 첫 성장] → 기획, 설계, 창작, 발명, 개척, 남을 앞에서 이끄는 리더, 아이 교육, 교사, 학교

[재목(材木), 위로 뻗침] → 기둥, 전주(電柱), 고층건물, 건축

[우뢰] → 놀램, 성냄, 권위

乙木(을목) (乙새 을, 굽어질 을)

- 상징(象徵): 화초목(花草木), 작은 나무, 화초, 넝쿨, 잡초, 곡식, 천문-바람(風)
- 성정(性情): (초목이 자라는) 유연함, 부드러움, 잡초의 끈질긴 생명력
- 긍정 기질: 온화하다. 겸손하다. 외유내강(外柔內强: 겉은 부드러우나 속은 강하다). 강한 적응력(생활력)이 있다. 말솜씨가 좋다. 멋 내기를 좋아한다.
- 부정 기질: 연약(軟弱)하다. 입이 가볍다. 사치스럽다.

[초목(草木)] → 묘목, 유실수(有實樹), 과일, 과수원, 종이, 서적, 섬유, 채소, 곡식, 화원, 꽃집

[달변(達辯)] → (말로 먹고산다) 교육, 강의, 언론, 방송, 외교, 영업, 변호(辯護)

[꽃, 멋 추구] → 꾸밈, 패션, 화장, 미용, 의상, 공예, 장식, 인테리어, 디자인

[바람] → 소식

丙火(병화) (丙 밝을 병, 남녘 병, 셋째 병, *炳 밝을 병)

- 상징(象徵): 태양화(太陽火), 태양 빛, 불, 열, 천문-태양(日)
- 성정(性情): 밝음, 밝게 드러남, (빛이) 퍼져 나감, 외향성, 허세, 과장, 정열
- 긍정 기질: 솔직하다. 화통하다. 쾌활하고 열정적이다. 활동력이 강하고, 자신을 드러내기 좋아한다.
- 부정 기질: 감정이 예민해서 걱정이 많고 속내를 잘 드러낸다. 성격이 급해서 화를 잘 내고 일에 실수가 잦다. 참을성이 부족해서 매사에 빨리 싫증을 낸다. 아는 것이 많으면 남을 무시하고 잘난 체한다.

[빛] → 광선, 광학, 안경, 조명, 전기, 네온사인, 간판, 사진

[퍼져 나감] → 전파, 통신, 방송, 언론, 소리, 음악, 악기, 언론, 광고

[불, 열] → 화약, 화학, 발전소, 보일러, 요리

丁火(정화) (丁 소리 정, 고무래 정, 장정 정, *亭 정자 정, 멈출 정, 머물 정)

- 상징(象徵): 등촉화(燈燭火), 촛불, 화롯불, 장작불, 용광로 불, (예쁜·아담한·활짝 핀) 꽃, 천문-별(星)
- 성정(性情): 촛불처럼 은근한 불빛, 은근함, 따뜻함, 다정함, 정(情)이 많다.
- 긍정 기질: 온화하다. 다정하다. 인정이 많다. 남의 심정을 잘 헤아린다. 외유내강(外柔內剛: 겉은 부드러우나 속은 강하다)
- 부정 기질: 정에 약해서 손해를 많이 보며 배신을 잘 당한다. 쓸데없이 남의 일에 잘 나선다.

[촛불, 인정이 많다] → (어두운 곳에서 빛) 희생정신, 봉사, 헌신, 상담, 기도, 수행, 등대, 영화 (위로한다) 오락, 예능, 예술

[퍼져 나감] → 전파, 통신, 방송, 언론, 소리, 음악, 악기, 언론, 광고, 전기, 전자

['丁'은 붓 모양] → 서예, 공부, 학문

戊土(무토) (戊 창 모, 矛의 옛글자, *戈 창 과, *茂 무성할 무, *戍 지킬 수)

- 상징(象徵): 성원토(城垣土), 큰 흙더미(높은 산, 언덕, 산성, 성곽, 제방), 넓은 땅(대지, 벌판, 사막), 천문-노을(霞)
- 성정(性情): (土剋水 물을 막는) 두터움, 중후함, 포용력, 신용, 火에서 金으로 넘어가는 과정에서 火와 金이 다투는 것을 막는 중재 역할
- 긍정 기질: 성실하다. 책임감이 강하다. 그래서 직장이나 가정에 충실하다. 생각이 깊고 말과 행동이 신중하다. 포용력과 친화력이 있으며 신용을 중히 여긴다. 야망이 크고 모험심이 있다. 대인배 기질이다.
- 부정 기질: 고집이 세다. 자기를 과신해서 독선적이다. 남의 말을 무시한다.

[큰 흙더미] → 토목, 건물, 빌딩 (흙더미를 쌓는다) 모집(募集), 수집(蒐集), 창고
[넓은 땅] → 농업, 대지, 운동장, 부동산
[두터움, 막음] → 방파제, 벽
[신용, 중개] → 은행, 금융, 증권, 중개(仲介), 소개(紹介), 중재(仲裁), 자문(諮問)

己土(기토) (己 몸 기, 제 자신 기, *已 그칠 이, 이미 이, 물러날 이)

- 상징(象徵): 전원토(田園土), 비옥한 땅(논밭, 전원, 초원), 좁고 평평한 땅(화원, 정원, 작은 길), 천문-구름(雲)
- 성정(性情): 소극적, 안정성, 木을 기르기에 좋은 땅, 양육한다. 뭔가를 저장하는 기운은 戊보다 강하다.
- 긍정 기질: 차분하다. 수수하고 순박하다. 소극적이다. 말이 적다. 자기주장은 없지만 할 일은 다한다. 인자하다. 신용과 믿음을 중시한다. 남을 이해하고 배려하면서 희생적이다.
- 부정 기질: 보수적이며 고집이 세다. 개성이 없다. (너무 습하면) 속을 잘 드러내지 않고 엉큼하다. 질척거린다. 사물을 보는 시야가 좁고 의심이 많다. 그래서 이기적이고 기회주의적으로 보이기도 한다.

[적은 흙] → 도자기, 가마, 조경, 묘지, 건재(建材), 토산품(土産品), 전답, 정원, 농업, 토건(土建), 부동산
[신용, 중개] → 세무, 경리, 법률

庚金(경금) (庚 바뀔 경, *更 다시 갱, 고칠 경)

- 상징(象徵): 강철금(鋼鐵金), 원석, 무쇠, 강철, 바위, 큰 칼, 도끼, 열매, 결실, 천문-달(月)
- 성정(性情): 단단하게 굳음, 결과, 결실, 숙살지기(肅殺之氣: 차가운 살기, 가을의 쌀쌀한 기운), 분리, 단절, 변화, 새 질서(개혁), 투쟁, 강제
- 긍정 기질: 과감하고 단호하다. 의리가 있고 충성심이 강하다. 정의롭다.
- 부정 기질: 강압적이고 독선적이다. 난폭하고 화를 잘 낸다. 명예욕이 지나치다. 냉정하다. 의리 때문에 실익을 놓친다.

[큰 철물] → 기계, 연장, 철강, 중장비, 자동차, 기차, 비행기, 조선, 중공업

[강제, 강압, 살기(殺氣)] → 명령, 군대, 법, 경찰, 검찰, 깡패, 무기, 수렵(狩獵), 도축(屠畜)

[지킴] → 보안, 경비, 금고

['庚'은 종(鐘)이 매달린 모습] → 소리, 음악, 악기

辛金(신금) (辛 매울 신, 힘들 신, *新 새 신, *神 귀신 신)

- 상징(象徵): 주옥금(珠玉金), 금속, 금은보석, 자갈, 가공된 장식품, 작은 철물, 칼, 침, 바늘, 익은 열매, 천문-서리(霜)
- 성정(性情): 숙살지기(肅殺之氣), 분리, 단절, 변화, 냉정, 예리함, 날카로움, 칼날에 베여 시린 아픔, 매서움, 정교함(섬세함), 깔끔함, 세련됨
- 긍정 기질: 예민하다. 섬세하다. 냉정하다. 자기주장이 강하고 이해타산이 분명하다. 살결이 희고 깔끔하다. 언변이 날카롭고 매섭다.
- 부정 기질: 계산적이다. 이기적이다. 까탈스럽다(결벽증). 냉혹하다. 자존심이 강하다. 잘난 척한다.

[금은보화] → 보석, 귀금속, 액세서리, 장신구, 도금, 금융, 경공업

[정교함, 섬세함] → 저울, 계측기, 정밀기계, 정밀가공, 반도체

[분리, 단절] → (자르기·찌르기·찢기) 예리한 칼, 면도기, 치아, 주사기, 수술, 의료, 미용, 요리, 이별, 종교시설

* 金은 '木의 결실' 즉 열매를 의미하기도 하는데, 庚金은 설익었기 때문에 맛이 떫고 辛金은 잘 익어서 맛이 맵다.

壬水(임수) (壬 맡을 임, 애밸 임, *任 맡길 임, *姙 아이밸 임, *淫 음란할 임)

- 상징(象徵): 강호수(江湖水), (넓고 깊은 물, 받아들인 물) 강, 바다, 호수, 저수지, 구름, 눈, 천문-가을이슬(秋露)
- 성정(性情): (물은 생명의 근원) 수액, 잉태, 색욕, (물의 유연함) 자유로움, (가둔 물) 감춤, 저장, (깊은 물) 어두움, (비·서리·눈·얼음으로) 변신, 적응
- 긍정 기질: (바다) 스케일이 크다. 도량이 넓다. 포용력이 있다. 융통성이 있다. 개방적이다. 사교적이다. 지혜롭다.
- 부정 기질: 속내를 잘 드러내지 않는다. 엉큼하다. 색욕이 강하다.

[큰 물] → 수산, 해운, 목욕

[가둔 물, 깊은 물] → 감춤, 저장, 갈무리, 암흑, 비밀

[생명의 근원, 물에서 시작] → 지혜, 학문, 연구, 상표, 특허, 정보

癸水(계수) (癸 헤아릴 계, *揆 헤아릴 규, 벼슬 규)

- 상징(象徵): 우로수(雨露水), 좁고 얕은 물, 흐르는 물, 깨끗한 물, 시냇물, 계곡물, 샘물, 비, 이슬, 서리, 천문-봄비(春霖), (계절로는 겨울, 만물이 수렴하는 시기이므로) 수축, 수면, 저장, 씨앗, 종자
- 성정(性情): 차갑고 깨끗함, 여리고 섬세함, 고독, 도(道)에 관심, 조용히 정진, 야행성
- 긍정 기질: 정직하다. 인정이 많다. 두뇌가 명석하다. (물은 흐른다) 자유자재로 변신하고 적응력이 있다. 임기응변에 능하다.
- 부정 기질: 개인적이다. 똑똑하지만 자만한다(참모나 보좌관이 적절). (변화에 민감하므로) 줏대가 없고 변덕스럽다. 잔머리를 잘 굴린다.

[적고 깨끗한 물] → 약수터, 음료수, 눈물, 진액(津液), 세탁(깨끗)

[흐르는 물, 겨울 물] → 시장, 유통, 마트, (맑고 차가운 물) 얼음, 냉동

[조용히 정진] → 교육, 연구, 종교, 심리

부록2
지지물상(地支物象)

寅木(인목) (寅 범 인, 당길 인, *矢 화살 시, *夤 조심할 인, 공경할 인)

《괘상》 三陽三陰, 땅 아래에 양기(陽氣)가 가득 《지장간》 戊·丙·甲

《운성》 丙·戊의 생지(生地), 丁·己의 사지(死地) 《신살》 역마(驛馬)

- 寅월: 양력 2월 초부터, 초봄(立春), 봄이 추위를 뚫고 나온다, 아직은 춥다, 식물의 씨앗이 발아하는 시기
- 寅시: 3:30~5:30, 어둠 속의 여명(黎明), 잠에서 깨어나는 시간
- '寅': 화살을 세워서 걸어 놓은 모습
- 호랑이: 호(虎), 새벽에 활동한다. 용맹하다. 자존심이 강하다. (홀로 활동하므로) 외롭다. 넓은 영역에서 활동한다. 寅+寅(호랑이+호랑이)은 서로 다툰다.

[초봄, 시작, 유아기] → 새로운 시작, 출발, 우두머리, 장남, (새로운 것을) 배움, 교육, 기획, 창작, 설계, 신제품

[三陽, 땅 아래 가득한 양기] → 매사에 자신감이 있다.

[甲木, 陽木] → 목재, 가로수, 산림, 조경, 원예, 가구, 기둥, 건축, 건물, 철탑

[(삼합) 火의 생지] → 卯보다 火를 더 잘 생한다.

卯木(묘목) (卯 토끼 묘, 장붓구멍 묘, *昴 밝을 묘)

《괘상》 四陽二陰 《지장간》 甲·乙

《운성》 癸의 생지(生地), 壬의 사지(死地) 《신살》 도화(桃花)

- 卯월: 양력 3월 초부터, 한봄, 햇빛이 추위를 밀어내는 시기, 식물이 잎을 펼치며

성장하는 시기, 만물이 깨어남

- 卯시: 5:30~7:30, 태양이 대지를 밝힘, 씻고 먹고 꾸미고 나가는 (분주한) 시간
- '卯': 식물이 떡잎을 펼친 모양, 분리된(갈라진) 모습
- 토끼: 토(兎), 온순하며 경계심이 많다. 분주하지만 실속 없다. 번식력이 강하다.

[한봄, 소년기] → 발아(發芽), 개장(開場), 생기발랄, 학교, 아기자기한 것을 좋아한다, 섬세하고 감수성이 높다.

[씻고 꾸미고] → 세면, 화장, 미용, 의상, 패션, 꾸밈, 장식, 공예, 인테리어, 조경

[분리된(갈라진) 모습] → 분리, 가위, 대문, 창문, 이별, 卵(알 란)자에 점이 빠졌으므로 무정란(無精卵)이다.

[乙木, 陰木] → 원예, 화원, 꽃집, 약초, 한약재, 채소, 농장, 과수원, 가구

[습목(濕木)] → 습(濕)하기 때문에 火를 생하는 능력은 부족해도 土를 극하는 것은 잘한다.

辰土(진토) (辰 별 진, 별 신, 때 신, *震 벼락 진, 떨 진)

《괘상》 五陽一陰, 온 세상에 陽氣가 가득 《지장간》 乙·癸·戊

《운성》 壬·辛의 묘지(墓地) 《신살》 화개(華蓋)

- 辰월: 양력 4월 초부터, 늦봄, 생명의 기운이 힘차게 솟아오름, 용(龍)의 승천, 식물이 꽃을 피우는 시기
- 辰시: 7:30~9:30, 분주한 활동의 시간
- '辰': 농기구 모양(쟁기), 길게 늘어뜨린 머리
- 용: 용(龍), 상상의 동물. 조화를 잘 부린다. 변화무쌍하다. 통은 크되 비현실적이다. 사주에 辰이 많으면 몽상가(夢想家)

[五陽] → 앞서려는 욕망

[용] → (상상의 동물) 가짜, 위조, 모조품, 특허품

[水의 고지] → (물 창고) 목욕탕, 수영장, 어항, 연못, 저수지, 댐, 염전(鹽田)

[습토(濕土)] → 비옥한 땅, 농사짓기에 좋은 땅(논밭), 습지(濕地), 진흙, 金을 생하고 火를 설기하는 것을 잘한다.

巳火(사화) (巳 뱀 사, *蛇 긴 뱀 사, *己 몸 기, 자기 기)

《괘상》 六陽 《지장간》 戊·庚·丙

《운성》 庚의 생지(生地), 辛의 사지(死地) 《신살》 역마(驛馬)

- 巳월: 양력 5월 초부터, 초여름(立夏), 식물이 무성하게 자라는 시기
- 巳시: 9:30~11:30, 태양이 높이 솟아오른 오전 시간
- '巳': 뱀이 기어가는 모양, (뱀이 기는 모양) 길다. 땅을 긁는다.
- 뱀: 사(蛇), 빨리 움직인다. 민첩하다. 급하다. 바쁘다. 발이 없다. 영리하다.

[초여름, 청년기] → 확산, 정열, 발산, 활발, (사람이 많이 모인 장소는 활발) 번화가, 시장, 극장, 유원지, 백화점, 예식장

[빛의 발산] → 조명, 광선, 전파, 레이저, 방사선, 헤드라이트, 사진, 방송

[뱀] → (발 없이 멀리 감) 항공, 공항, 전화, 편지, (뱀의 영리함) 분석, 연구

[불, 화약, 화학] → 총, 폭죽, 엔진, 보일러, 석유, 고무, 플라스틱, 염색, 요리

午火(오화) (午 낮 오, 종횡으로 교차할 오, *旿 밝을 오, 한나절 오)

《괘상》 一陰五陽, 음기(陰氣)가 시작되는 시기 《지장간》 丙·己·丁

《운성》 乙의 생지(生地), 甲의 사지(死地) 《신살》 도화(桃花)

- 午월: 양력 6월 초부터, 한여름, 꽃은 지고 열매를 맺기 시작하는 시기
- 午시: 11:30~1:30, 태양이 중천에 떠서 만물을 비추는 시간
- '午': 절굿공이 모양, (올라갔다 내려갔다 하는 운동) 교차한다. 어긋난다.
- 말: 마(馬), 밖에 나가 놀기 좋아한다. 활동적이다. 막무가내로 내닫는다.

[한여름, 청년기] → 확장, 활달, 번화가, 시장

[펼치는 시기] → (모두에게 알린다) 방송, 광고, 전파, 소리(음악·악기), 화려하다.

[말] → 경마장, 교통수단, 기동력

[불, 밝기, 문명] → 조명, 네온사인, 명랑하다, 비밀이 없다, (인간의 정신문화) 문화, 교육, 언어

* 午월 생 사주에 조토(燥土)인 戌·未가 있으면, 戌·未는 火를 설기(洩氣)하는 작용보다 火에다가 열기(熱氣)를 보태는 역할을 한다.

未土(미토) (未 아닐 미, *味 맛 미, *昧 어두울 매, *米 쌀 미)

《괘상》 二陰四陽 《지장간》 丁·乙·己

《운성》 甲·癸의 묘지(墓地) 《신살》 화개(華蓋)

- 未월: 양력 7월 초부터, 늦여름, 양(陽)에서 음(陰)으로 넘어감, 식물이 성장을 멈추고 열매가 자라는 시기, 맛이 드는 시기, 아직은 미완성
- 未시: 1:30~3:30, 하루 중 가장 더운 시간
- '未': 볏단을 묶은 모양
- 양: 양(羊), 온순하고 겁이 많다. 제물로 바쳐져 희생된다. 수틀리면 까칠하다. 이것저것 막 들이박는다.

['未' 아닐 미] → (아직 하지 못하다) 미정, 미숙, 미완성, 정체, 지연, 지체, 연기(延期), 장애, 부족

['味' 맛 미] → 식품, 음식, 조미료, 양념, 제과, 기호식품(커피, 담배)

[양] → 양모, 털실, 포목, 방적(紡績)

[조토(燥土)] → 열기가 가득한 마른 흙이라서 식물이 자라기에 적합하지 않다.

申金(신금) (申 납원숭이 신, 펼 신, 거듭 신, 베풀 신, *車 수레 차, *伸 펼 신, *神 귀신 신)

《괘상》 三陰三陽, 땅 아래에 음기(陰氣)가 가득 《지장간》 戊·壬·庚

《운성》 壬의 생지(生地), 癸의 사지(死地) 《신살》 역마(驛馬)

- 申월: 양력 8월 초부터, 초가을(立秋), 식물의 열매(씨앗)가 단단해지는 시기
- 申시: 3:30~5:30, 해가 기우는 오후 시간
- '申': 하늘에서 번개가 치는 모습, 가운데가 잘린 모습
- 원숭이: 후(猴), 원(猿), 재주가 많다. 기발하다. 계산능력이 뛰어나다.

[초가을, 중.장년기] → 안정, 숙련(熟鍊), (결실의 시기) 수축, 열매, 결과, 매듭

[숙살지기(肅殺之氣)] → 정화(淨化), 정비(整備), 혁명

['車' 수레 차] → 자동차, 승강기

[번개가 치는 모습] → 뻗치다, 거듭하다, 경계한다.

[가운데 잘리는 모습] → 분리, 이별, 정리, 절단기, 칼날

[庚金, 陽金] → 광업, 철물, 금속, 철강, 돈(엽전), 은행, 금융, 보안, 무기, 군인, 경찰, 사법(司法)

酉金(유금) (酉 닭 유, 술그릇 유, *酒 술 주, *酎 강한 술 주)

《괘상》 四陰二陽 《지장간》 庚·辛

《운성》 丁·己의 생지(生地), 丙·戊의 사지(死地) 《신살》 도화(桃花)

- 酉월: 양력 9월 초부터, 한가을, 식물의 잎과 열매(씨앗)가 떨어지는 시기
- 酉시: 5:30~7:30, 땅거미가 내리는 초저녁 시간
- '酉': 술 단지 모양, 제사용 술병 모양, 종을 매달아 놓은 모양
- 닭: 계(鷄), 땅의 소식을 하늘에 전하는 짐승. 닭은 물건을 쪼는 습성이 있다.

[한가을, 중·장년기] → (낙과(落果) 시기, 마무리 시기) 수확, 건조, 껍질, 분리, 정리, 이혼, 마감

[술 그릇, 술 단지] → 발효, 숙성, 마취, 의약품, 식초

[종 모양] → 절, 성당, 교회, 종교

[辛金, 陰金] → 칼, 보석, 바늘, 침술, 정밀기계, 시계, 총기, 용접, (청동)거울, 돈(엽전), 금융

*酒 → 탁주(濁酒), 맥주(麥酒), 포도주(葡萄酒) *酎 → 소주(燒酎), 고량주(高粱酎), 양주(洋酎)

戌土(술토) (戌 개 술, *戈 창 과, *滅 멸망할 멸, *戍 수자리 수, 지킬 수)

《괘상》 五陰一陽 《지장간》 辛·丁·戊

《운성》 丙·戊·乙의 묘지(墓地) 《신살》 화개(華蓋)

- 戌월: 양력 10월 초부터, 늦가을, 식물에서 떨어진 열매(씨앗)가 땅에 묻히는 시기(저장·비축)
- 戌시: 7:30~9:30, 어둠이 짙어진 밤 시간
- '戌': 전투용 도끼 모양, 부순다, 쪼갠다
- 개: 구(狗), 견(犬), 주인을 잘 따른다. (집을) 잘 지킨다.

[늦가을, (삼합) 火의 묘지] → (활동성의 상실) 골동품, 고물상, 폐차장, 양로원, 묘지, 장례, (결실의 창고) 도서관, 서점, 사원

[개는 지킨다] → 방범, 감시, 군대, 형무소, 정보부

[(삼합) 火의 고지] → (불 창고) 화로, 주유소, 저유소(貯油所), 화약고

[조토(燥土)] → 金을 생하는 것은 잘 못하지만, 水를 극하는 것은 잘한다.

亥水(해수) (亥 돼지 해, *核 과일 씨 핵, *豕 돼지 시)

《괘상》 六陰 《지장간》 戊·甲·壬

《운성》 甲의 생지(生地), 乙의 사지(死地) 《신살》 역마(驛馬)

- 亥월: 양력 11월 초부터, 초겨울(立冬), 식물의 씨앗이 땅 속에서 동면하는 시기
- 亥시: 9:30~11:30, 하루 중 가장 어두울 때이고 휴식을 취하는 시간
- '亥': 사나운 멧돼지 모양, 뼈대를 갖추다, 간직하다.
- 돼지: 저(猪), 돈(豚), 잡식성이다. 모든 것을 잘 받아들인다.

[초겨울, 동면, 노년기] → (마무리와 휴식) 수렴(收斂), 저장, 수집, 보관, 고독, 은둔(隱遁: 세상을 떠나서 숨음), 은퇴, 명상

[水] → 수영장, 목욕탕, 세탁, 술장사, 소방, 해운, 선원, 어장, 방광, 수력 발전

[큰 물] → 火를 잘 극한다.

[(삼합) 木의 생지] → 子水보다 木을 더 잘 생한다.

子水(자수) (子 아들 자, 새끼 자, 아주 작은 것을 나타내는 접미어, *孕 아이 밸 잉)

《괘상》 一陽五陰, 양기(陽氣)가 시작되는 시기 《지장간》 壬·癸

《운성》 辛의 생지(生地), 庚의 사지(死地) 《신살》 도화(桃花)

- 子월: 양력 12월 초부터, 한겨울, 식물의 씨앗 내부의 기(氣)가 활동하기 시작
- 子시: 11:30~1:30, 하루의 분기점, 잠자고 휴식하는 시간(조용하다. 어둡다. 은밀하다.), 밝음이 잉태(孕胎)되는 시간, 기도 시간
- '子': 갓난아기 모양
- 쥐: 서(鼠), 번식력이 강하다. 크기가 작다. 첫 번째 지지 동물이다.

[한겨울, 노년기] → 조용한, 은밀한, 정지(停止), (정신적인 활동) 지혜, 연구, 학문, 철학, 종교, 지하, 죽음, 장례, 묘지

[一陽始生] → (만물의 태동, 생명을 키우려는 욕구) 성욕, 자궁, 잉태(孕胎), 임신, 산부인과, 미생물, 생명공학, 창의력

[쥐의 번식력, 크기가 작다] → 씨앗, 종자(種子), 정자(精子), 난자(卵子), 원자(原子), 분자(分子), 전자(電子) 등 '子'로 끝나는 글자와 연관

[어둡다, 은밀하다] → 비밀, 흥신소, 애정, 매춘, 유흥업 (子가 재성이면 밤에 또는 은밀하게 돈을 버는 일)

[水] → 바다, 강, 술, 음료, 목욕, 온천, 세탁, 수도, 욕실, 어장, 수산, 선원, 해운 (子가 관성이면 물과 관련된 직업)

[겨울 물] → (맑고 차가운 물) 얼음, 냉동

* 子월 생 사주에 습토(濕土)인 辰土·丑土가 있으면, 辰土·丑土는 水를 극하는 작용보다 水에다가 습기(濕氣)를 보태는 역할을 한다.

丑土(축토) (丑 소 축, 수갑 추, *紐 끈 뉴(유), 맺을 뉴, 매듭 뉴, *杻 수갑 추)

《괘상》二陽四陰 《지장간》癸·辛·己

《운성》庚·丁·己의 묘지(墓地) 《신살》화개(華蓋)

- 丑월: 양력 1월 초부터, 늦겨울, 탄생 준비
- 丑시: 1:30~3:30, 새로운 하루의 첫단계인 시간
- '丑': 우(牛), 수갑(手匣)이라는 뜻도 있음, 물건을 묶은 모습(일이 잘 안 풀림)
- 소: 느리다. 인내심이 강하다. 우직하다. 고집이 세다.

['丑'은 묶은 모습의 글자] → 수갑, 교도소, 주차장

[소] → 희생, 봉사, 충성, 복종, 인내심, 성실성

[(삼합) 金의 고지] → (돈 창고) 금고, 은행, 증권, 보험, 전당포, (쇠 창고) 차고(車庫), 폐차장, 정비창(整備廠)

[습토(濕土)] → 얼어 있는 습(濕)한 땅이라서 식물을 키우기에 적합하지 않다.

부록3
십간관계(十干關係)

십간관계(十干關係) (喜 기쁠 희, 忌 꺼릴 기, 미워할 기)

십간관계는 (천간 각각의 성정이 아니라) 사주에서 천간끼리의 관계가 희(喜)인지 기(忌)인지를 설명하는 것이다. 십간관계 희기(喜忌)의 정도는, 해당 천간끼리 바로 옆에 붙어있으면 강하고 떨어져 있으면 줄어든다. 특히 대상 천간 중 하나가 日干이라면, 그 천간끼리의 희기가 사주 전체에 미치는 영향은 크다. 뒤에 나오는 각각의 십간관계 설명에서, 2개 천간 중에 앞에 있는 것을 日干 또는 '기준이 되는 중요한 천간'이라고 생각하고 보면 이해하기 쉽다.

여기서 설명하는 십간관계는 천간끼리의 일반적인 관계에 관한 것이므로, 모든 사주에서 항상 그 설명대로 희기가 정해지는 것은 아니다. 실제로 간명할 때는, 해당 천간이 그 사주 상에서 길신(吉神)의 역할을 하는지 흉신(凶神)의 역할을 하는지에 따라서 여기 설명과 반대가 될 수도 있다. 당연한 말이지만, 두 천간 이외의 천간이나 지지의 영향에 따라서도 달라진다.

* 천간과 지지가 사주의 다른 천간이나 지지에 도움을 주는 것을 희(喜)라고 하고, 서로 해가 되는 것을 기(忌)라고 한다. '喜'는 '기뻐한다, 반긴다, 좋아한다'는 말이며, '忌'는 '두려워한다', '꺼려한다', '싫어한다'는 말이다.
* 십간관계의 희기는 오행생극(五行生剋)이나 합(合)이나 충(沖)보다는 물상(物象)과 조후(調候)를 더 많이 적용해서 설명한 것으로 보인다. (물상론 관점에서 보면, 오행이란 水·火가 木·金을 키우고 만들고 변화시키는 과정이며 土는 그 과정을 중재하는 것이다.)
* 십간관계와 같은 내용을 '십간론(十干論)' 또는 '십간(十干)의 희기(喜忌)'라는 제목으로 설명하기도 한다.
* 각 십간관계를 나타내는 사자성어(四字成語)는 매우 추상적이며, 책마다 조금씩 다르기도 하고,

후대로 전해지는 과정에서 잘못 적힌 것이 아닌지 의심되는 것도 있다. 그러니 모든 사자성어가 해당 십간관계를 제대로 표현하고 있다고 보기는 어렵다.

십간관계(十干關係)와 기문둔갑(奇門遁甲)

십간관계의 원전(原典)은 '기문둔갑(奇門遁甲)의 십간대응결(十干對應訣)'인 것으로 추측된다. 그래서 기문(奇門)에서 사용하는 용어를 많이 사용하고 있다. 기문에서는 십간 중에 甲을 가장 중시하고, 다음으로 삼기(三奇, 乙·丙·丁)을 중시하며, 그 관점에서 십간의 관계를 파악한다.

그렇지만 사주명리에서는 십간 각각의 중요도가 동등하다는 관점에서 희기(喜忌)를 파악하기 때문에 기문과 상당한 차이가 있을 수 있다. 따라서 이 책의 십간관계 내용을 사주 간명에 그대로 적용하면 맞지 않을 수도 있다. 참고 자료로만 활용하기를 바란다.

* 기문(奇門)의 '奇'는 삼기(三奇)를, '門'은 팔문(八門)을 의미하는데, 삼기란 日奇(乙), 月奇(丙), 星奇(丁)를 말한다.
* 기문의 삼기는 사주명리 신살(神煞) 중 하나인 삼기귀인(三奇貴人)과 같은 듯하지만 다르다.
* 기문에서 복음(伏吟), 반음(反吟), 복궁(伏宮)이라함은 기문의 81개 격(格) 중에서 34개 흉격(凶格)에 속하는 복음격(伏吟格), 반음격(反吟格), 복궁격(伏宮格)을 말한다. 흉격 중에는 형격(刑格)이라는 것도 있다. 기문에서는 같은 천간 또는 지지의 중복을 복음(伏吟)이라고 하고, 천간 또는 지지의 충(沖)을 반음(反吟)이라고 하며, 흉(凶)이 드러누운 자리를 복궁(伏宮)이라고 한다.

참고 동양(東洋)의 사신(四神)

하늘에서 사방(四方)을 수호하는 신수(神獸: 신령한 상상의 동물)는 동(東)-청룡(靑龍), 서(西)-백호(白虎), 남(南)-주작(朱雀), 북(北)-현무(玄武)인데, 그것을 사신(四神)이라고 한다. 중앙(中央)을 수호하는 구진(勾陳)과 등사(騰蛇)까지 합치면 육신(六神)이라고 한다. 그 밖의 신수로는 봉황(鳳凰), 기린(麒麟), 영귀(靈龜: 신령한 거북) 등이 있다. 동양 고천문학은 별자리 이름에 이런 신수들의 이름을 사용하기도 했다.

* 주작은 새 형상, 현무는 거북과 뱀을 합친 형상, 구진은 두꺼비 형상, 등사는 뱀 형상, 기린은 사슴과 소와 말을 합친 형상이다.
* 봉황은 수컷인 '봉'과 암컷인 '황'을 함께 일컫는 말이다. 봉황과 주작은 같은 것이라고 한다거나, 붉은 봉황을 주작이라고 한다는 등 다양한 설(說)이 있다.

참고 **동양(東洋) 고천문학(古天文學)에서 일부 별자리 이름의 의미**

[주의] '별 이름'이 아니라 '별자리 이름'에 관한 이야기다.

'화개(華蓋)'는 화려하게 덮는다는 뜻이며, 왕이나 고관이 쓰는 화려한 양산(陽傘: 햇빛 가리개)를 말한다. '천뢰(天牢)'는 하늘의 감옥이라는 뜻이며, 자미궁(紫微宮) 내에 있는 감옥의 이름이다. 구진(勾陳)과 등사(騰蛇)는 원래 신수(神獸)의 이름인데 별자리 이름으로도 사용했다.

(華 빛날 화, 蓋 덮을 개, 傘 우산 산, 牢 우뢰 뢰, 감옥 뢰, 勾 굽을 구, 갈고리 구, 陳 늘어놓을 진, 騰 오를 등)

甲木(갑목)

- 甲木과 乙木과 癸水가 함께 있으면, 甲木이 받을 癸水의 지원을 乙木이 나눠서 받아가므로 甲木에 방해가 된다. *겁재탈인(劫財奪印: 겁재가 인성을 뺏는다)
- 甲木은 습토(濕土)인 辰土에 통근하는 것을 가장 좋아한다. (축축한 땅이라서 甲木이 자라기에 좋다.)
- 甲木은 우선 土를 살펴본 후에 水의 필요성을 판단한다. (어떤 땅인지에 따라서 물의 필요성을 결정한다. 만약 추운 땅이면 물이 언다.)
- 甲木이 너무 강하면 火로 설기하기보다는 庚金으로 직접 극제(剋制)하는 것이 좋다. (도끼로 다듬어 재목(材木)으로 만든다.)
- 봄의 甲木은 庚金을 두려워한다. (봄에 자라는 나무는 도끼를 싫어한다. 즉, 寅·卯·辰월에 태어난 甲 日干 사주에 庚金이 있으면 좋지 않다.)
- 甲木은 일반적으로 丙火(햇빛)를 반기고 丁火(불)는 반기지 않는다. 그러나 가을의 甲木은 庚+甲+丁(벽갑인정 劈甲引丁) 조합이 가장 좋다.
- 甲木이 건조하면 癸水를 반기지만 壬水를 반기지는 않는다. (적은 빗물은 좋아하지만 큰 물은 싫어한다.)
- 甲木은 壬水가 왕(旺)하면 부목(浮木: 물에 뜨는 나무)이 되고 癸水가 왕(旺)하면 부목(腐木: 물에 썩은 나무)이 될 수 있으니, 그런 경우라면 마른 흙인 戊土로 水를 극제(剋制)하는 것이 좋다.

甲+甲=쌍목위림(雙木爲林): "두 나무가 숲을 이룬다", 활동력이 왕성하고 경쟁에 강하다.

甲+乙=등라반갑(藤蘿絆甲): "나무(甲)가 담쟁이덩굴(乙)에 휘감겨 있다", 甲 입장에서는 손해다. 남의 의지가 되어준다. (絆 줄 반, 얽어맬 반)

甲+丙=청룡반수(青龍返首): "청룡이 머리를 되돌린다(가던 용이 뒤돌아본다)", 실력과 권위가 드러난다. (返 돌아올 반)

甲+丁=유신유화(有薪有火): "땔나무와 불이 있다", 두뇌가 명석하고 학문이나 예술적 재능이 있다. (薪 섶나무 신, 땔나무 신)

=초목유화(草木有花): "초목에 꽃이 피었다", 목화통명(木火通明)이 될 수 있다.

甲+戊=독산고목(禿山孤木): "민둥산에 외로운 나무 한 그루", 절개가 굳은 기상, 외롭다. 신끼(神氣)가 있다. (禿 대머리 독, 민둥산 독)

=광야고목(廣野孤木): "넓은 들판의 나무 한 그루", 인기를 얻거나 인정받고 싶어한다. 홀로 서지만 부귀는 없다.

甲+己=양토육목(壤土育木): "좋은 땅에서 잘 자라는 나무", 경영 능력이 있고 부자가 될 수 있다. (壤 흙덩이 양)

甲+庚=흔목위재(欣木爲財): "(도끼로) 나무를 다듬어 재물이 됨을 기뻐한다", 돈 되는 좋은 재목(材木)이 된다. (欣 기뻐할 흔, 기쁠 흔)

=벽갑지목(劈甲之木): "큰 나무를 (도끼로) 쪼개서 만든 목재", 동량지목(棟梁之木)이 된다. (劈 쪼갤 벽, 棟 용마루 동, 梁 대들보 량)

甲+辛=목곤쇄편(木棍碎片): "나무 몽둥이를 (칼로) 잘게 쪼개서 쓸모 없이 만든다", 변변치 못한 직업, 단, 辛金이 강하지 않으면 甲木을 자를 수 없어서 甲木은 흠집이 나고 辛金은 날이 빠진다. (棍 몽둥이 곤, 碎 부술 쇄)

甲+壬=횡당유영(橫塘柳影): "연못을 가로지르는 (멋진) 버드나무 그림자", 인기 있음. 여기에 丙火가 있으면 더욱 좋다. (塘 못 당)

甲+癸=수근로수(樹根露水): "나무 밑동에 이슬이 맺히다(초목이 비를 맞아 싱싱하다)", 처세술이 뛰어나서 대인 관계가 좋다.

乙木(을목)

- 乙木은 자신이 약하면 水(인성)보다 甲木(겁재)을 더 반기고, 강하면 金(관성)보다 丙火(상관)로 설기하는 것이 좋다.
- 乙木은 자신이 약한 경우일지라도 같은 乙木(비견)을 반기지 않는다. (정리하면, 甲木·寅木은 반기지만 乙木·卯木은 달가워하지 않는다.)

- 乙木은 습목(濕木)이므로 습기를 꺼린다. 그래서 癸水를 반기지 않는다. 만약 물이 필요하다면 壬水를 반긴다.
- 乙木은 己土를 극하지만 戊土는 극하지 못한다. (화초가 작은 땅은 뚫고 나올 수 있지만 큰 산을 어쩌지는 못한다.)

乙+甲=등라계갑(藤蘿繫甲): "담쟁이덩굴(乙)이 나무(甲)에 매달려 살아간다", 귀인의 도움을 받아 발전한다. 든든하다. (繫 끈맬 계, 매달 계)

乙+乙=복음잡초(伏吟雜草): "담쟁이덩굴이 서로 얽혀 탄식한다(답답하다)", 형제나 동료가 오히려 방해된다.

=잡초혼잡(雜草混雜): "잡초가 우후죽순으로 나 있다"

乙+丙=염양려화(艷陽麗花): "눈부신 햇빛을 받는 예쁜 꽃", 표현력이 뛰어나고 실력 이상의 평가 받는다. 재물도 따른다. (艶 고울 염)

乙+丁=화소초원(火燒草原): "불이 초원을 태운다", 습목(濕木)은 잘 타지 않고 연기만 난다. 표현력이 약하고 재능을 인정받지 못한다. (燒 태울 소)

=고화초원(孤花草原): "초원에 외롭게 꽃이 피어 있다", 재능은 있으나 배짱이나 추진력이 없다.

乙+戊=선화명병(鮮花名甁): "고운 꽃이 그려진 병", (乙木은 戊土를 극하지 못함) 사업보다는 재테크 등으로 富를 이룬다.

=고초평원(孤草平原): "넓은 들판에 외롭게 꽃이 피어 있다", 입으로 돈버는 능력이 있다. (鮮 고울 선, 甁 병)

乙+己=양토배화(壤土培花): "좋은 땅에 꽃을 잘 키운다", 예능 경영 능력 있다. 여기에 丙火가 있으면 더욱 좋다. (壤 흙 양, 培 북돋울 배)

=지란정원(芝蘭庭圓): "지초와 난초가 있는 정원", 착실한 직업을 가지면 능력을 인정받을 수 있다.

乙+庚=백호창광(白虎猖狂): "백호가 미쳐 날뛴다", 가업(家業)이 망하고 흉(凶)이 많다. (猖 미쳐 날뛸 창, 狂 미칠 광)

=금파화초(金破花草): "큰 칼이 화초를 자른다", 지지에 木이나 水가 많으면 인덕(人德)이 있다.

乙+辛=이전최화(利剪摧花): "날카로운 칼로 꽃을 자르고 꺾는다", 육체적 정신적으로 병에 시달린다. (利 날카로울 이, 剪 자를 전, 摧 꺾을 최)

乙+壬=출수부용(出水芙蓉): "연꽃이 물에서 나온다(물 위에 피어난 연꽃)", 청초하고 고상하다. 귀인(貴人)이 도우면 상류층이 된다.

=연화호수(蓮花湖水): "연꽃이 피어 있는 호수", 화초 위에 굵은 빗줄기가 쏟아져 내리는 모습, 주위 사람들에게 사랑받는다.

乙+癸=청초조로(青草朝露): "푸른 풀잎에 맺힌 아침 이슬", 조용하지만 외롭다, 대인관계가 원만해서 주변 사람의 도움으로 대성(大成)한다.

丙火(병화)

- 丙火는 양간(陽干)의 성격이 가장 두드러지는 글자이며, 木의 生을 굳이 반기지 않는다. 그리고 주변 간지의 영향을 별로 받지 않는다.
- 천간에 두 개의 丙火는 반갑지 않다(하늘에 태양이 두 개이기를 거부한다.). 그리고 丙火와 丁火는 같은 火이지만 서로 돕지 않는다.
- 丙火는 甲木의 힘을 설기하지 않고 오히려 강하게 한다. (丙火는 木을 키우는 에너지다, 즉 丙火의 가치는 木을 키우는 데 있다. '水의 生을 받는 木'은 丙火를 반기지만, '水의 生을 못 받는 木'은 丙火를 꺼린다. 나무는 물 없이 햇볕만 받으면 마른다.)
- 丙火는 癸水(태양을 가리는 비구름)를 가장 싫어하지만, 강한 丙火는 癸水를 싫어하지 않는다. 丙火가 약하지 않다면 壬水를 반긴다.
- 癸水로 인해서 약해진 丙火는 戊土가 있으면 구제된다. (戊土는 마른 흙이므로 癸水의 습기를 흡수한다.)
- 지지에 水가 많아도 천간에 丙火가 있으면 사주가 습(濕)하지 않고, 지지에 火가 많아도 천간에 癸水가 있으면 조(燥)하지 않다.
- 己土는 丙火의 화기(火氣)를 흡수하므로, 丙火는 己土를 꺼리지만 己土는 丙火를 반긴다. 己土가 강하면 丙火는 약해진다.

丙+甲=비조부혈(飛鳥趺穴): "나는 새가 (쉴) 둥지를 찾다", 뜻밖의 행운이 따른다. (趺 책상다리할 부, 穴 구멍 혈)

=거목조양(巨木照陽): "큰 나무에 태양이 비춘다", 감각과 감수성이 발달하고 센스가 있다. 적극적인 표현력이 있다.

丙+乙=염양려화(艷陽麗花): =乙+丙

丙+丙=복음홍광(伏吟洪光): "빛이 넘쳐서 탄식한다", (너무 밝아서 문제) 실력은 있으나 발휘하지 못한다. (洪 넓을 홍)

=태양병존(太陽竝存): "두 개의 태양", 열정과 자신감이 넘치고 자신의 생각이 나 감정을 감추지 않는다. 사람들에게 인기가 있다.

丙+丁=삼기순수(三奇順遂): "삼기(乙·丙·丁)가 들어 매사가 순조롭다", 좋은 처신으로 직장 등에서 발전한다. (順 순할 순, 遂 따를 수)

=일월재회(日月再會): 온 세상에 태양과 달이 환하게 비추니 화려함을 추구하거나 자신의 감정을 겉으로 드러낸다. 日+月=明

丙+戊=월기득사(月奇得使): "月奇(丙)를 얻어서 일을 부린다", 하고 싶은 일을 직업으로 삼는 복이 있다. (使 부릴 사, 사신 사)

=대야양영(大野陽映): "태양이 큰 들을 비춘다", 좋은 水가 더해지면 매우 좋은 물상(物象)이다. (映 비칠 영)

丙+己=정원보조(庭圓普照): "정원에 햇살이 두루 비춘다", (포근한 느낌) 표현력이 좋아서 기예(技藝) 분야에 적합하다. (普 두루 보, 넓을 보)

丙+庚=형혹입백(熒惑入白): "형혹성(熒惑星)이 태백성(太白星)에 든다", 노력이 헛되고 문제에 휘말린다. (태백성-금성-金-庚, 형혹성-화성-火-丙)

=금철화소(金鐵火燒): "큰 불로 커다란 철이나 광석을 녹인다", 추진력과 리더십이 뛰어나지만 간혹 급한 기질을 드러낸다.

丙+辛=일월상회(日月相會): "해와 달이 서로 만난다(태양이 보석을 비춘다)", 주변으로부터 실력을 인정받아 발전한다.

=주옥화훼(珠玉火毁): "큰 불로 작은 금속이나 보석을 녹인다", 丙-辛 합은 '구름에 가린 태양'이라 드러나지 않는 곳에서 일한다.

丙+壬=강휘상영(江暉相暎): "강과 해가 서로 비춘다(태양이 호수를 비춘다)", 예상하지 못한 기회가 찾아온다. ('暉' 대신 '輝'를 사용하기도 하는데, 의미로 보아 '暉'가 맞는 것같다) (暉 빛 휘, 暎 비칠 영)

丙+癸=흑운차일(黑雲遮日): "먹구름이 태양을 가린다", 주위에 묻혀서 빛을 보지 못하거나 노력이 헛된다. (遮 막을 차)

丁火(정화)

- (丙火는 金을 녹일 수 없지만) 강한 丁火는 金을 녹인다. 그리고 丁火는 주변 간지의 영향을 많이 받는다.
- 천간에 두 개의 丁火는 두 개의 등불을 밝히는 것이니 더욱 환해진다. (丁火는

부드러우니 중복되어도 좋다.)

- 丁火는 습목(濕木)인 乙木을 꺼린다. (땔나무가 습하면 연기만 나고 오히려 불이 꺼지기 쉽다.)
- 약한 丁火는 건조한 甲木을 가장 반기며, 강한 丁火는 (己土보다는) 戊土로 설기하는 것이 좋다. (戊土는 화로(火爐)라서 丁火의 화기(火氣)를 조절하고 癸水로부터 丁火를 보호한다. 己土는 丁火의 열을 빼앗아 잘 타지 못하게 한다.)
- 丁火가 丙火를 만나면 (丙火가 도움이 되기는 하지만) 丙火의 빛에 가려서 볼품없게 된다. 그래서 丁火는 丙火가 없을 때 더 존재감이 있다.
- 화기(火氣)가 필요한 겨울에 태어난(月支가 亥·子) 丁火는 귀한 대접을 받는다.

丁+甲=유신유화(有薪有火): =甲+丁, 甲木이 기신(忌神)이면 포신구화(抱薪救火: 장작을 안고 불에 뛰어들다.)이다. (抱 안을 포, 救 도울 구)

丁+乙=건시열화(乾柴烈火): "마른 섶에 맹렬한 불", 재주가 있어도 때를 만나지 못한다. 학문적 성취가 어렵다. (柴 섶 시, 烈 세찰 렬)

=습을상정(濕乙傷丁): "습한 乙이 丁을 상하게 한다", 습(濕)한 乙木은 丁火의 불을 꺼뜨린다. 연기(煙氣)가 나니 눈물 흘릴 일이 많다.

=화초개화(花草介花): "화초에 꽃이 핀다", 비옥한 土(己, 辰.丑)나 水가 함께 있으면 식물이 자라기 아주 좋은 환경이다.

丁+丙=항아분월(姮娥奔月): "항아가 달로 가서 선녀가 된다(중국의 전설)", 역경을 헤쳐나가서 성과를 얻는다. (奔 달릴 분)

丁+丁=양화위염(兩火爲炎): "두 개의 불이 활활 타오른다", 판단이 빨라서 속도전(速度戰)에 뛰어나고 경쟁에서 치고 나간다.

=소화개병(小花介瓶): "꽃병에 작은 꽃 두 송이가 피어 있다", 두 개의 별이 하늘에 뜬 모양으로도 볼 수 있다.

丁+戊=유화유로(有火有爐): "화로에 불이 있다", (불이 잘 탈 수 있는 환경) 재능을 충분히 발휘해서 성공한다. (爐 화로 로)

=광야유화(廣野有火): "넓은 들판에 있는 불빛", 넓은 들판에 홀로 핀 꽃. 넓은 들판에 떠 있는 달이나 별이다. 인덕이 없고 외롭다.

丁+己=성타구진(星墮勾陳): "구진(별자리 이름)에서 별이 떨어진다", 인덕(人德)과 재복(財福)이 약하다. (墮 떨어질 타, 墜 떨어질 추)

=정원유화(庭圓有火): "정원에 있는 불빛 또는 달빛", 정원에 핀 한 송이 꽃의

외로운 모습이다.

丁+庚=화련진금(火鍊眞金): "불로 (광석을) 제련해서 좋은 금을 만든다", 財를 잘 다스려서 좋은 결과를 얻는다. (鍊 불릴 련, =煉)

丁+辛=소훼주옥(燒毁珠玉): "주옥(珠玉)이 불타서 훼손된다", 재능을 펼치지 못하고 무기력해서 일을 감당하지 못 한다. (燒 사를 소, 毁 헐 훼)

=화련주옥(火鍊珠玉): "보석을 불로 세공한다", 꽃(달빛·별빛)과 보석이 함께 있으니 미모(美貌)다.

丁+壬=성기득사(星奇得使): "星奇(丁)를 얻어서 일을 부린다", 적막하지만 인연을 만나 도움을 받는다. (使 부릴 사, 사신 사)

=호수화조(湖水火照): "별빛이 호수에 비치다", 사람들의 시선을 끄는 직업(연예·예술·방송·문학)이 좋다.

丁+癸=주작투강(朱雀投江): "(하늘을 나는) 주작이 강에 떨어진다", 달빛이 구름에 가려짐. 일이 잘 안 풀리고 조직에 잘 적응하지 못한다.

=성영투운(星影投雲): "별빛이 구름에 가려졌다", 작은 샘물에 떠 있는 꽃(달빛·별빛) 예쁘지만 외롭다.

戊土(무토)

- 戊土는 丁火가 약하면 도와주고, 丁火가 강하면 힘을 빼준다. 즉 戊土는 丁火를 조절한다. 그러나 丁火는 戊土에 도움이 되지 않는다.
- 戊土는 득령(得令) 여부에 따라서 강약의 차이가 크다. (대체로 양간(陽干)은 이와 같은 기질을 가지고 있다.)
- 戊土는 '주위에 적당한 수기(水氣)'나 '지지에 습토(濕土)인 辰土'가 있으면 나무를 키울 수 있다. 그래서 辰土에 통근하는 것을 좋아한다.
- 戊土는 寅·申·巳·亥에 통근은 하되 통근력(通根力)은 아주 약하다. 이 책의 "18. 통근(通根)과 득령(得令)"에서 "통근(通根)" 부분에 자세히 적혀 있다.
- 강한 戊土는 木을 두려워하지 않는다. 약한 戊土라도 甲木의 극제(剋制)는 받지만 乙木의 극제는 받지 않는다.
- 강한 戊土는 (비록 陽干이지만) 甲木으로 극제하는 것보다 辛金으로 설기하는 것이 좋다. (원래 陽干을 다스릴 때는 극제보다 설기가 우선)

戊+甲=거석압목(巨石壓木): "큰 바위가 나무를 짓누른다", 주변 환경이 좋지 않다.

줏대가 없으니 본인 주장도 없다. (壓 누를 압)

=광야고목(廣野孤木): "넓은 들판에 홀로 우뚝 서 있는 나무", 자신감이 있고 적극적이다. 명예도 얻는다. 비슷한 말로 준산고목(峻山孤木)이 있다.

戊+乙=청룡합령(靑龍合靈): "청룡이 신령함을 얻는다", 대지 위의 초목. 만사가 대체로 길하다. 윗사람 복이 있다. (靈 신령 령)

=광야독란(廣野獨蘭): "넓은 들판에 홀로 핀 난초"

戊+丙=일출동산(日出東山): "동쪽 산 위로 떠오르는 해", 아침 해가 대지를 비춘다. 처음은 고생해도 나중이 좋다. 성격이 매우 밝다.

戊+丁=유화유로(有火有爐): =丁+戊

戊+戊=복음준산(伏吟峻山): "큰(첩첩) 산에 막혀 탄식한다", 꿈은 큰데 실속이 없고, 고집이 세서 인기가 없다. (峻 높을 준)

=대야광전(大野廣田): "크고 넓은 들판과 논밭", 넓은 땅을 돌아다니는 역마(驛馬) 기운이 있다. 포용력이 있고 여유로운 성격이다.

戊+己=물이류취(物以類聚): "사물은 종류대로 모인다(끼리끼리 모인다)", 고집이 세서 두루 어울리지 못 한다. (類 무리 류, 聚 모을 취)

戊+庚=조주위학(助紂爲虐): "폭군인 주(紂)의 학정(虐政)을 돕는다" 나쁜 일에 참견해서 손해를 본다. (紂 말고삐 주, 虐 모질 학)

=토산석산(土山石山): "흙산과 바위산이 나란히 있다", 역마(驛馬) 기운이 강하므로 활동을 많이 하고 움직임이 큰 직업이 좋다.

戊+辛=반음설기(反吟洩氣): "반음격(反吟格)이라서 기운이 빠진다", 일이 계속 번복되면서 노력이 헛수고가 된다.

= 전답주옥(田畓珠玉): "논밭에 있는 금은보화", 보석 찾기가 힘들다 그래서 삶이 고되고 힘들다. 인덕이 없다.

戊+壬=산명수수(山明水秀): "산은 밝고 물은 빼어나다(산 좋고 물 맑다)", 뛰어난 지능과 큰 포용력으로 대성(大成)한다. (秀 빼어날 수)

戊+癸=암석침식(岩石侵蝕): "큰 바위가 (아주 조금씩) 깎인다", 넓은 들에 이슬이 내린 모습. 그릇이 작고 인색해서 큰 일을 하기 어렵다.

己土(기토)

- 己土의 가장 큰 역할은 (계절을 잘 만나서) 나무를 키우는 일이다. 그래서 木의

극제(剋制)를 두려워하지 않는다.

- 약한 己土는 水를 극제하지 못하며(적은 흙이나 습한 흙은 물을 가두지 못한다), 戊土(겁재)보다 丙火(정인)를 더 반긴다.
- 丙火로 인해서 과도하게 강해진 己土는 癸水로 설기하는 것이 좋다. (丙火의 햇빛을 癸水의 비구름으로 가려준다.)
- 己土는 寅·申·巳·亥에 통근은 하되 통근력(通根力)은 아주 약하다.

己+甲=목강토산(木强土山): "흙 산에 큰 나무(큰 나무가 살기 힘든 산)", 강한 木에 土가 흩어지는 형국이다. 역경을 헤쳐 나갈 힘이 부족하다.

=거목소정(巨木小庭): "작은 정원에 큰 나무가 서 있다", 자칫하면 나무가 영양분이 부족해 죽어버릴 수 있다.

己+乙=야초난생(野草亂生): "들에 풀이 어지럽게 났다", 논밭에 화초가 무성하면 아름답기는 하나 실속이 없다. 인생에 애로가 많다.

=정원고난(庭園孤蘭): "정원에 홀로 자라는 난초", 안정적이고 편안한 삶이다.

己+丙=정원조일(庭園照日): "정원에 햇빛이 비친다", 정원의 흙이 메마를 수 있다.

己+丁=주작입묘(朱雀入墓): "주작이 무덤에 들다(좋은 조짐)", 말이 없어 답답하지만, 시간이 지나면 성과가 드러난다. (雀 참새 작)

=습토조양(濕土照陽): "습한 땅(정원)에 햇빛이 비친다", 감수성이나 정서가 발달했지만 외로움이나 쓸쓸함이 있다.

己+戊=경련상배(硬軟相配): "단단한 것(戊)과 연한 것(己)이 잘 배합되어 있다", 대인관계가 원만하다.

己+己=복음연약(伏吟軟弱): "너무 연약해서 탄식한다", 부드러운 흙이 겹쳐 있다. 할 일은 많은데 일의 진척이 느리고 장애도 많다.

己+庚=전도형격(顚倒刑格): "엎어지고 넘어지는 형격(形格)이다", (나무 키우기 어려운) 자갈밭. 일에 어려움이 많다. (顚 넘어질 전, 倒 뒤집어질 도)

=옥토광석(沃土廣石): "좋은 땅이지만 돌이 많다" (沃 기름질 옥)

己+辛=습니오옥(濕泥汚玉): "진흙으로 더럽혀진 구슬", 논밭에 서리가 내린다. 조급하고 참견이 심하고 불평불만이 많아 손해를 본다.

己+壬=기토탁임(己土濁壬): "己土의 흙이 壬水를 흐리게 한다", 논밭에 큰 물이 들었다. 財(재물·여자) 운이 좋지 않다. (濁 흐릴 탁)

己+癸=옥토위생(玉土爲生): "좋은 땅에서 산다", 논밭에 내리는 비(만물이 소생한다), 財 운이 좋다. 유복하다. (만약 癸水가 과다하면 좋지 않다.)

=옥토로우(沃土露雨): "좋은 땅에 이슬비가 내린다"

庚金(경금)

- 庚金은 성질이 강하고 희기(喜忌)가 분명하며, 두 개의 庚金이 나란히 있으면 반드시 서로 싸운다. 이것을 양금살상(兩金殺相)이라고 한다.
- 庚金은 자신을 제련해 주는 丁火를 가장 반기지만, 火가 지나치면 金을 완전히 녹여버리므로 그 경우는 꺼린다.
- 강한 庚金은 壬水를 반기되 癸水는 싫어한다. 丁火로 조율하면 귀(貴)하게 되는데 癸水가 끼어들면 실패한다. (癸水는 庚金을 녹슬게 한다.)

  (庚金은 壬水를 생하지만 癸水를 생하지 못한다. 따라서 壬水로는 설기할 수 있지만, 癸水로는 설기하지 못한다.)
- 庚金은 甲木을 쉽게 극제(剋制)하므로 봄에 태어난(月支가 寅·卯) 甲木에 庚金은 매우 좋지 않다.
- 己土보다는 (비록 陽干이지만) 戊土가 庚金을 더 잘 생한다. 그래서 庚金을 생하려면 戊土를 쓰는 것이 좋다.

庚+甲=복궁최잔(伏宮催殘): "복궁격(伏宮格)이라서 부러져서 꺽인다", 도끼로 재목(材木)을 부숴서 쓸모없게 만든다. 내실(內實)이 없다. (催殘 부러져 꺽인, 떨어져 남은 잔재, 催 재촉할 최, 殘 해칠 잔, 남을 잔)

庚+乙=백호창광(白虎猖狂): =乙+庚

=석산합화(石山合花): "큰 바위 산에 난초 꽃이 피어 있다", 乙-庚 합은 부부지합(夫婦之合)이면서 인의지합(仁義之合)이다.

庚+丙=태백입형(太白入熒): "태백성(太白星)이 형혹성(熒惑星)에 든다", 큰 산에 가려진 햇빛. 남에 가려 능력을 발휘하지 못한다.

庚+丁=화련진금(火鍊眞金): =丁+庚, 만약 丁火가 기신(忌神)이면 화열금용(火烈金熔: 맹렬한 화기가 금을 녹인다)이다. (熔 녹일 용)

=득화이예(得火而銳): "불을 얻어 예리하게 변하다" (銳 날카로울 예)

=용금성기(熔金成器): "쇠를 녹여서 기물을 만든다" (熔 녹일 용, 器 그릇 기)

庚+戊=토다금매(土多金埋): "큰 흙에 금이 묻힌다", 육친이나 남의 도움이 오히려 화가 된다.

=석산토야(石山土野): "큰 바위산과 흙산(또는 넓은 들판)이 함께 있다"

庚+己=관부형격(官府刑格): "관부(官府)에서 형벌을 받는 격이다", 쇠가 흙에 묻힌다. 주변 사람의 도움이 백해무익(百害無益: 해만 되고 전혀 이롭지 않음)하다.

庚+庚=양금상살(兩金相殺): "두 庚金이 서로 죽이려 한다", 바위와 바위가 맞부딪히는 모습. 타인과의 갈등이나 사고로 크게 다칠 수 있다.

庚+辛=철추쇄옥(鐵鎚碎玉): "쇠망치로 구슬을 깬다", 깐깐하고 집요하다. 사나운 성격이 표출되면 크게 사고친다.

=철옥금실(鐵玉金實): "철과 보석과 금이 가득하다", 바위산에 저장된 보석, (丙火보다는) 丁火로 제련하면 좋다.

庚+壬=득수이청(得水而淸): "(庚金이) 물를 얻어서 깨끗해진다", 금을 물로 깨끗이 씻는다. 재능이 많고 지식을 잘 습득해서 성공한다.

庚+癸=보도이로(寶刀已老): "보검에 녹이 쓴다", 癸水가 상관이니 노력 없이 결과를 바란다. *보도사로(寶刀巳老)라고 쓴 곳도 있다. (已 이미 이)

=석산접로(石山接露): "바위산에 이슬이 내리다" (接 사귈 접, 잇닿을 접)

辛金(신금)

- 辛金은 丙火, 壬水, 戊土를 좋아한다. (壬水의 물은 자신을 깨끗하게 닦아주고, 丙火의 빛은 자신을 빛나게 해준다.)
- 辛金은 丙-辛합되면 丙火(정관)에 묶여서 시비·구설에 시달리고 丙火는 어두워져서 무능해진다. 그래서 丙火는 떨어져 있는 것이 좋다.
- 辛金은 이기적이라서 金生水를 잘 안하려 하고, 水를 이용해서 자신을 께끗이 닦으려고만 한다.
- 辛金은, 강해도 丁火를 꺼리고, 약해도 己土를 싫어한다. (丁火 열이 보석을 녹여서 가치 없게 만든다. 己土 먼지 때문에 보석이 더렵혀진다.)
- 辛金은, 추울 때는 丁火를 반기기도 하지만, 그렇다고 하더라도 丁火가 멀리 떨어져 있어야 좋다.
- 辛金은 甲木을 극제(剋制)하지 못하지만 乙木은 극제한다.

辛+甲=월하송영(月下松影): "달빛 아래 소나무 그림자", 소나무가 달을 가린다. 매사 허상(虛像)만 있다. 고독하고 재운이 없다.

=단도목편(短刀木片): "짧은 칼로 나무를 조각낸다", 작은 칼로 나무를 벤다.

어림없는 짓을 한다. 손재주가 있다.

辛+乙=이전최화(利剪摧花): =乙+辛

辛+丙=간합패사(干合孛師): 丙-辛 합, 햇빛이 보석을 비춰서 빛난다. 위엄이 있어 무리를 통솔한다. *'패'가 孛?佩?霸? 어느 글자인지 불분명하다.

(孛 혜성 패, 광채날 패, 佩 찰 패, 지닐 패, 霸 으뜸 패, 師 군대 사, 무리 사, 벼슬 사)

辛+丁=화소주옥(火燒珠玉): "불이 주옥(珠玉)을 태운다", 남자는 세상에 속고 여자는 이성에 속는다. (燒 사를 소)

辛+戊=반음피상(反吟被傷): "반음격(反吟格)이라 상해(傷害)를 당한다", 큰 흙더미 속의 보석, 인복이 없다. (被 당할 피, 이불 피)

辛+己=입옥자형(入獄自刑): "스스로 감옥에 들어가 형벌을 자초한다", 보석이 흙에 묻힌다. 애로가 많기는 하나 자수성가(自手成家)하기도 한다.

=토출주옥(土出珠玉): "흙 속에서 주옥(珠玉)을 캐낸다"

辛+庚=백호출력(白虎出力): "白虎가 힘을 드러낸다", 다혈질이고 호전적이다. 본성을 드러내면 크게 사고를 친다.

=금성옥진(金聲玉振): "금(金) 소리와 옥(玉)의 울림", 金과 玉이 넘쳐나는 모습.

辛+辛=복음상극(伏吟相剋): "(날카로운 것들끼리) 서로 싸우니 탄식한다", 경쟁심, 질투심, 잔인성이 강해서 곧잘 주위와 대립한다.

辛+壬=도세주옥(淘洗珠玉): "물로 주옥(珠玉)을 깨끗이 씻는다", 큰 호수에 달이 뜬 모습이다. 총명하며 성격이 깔끔하다. (淘 일러서 씻을 도)

=주옥강출(珠玉江出): "주옥(珠玉)을 강에서 꺼내다", 辛金이 壬水를 만나면 (깨끗하게 닦이므로) 사주의 격이 높아진다.

辛+癸=천뢰화개(天牢華蓋): "천뢰성(天牢星)과 화개성(華蓋星)", 구름이 별을 가린다. 재주를 드러내지 못해서 인정받지 못한다.

=금수쌍청(金水雙淸): "金과 水가 서로 어우러져 맑다"

壬水(임수)

- 강한 壬水는 다른 干에 재앙을 주기 쉬우며, 丙火로 설기하는 것이 좋다.
- 壬水는 己土를 매우 꺼린다. 극제(剋制)가 필요하다면 戊土가 좋다.
- 壬水는 戊土(편관)의 극제나 丙火(편재) 및 木(식상)의 설기(洩氣) 때문에 쉽게 약해지지 않는다.

壬+甲=수중유영(水中柳影): "물 속에 비친 (멋진) 버드나무 그림자", 예술·연예 분야의 재능이 뛰어나고 성격이 밝다.

=우중수목(雨中樹木): "비 속에 서 있는 나무 한 그루"

壬+乙=출수홍련(出水紅蓮): =乙+壬, ~~출수부용~~(出水芙蓉)과 같은 말

=우중지란(雨中芝蘭): "빗속에 핀 난초", 만약 壬水가 기신(忌神)이면 축수도화(逐水桃花: 도화가 물을 좇아간다)이다. (逐 뒤쫓을 축, 쫓아낼 축)

壬+丙=강휘상영(江暉相映): =丙+壬

=수중일조(水中日照): "물 속에 태양이 비치다"

壬+丁=간합성기(干合星奇): "간합으로 星奇(丁)를 얻는다", 호수를 비추는 달빛, 정재로 재물이 모인다, 丁-壬 합으로 정념(情念)이 많다.

=수중월조(水中月照): "물 속에 달이 비치다", 고독하고 운치가 있다.

壬+戊=산명수수(山明水秀): =戊+壬

=우수대지(雨水大地): "대지에 비가 내린다", 관대하고 도량이 넓다.

壬+己=기토탁임(己土濁壬): =己+壬

壬+庚=경발수원(庚發水源): "庚金은 물이 솟아나는 근원지", 壬水가 庚金을 깨끗이 씻는다. 창조력과 기획력이 뛰어나다.

=금수쌍청(金水雙淸): "金과 水가 서로 어우러져 맑다"

壬+辛=도세주옥(淘洗珠玉): =辛+壬

壬+壬=왕양대해(汪洋大海): "넓은 큰 바다", 망망대해(茫茫大海), 매사에 지나쳐서 실패한다. (汪 넓을 왕)

=강중강우(江中强雨): "큰 바다·강·호수에 많은 비가 내린다"

壬+癸=천진지양(天津地洋): "하늘의 진(津)과 땅에 있는 큰 바다", 물이 넘친다. 경쟁력은 있지만 저돌적이다. (津 분비 액체 진, 松津 송진)

=강중세우(江中細雨): "큰 바다·강·호수에 가랑비가 내린다"

癸水(계수)

- 癸水는 음간(陰干)의 성격이 가장 두드러지는 글자이며, 金의 생을 굳이 반기지 않는다. 그리고 주변 간지의 영향을 별로 받지 않는다. (庚金은 癸水를 생하지 못하고, 辛金은 이기적이라서 金生水를 잘 안 하려고 한다.)
- 癸水는 壬水와 함께 있으면, 癸水 자신이 아니라 壬水가 강해진다. (대체로 癸水

는 하늘에 있는 물로, 壬水는 땅에 있는 물로 본다.)

- 약한 癸水는 金(인성)보다 같은 癸水(비견)에 의지하는 것을 좋아하고, 癸水가 없으면 마지못해서 壬水에 의지한다.
- 癸水는 여름에는 습기(濕氣)가 되고 겨울에는 한기(寒氣)가 된다.
- 癸水는 丙火를 가리는 비구름이 되거나 丁火의 화기(火氣)를 꺼뜨리는 역할을 하므로, 丙火나 丁火 입장에서는 꺼린다.

癸+甲=양류감로(楊柳甘露): "버드나무(楊柳)에 맺힌 단 이슬", 큰 나무가 약간 갈증을 느낄 수도 있다, 지능이 높고 표현력이 좋다.

癸+乙=이화춘우(梨花春雨): "배꽃이 봄 비에 흩어진다", 가진 재능이나 실력을 제대로 발휘하지 못한다.

癸+丙=화개패사(華蓋孛師): 구름 뒤의 햇살, 비 온 뒤에 날이 갠다. 기쁜 일이 생긴다. *'패'가 孛?佩?覇? 어느 글자인지 불분명하다.

=개화감로(開花甘露): "활짝 핀 꽃에 단 이슬", 작은 물에 태양이 내리쬐는 모습, 금방 말라버릴 위험이 있다.

癸+丁=등사요교(螣蛇妖嬌): "등사(螣蛇: 상상의 동물)가 요망하게 교태를 떤다", 성질이 급하고 재복(財福)이 없다. (妖 요사할 요, 嬌 아리따울 교)

癸+戊=천을회합(天乙會合): "천을귀인들이 모여 나를 돕는다", 시냇물이 큰 땅으로 유유히 흐른다. 지도력과 주변 도움으로 성공한다.

=전답세로(田畓細露): "(넓은) 논밭에 이슬이 내린다"

癸+己=습윤옥토(濕潤玉土): "촉촉하고 비옥한 땅", 己土가 官이니 직장 생활이 적성에 맞다. (潤 젖을 윤)

癸+庚=반음침백(反吟浸白): "태백성(太白星)이 물에 잠겨서 반음격(反吟格)이다", 쇠가 부식된다. 매사를 스스로 헤쳐 나가야 한다. (浸 담글 침)

=암산세로(岩山細露): "바위산에 이슬이 내린다"

癸+辛=양쇠음성(陽衰陰盛): "양기(陽氣)가 줄고 음기(陰氣)가 넘친다", 윗사람 복이 없다.

癸+壬=충천분지(沖天奔地): "하늘에 솟구치고 땅을 내닫는다", 비가 범람하는 형국. 저돌적이라 실패하기 쉽다. (奔 달릴 분)

癸+癸=복음천라(伏吟天羅): "하늘의 그물에 이리저리 걸려 탄식한다", 나쁜 일이 겹쳐서 수습이 안 된다. (羅 그물 라)

여러 天干끼리의 관계

甲+甲+甲=삼목위삼(三木爲森): "나무가 모여 삼림(森林)이 된다", 활동력이 강하며 모든 일에서 앞장서려고 한다.

乙+乙+乙=난초군락(蘭草群落): "난초가 집단을 이루고 있다"

丙+丙+丙=태양조열(太陽照熱): "태양이 높이 떠 있고 세상이 뜨겁다"

丁+丁+丁=성진월영(星辰月影): "별들이 반짝이고 달이 빛난다"

戊+戊+戊=광야광전(廣野廣田): "끝없이 펼쳐진 들판과 논밭"

己+己+己=광정윤토(廣庭潤土): "넓은 정원에 기름진 흙"

庚+庚+庚=거석고산(巨石高山): "큰 바위와 높은 돌산"

辛+辛+辛=첩첩보석(疊疊寶石): "보석이 가득 쌓여 있다"

壬+壬+壬=강류대해(江流大海): "강이 흘러서 큰 바다를 이룬다"

癸+癸+癸=천운노로(天雲路露): "하늘의 구름과 길가의 이슬"

庚+甲+丁=벽갑인정(劈甲引丁): "(큰 나무인) 甲木을 잘게 쪼개어 불을 붙인다" 도끼로 나무를 쪼개어 불을 지피는 모습 또는 나무로 불을 피워 광석을 제련하는 모습, 경쟁력이 강해서 財를 성취한다.

甲+乙+戊=등라반갑하고(藤蘿絆甲下固): "담쟁이덩굴에 휘감긴 나무가 단단한 땅에 뿌리를 내린다" 등라반갑(藤蘿絆甲, 甲+乙)에 戊土가 더해진 것, 귀인이 도와 출세하며, 만약 癸水까지 있으면 학문적으로도 명성을 날린다.

甲+丁+戊=유신유화유로(有薪有火有爐): "땔나무가 있고 불이 있고 화로까지 있다" 유신유화(有薪有火, 甲+丁)와 유화유로(有火有爐, 丁+戊)가 중첩된 것, 재능이 뛰어나서 성공한다. 만약 庚金까지 있다면 화련신금(火鍊眞金, 丁+庚)까지 포함되므로 아주 부귀(富貴)하게 된다.

壬+甲+丙=壬+乙+丙=강휘상영부유영(江暉相映浮柳影): "해가 비추는 강에 (멋진) 버드나무 그림자" 강휘상영(江暉相映, 壬+丙)에 유영(柳影, 木)이 끼어든 것, 물과 햇빛이 있어 나무를 키우는 모습, 교제술이 뛰어나다.

戊+壬+丙=산명수수강휘상영(山明水秀江輝相映): "산 좋고 물 맑은데 햇빛조차 비친다" 산명수수(山明水秀, 戊+壬)와 강휘상영(江暉相暎, 壬+丙)이 합쳐진 것, 두뇌가 비상하기 때문에 크게 성공한다.

부록4 상수학(象數學)의 수(數)

팔괘방위도(八卦方位圖)

고대 중국 전설 속의 복희씨(伏羲氏)가 하수(河水, =황하 黃河)에 나타난 용마(龍馬: 용처럼 생긴 말)의 등에 있는 무늬를 보고 그린 그림을 **하도**(河圖) 또는 **용마하도**(龍馬河圖)라고 한다. 그리고 또 복희씨는 하도에 맞게 팔괘를 배치한 팔괘방위도를 만들었다고 전해진다.

그로부터 약 천년 후에 하(夏)나라의 하우씨(夏禹氏, =우(禹) 임금)가 낙수(洛水)에 나타난 신구(神龜: 신령한 거북)의 등에 있는 무늬를 보고 그린 그림을 **낙서**(洛書) 또는 **신구낙서**(神龜洛書)라고 한다. 그 후에 주(周)나라의 문왕(文王)이 낙서에 맞게 팔괘를 배치한 팔괘방위도를 만들었다고 한다.

처음 복희씨가 만든 것을 복희선천팔괘방위도(伏羲先天八卦方位圖), 훗날 문왕이 만든 것을 문왕후천팔괘방위도(文王後天八卦方位圖)라고 하는데, 줄여서 '복희팔괘도, 문왕팔괘도' 또는 '선천팔괘도, 후천팔괘도'라고 부른다.

* 팔괘방위도의 기원(起源)에 관해서는 하도낙서설(河圖洛書說) 외에도 여러 가지 다른 설(說)이 있다.
* 역(易)과 관계 있는 학(學)이나 술(術)이나 도(道)는 대부분 그 근원을 하도와 낙서에 둔다고 봐도 무리가 없다.

선천팔괘도는 서로 반대되는 성격의 괘(卦)가 마주 보도록 놓인 형태인데, 하도와 어떻게 연관되는지에 관한 설명을 찾을 수가 없다.

일건천(一乾天)↔팔곤지(八坤地)　이태택(二兌澤)↔칠간산(七艮山)
삼리화(三離火)↔육감수(六坎水)　사진뢰(四震雷)↔오손풍(五巽風)

후천팔괘도는 낙서의 수(數) 위치와 같게 괘(卦)들이 놓인 형태다.

홀수(1, 3, 7, 9)가 정방(正方, 東西南北)에 배치되어 있고,

짝수(2, 4, 6, 8)가 간방(間方, 正方의 사이)에 배치되어 있다.

두 팔괘도의 각 괘에 배정된 수를 각각 선천수(先天數), 후천수(後天數)라고 한다. [주의] 팔괘의 선천수·후천수는, 음양오행의 선천수·후천수와 다르다.

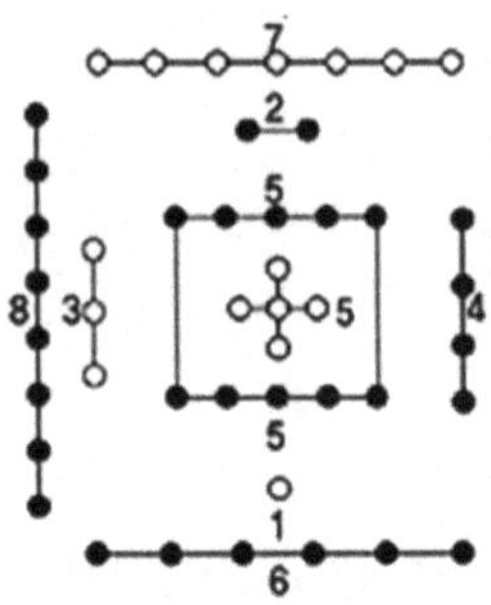

河圖

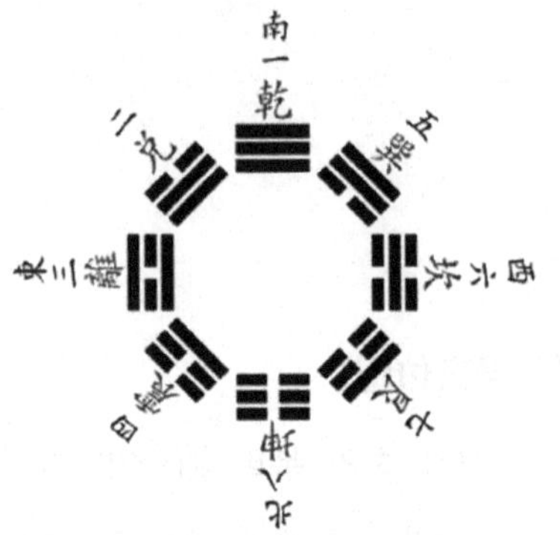

先天八卦方位圖

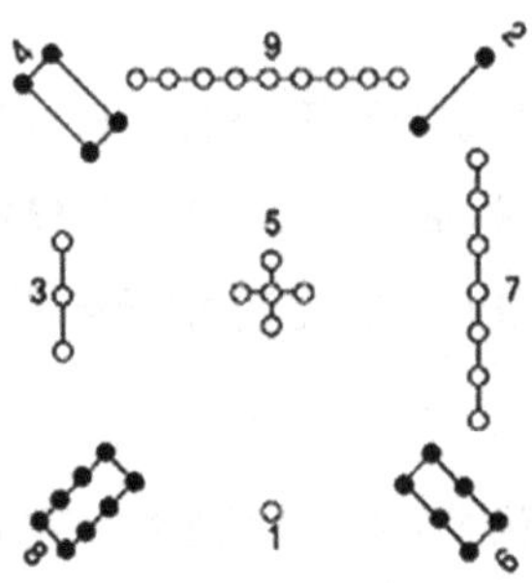

洛書

後天八卦方位圖

음양오행(陰陽五行)의 수(數) (奇 홀수 기, 偶 짝 우)

음양오행학(陰陽五行學)의 기초가 되는 수는 1부터 10까지인데, '1, 2, 3, 4, 5'를 **생수**(生數)라고 하며 각각의 생수에 5를 더해서 만들어지는 '6, 7, 8, 9, 10'을 **성수**(成數)라고 한다. 그리고 홀수인 '1, 3, 5, 7, 9'를 **양수**(陽數) 또는 **천수**(天數)라고 하며, 짝수인 '2, 4, 6, 8, 10'을 **음수**(陰數) 또는 **지수**(地數)라고 한다. (수학에서의 양수·음수와 의미가 다르다.) *홀수=기수(奇數), 짝수=우수(偶數)

생수와 성수를 각각 하나씩 '오행이 생성된 순서(水·火·木·金·土)'대로 오행에다가

부여하면, 水(1,6)→火(2,7)→木(3,8)→金(4,9)→土(5,10) 와 같은 배열이 된다. 이것을 '오행(양수,음수)'와 같은 모양으로 만들고, 오행의 차례대로 다시 적으면, 木(3,8) 火(7,2) 土(5,10) 金(9,4) 水(1,6) 가 된다. (아래 그림 참고)

이 숫자들이 오행의 수다. 오행의 수는 개운법(開運法)에도 활용된다. 예를 들면, 木이 용신(用神) 또는 희신(喜神)인 사주의 '행운의 숫자'는 3과 8이므로, 3이나 8이 많이 들어간 전화번호나 차번호를 사용하면 운에 도움이 된다.

* 오행의 수(數)를 암기하는 방법: 일육수, 이칠화, 삼팔목, 사구금, 오십토 – 홀수는 양(陽), 짝수는 음(陰)

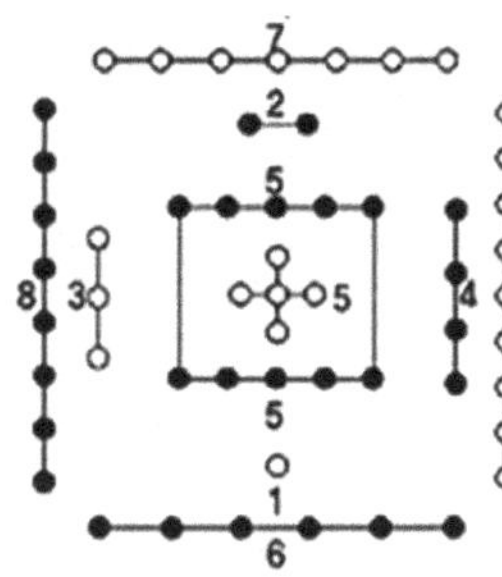

河圖

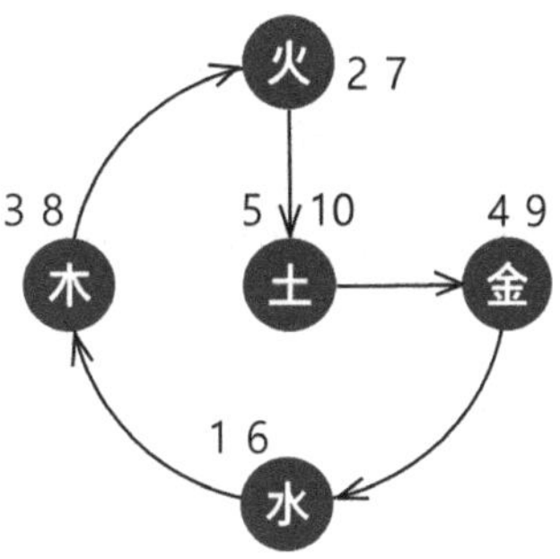

五行相生

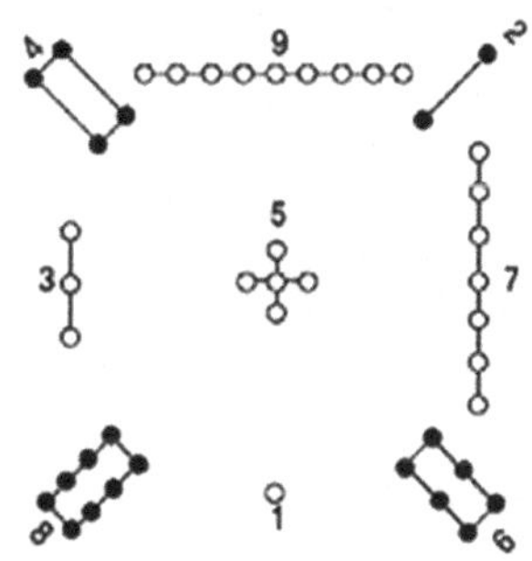

洛書

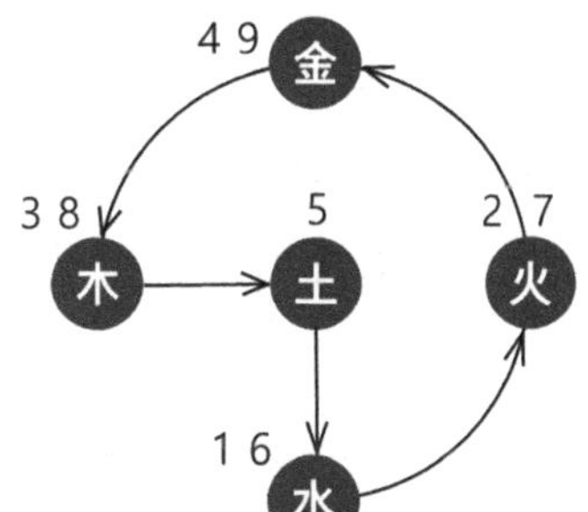

五行相剋

4	9	2
3	5	7
8	1	6

九宮圖

위의 첫 번째 그림인 하도(河圖)에 표시된 점의 개수를 위치에 따라서 오행으로 배치하면, 그 옆의 오행상생(五行相生) 그림이 되고, 밑에 있는 그림인 낙서(洛書)에 표시된 점의 개수를 위치에 따라서 오행으로 배치하면, 그 옆의 오행상극(五行相剋) 그림이 된다. 두 그림을 비교해 보면, '金'과 '火'의 위치가 바뀐 것을 알 수 있다.

그것을 **금화교역**(金火交易)이라고 한다.

그리고 낙서의 수를 3×3 격자의 대응되는 위치에 배치한 것을 '낙서 **구궁도**(九宮圖)'라고 하며, 상수학(象數學)의 여러 분야에서 사용된다. 낙서 구궁도는 가로, 세로, 대각선 모든 방향의 수의 합이 15가 되는 마방진(魔方陣)이다.

천간(天干) 및 지지(地支)의 선천수·후천수(先天數·後天數)

수(數)의 기본은 천·지·인(天·地·人) 각각을 의미하는 一(1)과 二(2)와 三(3)이며, 三(3)은 천·지·인 전부를 의미하기도 한다. 음양학(陰陽學)에서는 기본 수인 3을 제외하고 '4, 5, 6, 7, 8, 9'를 사용하는데 이것을 선천수라고 한다. 오행학(五行學)에서는 1부터 10까지를 오행에 배정 - 木(3,8) 火(7,2) 土(5,10) 金(9,4) 水(1,6) - 해서 사용하는데 이것을 후천수라고 한다.

* 여기서 말하는 음양오행(陰陽五行)의 선천수·후천수는 역(易)-팔괘방위도(八卦方位圖)의 선천수·후천수와 구분해야 한다.

* 자연수인 1~10을 선천수라고 하는 의견도 있고, 여기서 설명한 선천수와 후천수를 뒤바꿔서 설명하는 학설도 있어서 혼란스럽다.

천간(십간) 지지(십이지) 각각에도 음양오행의 선천수와 후천수를 배정해서 사용한다. 천간에 선천수를 배정할 때는 '甲'부터 시작해서 '9, 8, 7, 6, 5, 4'를 반복해서 배정하는데, 그렇게 하는 이유를 학자마다 다르게 설명하고 있다. 즉 통일된 학설이 없는 것 같다. 그리고 대부분은 천간 선천수를 하도(河圖) 또는 선천팔괘도(先天八卦圖)와 연결 지어서 설명하지만 억지로 꿰맞춘 듯이 여겨진다. 지지에 선천수를 배정하는 것도 '子'부터 시작해서 같은 방법으로 하는데, 역시 그렇게 하는 이유가 불분명하다.

반면에 천간과 지지에 후천수를 배정할 때는 음양오행에 맞게 배정하는 것이므로 그 근거가 명백하다. 그리고 낙서(洛書) 및 후천팔괘도(後天八卦圖)의 수 배치와도 일치한다.

음양 위주로 이론이 전개되는 주역(周易)이나 육효점(六爻占) 등에서는 선천수를 사용하고, 오행을 많이 활용하는 사주명리(四柱命理)나 작명(作名) 등에서는 후천수를 사용한다.

다음은 천간 및 지지의 선천수와 후천수가 어떻게 정해졌는지를 보여준다.

(1) 천간에 선천수와 후천수를 배정하는 방법

五行 →	木		火		土				金		水		이 표에는 지지에 후천수를 배정하는 방법까지 같이 포함되어 있다.
음양	양	음	양	음	양		음		양	음	양	음	
천간 →	甲	乙	丙	丁	戊		己		庚	辛	壬	癸	
자연수	1	2	3	4	5		6		7	8	9	10	甲부터 1,2,3,… (홀수 陽, 짝수 陰)
선천수	9	8	7	6	5		9		8	7	6	5	甲부터 9,8,7,6,5 반복 (같은 수의 천간끼리는 合)
후천수	3	8	7	2	5		10		9	4	1	6	木(3,8) 火(7,2) 土(5,10) 金(9,4) 水(1,6) ←'오행의 수'
지지 →	寅	卯	午	巳	辰	戌	丑	未	申	酉	子	亥	'체(體) 음양' 순서대로 나열
後天數①	3	8	7	2	5	5	10	10	9	4	1	6	木(3,8) 火(7,2) 土(5,10) 金(9,4) 水(1,6) ←'오행의 수'

* 천간 및 지지의 후천수는 둘 다 '오행의 수'를 음양오행에 맞게 배정하는 방식이다.
* 동일한 선천수가 배정된 천간끼리(5칸 건너)는 合이 된다.

(2) 지지에 선천수를 배정하는 방법

지지 →	子	丑	寅	卯	辰	巳	午	未	申	酉	戌	亥	
자연수②	1	2	3	4	5	6	7	8	9	10	11	12	子부터 1,2,3,… (陽 홀수, 陰 짝수)
선천수③	9	8	7	6	5	4	9	8	7	6	5	4	子부터 9,8,7,6,5,4 반복 (같은 수의 지지끼리는 沖)

* 지지의 선천수는 천간에 선천수를 배정하는 방식과 동일한 방식이다.
* 같은 선천수의 지지끼리(6칸 건너)는 충(沖)이다. 즉, 충(沖)하는 지지끼리는 선천수가 같다.

(3) 지지의 선천수, 후천수 - 앞의 2개 표에 있는 내용을 寅부터 다시 나열했다.

지지 →	寅	卯	辰	巳	午	未	申	酉	戌	亥	子	丑	
자연수	3	4	5	6	7	8	9	10	11	12	1	2	← 표 (2)의 ②를 위치대로 옮겨서 기입
선천수	7	6	5	4	9	8	7	6	5	4	9	8	← 표 (2)의 ③을 위치대로 옮겨서 기입
후천수	3	8	5	2	7	10	9	4	5	6	1	10	← 표 (1)의 ①을 위치대로 옮겨서 기입

참고 정역팔괘도(正易八卦圖)

1881년 조선의 김항(金恒) - 호가 일부(一夫)라서 김일부로도 알려져 있다 - 은 복희선천팔괘도(伏羲先天八卦圖)는 음괘(陰卦)와 양괘(陽卦)가 서로 대칭을 이루는데, 문왕후천팔괘도(文王後天八卦圖)는 대칭을 이루지 못한 것이 결함이라고 봤다. 그래서 그것을 바로 잡아 대칭을 이루도록 배치한 팔괘방위도를 만들고 그것을 정역팔괘도(正易八卦圖)라고 이름을 지었으며, 그것이 진정한 후천팔괘도 - 진정한 후천의 원리를 보여주는 팔괘도 - 라고 주장했다.

그 팔괘도를 바탕으로 정역(正易) 4769 글자를 지었는데, 세상은 태극(太極), 황극(皇極), 무극(無極)의 세 가지 원리가 반복 순환(→太極→皇極→無極→太極→)하면서 세상을 지배한다고 했다. 그리고 태극 세상은 '음과 양이 태동(胎動)한 세상'이고, 황극 세상은 '만물이 생장하는 세상 (현상계)'이며, 무극 세상은 '아무것도 없는 텅 빈 세상'이라고 설파(說破)했다. 또 복희팔괘도는 태극의 원리를, 문왕팔괘도는 황극의 원리를, 정역팔괘도는 무극의 원리를 나타내는 것이라고 했다. 그리고 수리(數理)로는 0은 무극의 수, 1은 태극의 수, 5는 황극의 수로 보았다.

후천 때가 되면, 지금의 삐뚤어진 세상이 바르게 되고, 우리나라가 세상의 중심이 된다고 해석될 수 있는 내용도 있으며, 그런 내용은 훗날 민족 종교임을 표방(標榜)하는 몇몇 종교 단체의 교리에도 많은 영향을 끼쳤다.

참고 **중양절(重陽節) =구구절(九九節) =중구일(重九日)** (重 무거울 중, 거듭할 중)

중양절(重陽節)은 '양(陽)이 겹치는 날' 또는 '양(陽)이 많은 날'이라는 뜻인데, 음력 9월 9일이다. 그래서 구구절(九九節) 또는 중구일(重九日)이라고도 한다. 지금은 거의 잊혀진 명절이다. 음력으로 1월 1일(설날), 3월 3일(삼짇날), 5월 5일(단오날), 7월 7일(칠석날), 9월 9일(중양절)은 양(陽)인 홀수가 겹치는 날이므로, 양기(陽氣)가 강해서 좋은 날로 여겼다. 그중에서도 9가 가장 큰 수라서 9월 9일이 양기가 가장 강한 날이다.

또 음력 9월 9일쯤이면 곡식 수확이 끝나고 농사를 마무리하는 시기다. 그래서 이때 다음 해에 심을 곡식의 종자를 단지에 넣어 보관했다가, 새해가 되면 풍년을 기원하는 행사에 사용했다. 민간 신앙에서 말하는 '**신줏단지**(신주단지)'는 이것에서 유래된 것으로 추측된다.

* '신주(神主)단지'는 그 안에 조상신(祖上神)을 모시고 있는 단지(항아리)를 말한다. '성주(聖主)단지' 또는 '조상(祖上)단지'라고도 한다. 안에는 쌀(원래는 볍씨)을 넣고 한지로 덮는다.

참고 우리나라 수학(數學)의 '양수'와 '음수'

수학의 정수(integer), 양수(positive number), 음수(negative number)라는 말을 중국과 일본에서는 整數(정수), 正數(정수), 負數(부수)라고 쓴다.

우리나라도 이것을 받아들여서 처음에는 그렇게 썼는데, 整數와 正數의 우리말 발음이 둘 다 '정수'라서 사용하기 불편했다. 그래서 1955년부터 正數(정수)와 負數(부수)라는 말을 陽數(양수)와 陰數(음수)라는 말로 바꿨다. 그래서 지금은 수학에서 정수(整數), 양수(陽數), 음수(陰數)라는 용어를 쓰고 있다.

하지만 양수(陽數)와 음수(陰數)라는 말은, 원래 역학(易學)에서 옛날부터 사용하던 말이었으며, 수학에서의 뜻과 전혀 다른 뜻이다. 그러다 보니, 역학을 처음 공부하는 사람은 그것 때문에 헷갈린다.

(整 가지런할 정, 負 짐질 부, 떠맡을 부, 빚질 부, (타툼 등에서) 질 부)

부록5
사주간지(四柱干支)를 계산하는 수학 공식

계산 관련 정보

- 태세(太歲), 월건(月建), 일진(日辰)은 각각 육십갑자가 별개로 순환하는 것이므로, 서로 관련 없이 독립적으로 계산한다.
- 태세와 월건을 계산할 때는 절기력 기준이므로, 생일 날짜에 따라 절기년, 절기월이 달라질 수 있음에 주의해야 한다. (절기월은 절입일시부터 바뀐다.)
- 이 공식으로 일진(日辰)을 계산할 수 있는 년도는 1583~3999년에 한정된다.
- 시진(時辰)은 생시만 알면 시두법(時頭法)에 의해서 간단하게 알 수 있으므로, 계산 공식이 필요 없다. 그래서 여기에 수록하지 않았다.

계산 참조용 표

공식으로 계산한 결과인 '나머지' 값으로 천간과 지지를 찾을 때 사용한다.

나머지 →	1	2	3	4	5	6	7	8	9	10	11	12
천간	甲	乙	丙	丁	戊	己	庚	辛	壬	癸		
지지	子	丑	寅	卯	辰	巳	午	未	申	酉	戌	亥

태세(太歲)와 월건(月建) 계산 공식

y : 실제 생년이 아닌 해당 태세 또는 월건의 년도, 양력 생년과 같거나 1이 작다.

m : 실제 생월이 아닌 해당 월건의 월, 양력 생월과 같거나 1이 작다.

※ 나머지 기호 '(modM)'는 M으로 나눈 나머지 값을 계산하라는 뜻이다.
천간 계산에서는 (mod10), 지지 계산에서는 (mod12)를 사용한다.

아래 각 공식의 계산 결과인 'x' 값으로, 앞의 표에서 천간과 지지를 찾는다.

1-1. 年干 계산 공식 : x = y + 7 (mod10)

1-2. 年支 계산 공식 : x = y + 9 (mod12)

2-1. 月干 계산 공식 : x = 2y + m + 3 (mod10)

2-2. 月支 계산 공식 : x = m + 1 (mod12)

* 태세(太歲)의 천간이 年干, 지지가 年支다. 월건(月建)의 천간이 月干, 지지가 月支다.

일진(日辰) 계산 공식

y : 양력 생년, 단, **생월이 1월 또는 2월이라면** 생년에서 1을 뺀 값

m : 양력 생월, 단, **1월은 13으로, 2월은 14로** 바꿔서 사용

d : 양력 생일 날짜, c : y 값의 앞 두 자릿수, n : y 값의 뒤 두 자릿수

※ 가우스 기호 '[G]'는 'G 크기를 넘지 않는 최대 정수'를 의미한다.
예를 들면 [3] = 3, [3.6] = 3, [-2.7] = -3 이다.

아래 각 공식의 계산 결과인 'x' 값으로, 앞의 표에서 천간과 지지를 찾는다.

3-1. 日干 계산 공식 : x = 4c+[c/4]+5n+[n/4]+[(3m+3)/5]+d+7 (mod10)

3-2. 日支 계산 공식 : x = 8c+[c/4]+5n+[n/4]+6m+[(3m+3)/5]+d+1 (mod12)

* 일진(日辰)의 천간이 日干, 지지가 日支다.

계산 공식을 사용해서 태세, 월건, 일진을 계산하는 보기

[보기#1]

'양력 1988년 11월 8일 7시 15분'에 태어난 사람의 사주 간지를 계산한다. 가까운 절입(節入)은 입동(立冬)인데 11월 7일 13시 49분이다.

생일인 양력 11월 8일은, 亥월(양력 11월쯤)의 절입일인 입동을 지났다. 그래서 생년의 태세 년도는 그대로 1988년이고, 생월의 월건 년월은 1988년 11월이다.

1-1. **年干 계산** - 태세 년도는 1988년, y=1988
〈공식〉 x = y + 7 (mod10)

〈계산〉 (나머지) $5 = 1988 + 7 \pmod{10}$, 나머지가 5면 '戊'이다.

1-2. **年支 계산**

〈공식〉 $x = y + 9 \pmod{12}$

〈계산〉 (나머지) $5 = 1988 + 9 \pmod{12}$, 나머지가 5면 '辰'이다.

따라서 생년의 태세는, 앞에서 정한 '戊'와 합쳐서 '戊辰'이다.

2-1. **月干 계산** - 월건 년월은 1988년 11월, y=1988, m=11

〈공식〉 $x = 2y + m + 3 \pmod{10}$

〈계산〉 (나머지) $0 = 2 \times 1988 + 11 + 3 \pmod{10}$, 나머지가 0이면 '癸'다.

2-2. **月支 계산**

〈공식〉 $x = m + 1 \pmod{12}$

〈계산〉 (나머지) $0 = 11 + 1 \pmod{12}$, 나머지가 0이면 '亥'다.

따라서 생월의 월건은, 앞에서 정한 '癸'와 합쳐서 '癸亥'다.

3-1. **日干 계산** - y=1988, c=19, n=88, m=11, d=8

〈공식〉 $x = 4c+[c/4]+5n+[n/4]+[(3m+3)/5]+d+7 \pmod{10}$

〈계산〉 (나머지) $4 = 76+4+440+22+7+8+7 \pmod{10}$, 나머지가 4면 '丁'

3-2. **日支 계산**

〈공식〉 $x = 8c+[c/4]+5n+[n/4]+6m+[(3m+3)/5]+d+1 \pmod{12}$

〈계산〉 (나머지) $4=152+4+440+22+66+7+8+1 \pmod{12}$, 나머지가 4면 '卯'

따라서 생일의 일진은, 앞에서 정한 '丁'과 합쳐서 '丁卯'다.

[보기#2]

> **'양력 2005년 2월 6일 14시 27분'에 태어난 사람의 사주 간지를 계산한다.**
> **가까운 절입(節入)은 입춘(立春)인데 2월 4일 2시 43분이다.**

생일인 양력 2월 6일은 寅월(양력 2월쯤)의 절입일인 입춘을 지났다. 그래서 생년의 태세 년도는 그대로 2005년이고, 생월의 월건 년월은 2005년 2월이다.

1-1. **年干 계산** - 태세 년도는 2005년, y=2005

〈공식〉 $x = y + 7 \pmod{10}$

〈계산〉 (나머지) $2 = 2005 + 7 \pmod{10}$, 나머지가 2면 '乙'이다.

1-2. **年支 계산**

〈공식〉 x = y + 9 (mod12)

〈계산〉 (나머지) 10 = 2005 + 9 (mod12), 나머지가 10이면 '酉'다.

<u>따라서 생년의 태세는 '乙酉'다.</u>

2-1. **月干 계산** - 월건 년월은 2005년 2월, y=2005, m=2

〈공식〉 x = 2y + m + 3 (mod10)

〈계산〉 (나머지) 5 = 2 × 2005 + 2 + 3 (mod10), 나머지가 5면 '戊'다.

2-2. **月支 계산**

〈공식〉 x = m + 1 (mod12)

〈계산〉 (나머지) 3 = 2 + 1 (mod12), 나머지가 3이면 '寅'이다.

<u>따라서 생월의 월건은 '戊寅'이다.</u>

3-1. **日干 계산** - y=2004*, c=20, n=4, m=14*, d=6 (*에 주의)

〈공식〉 x = 4c+[c/4]+5n+[n/4]+[(3m+3)/5]+d+7 (mod10)

〈계산〉 (나머지) 8 = 80+5+20+1+9+6+7, 나머지가 8이면 '辛'이다.

3-2. **日支 계산**

〈공식〉 x = 8c+[c/4]+5n+[n/4]+6m+[(3m+3)/5]+d+1 (mod12)

〈계산〉 (나머지) 10 = 160+5+20+1+84+9+6+1, 나머지가 10이면 '酉'다.

<u>따라서 생일의 일진은 '辛酉'다.</u>

[보기#3]

> '양력 2005년 2월 3일 8시 14분'에 태어난 사람의 사주 간지를 계산한다.
> 가까운 절입(節入)은 입춘(立春)인데 2월 4일 2시 43분이다.

생일인 양력 2월 3일은 2005년의 입춘 이전이다. 그러니 절기력상으로는 아직 寅월(양력 2월쯤)이 되지 않았다. 따라서 생년의 태세 년도는 2004년이고, 생월의 월건 년월은 2005년 1월이다. (년의 태세와 월의 월건과 일의 일진은 각각 별개로 순환하므로, 이 점에 주의해야 한다.)

1-1. **年干 계산** - 태세 년도는 2004년, y=2004

〈공식〉 x = y + 7 (mod10)

〈계산〉 (나머지) 1 = 2004 + 7 (mod10), 나머지가 1이면 '甲'이다.

1-2. **年支 계산**

〈공식〉 x = y + 9 (mod12)

〈계산〉 (나머지) 9 = 2004 + 9 (mod12), 나머지가 9면 '申'이다.

<u>따라서 생년의 태세는 '甲申'이다.</u>

2-1. **月干 계산** - 월건 년월은 2005년 1월, y=2005, m=1

〈공식〉 x = 2y + m + 3 (mod10)

〈계산〉 (나머지) 4 = 2 x 2005 + 1 + 3 (mod10), 나머지가 4면 '丁'이다.

2-2. **月支 계산**

〈공식〉 x = m + 1 (mod12)

〈계산〉 (나머지) 2 = 1 + 1 (mod12), 나머지가 2면 '丑'이다.

<u>따라서 생월의 월건은 '丁丑'이다.</u>

3-1. **日干 계산** - y=2004*, c=20, n=4, m=14*, d=3 (*에 주의)

〈공식〉 x = 4c+[c/4]+5n+[n/4]+[(3m+3)/5]+d+7 (mod10)

〈계산〉 (나머지) 5 = 80+5+20+1+9+3+7, 나머지가 5면 '戊'다.

3-2. **日支 계산**

〈공식〉 x = 8c+[c/4]+5n+[n/4]+6m+[(3m+3)/5]+d+1 (mod12)

〈계산〉 (나머지) 7 = 160+5+20+1+84+9+3+1, 나머지가 7이면 '午'다.

<u>따라서 생일의 일진은 '戊午'다.</u>

참고1
간명용어 색인(索引)

이 책의 "22. 간명용어(看命用語)"에 수록된 용어는 서로 관련 있는 용어끼리 함께 설명하기 좋은 순서로 나열되어 있다. 그러나 용어를 찾아서 보기에 매우 불편하다. 아래는 22장에 있는 용어 중에서 '사주 구성의 특징'을 나타내는 용어 - 주로 사자성어(四字成語) - 만을 추려서, 쉽게 찾을 수 있도록 가나다순으로 만든 색인(索引)이다. *이 책에 나오는 모든 용어의 색인이 아니다.

참고2
사주 간명지(看命紙)

초보자가 하나의 사주를 보고 있으면, 어디서부터 무엇을 살펴봐야 할지 막막할 수 있다. 간명지(看命紙)를 만들어서 거기에 적는 연습을 하면, 사주 원명을 살펴보는 일에 빨리 익숙해질 수 있을 것이다. 아래는 간명지 양식 및 어떻게 적는지 보여주는 샘플이다. 각자 자신의 필요에 맞는 간명지를 만들어 쓰기를 권한다.
(원래 실무에서 사용하는 간명지는 대운까지도 적을 수 있게 된 것이 일반적이다.)

<table>
<tr><td>통근한 지지</td><td>未 辰</td><td>未 辰 申</td><td>未 辰</td><td>未 辰</td><td>음양 柱수</td><td>양</td><td>3</td><td>음</td><td>1</td><td>공란</td></tr>
<tr><td>육신</td><td>겁재</td><td>土</td><td>편관</td><td>비견</td><td>남 여</td><td>木</td><td>火</td><td>土</td><td>金</td><td>水</td></tr>
<tr><td>천간</td><td>己</td><td>戊</td><td>甲</td><td>戊</td><td>오행의 개수</td><td>1</td><td>0</td><td>4</td><td>1</td><td>1</td></tr>
<tr><td>지지</td><td>未</td><td>辰</td><td>子</td><td>申</td><td>육신의 종류</td><td>관성</td><td>인성</td><td>비겁</td><td>식상</td><td>재성</td></tr>
<tr><td>육신</td><td>겁재</td><td>비견</td><td>정재</td><td>식신</td><td>득령</td><td></td><td>득지</td><td>v</td><td>득세</td><td>v</td></tr>
<tr><td>지장간</td><td>丁 乙 己</td><td>乙 癸 戊</td><td>壬 癸</td><td>戊 壬 庚</td><td>천간合</td><td colspan="5">甲己</td></tr>
<tr><td>투출한 지장간</td><td>戊</td><td>戊</td><td></td><td>戊</td><td>천간沖</td><td colspan="5"></td></tr>
<tr><td>십이운성 (日支기준)</td><td>쇠</td><td>대</td><td>태</td><td>병</td><td>지지合</td><td colspan="5">申子辰, ○○</td></tr>
<tr><td>십이신살 (年支기준)</td><td>천살</td><td>화개</td><td>장성</td><td>지살</td><td>지지沖</td><td colspan="5"></td></tr>
<tr><td rowspan="2">기타</td><td colspan="4">甲은 申子辰의 생을 받는다.</td><td>刑, 破</td><td colspan="5">○○</td></tr>
<tr><td colspan="4">○○격이며, 용신은 ○다.</td><td>신살</td><td colspan="5">子未 원진, 戊辰 백호/괴강</td></tr>
</table>

아래는 간명지에 내용을 적는 방법이다.

[육신]이나 [지장간]처럼 항목 이름으로 쉽게 알 수 있는 것은 설명에서 제외했다.

- [남 여]
  명주(命主, 사주 주인공)의 성별에 동그라미를 한다.
- [음양 柱수]
  음인 柱와 양인 柱가 몇 개씩인지 적는다. (천간과 지지는 '체(體) 음양'이 같으므로, 천간의 오행만 보고 판단하면 된다.)
- [오행의 개수]
  사주 글자의 오행별 개수를 적는다. 셀 때는 日干은 제외한다.
- [육신의 종류]
  바로 윗 칸의 오행이 이 사주에서는 어떤 육신(六神)인지 적는다.
- [통근한 지지]
  각 천간이 통근(通根)한 지지를 적는다.
- [투출한 지장간]
  지지의 지장간 중에서 투출(透出)한 것만 적는다.
- [득령, 득지, 득세]
  해당하는 곳에 체크 표시한다.

* 자기만의 간명지를 만든다면, 공망(空亡), 신강신약(身強身弱), 격(格), (억부)용신(用神), 약(藥)과 병(病), 대운(大運) 등등 자신이 필요한 항목을 추가해서 작성한다.

사주명리학 입문서四柱命理學 入門書

사주명리학 소개 및 기초 이론

1판1쇄 2023년 12월 6일

저자 손영기
발행인 이경화

발행처 디자인21
주소 04560 서울특별시 중구 퇴계로 293-1 3층
전화 02-2269-6561(대)
팩스 02-2269-6568
이메일 21publish@naver.com
블로그 https://blog.naver.com/publish21
홈페이지 https://21publish.co.kr

등록번호 제1-1128호
등록일자 1991.2.12

ISBN 978-89-6131-129-8 03180

정가 25,000원